岩　波　文　庫

33-614-5

パ ス カ ル

小　品　と　手　紙

塩川徹也
望月ゆか　訳

岩　波　書　店

Blaise Pascal

OPUSCULES ET LETTRES

はしがき

本書は、パスカルの手紙、及び一般に「小品」と呼びならわされている論考群を収録したものである。パスカルの活動は、大別すると、第一、数学・物理学とその技術的応用、第二、カトリック教会内部での信仰改革運動への参画(その代表的な著作は、論争書簡集『プロヴァンシアル』)、そして第三、遺著『パンセ』に収められたモラリスト的人間論及びキリスト教的宗教論(それは、宗教の基礎の探究を通じて、読者をキリスト教信仰へ誘うことを目指していた)の三つの領域に大別される。「小品」あるいは「小品と手紙」は、これまでしばしば『パンセ』とセットで刊行されたことから推察されるように、『パンセ』を補完する雑文集、要するに『パンセ』の付録として位置づけられてきた。しかし、巻末の「解説」で詳しく説明するように、「小品と手紙」は決してそのような従属的地位に甘んずるものではない。それは、実は『パンセ』と不可分の一体をなすものであり、内容的にも、『パンセ』におとらず、いや、もしかしたら『パンセ』にまさって、パスカルの人と思想と信仰の心髄を開示してくれる作品群である。本書が『パンセ』と並んで、多くの読者に迎えられることを願っている。

凡　例

一　「小品と手紙」という名称のもとに、パスカルのいかなる作品を収録するのかは、それ自体が一つの問題である。本書における収録作品の選定の方針については、巻末の「解説」を参照されたい。

二　本書に収録される作品はすべて、パスカルの生前には未刊行で、しかも大半は未定稿である。執筆の時期と状況がよく分からない作品も少なくない。また題名もパスカル自身に遡るものはごく少数であり、大部分はテクストが伝承される過程で命名された通称で、その呼び方にもばらつきがある。そこで作品の呼称及び配列について、次の方針を取った。

(一) 目次には、それぞれの作品の通称を掲げた。

(二) 作品の配列は、ジャン・メナールの編纂した『パスカル全集』の配列――推定執筆年代の順――を踏襲した。ただしその順序は確定的なものではない。

（三）その上で、パスカルの生涯の重要な転機を踏まえて全体を三部に区分した。これは本書の全体像を把握しやすくするための便宜的な措置であり、それぞれの部のタイトルは一応の目安にすぎない。

（四）作品の題名と執筆年代がはらむ問題について、各作品の末尾に付した「解題」で説明を加えた。

（五）さらに、各作品の執筆の時期と状況についても、今日知られているかぎりのことをそれぞれの「解題」で略述した。それらを巻末の「年譜」と合わせて読むことによって、大まかではあるが、パスカルの生涯の歩み、そしてその時々における彼の問題関心を辿ることができるように工夫した。

三　翻訳にあたっては、原則として、次の四種の全集版ないし選集版を参照した。テクストについては基本的にメナール版全集の校訂に従い、例外の場合は注記した。テクストの校訂に関わる問題については、テクストの理解に役立つかぎりで「解題」で説明を加えた。

Blaise Pascal, *Œuvres complètes*, texte établi, présenté et annoté par Jean Mesnard, « Bibliothèque européenne », Paris, Desclée de Brouwer, 4 volumes parus (t. I, 1964, t. II, 1970, t. III, 1991, t. IV, 1992).（略称、メナール版全集）

Pascal, *Œuvres complètes*, édition présentée, établie et annotée par Michel Le Guern, « Bibliothèque de la Pléiade », Paris, Gallimard, 2 vol. (t. I, 1998, t. II, 2000).（略称、ルゲルン版全集）

Pascal, *Les Provinciales, Pensées et opuscules divers*, textes édités par Gérard Ferreyrolles et Philippe Sellier, « La Pochothèque », Paris, Le Livre de poche/Classiques Garnier, 2004.（略称、フェレロル＝セリエ版選集）

Pascal, *Pensées, opuscules et lettres*, édition de Philippe Sellier, « Classiques Jaunes », Paris, Classiques Garnier, 2018.（略称、セリエ版選集）

ほかに参照したパスカルのテクストについては、必要に応じて「解題」で言及し、そのリストを巻末の書誌一覧に掲げた。

四　訳注は訳者の責任において作成し、特定の刊本の注釈をそのまま踏襲することはしなかった。その大半は、訳注というものの性質上、先行研究に依拠しているが、その旨をいちいち断ることはしなかった。ただ特別の場合、たとえば複数の異なる見解を紹介する場合、あるいは最近の研究成果でまだ学界の共通認識には至っていない見解に言及する場合には、それぞれの見解の提唱者の名前を挙げた。

五　パスカルは、自らが引用あるいは言及するテクストひいてはその著者と、さまざまな応答を交わすことを通じて、自らの思想と文章を練り上げている。そのことを踏まえて、彼が応答しているテクストを訳注で指示する場合には、出所を示すだけでなく、彼が応答している箇所の文章をできるかぎり引用するように心がけた。その際、主だったテクスト——その中にはパスカル自身のテクストも含まれる——については、読者の便宜のために、邦訳の当該箇所を注記した。ただし訳文はそれらの邦訳を参照しつつ独自に作成したので、必ずしも注記した訳書の訳文とは一致しない。参照した日本語訳、訳文の作成にあたって使用した原書——フランス語訳を含む——については、それぞれの解題で指示した。そのうち主要な邦訳を以下に掲げる。その他は、解題及び巻末の書誌一覧を参照されたい。

『聖書　新共同訳——旧約聖書続編つき』日本聖書協会、一九八七年（略称、新共同訳）

＊ただし、パスカル自身が引用ないし言及している章句が新共同訳の読み方とは異なる場合は、彼の依拠したテクストを翻訳した。パスカルが指示する出典箇所が新共同訳とは異なる場合は、その旨を記した。とくに「詩編」（全

一五〇編）の番号は、彼が主として利用したウルガタ――カトリック教会公認のラテン語訳聖書――の番号づけに従い、新共同訳と異なる場合は、編番号の後に後者の番号を〔　〕で括って示した。

アウグスティヌス『告白』山田晶訳、中公バックス 世界の名著、第一六巻、中央公論社、一九七八年

エピクテトス『人生談義』國方栄二訳、岩波文庫（上下）、二〇二〇―二〇二一年

モンテーニュ『エセー』原二郎訳、岩波文庫（全六冊）、一九六五―一九六七年

デカルト

『デカルト著作集』増補版、全四巻、白水社、一九九三年

『デカルト全書簡集』山田弘明他訳、全八巻、知泉書館、二〇一二―二〇一六年

パスカル

『パスカル全集』伊吹武彦・渡辺一夫・前田陽一監修、全三巻、人文書院、一九五九年（略称、人文書院版『パスカル全集』）

『メナール版 パスカル全集』赤木昭三・支倉崇晴・広田昌義・塩川徹也日本語版編集、白水社、一九九三―一九九四年（略称、白水社版『パスカル全集』）

『パンセ』塩川徹也訳、岩波文庫（上中下）、二〇一五―二〇一六年

＊『パンセ』の引用は前記の版により、出所は断章番号で指示する。比較的長い断章については、その後に当該箇所の巻と頁を添えた。

六　図版は、パスカルの生涯、そして彼の生きた社会的・文化的環境、さらには科学的・宗教的環境を喚起するものを選定した。「解題」と「年譜」のもたらす情報を補足し、パスカルのテクストを読者にとってより身近なものにすることを目指している。なお、巻末の図版一覧で解説を補った項目もある。

目次

パスカル

小品と手紙

I　青年時代のパスカル

一六四三—一六五一年

一　姉ジルベルト宛の手紙　一六四三年一月三一日

在クレルモン　ペリエ評定官夫人殿[1]

ルアンより、一六四三年一月最後の土曜日

姉上さま

この地のニュースがずいぶん前から届いていないことをお二人とも心配されていたに違いありません。でもそれはきっと徴税区の巡回[2]のせいだと推察されていたことでしょう。じっさいそのとおりで、それがなければもっと頻繁にお便りを差し上げていたことでしょう。ちなみに申し上げれば、親任官殿一行[3]がジゾールにいらしたとき、私は父上の命令でパリに出かけましたが、そこで姉上から私宛の手紙一通を見つけました。それによれば、あまりお便りを下さらないと言って私が姉上を責めているのに驚いておられるとのこと、そして毎週一回はルアンに手紙を書き送られているとのことですが、そうであれば、手紙が紛失しているに違いありません。じっさい三週間に一通も届かないのですから。ルアンに戻ったら、ペリエ殿の手紙が届いていましたが、それによれば姉上がご病気だとのこと。義兄上は、それが重いのかどうか、快方に向かわれているのかどうかは記しておられません。その後、定期便の日が一回ありましたが、お手紙はなかったので、心配しています。どうかできるだけ早く安心させてください。もっともこんなお願いは無用でしょう。だって、この手紙を受け取られる前に、姉上か義兄上のお手紙が届いていることでしょうから。人頭税の割り当ては、ありがたいことに、もう終わります。他にニュースがあれば、お知らせするところですが。

姉上の従順な僕《しもべ》にして愛する弟より

パスカル

親愛なる姉上へ

〔余白に、エチエンヌ・パスカルの筆跡で〕

優しい娘よ、思うように手紙が書けないのを許してほしい。まったく暇がないのだ。じっさいこれまで、今の十分の一も大変だったことはなかった。もっと大変になれと言われても、もうこれ以上は無理だ。この四カ月間、午前二時前に寝られなかったのが六回もあったほどなのだ。

先頃、デジュー氏[4]の結婚にまつわる与太話についてお前がよこした手紙に冷やかしの返事を書きはじめたのだけれど、それを仕上げる暇がなかった。ニュースといえば、会計検査官のパリ氏[5]のお嬢さんは、やはり会計検査官のヌーヴィル氏と結婚したけれど、亡くなってしまった。小ランベール[6]と結婚したベレールのお嬢さんも同様だ。

お前の良き父にして腹心の友より　パスカル

〔別のペンで、同人の但し書き〕

お前の幼子[7]は、今夜は家に泊まっている。おかげさまで、とても元気だ。

1 ジルベルトの夫であるフロラン・ペリエはクレルモン＝フェラン租税院の評定官であった。
2 人頭税の課税基準を定めるために徴税区を視察すること。
3 父エチエンヌ・パスカルとノルマンディー地方総監のクロード・ド・パリ。ジゾールはノルマンディー東端に位置する町。
4 クレルモンのデジュー家はパスカル一家と姻戚関係にあった。
5 ニコラ・ド・パリ。ノルマンディー地方総監のクロード・ド・パリの親戚(注**3**)。
6 ミシェル・ランベール(一六一〇頃―一六九六)は歌手で作曲家。オペラ作家ジャン＝バチスト・リュリの義父。パスカル一家とも交流があり、ジャクリーヌ・パスカルの詩に曲をつけた歌もある。

7 ジルベルトの長男エチエンヌ。一六四二年四月にルアンで生まれた。両親は同年秋、彼を祖父のエチエンヌに託してクレルモンに帰った。ちなみに、赤子のエチエンヌは乳母のもとで養育されていた。

解題　後世に伝えられたブレーズ・パスカルの手紙のなかで最初に書かれたもの。彼の自筆の手紙はほとんど失われたが、この手紙の原本は二〇世紀前半まで所在が確認されており、その複写も残されている。

パスカル一家はフランス中部のオヴェルニュ地方の中心都市クレルモン（一六三〇年に、クレルモンとモンフェランを合併した上部行政地区クレルモン＝フェランが誕生）の出身である。ブレーズの父エチエンヌは行政官であり、同地の租税院の部長を務めた。しかし妻が死去すると職を辞し、三人の子供――長女ジルベルト、長男ブレーズ、次女ジャクリーヌ――を連れてパリに移住し、アマチュア科学者として活動するかたわら、子供の教育に専念した。ところで彼はクレルモンを去ってしばらくしてから官職を売却してパリ市債を購入し、その年金で生計を立てていたが、それはス

図１　ジルベルトの肖像

ペインとの戦争に起因する財政難のため一六三八年に支払い停止となった。市債購入者たちは激しい抗議行動を起こし、そこに参加したエチエンヌは一時お尋ね者となり、逃亡生活を余儀なくされた。しかし翌年、宰相リシュリューのために催された子供芝居に出演した娘のジャクリーヌが、芝居の終了後、父の赦免を嘆願する自作の詩を朗読すると、リシュリューはエチエンヌの帰還を認め、さらにノルマンディー総徴税管区担当親任官に登用し、反税暴動とその弾圧で疲弊していた同地方の徴税業務の立て直しを命じた。こうして一家は一六四〇年ルアンに移住し、さらにエチエンヌは、親戚(従姉妹の子)でクレルモン＝フェラン租税院の評定官であったフロラン・ペリエをルアンに呼びよせ、仕事の補佐を委託する。同時に、彼はフロランと長女ジルベルトの縁談を進め、二人は一六四一年六月ルアンで結婚し、翌年四月には長男エチエンヌが生まれる。しかし四二年九月、職務を完了したフロラン・ペリエは妻を連れてクレルモンに戻り、元の職に復帰した。この手紙はペリエ夫妻がクレルモンに出発してから数カ月後に書かれたものである。

保存されたパスカルの手紙のうちで、一家の私生活に言及するものは少ない。そのなかでこの手紙は、一家の当時の動静、そして父子及び子供同士を結ぶ強い家族愛を垣間見させて興味深い。

二　計算機　大法官セギエへの献呈書簡　一六四五年

セギエ大法官閣下[1]への献呈書簡

ペンも数え札もなしに、規則的な操作によって、あらゆる種類の算術計算を行うために、B・P殿によって最近発明された機械について。

加えて
上記の機械を実見し、それを使用することに興味を抱かれる方々に必要な手引き[2]

一六四五年

大法官閣下

閣下

もしも公衆が、あらゆる種類の算術計算を斬新かつ便利なやり方で行うために、私が考案いたしました発明から何らかの便益を得るといたしましたら、それは私のささやかな努力よりも、偉大な閣下のおかげとなすべきでしょう。と申しますのも、私に誇れることがあるとすれば、たんにそれを構想したことだけなのに対して、それが誕生したのは、ひとえに閣下のご命令の賜物なのですから。私は数年来、閣下が我が父に、陛下にお仕えするべく賜った高ノルマンディーでの職務[3]に付随する多数の仕事に従事しておりますが、普通の手段では手間暇がかかり難儀しますため、その膨大な計算の労苦を軽減するのに、もっと迅速で容易な補助手段が何かあるのではないかと考えました。そこで、私が生来愛好し、弱年の頃から従事してきた数学研究において獲得した知識のすべてをこの探究のために利用しました。そして熟考を重ねた結果、この補助手段を見いだすことは不可能ではないことが分かりました。幾何学と物理学と機械学の光明が私にその構想をもたらしてくれたのです。そしてしかるべき職工が、私が構想したモデルに従って装置を製作することができれば、その実用化は間違いないと確信いたしました。しかしまさにこの点において、私は自分が回避したいと思い、それに対する救済策を探していた困難にも劣らぬ困難に逢着したのです。私にはペンやコンパスを用いる技はあっても、金属やハンマーを同じように巧みに操る技はありません。ところが、職人たちは、彼らの専門技術を実践する知識には通じていても、その基盤となる理論的学問はそうではありません。こうして、この企てからもたらされるのは多大の徒労ばかりで、いかなる好結果も生み出さなかったので、私はそのすべてを断念することを余儀なくされました。しかしながら閣下、閣下は落胆する私の勇気を支えてくださり、私の友人たちが閣下に献上した試作品にお言葉を賜り、それがそれまで私の目に見えていたのとはまったくの別物であるかのように思わせてくださいました。閣下の賛辞によって新たな力を与えられ、私は新たな努力を重ねました。そして他のすべての仕事を中断して、この小さな機械の製作に専心しました。閣下、それが畏れ多くも閣下に献呈いたしましたこの機械です。私の構想した通り、機械がひとりでに、精神の働きを一切介することなく、算術のあらゆる部門の操作を行えるよう完成できたのです。

閣下、このようなわけで、この小手試しが日の目を見たのは閣下のおかげなのです。

それを私が作るように慫慂《しょうよう》されたのは閣下なのですから。そうであってみれば、それに対する栄えある庇護もまた閣下から賜れるものと期待しております。世に知られない発明には、称賛の声より批判の声が多いのを常といたします。世人は、それについて完全な理解にいたらないので、発明者たちを非難します。そして不当な偏見によって、並外れた事柄には難点があるに違いないと想像して、それを吟味して評価する代わりに、そんなものは不可能だと言って非難し、しかる後に非常識なものとして排斥するのです。もっとも私といたしましては、数学の奥義に参入したあれほど多くの学者の中に、のっけから私の行動を無謀だと考える人々が出てくるのは十分覚悟しております。何しろ、私のような非力な若輩が、一面茨に覆われた原野に、そこに道を切り開くための先達もなしに、新たな道をあえて通そうと企てたのですから。その方々が私をとがめ、さらに断罪なさるとしても、私が約束したことを厳密に守らなかったと証明できるものなら、もっともであり、私はそれを進んで受け入れます。私がその方々に懇請する特別のおはからいは、ただ私がしたことを吟味していただくことだけであり、それが何であるかを知らずに賛同していただくことではありません。

ですから閣下、私は閣下に、私のささやかな作品が呼んだ反響にすでに満足を覚えている旨をご報告申し上げることができます。拙作は、この真の学問——論証しないものは何も教えないという美点をとりわけ重視する学問[4]——における何人かの大家から賛同の太鼓判を捺していただいたばかりではありません。それはまた、その方々の高い評価と推薦の栄に浴しているのです。さらにその中には、大半の学者たちが日々その業績に感嘆し、その成果の吸収に努める一人の方[5]がおられますが、その方は、重要なお仕事の合間を縫って、拙作を少しでも使ってみたいと望む人々のために、その構造と使用法を教授する労を取るだけの価値が拙作にはあると認めてくださいました。これこそまさに、閣下、拙作を閣下に献上できる状態に仕上げるために、私が費やした時間と負担した出費に対する大いなる報酬です。しかし、自画自賛をお許しいただけるものなら、この報酬も、もしも閣下からはるかに重要かつ甘美な報酬をいただいていなかったなら、私を完全に満足させることはないでしょう。じっさい、閣下は、最高の裁きの座にあって日々審判のお言葉を発せられるそのお口で、弱冠二〇歳の若者の小手調べに賛辞を賜り、一再ならず閣下の話題に取り上げてくださり、またあれほど多くの珍奇な品々を満載した閣下の収集室に座を占めるにふさわしいとお認めくださいました。それを思えば、私は光栄に満たされ、閣下に対する感謝の念、そして世間に対する喜びの気持ちを言い表す言葉が見つかりません。こうして、閣下の身にあまるご厚意によって口をふさがれた私といたしましては、沈黙によって閣下を崇めることに甘んじるほかありません。そして私と同じ家名を名乗る一家の者も全員、私と同様に閣下からいただいたこの度のご厚誼及びこれまでに賜った多くのご厚誼[6]を肝に銘じて、日々閣下のご清栄をお祈り申し上げておりますので、ここで、われわれ一同の心からの祈念を捧げさせていただきます。その願いは熱烈で絶えることがありませんので、何人《なんぴと》も私ども以上に、閣下へのご奉仕に専心していると自負することはできますまい。また本当に、この私以上、閣下にうやうやしくお仕えするいとも従順な僕《しもべ》という資格を名乗るのにふさわしい者もないと存ずる次第です。

B・パスカル

1 ピエール・セギエ(一五八八―一六七二)。ルイ十三世とルイ十四世の両王のもとで大法官を務め、国政の中央集権化と絶対主義の進展に重要な役割を果たした。

2 「手引き」の翻訳は省略した。

3 一六三九年にノルマンディーで勃発した民衆蜂起、いわゆる「裸足《ニュ・ピエ》の乱」がセギエによって鎮圧された後、エチエンヌ・パスカルは中央政府から派遣されて徴税システムの再編成の仕事に従事していた。一六四三年一月三一日付のジルベルト宛の手紙(前掲)も参照のこと。

4 数学のこと。

5 ロベルヴァルのこと。ジル・ペルソンヌ・ド・ロベルヴァル(一六〇二―一六七五)は数学者にして物理学者。長年、王立フランス学院（コレージュ・ド・フランスの前身）の数学教授を務め、当時のパリにおける数学研究・教育の中心的存在であった。

6　パスカルの姪マルグリット・ペリエの証言によれば、セギエは宰相リシュリューとともにエチエンヌ・パスカルの長所と才能を認め、徴税担当の親任官としてノルマンディーに派遣したという。

解題　一六四五年、パスカルは大法官セギエに、自らが製作した計算機を献呈する。ここに訳出したのは、それに添えられた献呈の辞である。

パスカルはルアン時代に史上初めての計算機を考案・製作するが、その出発点には、パスカル自身が述べているように、徴税の割り当てを決定するために必要になる煩雑な計算をどうしたら簡略化できるか、その手段はあるのか、という実用的な動機があった。機械に四則の演算を行わせるという着想はそれ以前になかったわけではないが、数々の技術的・機械的困難を克服して機械の製作を実現したのは、パスカルがはじめてであり、世間的に大きな反響を呼んだ。彼自身、自らの発明の実際的有用性を自覚し、その商品化を目指したが、価格があまりにも高価であったために普及せず、王侯貴族のコレクションある

図2　大法官セギエの肖像

いは博物館の陳列品となる運命をたどった。

「献呈書簡」には、「上記の機械を実見し、それを使用することに興味を抱かれる方々に必要な手引き」と題する説明書が添えられ、パスカルの製作した機種の長所と模造品の欠陥が詳述され、末尾には、製品の展示、実演さらには販売が、王立フランス学院の数学教授ロベルヴァルのもとで行われていることが記されている。この意味で、本書簡は宣伝文書の性格を帯びているが、それとともに、弱年の天才発明家として名声を博したパスカルの自負と誇りがあからさまに表明されていることが注目される。やがて家族とともに体験する「第一の回心」に先立つこの時期、科学技術の研究開発を通じての栄光の追求が、人間の邪な欲望である優越欲ないし支配欲に陥る危険を、パスカルが感じている気配はない。なお、本書簡には一切改行がないが、読みやすさを考慮して、適宜改行を施した。

　パスカルの計算機関係の文書の全体については、永瀬春男氏による詳細な解題と解説を付した翻訳がある(『パスカル科学論集』白水社近刊)。

図3　大法官セギエに献呈された計算機

三 第一の回心期 姉ジルベルト宛の手紙

一六四八―一六四九年

(一) 姉ジルベルトに宛てた手紙[1] 一六四八年一月二六日付

一六四八年一月二六日

姉上さま

お手紙拝受しています。四カ月以上前に下さった最初のお手紙にはお返事するつもりでした。でも体調不良とほかのいくつかの用事のせいで仕上げることができませんでした。それ以来、病気だったり、暇がなかったり、またほかの理由もあって、お便りできる状態にありませんでした。暇と健康がそろっていることがほとんどないのです。それでもこの手紙は無理せず仕上げるように努めます。長くなるか短くなるか分かりません。

お便りを差し上げる主な目的は、姉上もご存じの訪問[2]のことをお聞かせすることです。それらの訪問において、姉上にご満足いただき、最近のお手紙にお答えするだけのものが得られるだろうと期待していたのです。まず、お手紙がもたらしてくれた喜びをお伝えすることから始めないわけにはいきません。それらを読んでどれほど満ち足りた気持ちになったか、とても口では申し上げられません。どうか信じてください。私の方ではお便りしなかったにせよ、姉上のことを思い浮かべない時はなかったし、神様が姉上に吹き込んでくださった偉大な決意[3]が継続するようにと祈願しない時もなかったのです。その決意の何らかのしるしが表れているすべてのお手紙を読むたびに新たな喜びに胸を躍らせました。そして私たちの方からは何のお便りも差し上げていないのに、姉上の決意が継続するのを見てうれしさもひとしおでした。お気持ちを保ち続けるのに人間的な手段は必要なかったのですから、そこには人間業《わざ》を超えた助力があったのだと思います。それでもなお姉上の決意に少しは手助けをしたいと願ってはいるのですが、そのために必要なものをいささかも持ち合わせていません。私はあまりにも弱いので、もしもそんなことを企てれば、それは慈愛の業というよりはむしろ不遜の業ということになるでしょう。そして盲人に導かれる盲人を脅かす不幸に私たち二人も見舞われることを恐れるはめになるでしょう[4]。私は問題の訪問以来、自分の無能を前とは比べものにならないほど強く感じています。そしてほかの人びとのために十分な光明を持ち帰ったどころか、混乱と不安だけを自分に持ち帰ったのです。それを静めてくださるのは神お独りです。私も、心してしかし焦らずに落ち着いて、そうするように努めます。焦ったりじたばたしたりすれば、かえって逆効果になるのは、目に見えているのですから。そうなのです。神様だけが混乱と不安を静めてくださるのであり、私もそうなるように努めます。というのも、不安を追い払ってくれると期待していた人びとのうちに私が見いだすのは、かえって不安を生み出すか増大させるきっかけばかりなのです。こうして独りきりに追いやられた今、私に残されているのは、神様がその首尾を祝福してくださるのを祈ることだけです。そのためには学ある方々[5]と無私な方々との交流が必要になるでしょうが、学ある方々はおつきあいくださらないでしょう。もはや無私な方々を探すしかありません。そのために私は姉上に会いたくてたまらないのです。このような状況では、手紙は長たらしく不便でほとんど無益です。でもそれまでの間、例の件について少しばかり書くことにします。

はじめてルブール氏[6]にお目にかかって自己紹介をしたところ、この上なく丁重な言葉で迎えられましたが、それはすべて父上に向けられたものでした。父上への敬意からお言葉をいただいたのですから。最初の挨拶が終わったところで、時々お目にかかりたいと申し上げたところ、お許しをいただきました。こうして自由にお目にかかることができるようになりました。ですからこの最初の出会いは訪問のうちに数えません。その許可にすぎなかったのですから。その後しばらくしてから伺いました。そしていろいろな話をするなかで、私はいつもの率直さと純朴さで、私たちが彼らの本[7]とその論敵の本を読んだことをルブール氏に申しました。それで私たちが彼らの見解を支持していることを氏に分かってもらうのに十分でした。ルブール氏はそれにいささかの喜びを表してくれました。次いで、私は氏にこう申しました。「私の考えでは、論敵が常識に反すると主張する多くのことを、常識の原理そのものに従って示すことができますし、また推論をきちんと導いていけば、それらを信じるように仕向けることができます。もっともそれらは推論の助けなしに信じなければならないものなのですが。」

　この通りの言葉づかいだったのですが、私としては、そこに最も厳格な謙虚さに背くことが何かあるとは思えません。しかしご存じのように、あらゆる行動には二つの源[8]があり、この発言も虚栄および推論への信頼の原理に発していたかもしれませんので、ルブール氏はその疑いを抱きました。しかも氏は、私が幾何学を研究していることを知っていたので、疑いは増大し、それだけで私の発言に不審を抱くのに十分でした。ルブール氏はその疑いを私に表明されましたが、その話しぶりはへりくだりと慎しみ深さに満ちあふれていましたので、氏が傲慢を論駁しようとしていたのなら、まちがいなくそれを打ち砕いていたことでしょう。とはいえ、私は自分の動機を氏に知ってもらおうと試みました。しかし私の釈明はルブール氏の疑念を増し、氏は私の弁解を強情と受け取りました。氏の話はとても美しかったので、もしも私が氏の想像している状態にいると思ったとすれば、氏が私をそこから引き出してくださったのは確かです。でも私はその病に陥っているとは思わなかったので、氏が勧めてくださる薬を受けつけませんでした。ルブール氏の方では、私がそれから逃げようとしているように映ったために、かえって薬を増やしました。氏は私の拒否を道徳的無感覚と受け取られたのです。こうして氏が治療を続けようと努めれば努めるほど、それに対する私の感謝の言葉は、私がそれを必要と思っていないことのしるしだと氏には思われたのです。こうしてこの会見の全体は誤解と気詰まりのうちに過ぎたのですが、それはその後のすべての会見でも続き、そのもつれを解きほぐすことはできませんでした。ほかの会見のことは逐一ご報告しません。その必要もなければ、時宜にかなったことでもありませんから。ただそこで語られたことの主旨、というよりはそれについて記憶していることの主旨だけをかいつまんで記します。

しかしまず何よりもお願いしたいのは、私が姉上に書き送ることすべてからいかなる結論も引き出さないでいただきたいということです。じっさい事柄を十分適切に語れないかもしれませんし、そうなれば、有害でもあり不正でもある何らかの疑念が姉上の心に生まれるかもしれません。というのも、いくら思案を巡らしても、私が見いだすのは闇ばかりであり、そこで何かを決めるのは危険で困難だからです。私としては、この件についての判断を完全に保留します。私は弱い身ですし、知識も欠けているのですから……[9]

1　ブレーズと妹のジャクリーヌは、一六四七年晩夏に父のエチエンヌと姉のジルベルトをルアンに残して、パリの旧居に戻っていた。それ以来、二人はジルベルトとしばしば手紙のやり取りをしていたらしいが、これは残された手紙のうちで最初のものである。

2　パリのポール・ロワイヤル修道院にルブール氏を訪問したこと(後出)。

3　ジルベルトは、父や弟妹に引き続いて、一六四六年末に回心していた。

4　「マタイによる福音書」第一五章一四節への言及。

5　信仰と霊性に通じている人。

6　アントワーヌ・ルブール(一五九五頃—一六六一)は、パスカル一家と同じくオヴェルニュの出身であるが、ポール・ロワイヤルの修道女たちの聴罪司祭を務めていた。科学にも関心が深く、学僧マラン・メルセンヌが主催するアカデミーに出入りし、やはり同アカデミーの常連であったエチエンヌ・パスカルと交流があった。

7　ポール・ロワイヤルの精神的指導者であったサン・シラン、彼の盟友で、『アウグスティヌス』（一六四〇）の著者ジャンセニウス（ヤンセンとも）、サン・シランの弟子でポール・ロワイヤルの理論的指導者であるアントワーヌ・アルノーの著作類が考えられる。

8 自己愛と神の愛、あるいは欲心と恩寵。

9 残されたテクストはここで中断している。

（二）ブレーズとジャクリーヌから姉ジルベルトに宛てた手紙[1]

一六四八年四月一日付

一六四八年四月一日

この手紙がほかの手紙と同じように切りがなくなってしまうかどうか分かりません。でも二人して切りがないほど書き続けたいと思っているのは確かです。こちらには、『召命について』というサン・シラン様の手紙[2]があります。出版許可も国王允許もなしに最近印刷され、多くの人に衝撃を与えたものです。それを読んでいます。終わったらお送りします。それについて姉上の意見と父上の意見を伺えればうれしいことです。とても崇高なものです。

私たちは何度もお便りを書きはじめたのですが、姉上もご存じのお手本と講話、あるいは、こう言ってよければ、手厳しい拒否のせいで控えていたのです。でもできるかぎり事情を明らかにした今となっては、いくらかの慎重さは必要ですし、場合によっては、このような事柄を語ってはならないとしても、私たちはそんな心配はしなくてもよいのだと思います。なぜなら私たちは互いに信頼しあっていますし、これらの話題のすべてにおいて目指すのはひたすら神の栄光であり、また私たち自身のほかに話を伝える相手がいないことは、お互いに確信しているのですから、神様が私たちをこのような気持ちにさせてくださるかぎり、良心の咎めを感じるいわれはありません。[3] これらの考察に加えて、自然が私たちを結びつけたきずなを考え、さらに神の恩寵が私たちを結びつけたきずなを考えるならば、[4] それは禁止されているどころか、かえって義務として命じられていると思います。というのも、私たちが後者のきずなによって結ばれたのはこの上ない幸福だったのですから、それを心から認めて喜ぶようになるためにも、私たちは固く結びあわなければなりません。じっさい、私たちが互いに真の意味で親族であると見なさなければならないのは、まさにあの時（サン・シラン様が生命のはじめと呼ぶようにおっしゃったあの時[5]）からであり、その時はじめて神は、かつて現世で私たちを肉によって親族にしてくださったように、霊によって神の新世界で私たちを結びつけてくださったのです。

このことを思い出されない日が、どうか一日としてありませんように。そして神が、私たちを互いに兄弟であるばかりでなく、さらに同じ父の子としてくださるにあたって用いられた摂理をしばしば感謝なさいますように。ご存じのように、父上は私たち皆に先立って、私たちをいわばこの意図のもとに生んでくださったのですから。この点において、このきずなの表徴と現実とをともに私たちに与えてくださった神を賛美しなければなりません。じっさい、私たちがすでに何度も話し合ったように、物体的なものごとは霊的なものごとの象《かたど》りにすぎず、神は目に見えるものの中に見えないものをあらわしてくださったのです。[6] この思想はきわめて普遍的でしかも有益ですので、それを注視せずに長い時間を過ごしてはなりません。この二種類の事物の関係については、十分仔細に議論しました。ですから、それについてはお話ししません。書き出せばあまりに長くなりますし、この上なく美しいので、ご記憶にとどまっていないわけはありません。さらに私の考えでは、これは絶対に必要なことなのです。じっさい、私たちはおのれの罪によって現世の物体的な事物の間で身動きできなくなっています。そしてそれらの事物は私たちの罪に対する罰であるばかりでなく、新たな罪を生み出す機会でもあれば、元の罪の原因でもあります。ですから私たちは、自分が倒れたその場所を用いて、私たちの転落から立ち上がらなければなりません。だからこそ私たちは、神の思し召しによって与えられた特典、つまり私たちが失った幸《さち》の象りがいつも目の前に残されており、神の裁きによって定められた捕囚のうちにあって、私たちを取り囲むこれほど沢山の事物が、始終現前する教訓として役立つという特典を大切に用いなければならないのです。

したがって私たちは自らを牢獄に閉じ込められた犯罪人だと考えなければなりません。ただこの牢獄は、私たちの解放者の数々の肖像と、隷属状態から抜け出すのに必要な数々の指示に満ちあふれています。しかしながらこれらの聖なる文字は、超自然の光なしには理解できないことを認めなければなりません。というのも万物は、神を知る者には神を語り、神を愛するすべての者には神をあらわすように、その同じものが、神を知らない者には神を隠すのですから。こうしてこの世の闇の中で人びとはまるで獣のように万物をやみくもに追求し、それに執着し、それを自らの欲望の最終目的にしていますが、そんなことをするのは冒瀆にほかなりません。なぜならまさに神だけが真の始原であるように、神以外に最終目的になるべきものはないのですから。じっさい創造された自然とその創造主の間にどれほどの類似があるにしても、そしてまた最も些細な事物および世界の最も卑しく小さな部分でさえ、少なくともその統一性によって神のうちにしか見いだされない完全な統一を表現しているとはいえ、それらに至上の尊敬を捧げるのは正当ではあり得ません。なぜなら神から見ても人間から見ても、偶像崇拝ほど嫌悪すべきものはないのですから。なにしろそれは創造主のみに捧げられるべき栄誉を被造物に捧げることなのですから。聖書は、その罪を犯した人びとに対して神が下された懲罰の記述でいっぱいです。そして十戒の最初の掟は、他のすべての掟を集約したものですが、何にもまして神の像をあがめることを禁じています。[7] しかし神は私たちの尊敬よりも私たちの愛情をはるかに心にかけられるのですから、いくら被造物が神をあらわしているからといって、それを至上の愛で愛するとすれば、それがこの上なく神を侮辱する忌まわしい罪であることは明白です。

だからこそ、以上の偉大な真理を神から教えられる人びとは、これらの象りがあらわしているお方を享受するためにそれらを用いるべきであって、[8] 表徴を現実と取り違えるユダヤ教の肉的な盲目のうちに永久にとどまってはならないのです。[9] そして神の恩寵によって再生し、[10] 無償で罪(罪こそは真の無です。真の存在である神に反するのですから)から解放され、神の真の宮居である教会の中に居場所を与えられた人びとは、神に仕え、神を賛美すべき二重の義務を負っています。二重の義務というのは、恩寵による再生以前に、神は彼らを創造するにあたって、無償で彼らを無から引き出して、宇宙の中に居場所を与えてくださっていたからです。こうして彼らは、被造物としては、被造物の秩序の中にとどまり、自分の占めている場所を汚すようなことがあってはなりませんし、キリスト教徒としては、イエス・キリストのお体の一部たるにふさわしいものとなることを絶えず切望しなければならないのです[11]。しかるに、世界を構成する被造物は限られた完全さのうちにとどまっていれば、その本分を全うします。というのも、世界の完全性は限られているのですから。それに対して、神の子供たちはおのれの純粋さと完成に限界を設けてはなりません。なぜなら彼らは無限に完全な神の体の一部をなしているのですから。それは、イエス・キリストが完徳の掟に限界を設けず、そのお手本として無限の完徳を提示されていることからも分かります。じっさい、「あなたがたの天の父が完全であられるように、あなたがたも完全な者になりなさい[12]」と言われているではありませんか。こうして、ある程度の完徳の段階に達すれば、安心してそこに留まってよいし、それを乗り越える必要はないと確信するのは、キリスト教徒、しかも信心に精進するキリスト教徒にもありがちの大変有害な誤りなのです。じっさいどんな段階であれ、そこに留まっても悪くはないと言える段階はなく、より高みに上ろうとすることでしか、そこから落下するのを免れないのです……

1　この手紙の原本は、ジャクリーヌの筆跡で書かれていたという。この時期、ブレーズは病気のために文字を書くことが不自由であり、ジャクリーヌがしばしば秘書役を務めていたので、ブレーズが口述した可能性も考えられる。いずれにせよ、ここで用いられる単数一人称代名詞の「私」が、文法上の性の一致から見てブレーズを指しており、「私」の名で展開される思想がブレーズのものであるのは確かである。

2 サン・シランが指導していた聖職者アンリ・デュアメル(一六一二—一六八二)に宛てて一六四二年に送った長文の手紙を指すと伝統的に考えられている。一六四七年に「出版許可も国王允許もなしに」、『サン・シラン修道院長ジャン・デュヴェルジェ・ド・オランヌが友人の聖職者に宛てた手紙。司祭の叙階を受けるための心構えについて』の題名で刊行された。デュアメルは、この手紙が刊行された当時、パリのサン・メリ教区の主任司祭を務めていたが、それはパリのパスカル家の教区であった。なお、メナールは、問題の手紙はギユベール(解題参照)を宛先とする別の手紙であるという新説を提起しているが(『メナール版全集』第三巻七二頁注1)、旧説に従う。

3 前便で問題になっていたパスカルの発言に対するルブールの否定的反応のことではないかと考えたくなるが、メナールによれば、この一節の意味はきわめてあいまいであり、その背景を特定することは困難だという。

4 「自然が私たちを結びつけたきずな」は、エチエンヌと子供たちが自然の親子関係で結ばれていること、「神の恩寵が私たちを結びつけたきずな」は、彼らが霊の世界への再生である洗礼によって結ばれていること。この一節の解釈については、塩川徹也『パスカル　奇蹟と表徴』

(岩波書店、一九八五年)、八〇―八六頁参照。

5　サン・シランは小品『子供に正しく堅信の秘蹟を受けさせるための手引き』で次のように述べている。「洗礼によって我々は真に超自然的な生命を受け、イエス・キリストから彼の教会の中に、新世界の子供として生まれかわる。そして人間の子が誕生とともに母から離れて、自然的で人間的な生を独立して送るようになるのに対して、イエス・キリストの子供は、恩寵によって彼から新たに生まれると、彼と彼の花嫁である教会の中に入って、そこでたんに彼らの子供としてばかりでなく、彼らの身体の部分つまり手足として生存する。」

6　使徒パウロに遡るパスカルの根本思想。「世界が造られたときから、目に見えない神の性質、つまり神の永遠の力と神性は被造物に現れており、これを通して神を知ることができます」(「ローマの信徒への手紙」第一章二〇節)。

7　「出エジプト記」第二〇章四―五節、及び「申命記」第五章八―九節。

8　アウグスティヌスに遡る「享受」(frui)と「用いること」ないし「使用」(uti)との区別は、パスカルの思索においても重要な役割を果たしている。「享受するとは、あるものごとをそれ自体として愛し、執着することである。用いるとは、使用するものを愛するものに関連づけ、それを獲得しようとすることである」(アウグスティヌス『キリスト教の教え』第一巻四章)。

9　この問題は、『パンセ』、とりわけ〔ファイルA一九〕「律法は表徴的であった」でさまざまな観点から論じられている。「肉的ユダヤ人」という表現もしばしば登場する(断章二二二、二五六、二八六、二八七、二八九)。

10　洗礼のこと。注4参照。
11　「あなたがたはキリストの体であり、また一人ひとりはその部分です」(「コリントの信徒への手紙一」第一二章二七節)。教会は、イエス・キリストを頭とする身体であり、信徒はその手足(メンバー)であるという思想は、『パンセ』(ファイルA二六)「キリスト教の道徳」(たとえば、断章三七〇、三七二、三七三)で展開されている。
12　「マタイによる福音書」第五章四八節。

(三)　ブレーズとジャクリーヌから姉ジルベルトに宛てた手紙[1]

一六四八年一一月五日

パリより、一六四八年一一月五日午後

姉上さま

お手紙をいただいて、忘れていたいざこざのことを思い出しました。[2]あれは、もはやまったく過ぎ去ったことです。私たちの釈明はいささか大げさすぎましたが、私たちが以前から抱いていた不満の全般的な理由が何であるかを明らかにしてくれました。またそれについて私たちが償いをしたことで、お父上はお怒りを和らげてくださいました。私たちは姉上がすでにおっしゃっていたことを、そうとは知らずに申しました。それから姉上が書面で謝罪されたことを口頭で謝罪しましたが、姉上がそうされていたのは知りませんでした。姉上がなさったことを知ったのは、私たち自身がそうした後でした。じっさい、私たちはお父上に何も隠し立てしなかったので、お父上もまたすべてを明かされ、それから私たちのすべての疑念を晴らしてくださいました。こうしたごたごたがどれほどこの家の平和を内からも外からも乱すか、またこうした状況ではどれほど忠告が必要か、姉上はご存じです。もっとも忠告を下さったのは遅すぎましたが。

姉上の忠告について、私たち自身の方でも忠告を差し上げるべきことがあります。第一は、姉上が私たちに書き送ってくださったことについて、それを私たちから教えられたと記しておられることです。まず、私はそのようなことを姉上にお話しした覚えはありません。あまりに覚えがなかったので、全く初耳に思えました。さらに、たとえ姉上のおっしゃる通りだとしても、それを誰から教わったかを姉上が忘れていなかったとしたら、ただ人間的にそれを心に留めておられたのではないかと心配になります。覚えておくべきなのは、それを本当に姉上に教えることができた神お独りなのですから。もしも姉上がそれを善いこととして覚えておられるのであれば、それをほかの誰かから受け取るとはお考えになれないはずです。姉上であれ、ほかの誰であれ、神お独りからしかそれを学ぶことはできないのですから。じっさい、この種の感謝においては、恩恵を仲介してくれた人びとに対して、彼らがあたかもその贈り主であるかのようにお礼を言うにしても、感謝の念は彼らには止まらず、その先に向かいます。しかしそうは言っても、仲介役に注目するのは、神の思し召しにいささか反することになります。とりわけ恩恵を伝達するにすぎないものを恩恵の源泉と見なさせてしまう肉的な印象から、完全には清められていない人びとにあってはそうなのです。

だからといって、このような教えを私たちにもたらしてくれる人びとが父親や司教や指導者であるときに、彼らに感謝してはいけないことはないし、彼らのことを思い出してもいけないということではありません。彼らは教師であり、ほかの人びとは彼らの弟子なのですから。しかし私たちにとって、事情は異なります。ちょうど天使が自分と同じような神の僕《しもべ》の崇拝を拒んだように、[3] 私たちも姉上にお願いします。どうか人間的な感謝から出るこうした言葉づかいはもうやめて、このようなお世辞はつつしんでください。私たちも姉上と同じように弟子なのですから。

第二は、私たちはこれらの事柄はもうよく知っているのだから、繰り返す必要はないとおっしゃることについてです。そうおっしゃるのは、姉上がご自分の話題にされる事柄と俗世が話題にする事柄とをまだ十分に区別しておられないからではないかと、私たちは心配になります。俗世の事柄ならひとたびそれを学んでしっかり保持すれば十分で、もはやそれを教わる必要がないのは確かです。それに対して、もう一つの種類の事柄はひとたびそれを理解して、しかるべきやり方で――すなわち神に心の内面を動かされて――それを覚えるだけでは、覚えたという思い出だけは心に残せても、それをその種類の知識として保持するには十分ではありません。だからといって、それを覚えていないというわけではありません。また聖パウロの一通の手紙をウェルギリウスの詩作のある巻と同じように容易に暗記できないわけでもありません。しかしながらそのようにして知識を獲得しそれを保持し続けることは記憶の結果にすぎません。それに対し、天上に無縁な人びとには無縁な秘密の言葉をそこに聞き分けるためには、唯一その理解の端緒を開いてくれる神の恵みが、引き続きその理解を絶えず信者の心の中に描き出して、それを継続し、それをつねに現前させてくれなければなりません。そうすることで、理解がつねに生き生きしたものとなるのです。それはちょうど神が至福者のうちにおいて彼らの至福――恵みの結果でもあれば継続でもある至福――を絶えず更新するようなものです。また教会の教えにある通り、父なる神が、その実体を途切れることなくまた終わることなく注ぎこむことによって、子なる神を絶えず生み出し、その永遠の本質を維持するようなものです。

　こうして信者の義が継続するのは、恵みが継続して注がれるからにほかなりません。ただ一度の恵みがつねに存続するわけではないのです。それによって私たちは、神の慈悲に絶えず依存していることを完全に学ぶのです。じっさい神がその流れをいささかでも中断すれば、乾き[4]が襲ってくるのは必定です。それが必定であってみれば、始終新たな努力をしなければ、つねに新たな霊を獲得し続けることができないのは容易に分かります。なぜなら新たな恵みを獲得することによってしか以前の恵みを保持することはできないし、さもなければ、光を閉じ込めようと願いながら闇しか閉じ込めていない人びとのように、所持していると思っている恵みを失うことになるのですから。こうして、内面は古いよごれを保持したまま、つねに新たなよごれで汚れていくものですから、私たちは絶えず内面を清めるように注意しなければなりません。このたゆまぬ更新がなければ、古い容器には入れられない新しい酒を受け取ることはできないのです。[5]

　だからこそ、記憶の中にある事柄を心の中に沁み入らせるために、それらを私たちの目の前に置きなおすことを姉上は恐れてはなりません。それらについて姉上がお話しくだされば、私たちの記憶の中にある残像にまして、恵みを呼び覚ます手立てになってくれるのは確かです。じっさい恵みはとりわけ祈りに対して与えられますが、姉上が私たちにお示しくださったあの思いやりは祈り、それも決して途絶えさせてはならない祈りのうちに数えられる祈りなのですから。そういうわけで、どれほどありふれていてよく知られていることであっても、聖なる事柄であれば、読んだり聴いたりするのを決して拒んではならないのです。じっさい私たちの記憶――そしてそれが保持している教訓――は、それを生かすべき霊を欠いては、ユダヤ的な形骸にすぎません。そしてしばしば生ずることですが、神は内的な手段よりはむしろこのような外的な手段を用いて聖なる事柄を理解させ、人びとが自らのうちに恵みを受け入れる際に、思い上がる理由がそれだけ少なくなるように取り計らわれるのです。こうしてどんなにありふれた本や説教でも、その気になって打ち込む人には、より高尚な話――それは教訓よりはむしろ快楽をもたらしがちです――の素晴らしさ以上に多くの実りをもたらします。そして、どんなに無知でほとんど愚鈍といえる人びとでも、それにしかるべく耳を傾けることによって、神の御名と地獄の脅威を語る言葉を聞いただけで恵みを受けることがあるのです。彼らが理解しているのはただそれだけで、しかもそれは以前にも知っていたことなのに、そうなるのです。

第三は、姉上がこれらの事柄を書いてこられたのは、こうした心構えのうちにあることを私たちに分かってもらうためにすぎないとおっしゃっていることについてです。この点について、姉上を称え、また感謝を申し上げなければなりません。姉上の堅忍を称え、その証拠をお示しくださったことに感謝いたします。義兄上からはすでに同じ告白を引き出しましたが、[6] それについて義兄上のなさった説明を聞いて、その告白が本当であることを確信しました。その説明がどれほど私たちを満足させたかはとても言い表せません。もしも姉上が、私たちが同じことを言うのをお聞きになったとしたら抱かれるに違いない喜びからご想像ください。

ご一家のお住まいの計画のことを別にすれば、とくに申し上げることは何もありません。[7] 義兄上が、同時に二つのことを十分に考えられないほど企てに熱中しておられること、この計画の全体はあまりに長期にわたるので、それを仕上げるためには長いあいだほかのことが考えられなくなるに違いないことを私たちは知っています。また義兄上の計画が建物の一部分のためにすぎないことも知っています。しかしその部分はそれだけで長大すぎるばかりではなく、それを始めれば、障害がなくなり次第、残りの部分も完成させたいということになります。そんなことはしないとどれほど強く決心していてもそうなります。とりわけ義兄上が、そこに潜む隠れた魅惑から目を覚ますために必要な時間を建築のために費やすとすればなおさらです。こうして私たちは、計画は同じでも、義兄上が目指しておられるよりはずっと小規模にして、たんに必要なものだけをお建てになるに留めて、それに深入りしすぎないように、そして同時にそれを仕上げる資力を失くしてしまわないように忠告しました。どうか姉上もそのことは熟慮して決断され、義兄上に忠告してくださいますように。さもないと、義兄上は作る必要のない家の建築により多くの思慮と心遣いと苦労を費やされて、あの神秘の塔、姉上もご存じのように、聖アウグスティヌスがある手紙の中で語っている塔[8]、そして義兄上も会話の中で完成することを約束された塔の建築のことはなおざりにされるようなことが起こりかねません。さようなら[9]。

B.P. – J.P.

私のことについては、その詳細を別便でお知らせします。それまでそれが上首尾をもたらすように神様にお祈りしてください[10]。

誰かよい魂の持ち主をご存じであれば、私のためにも神様にお祈りしていただくようにしてください[11]。

1　一六四八年五月、いわゆる「高等法院のフロンド」が始まり、七月には地方総監と親任官が廃止され、エチエンヌ・パスカルはルアンにおける職務を失ってパリに戻り、一〇月には、ブレーズとジャクリーヌとともにマレ地区に新居を構える。ルアンで父に付き添っていたジルベルトは、クレルモンの夫のもとに戻る。したがってこの手紙は、パリのブレーズとジャクリーヌからクレルモンのジルベルト宛に送られたものである。原本は、前掲の手紙と同じくジャクリーヌの手で書かれ、末尾の追伸だけがパスカルの筆跡だという。

2 問題の「いざこざ」の原因が何であるかは不明。一六四七年にパリに戻ったブレーズとジャクリーヌ兄妹はポール・ロワイヤル修道院と緊密な関係を結び、とくにジャクリーヌは同修道院の修道女になることを切望し、その願いを兄のブレーズを通じて、また自らの手紙で父に伝えたが、エチエンヌはそれに強く反対していた。そこから、この件がいざこざに関係しているのではないかとの推測が行われてきたが、この手紙が返信として書かれるきっかけとなったジルベルトの手紙が残されていない状況では、その推測を確認するすべはない。

3 息子サムソンの奇蹟的な出生を予告しに来た天使とマノアとの対話(「士師記」第一三章、とくに一六節)、あるいはキリストの再臨をめぐる天使とヨハネの対話(「ヨハネの黙示録」第二二章八―九節)が念頭にあると思われる。

4 信心の業《わざ》に慰めを感じられない状態。

5 「新しいぶどう酒を古い革袋に入れる者はいない。そんなことをすれば、革袋は破れ、ぶどう酒は流れ出て、革袋もだめになる。新しいぶどう酒は新しい革袋に入れるものだ。そうすれば、両方とも長持ちする」(「マタイによる福音書」第九章一七節)。

6 ジルベルトの夫であるフロラン・ペリエは、一六四八年一〇月、パリに短期間滞在した。その時のことであろう。

7 フロラン・ペリエがクレルモンの町中に所有していた屋敷の改築計画のこと。フロランはさらにクレルモン郊外のビヤンナシの土地と城館を所有していたが、それを取得したのは一六五二年なので、その改築計画ではありえない。

8 アウグスティヌスは、書簡二四三―三八の第三節で、「ルカによる福音書」(第一四章二八―三〇節)でイエスが語る「塔」の建設の譬えを引いて、次のようにコメントしている。「したがって、この塔を造り上げるのに十分な資力があるというのは〔…〕、自らの持ち物のすべてを放棄するという意味にほかならない。」

9 元の手紙は、ここまでジャクリーヌの手で書かれていたという。

10 この二行は、ジャクリーヌ独自の追伸。

11 元の手紙のこの部分は、ブレーズの筆跡だったという。

(四) ブレーズから姉ジルベルトに宛てた手紙　一六四九年三月末頃1

在クレルモン(オヴェルニュ)　ペリエ夫人宛

姉上さま

姉上が本気でお怒りだとは思いません。じっさい、もしも私たちが姉上を忘れたことだけがお怒りの原因なのであれば、そうすべきいわれはまったくないからです。近況を申し上げなかったのは、一般的なことはあまりに一般的ですし、個別の事柄は相変わらず内密にしておくべきだからです。秘密裏に進行していることについて言うべきことが多々あるにしても、それを姉上に書き送るのは無用だと思います。姉上にお願いすることのすべては、私のために唱えてくださる祈り、そして今この時に繰り返していただきたい祈りに加えて、感謝の祈りを捧げていただくことに尽きます。姉上のお手紙は、神のご加護を得て、モビュイッソン女子修道院長さま[2]にお渡ししてもらえるように、私自身が持って行きました。あの方々は私に一冊の小冊子を下さいましたが、そこに次のような手書きの格言を見つけました。[3]それが例の小格言集に含まれているかどうか分かりませんが、美しいものです。今か今かと急かされています、もう何も申し上げられません。木曜日のお勤めを欠かさないでください。さようなら、姉上さま。

1　この短信は、高等法院のフロンドの最中にパリが封鎖されていた時期(一六四九年一月から三月)の少し後に書かれたと推定されている。そうだとすれば、文中にある、「一般的なこと」は、フロンドの乱に関わる周知のニュースということになる。それに対して、「個別の事柄」は、ジャクリーヌの召命をめぐってポール・ロワイヤルに不信感を抱いている父エチエンヌに対して、ブレーズとジャクリーヌがとった隠密の行動を示唆していると思われる。

2　モビュイッソンは一三世紀に創設されたシトー派の女子修道院。一六一九年から二三年にかけて、ポール・ロワイヤル女子修道院を改革したアンジェリック・アルノー教母がモビュイッソソンに派遣され、改革の手助けをした。一六二六年から四八年にかけては、同じくポール・ロワイヤルのマリー・デザンジュ教母が修道院長を務め、両修道院の間には緊密な関係があった。ブレーズは、父エチエンヌの監視の目を掻いくぐって、モビュイッソン修道院長宛の姉の手紙をポール・ロワイヤルの知人に託したのである。

3「あの方々」とは、ポール・ロワイヤルの関係者のこと。ポール・ロワイヤルでは、日々の霊的黙想のために用いられる格言を贈る習慣があったという。

解題 パスカル一家は、ルアン時代に、ノルマンディー地方に広まっていた信仰改革の息吹に触れて回心する。「回心」は改宗ではない。パスカル一家は一七世紀の大多数のフランス人と同じくカトリック教会に所属し、教会の教えに従順な信徒であった。しかしその信仰は慣習と一体化したものであり、特別の宗教的熱情とは無縁であった。「回心」というのは、ポール・ロワイヤルの指導者であり、当時のカトリック宗教改革において大きな役割を果たしたサン・シラン(一五八一―一六四三)の中心的思想であるが、被造物に執着していた心の方向を変えて神に向き直ること、つまりルーティン化していた信心を厳格な悔い改めの生活に転換することを意味している。

図 4　サン・シランの肖像

一家の回心のきっかけは、父エチエンヌが一六四六年一月、氷上で転んで大腿部を脱臼したことにある。彼はデシャン兄弟という二人の外科医に治療を依頼し、兄弟は三カ月間パスカル家に滞在して看護に当たった。ところで二人は元来、武人としての面子に執着する貴族であったが、サン・シランの教えを受けたジャン・ギユベール(一六〇五―一六六六)という聖職者の影響によって回心し、それぞれ施療院を設立して、外科医として慈善の業《わざ》に勤しんでいた。エチエンヌ・パスカルと子供たちの知性と人間性に感銘を受けた二人は、彼らをより深い信仰に誘うように決心し、まずはブレーズに働きかけて、ポール・ロワイヤルゆかりの信心書を貸し与えた。それを読んだブレーズは次第に新たな霊性に目覚め、妹のジャクリーヌに同じ信仰を勧め、さらに二人は父親を回心に導いた。同じ年の暮れ、長女のジルベルトと夫のフロラン・ペリエがルアンに滞在し、その間にルアンの一家の感化を受けて回心し、生活を改めた。フロラン・ペリエはまもなく任地のクレルモンに戻るが、ジルベルトはルアンに留まって、一家の主婦役を務めた。一六四七年春に重病を患ったブレーズは夏の終わりに、ルアンに父と姉を残して、ジャクリーヌとともにパリに赴き、治療を受けながら科学研究と宗教研究の双方に打ち込んだ。後者との関連では、兄妹がパリに到着するとただちにポール・ロワイヤル修道院と直接の関係に入り、たびたび修道院を訪問し、教えを受けたことが注目される。まもなくジャクリーヌは、ポール・ロワイヤル修道院で修道生活に入ることが、神から自分に与えられた使命であると感じて、それを切願するようになるが、父の強固な反対に妨げられて、父の生前には実現しなかった。なおジルベルトは二年以上ルアンに滞在したが、一六四八年の夏頃クレルモンに戻っている。こうしてパスカル一家は、ルアン、パリそしてクレルモンに別れ住んで、互いに手紙を取り交わしていたが、そのうち後世に伝えられたものはわずかである。以上の四通は、残されたもののなかで、ブレーズあるいはブレーズとジャクリーヌが差出人になっているものであり、当時のパスカル一家の信仰のあり方、ブレーズ自身の宗教的思索、そして一家の動静の一端を伝えている。

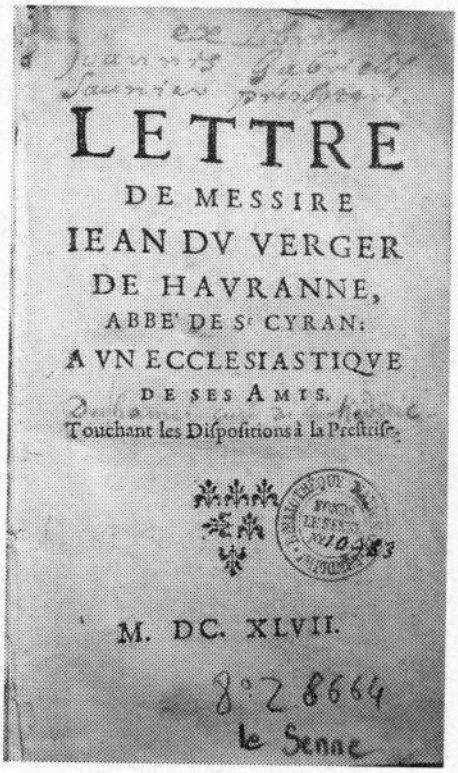

図5　サン・シラン『召命について』(1647年)

四　真空論序言　一六五一年頃

序言。真空論について。

今日、古代に対する尊敬の念は、その影響がもっと弱くてしかるべき分野において、あまりに強い力を振るっているので、古代の思想のすべてが神託扱いにされ、その晦渋さまでが神秘とされている。もはや新説を危険なしに提出することはできず、ある著者のテクストを持ちだすだけで最も強力な論拠を破壊するのに十分である。

〔約一〇行欠落〕

私の意図は、ある欠陥を別の欠陥で矯正して、古代人が過大に評価されているからといって、彼らの評価をまったくしないということではない。

私の主張は、推論[1]を犠牲にしてひたすら古代人の権威を確立しようとする人々に反対し、彼らの権威を追放してただ推論だけを持ちあげようということではない。

〔二行欠落〕

この重要な区別を注意深く行うためには、次のことを考慮しなければならない。一方[2]は、著者が書き記したことを知ることだけを目標としているので、ひたすら記憶に依存し、純粋に歴史的なものであるが、他方は、隠された真理を探究し発見することを目標としているので、ひたすら推論に依存し、完全に理論的[3]なものである[4]。

前者には限りがある。なぜならそれを記載している書物は……

以上の区別にしたがって、この尊敬の及ぶ範囲を別々に定めなければならない。……に捧げるべき尊敬は……

〔二行欠落〕

著者が書いたことが何であるかを探究することだけが問題になる分野、たとえば歴史、地理、法学、言語、[5]　そしてとりわけ神学、要するに、単純な事実もしくは神または人間によって樹立された制度を原理とするような分野においては、それを伝える書物に依拠することがどうしても必要である。なぜならそれについて知りうるすべてはそこに含まれているからである。そうだとすれば、それについては十全な認識が得られ、それに何か付け加えることができないのは明らかである。

フランス人の最初の王は誰であったか、地理学者は本初子午線をどこに置くか、ある死語においていかなる語が用いられていたか、何であれこの種の事柄を知ることが問題になった場合、私たちをその認識に導くのに、書物以外のいかなる手段があるのか。そして書物がそれらについて教えてくれること以外に、いったい誰がそこに新しいことを付け加えることができるだろうか。知りたいと思うことは、すべて書物に含まれているのだから。

私たちにそれらのことを教示できるのは、ただ権威だけである。[6] しかしこの権威が主として力を発揮するのは神学においてである。なぜならそこでは権威は真理と不可分であり、私たちは権威によってしか真理を知ることがないからである。こういうわけで、最も不可解な事柄を理性に完全に確信させるためには、それが聖書の中にあることを見せるだけで十分である。同様に、最も本当らしい事柄が不確実であることを示すためには、それが聖書に含まれていないことを見せさえすればよい。なぜなら神学の原理は自然と理性を超越しており、人間の精神は自らに固有の努力でそこに達するにはあまりにもか弱いので、全能かつ超自然の力でそこに運ばれなければ、この高い理解に到達することはできないからである。

感覚あるいは推論の圏内にある問題については事情が異なる。そこでは権威は無用であり、それを判定する権限を持っているのは理性だけである。両者にはそれぞれ別個の権利がある。これまでは権威がすべてにおいて優位にあった。今度は理性が支配する番である。ところで後者の部類の問題は精神の能力に比例しているので、精神は自由自在にそれを展開することができる。精神の無尽蔵の豊かさは絶え間なく成果を生み出し、その創意工夫は終わりも中断もなしにつづくことができる……

そういうわけで、幾何学、算術、音楽、自然学、医学、建築、そして実験と推論に支配されるすべての学問は、完全になるために増進させていかなければならない。[7]古代人がそれらの学問を見いだしたとき、それらは彼らに先立つ者たちによってたんに素描された状態にあった。そして私たちは、それらを自分たちが受け取ったときより完成した状態で後に来る者たちに引き継ぐだろう。これらの学問の完成は時間[8]と労力にかかっているので、私たちの時間と労力がもたらした成果と古代人の成果を別々に比べれば、私たちの方が劣っているかもしれないが、二つを合わせたものは、明らかに、それぞれよりも大きな成果を実現するはずである。

この相違が明らかになった以上、私たちは、自然学の分野において、推論あるいは実験の代わりに、権威だけを証拠として持ち出す者たちの盲目を嘆かなければならない。また神学において、聖書と教父たちの権威の代わりに、推論だけを用いる別の者たちの悪意に対しては嫌悪の気持ちを抱かなければならない。自然学において何も発明しようとしない臆病者は勇気づけなければならないし、神学において無謀にも新説を提起する者たちの不遜は打ち砕かなければならない。しかしながら現代の不幸は救いがたい程度に達しているので、神学においては、古代には知られていなかった多数の新説が執拗に支持され、鳴り物入りでもてはやされるありさまなのに対して、自然学において提起される新説は、少数しかないのに、それが少しでも通説と衝突するとすぐさま偽りとして断罪されなければならないかのようである。それではまるで、古代の哲学者に捧げられる尊敬は義務であるが、最古の教父たちに捧げられる尊敬はたんなる礼儀にすぎないかのようではないか。諸賢には、学問の秩序をこれほど不当にゆがめるこの悪弊の重大性に注目していただきたい。そうすれば、思うに、この[9]がほかの分野にも適用されることを望まない人々は、諸賢のうちにはほとんどいないだろう。なぜなら新しい創案は、冒瀆が罰せられることなしにまかり通っている分野では必ずや誤りであるが、他方、それとは比べものにならないほど低次の問題、それにもかかわらず、人々があえて手を触れようとしないあれほど多くの問題を完成させるためには絶対に必要なのだから。

　私たちの信頼の気持ちと不信の気持ちをもっと正しく振り分けて、私たちが古代人に対して抱く尊敬に限界を設けよう。尊敬の念を生み出したのは理性なのだから、それを調節するのも理性の務めである。そして考えてみようではないか。もしも古代人が先人たちに遠慮して、自分たちが受け取った知識にあえて何も付け加えようとしなかったとすれば、あるいは彼らから提供された新知識をその同時代人たちが受け入れるにあたり、私たちと同じような難色を示したとすれば、彼らの発見の果実は彼ら自身からもその子孫たちからも奪われていたことだろう。

古代人は彼らに伝えられた知識をひたすら新しい知識を獲得するための手段としてのみ用い、そしてこの幸せな大胆さが彼らに偉大な事柄への道を開いたのだから、私たちも彼らが私たちのために獲得してくれた知識を同じように受けとめ、彼らにならって、それを私たちの研究の目的ではなく手段とすることを通じて、彼らを模倣しながら凌駕するように努めなければならない。

じっさい、古代人たちがその先人たちに対して示していた以上の遠慮深さを私たちが彼らに示し、あの絶対不可侵の尊敬を彼らに対して捧げることほど不正なことはあるだろうか。彼らがそのような尊敬に値するとしたら、それは彼らが同じ優位を持つ彼らの先人に対して同様の尊敬を捧げなかったからだというのに……

〔五、六行欠落〕

自然の秘密は隠されている。自然はつねに働いているが、人はその結果をつねに発見できるわけではない。時はそれを世々明るみに出す。自然はそれ自体ではつねに同じであるが、つねに同じように知られているわけではない。

自然を理解させてくれるのは経験と実験[10]であるが、それは絶えず増大する。そしてそれは自然学の唯一の原理であるので、その帰結もそれに応じて増大する。

このようにして、私たちは今日、異なる意見と新しい見解を、軽蔑の気持ちなしに、また忘恩を働くことなしに、採用することができる。というのも、古代人が私たちに与えてくれた最初の知識は私たちの知識への梯子《はしご》段《だん》の役を果たしたのであり、私たちが彼らに対してこの優位を有しているのは彼らのおかげなのだから。じっさい、私たちは彼らに連れられてある段階のところまで達したからこそ、ほんのわずかの努力でもっと上に登り、彼らほどの苦労はせずに、また彼らほどの栄誉はなしに、彼らの上に立っているのだ。彼らには見つけられなかった事柄を私たちが発見することができるのは、その高みからなのである。私たちの視界はもっと広がっている。そして彼らも、自然について彼らが気づくことができたことについては、私たちと同じだけよく知っていたとはいえ、それでも彼らはこれほど多くのことは知らなかった。しかるに私たちは彼らより多くを見ている。

しかしながら彼らの見解に対する人びとの崇拝の仕方は異常である。それに反論するのは犯罪であり、それに何かを付け加えるのは侵害だというのだから。まるで彼らの後には、未知の真理はもはや残されていないかのようではないか。

それは、人間の理性を不当に貶め、動物の本能と同じ水準におくことではないだろうか。なぜなら両者の主要な相違、すなわち推論の結果は絶えず増大するのに対して、本能の結果はつねに同じ状態に留まるという相違を取り去ることになるのだから。ミツバチの巣は千年前も今と同じようにきちんと作られていた。それぞれの巣は最初のものも最新のものもあの規則正しい六角形になっている。動物がこの神秘的な衝動で生み出すすべてのものについて、事情は同様である。動物が必要に迫られるのに応じて、自然は動物に教えを与える。しかしこの脆弱な知識はその必要がなくなるとともに失われる。動物はそれを学習することなしに受け取るのでそれを保持する幸運は持ち合わせていない。動物にとって、与えられる知識は、与えられるたびごとに新しい。なぜなら、〔母なる〕[11]自然は動物を限られた完成状態のうちに留めておくことしか目指していないので、この必要な知識を動物に吹き込み、〔その知識を〕つねに同じに〔保って〕[12]、動物が滅びないようにするとともに、他方では、動物が与えられた限界を越えることがないように、その知識を増し加えることは許さないからである。人間にとって事情は異なる。人間はもっぱら無限に向けて作られているのだから。人間は生まれたての時期には無知のうちにある。しかし彼は成長の過程で絶えず学んでいく。じっさい彼は自分自身の経験ばかりでなく、さらに先人の経験からも利益を引き出す。というのも、彼がひとたび獲得した知識はつねに彼の記憶のうちに保持され、古代人の知識の方は彼らが残した書物を通じてつねに彼の目の前にあるのだから。そして人間はこれらの知識を保持するばかりでなく、それを容易に増大させることができる。こうして人類は今日、言うなれば、あの古代の哲学者たちが現在に至るまで生きながらえて老熟することができれば到達したであろう状態、つまり彼ら自身が何世紀もの研究によって獲得することができたであろう知識をそれまで持っていた知識に付け加えたのと同じ状態にある。その結果、人間特有の特典によって、たんに一人ひとりの人間が日々学問において向上するばかりでなく、すべての人間全体が、宇宙が年を取るにつれて、絶えず進歩する。なぜならある一人の人間のそれぞれの年代に起こることが、次々に移り変わる人類の各時代においても起こるのだから[13]。こういうわけで、これほど多くの世紀にわたって継起する人間の全体は、つねに存続し絶えず学び続ける同一の人間とみなすべきである。そこから分かるのは、私たちが古代をその哲学者たちにおいて尊敬するのがどれほど不正であるかということである。じっさい、老年は幼年から最も隔たった時代なのだから、この普遍的な人間における老年はその出生から最も近い時代のうちに求めるべきではなく、かえってそれから最も遠い時代のうちに求めるべきだということを分からない者がいるだろうか。私たちが古代人と呼ぶ人々は、すべてにおいて本当は新人であり、まさしく人類の幼年時代を形作っていたのだ。そして私たちは、彼らより後の世紀の経験を彼らの知識に付け加えたのだから、私たちが古代人のうちに崇拝しているあの古代がどこに見いだされるかといえば、私たちのうちなのだ。[14]

古代人は少数の原理しか持ち合わせていなかったのに、そこからきちんと帰結を引き出したことにおいて称賛されなければならない。推論の力が欠けていたからというよりはむしろ幸運な経験に恵まれなかったせいで間違えた帰結については大目に見なければならない。

じっさい彼らは視力の弱さを助ける手立てをまだ持っていなかったので、天の川の光について、天空のその部分がほかよりも固くできていて光をより強く反射するせいだと考えたが、それは無理からぬことではなかったのではないだろうか。

しかし私たちが同じ考えにとどまるとしたら、申し開きできないのではないだろうか。何しろ今や、私たちは望遠鏡の助けを借りて、そこに無数の小さな星を発見し、より豊かになったその光輝で、あの白さの本当の原因が何であるかを理解するにいたったのだから。[15]

古代人にはまた、あらゆる消滅可能な物体は月下の天球[16]に閉じ込められていると主張する理由があったのではないか。なぜなら彼らは、あれほど多くの世紀にわたって、この空間の外側にいまだ消滅も生成も見たことがなかったのだから。

しかし私たちは反対のことを断言しなければならないのではないか。彗星が月下界のはるか彼方で炎上し消滅するのを、地球上のすべての人がはっきりと見たのだから。[17]

このようにして、真空の問題についても、古代人には、自然は真空を許容しないと言う権利があった。なぜなら彼らのすべての実験はつねに、自然が真空を嫌悪し、許容できないことを示していたのだから。

しかしもしも新しい実験が彼らに知られていたならば、おそらく彼らは、それまで真空が出現することがなかったので否定するのも無理なかったことを肯定する理由を見いだしたことだろう。だから彼らが、自然は真空を許容しないという判断を下した際に問題にしていた自然は、彼らが知っている状態にある自然でしかなかった。じっさい、一般論として言えば、百回であろうと、千回であろうと、はたまたどれほど多数の回数であろうと、異なる機会に、それを変わらずに見たというだけでは十分ではない。なぜならまだ検討していない機会がただの一回でも残っていれば、それだけで一般的な定義を

妨げるのに十分だからである。そしてその唯一の機会の結果が反対であれば、それだけで……〔二行欠落〕

じっさい、論証ではなく実験が証拠となるあらゆる問題においては、そのすべての部分あるいはすべての場合を完全に枚挙することなしには、普遍的な主張をすることはできない。こうして、すべての物質のうちで最も固いのはダイアモンドであると私たちが言うとき、それは私たちが知っているすべての物質のことであり、そこに私たちが知らない物質を含めることはできないし、してはならない。またすべての物質のうちで最も重いのは金であると言うとき、この一般的な命題に、これまだ知られていない物質を含めるのは軽率である。そのような物質が自然に存在しないとは言えないのだから。[18]

同様に古代人たちが、自然は真空を許容しないと断言したとき、彼らが意図していたのは、彼らが目にしたすべての実験においてそうであったということであり、そこに彼らの知らない実験を軽々しく含めることはできなかったはずである。もしもそれが彼らに知られていたら、必ずや彼らは私たちと同じ帰結を引き出し、それに同意することによって、あの古代性というお墨付き――人々は今日それを学問の唯一の原理に仕立て上げようとしているのだが――をそれに与えたことだろう。

このようにして、私たちは古代人たちに逆らうことなしに、彼らの主張とは反対のことを断言することができる。そしてあの古代性にどれほどの威力があるにせよ、勝利を収めるのはつねに真理でなければならない。たとえそれが最新発見の真理であっても。じっさい真理は、それについてのあらゆる臆見よりもつねに古いものであって、それが知られはじめたときに存在しはじめたと考えるのは、真理の本性を知らないからだということになるだろう[19]。

1　推論とは、何らかの前提からある帰結を導き出す理性の働きであり、理性とほぼ同義に用いられている。

2　文脈から考えて、「認識」ないしは「学問」の種類が問題になっている。

3　原語は dogmatique。それぞれの学問の原理 dogmes から推論によって新たな知識を導出する認識方法の意。

4　ジャンセニウスも同様の区別をしている。「したがって哲学研究に必要な固有の能力が知性であるように、神学研究に固有の能力は記憶である。前者は、知解された原理を洞察することによって哲学者を形成し、後者は書物あるいは宣教によって伝えられてきたことを想起することによってキリスト教神学者を形成する(『アウグスティヌス』一六四〇年、第二巻序の書「神学における理性と権威について」、第四章「哲学と神学の相違。前者に寄与するのは理性、後者には記憶……」)。

5 原文欠落。

6 当時のフランス語において、「権威」という語は現行の意味と並んで、「直接経験できない事柄の認識において、他者の報告に信用を与える重み、つまり証言の信憑性」という意味ももっていた。この点について詳しくは、塩川徹也「権威と認識」(『パスカル考』岩波書店、二〇〇三年所収)参照。

7 「増進 augmentées させていかなければならない」という表現は、フランシス・ベーコンの最初の大作『学問の尊厳と進歩』(*De dignitate et augmentis scientiarum*)のタイトルを想起させる。この作品は、一六三二年、パスカルと同郷のゴルフェールによって仏訳が出版されたという。学問は進歩するという信念は、当時、メルセンヌ・アカデミーに集う科学者たちに共有されていた。

8 時間が学問の形成において果たす役割については、ベーコンが有名な箴言を引用している。「真理は時の娘であって、権威の娘ではない」(『ノヴム・オルガヌム』(第一巻八四節)。

9 原文欠落。「自由」と補う版もあるが、説得的ではない。

10 原語の expérience は、経験と実験の双方を意味する。注**7**で言及したベーコンのテクストの直前の部分では、経験と実験が使い分けられているが、フランス語で科学的な実験を意味する expérimentation という語が登場するのは一九世紀である。「人事についてのより豊富な知識と成熟した判断について、われわれは若者よりは老人から多くを期待するが、それは老人には経験 experientia があり、また彼が見聞し考えたことも多様で豊富だからである。同様に、初期の時代よりは現代から〔…〕多くのことを期待するのがふさわしい。なぜなら現代の方が世界のより進んだ時代であり、無数の実験 experimenti と観察が増し加えられているのだから」(『ノヴム・オルガヌム』(第一巻八四節)。

11 原文欠落。〔　〕内は、メナールの推定による。

12 同右。

13 すでにアウグスティヌスも、人類の進展の段階を個人としての人間の生育の段階になぞらえている。ただし彼は人類の進歩の思想には無縁である。「神の民に関係づけられる限りでの人類の正しい教育は、一人の人間の教育と同様であり、個人の教育がその人の年齢の発展段階に応じてなされるように、人類の教育も一定の時代の節目に従って行われる」(『神の国』第一〇巻一四章)。

14 同様の主張はベーコンのうちに見いだされる。「本当のことを言うと、「古代は世界の青年時代」である。世界はすでに年老いているのだから、古いのはたしかに我々の時代である」(『学問の進歩』(第一巻五―一)。『ノヴム・オルガヌム』第一巻八四節でも同様の主張が行われている。

15 アリストテレスの見解(『気象論』第一巻八章)に基づいて、銀河は太陽や月の光を反射するガスの層であるとする理論は、ガリレオによって覆された。彼は、望遠鏡を用いて銀河系を観測し、それが無数の星の集合であることを明らかにした。『星界の報告』参照。望遠鏡による星の発見とその宗教的含意については、『パンセ』断章七八二を参照。

16 月の軌道と地球の間の空間。月下界と呼ばれた。スコラ哲学はアリストテレスに依拠して、月下界のすべての事物は生成消滅するが、その外にある天体は生成消滅を免れていると主張していた。

17 ケプラーは彗星の観測においても優れた成果を挙げ、一六一九年に刊行した『彗星小論三編』において、彗星を月下界に属する大気現象であるという説を批判していた。パスカルはこれを参照していた可能性があるという。

18 今日では、白金やイリジウムが金より密度が高いことが知られている。数学者として厳密な論証を重視するパスカルは、帰納法の限界に敏感であった。

19 原テクストを伝える唯一の写し(「ゲリエ写本第一集」に転写されたテクスト)の末尾には、筆写者ゲリエ神父による次の注記が付されている。「これはきわめて不完全で欠落だらけの写本の転写である」。

解題 パスカルの死後、彼の伝記を書いた姉のジルベルトによれば、彼は第一の回心によってひたすら神のために生きることを決意し、その他のすべての研究を放棄したというが、これは事実に反する。彼は、回心後もルアンそしてパリで、宗教の研究と並行して、科学研究を精力的に続行した。その中で最も重要なのは、真空の問題に関連する一連の仕事である。その発端となったのは、イタリア人トリチェッリの水銀柱実験、そしてその解釈をめぐって引き起こされた論争である。細長いガラス管に水銀を満たして、それを同じく水銀を入れた容器に倒立させると、ガラス管中の水銀柱は降下するが、あるところで止まり、その上は空になる。この見かけの空虚は真空なのか、それとも空気あるいはほかの目に見えない物体に満たされているのか、それが争点であった。宇宙は充満体であるとするアリストテレスの見解を受け継いだスコラ哲学は、「自然は真空を嫌悪する」という命題を自然学の原理の一つとしていた。それに対して、ルネサンスに再発見された古代の原子論の影響を受けた新興科学の支持者たちは真空の存在を容認する方向に傾いていた。こうして真空の存在は当時のフランスばかりでなく全ヨーロッパの科学界で最も活発に論じられる問題の一つであった。

パスカルは一六四六年秋にルアンでトリチェッリの実験の報に接し、その再現実験を行い成功する。そして、父エチエンヌとともに新興科学研究の一翼を担っていた彼は、実験によって作り出された空虚が真空であると予想して、それを立証するために多様な実験を構想し、そのいくつかを鳴り物入りで実施する。こうして彼は、ガラス管上部の見かけの空虚には、感覚可能ないかなる物体も含まれていないという意味で真空であり、したがって自然が真空を嫌悪して、それを絶対的に許容しないという説は誤っており、仮に自然が真空を嫌悪するにしても、その力は無限ではなく、限定されているという結論を導き出した。

しかしトリチェッリの実験が提起する問題はそれだけではない。ガラス管中の水銀柱が下まで降下せず、ある高さで止まるのはどうしてか。トリチェッリ自身、この現象が大気の圧力と水銀の重さの平衡によって生ずるという仮説を提示していたが、パスカルはこれを検証するために、ピュイ・ド・ドームの実験を構想した。もしも大気圧が水銀柱の宙づりの原因であるとすれば、水銀柱の高さは平地と高地では異なるはずである。パスカルは、クレルモン在住の義兄フロラン・ペリエに手紙を書いて、近隣の高山ピュイ・ド・ドームの麓と山頂で水銀柱の高さを同じ日に測定するように依頼した。結果は予想を裏付け、「大気の重さと圧力」がトリチェッリの実験によって出現した現象の真の原因であり、真空の嫌悪はそれに一切関与しておらず、そもそも自然が真空を嫌悪することはないことが確認された。しかしパスカルはさらに視野を拡大して、大気圧の影響を「流体の平衡」の一般法則の特殊例と捉えて、流体の平衡を論ずる大著『真空論』の準備を進めたという。彼はしばしばこの計画に言及し、その完成が間近であるかのように語っているが、結局残されたのは、少数の断片にすぎない。その代わりに、『真空論』を短縮したと考えられる二編の論文、『流体の平衡について』と『大気の重さ

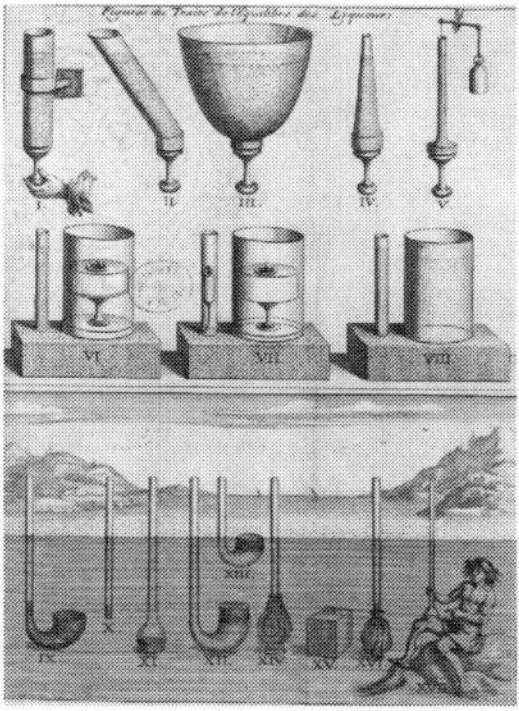

図6　『流体の平衡と大気の重さについて』(1663年)巻末の図版

について』が残され、死後まもなく遺作として、フロラン・ペリエによって出版された。

＊

真空の問題に関するパスカルの論考の中で、一般に「真空論序言」と呼びならわされているこの小品は特異な位置を占めている。それは一八世紀後半に、『哲学の分野における権威について』という題名ではじめて公刊されたが、パスカル自身の原稿は残されておらず、それを伝える唯一の写本（「ゲリエ写本第一集」）に記されている題名は『序言。真空論について』であった。しかもこの写本の元となったのは、「きわめて不完全で欠落だらけの写本」であり、それに題名が付されていたかどうかも確認できない。写本の作成者ゲリエ神父が題名を与えた可能性も否定できない。とはいえ、内容から見て、これが未完に終わった『真空論』の序文の草稿として書かれたと考えるのは自然であり、一般に受け入れられている。執筆時期については、『真空論』の執筆時期との関連で、一六五一年頃と推定されているが、確証があるわけではない。

この小品は、荒削りの未定稿であるにもかかわらず、認識とその方法に関するパスカルの根本思想が、科学と宗教の双方を視野に収めて展開される注目すべきテクストである。その背景にあるのは、まずは真空の問題をめぐって彼自身が従事した研究活動およびそれが引き起こした論争であり、彼はそれに鋭利な理論的反省を加えることを通じて旧来のスコラ自然学を批判し、それに対する新興科学の優位を高らかに宣言する。「感覚あるいは推論の圏内にある問題」、すなわち自然科学とその応用技術の認識を主導するのは理性であり、そこでは昔の学者の見解は権威つまり信憑性をもたない。科学技術の領域では、すでにフランシス・ベーコンそしてデカルトが強調していたように、人間の知識は観察と実験にもとづく研究の積み重ねによって日々増進する。ここでは古代人の権威への盲従は断固として退けられなければならない。『真空論序言』が進歩思想の系譜の中で重要な位置を与えられてきたのは故なしとしない。

しかし本テクストの射程は、理性による認識の領域を超えて、さらに遠くに及ぶ。認識の源泉そしてタイプは、理性による認識に限られない。歴史上の人物や出来事、遠隔地の事物と出来事のように直接接することができない事象は、原理的に感覚と理性によって知ることはできない。その認識を可能にするのは、問題の事象に直接関わった人びとを起点として伝えられてきた証言を措いてほかにない。それは、要するに伝聞知であり、その代表的な媒体が「書物」、そしてその信憑性を保証するのが「権威」なのである。そうだとすれば、歴史的認識においては、古人の書物は不可欠の証言として尊重すべきものとなる。古代人は、自然科学の領域において失った権威を、歴史の分野で回復するのである。しかし権威による認識が最も重要な役割を果たすのは、宗教とりわけ神学の分野である。なぜならそこでは、真理は理性には到達不可能であり、ただ聖書という書物の証言によって啓示されるのだから。このような主張の背後には、注にも記したように、第一の回心期に親しむようになったジャンセニウス(一五八五―一六三八)の思想が控えていると思われる。この意味で、本テクストは、たんに近代の古代に対する優位を鼓吹する進歩思想のマニフェストではない。それは、回心によって養われた宗教的思索を踏まえて、理性と権威、科学と宗教の関係について遠大な見通しが示される独創的な認識論である。とりわけ、ここで認識との関連で言及される権威は、以後、『プロヴァンシアル』や『パンセ』の多種多様な議論において重要な役割を果たすことになる。「権威」がパスカルの思索にとって鍵概念のひとつであることは、もっと注目されてよい。

図７　ジャンセニウスの肖像

五　父の死についての手紙　一六五一年一〇月一七日

一六五一年九月二四日パリで逝去した父パスカル氏の死に際してクレルモンのペリエ氏夫妻に宛てたパスカル氏の手紙[1]

パリ、一六五一年一〇月一七日

今やお二人とも私たちに共通の不幸をご存じです。また以前に書きはじめたお手紙で、私たちの悲嘆の原因となった出来事が幸せな状況のうちで生じたことをお伝えして、お二人へのいささかの慰めとしました。そうであればこそ、かつて神のお恵みによっていただいた多くの慰め、そしてこの機会に新たに友人たちから与えられた慰めのうちで、私の心のうちに留まっている慰め——それを神が私に与えてくださり、また新たにしてくださることを祈っています——をお二人にお分かちするのを拒むことはできません。

最初の手紙がどこで終わったのか、もはや覚えていません。[2] 妹が、まだ終わっていないことに気づかずに送ってしまったのです。ただそれは、おおむね生と病についての神のお導きのいくつかの特殊事情を内容としていたような気がします。それを私は心の中にしっかり刻みつけましたし、またそれは実質的な慰めを含んでいますので、もしもお二人が前便の中にそれを見いだすことができなかったとしたら、また妹が、機会があり次第、それについてより正確にお話しすることになっていなかったとしたら、ここでまた繰り返したいところです。

ですからここでは、そこから引き出される結論についてだけお話しすることにします。それは、父上の最期がきわめてキリスト教的、きわめて幸福、きわめて清らか、またきわめて望ましいものなので、自然本性の感情に左右される人々を別にすれば、そのことを喜ばないキリスト教徒はいないはずだということです。

この重要な土台に立って、まずはこの手紙を、苦悩の最中にあってもそれを理解するだけ自由な精神をお持ちの方々にとって大きな慰めとなるお話から始めましょう。

それは、私たちの不幸に対する慰めを、私たち自身のうちにではなく、また人びとのうちにでもなく、創造されたすべてのもののうちでもなく、神のうちに求めなければならないということです。そしてその理由はといえば、いかなる被造物も私たちが不幸と呼ぶ出来事の第一原因ではなく、神の摂理こそがその唯一真実の原因にして審判者そして至高の支配者であるので、確実な安らぎを見いだすためには、直接源泉に助けを求め、起源に遡らなければならないからであり、これにはまったく疑いの余地がありません。もしも私たちがこの教えに従い、この出来事を偶然の結果とも、自然の定める必然とも、人間を構成する元素や分子の勝手な振舞いとも見なすのではなく（なぜなら神はご自身が選ばれた人びとを気まぐれや偶然に委ねることはなかったのですから）、そうではなくて、永遠の昔から構想された摂理の定めの不可欠で不可避な結果、正当で神聖な結果、教会の善および神の御名と偉大さの賛美にとって有用な結果として、時が満ちて、ある年、ある日、ある時刻、ある場所、あるやり方で成就したことだと見なすとすれば、要するに、すべて起こったことはつねに神において予知され、あらかじめ命じられていたと考えるとすれば、さらにもしも私たちが恩恵に動かされて、この出来事をそれ自体においてではなく、つまり神の外において眺めるのではなく、出来事の外側において、そして神の御心の内奥において、神の定めの正しさと神の摂理の秩序において眺め、摂理の秩序こそがこの出来事の真の原因であり、それなしにはこの出来事は生じなかったし、それによってのみ、これが生じたようなやり方で生じたことを理解すれば、私たちは沈黙のうちにへりくだって、神の秘密の窺い知ることのできない高みをあがめ、神の定めの神聖さを崇敬し、神の摂理の導きを讃えるでしょう。そして私たちの心を神ご自身の御心と結び合わせて、神とともに、神にあって神のために、神が永遠の昔から私たちのうちに、そして私たちのために望まれた事柄を私たちも望むでしょう。

　ですから今回の出来事もそのように考えましょう。そして私たちが悲嘆の絶頂にあったときに、ある偉大な方から私がいただいた教え、すなわち慰めはただ真理のうちにしかないという教えを実践しましょう。このような機会にあっては、セネカやソクラテスが何の説得力ももたないのは確かです。[3] 二人とも、最初の人間においてすべての人間を盲目にした誤りの支配下にありました。[4] 彼らは皆、死は人間にとって自然だと考えたのです。そして彼らがこの偽りの原理に立脚して展開した論説[5]はすべてあまりにもたわいないので、その無用さによって人間全般がどれほどか弱いかを示すのにしか役立ちません。じっさい、最大の偉人が生み出した最高の作品でさえ、かくも低劣でかくも子供じみているのですから。

　イエス・キリストについてはそうではありません。聖書の正典もそうではありません。そこでは真理が顕わにされており、慰めは真理と間違いなく結びつき、誤りからもそれと同じくらい間違いなく切り離されています。ですから聖霊が私たちに授けられた真理のうちにあって、死を考察しましょう。私たちの優位は驚嘆すべきものです。それというのも、私たちは、死が真にまた現実に罪の罰であること、それが罪を償うために人間に科せられた罰、人間から罪を拭い去るために必要な罰であること、そして、魂を五体の欲心[6]、聖者もこの世に生きる限りそれなしではいられない五体の欲心から解放するのはこの罰だけであることを知っているからです。人の一生、それもキリスト教徒の一生は、絶えざる供犠《くぎ》でありそれは死によってしか完結しないことを私たちは知っています。また次のことも知っています。イエス・キリストが、この世に入るにあたって、ご自身を燔祭《はんさい》[7]のいけにえ、真の犠牲と見なして、ご自身を神に捧げたように、またイエス・キリストの誕生、生涯、死、復活、昇天、そして聖体における現前、さらに神の右の座へ永遠の着座、これらが全体としてただ一つで唯一の供犠でしかないように、イエス・キリストに到来したことは、その手足であるすべての信徒[8]のうちに到来しなければならないということです。

　ですから人の一生を供犠として考えましょう。そして人生の波乱が信徒の心に影響を及ぼすにしても、それはもっぱらその波乱がこの供犠を中断するかそれとも完成するかに応じてでありますように。神への献げ物を悪魔への献げ物に転ずるものだけを悪と呼びましょう。しかしアダムにおける悪魔への献げ物を神への献げ物に転ずるものは善と呼びましょう。そしてこの規則に従って死の本性を吟味しましょう。

このことを熟視するためには、イエス・キリストご自身に依りすがらなければなりません。なぜなら人間のうちにあるものはすべて厭わしいものであり、神が人間を仲介者たるイエス・キリストのみを通じてご覧になるように、人間もまた他人であれ自分自身であれ、ただイエス・キリストを仲介として眺めなければならないのですから。じっさい、もしも私たちがこの仲介を経由しなければ、私たちが自分のうちに見いだすのは真の不幸か厭わしい快楽にすぎません。しかしすべてをイエス・キリストのうちに眺めるのならば、私たちはあらゆる慰め、あらゆる満足、あらゆる霊的教化を見いだすことでしょう。

ですから死を、イエス・キリストなしではなく、イエス・キリストのうちに眺めましょう。イエス・キリストなしでは、死はおぞましく、厭わしく、自然の恐怖です。キリストのうちにあっては、まったく別物で、愛すべき神聖な、信者の喜びなのです。イエス・キリストにあってはすべてが、死に至るまで、甘美です。だからこそ彼は苦しみと死を引き受けて、死と苦痛を聖なるものとされたのです。そしてイエス・キリストは、神としてまた人として、一切の偉大と一切の卑賤を併せもたれていましたが、それはすべてのものを、罪は別として、ご自分のうちで聖なるものとするためであり、またすべての境遇の模範となるためでした。

死が何であるのか、またイエス・キリストにおける死が何であるのかを考察するためには、それがイエス・キリストの供犠——それは永続的で絶え間のない供犠です——において、いかなる位置を占めているかを見なければならず、そのためには、供犠における主要な部分がいけにえの死であることに注目しなければなりません。それに先立つ奉献と聖化は準備です。しかし完成は死にあり、そこで被造物は、命を滅ぼすことによって、自らに可能なかぎりの尊敬を神に捧げ、神の威容の眼前で自らを無にし、唯一真の実在である神の至高の存在をあがめるのです。とはいえ、いけにえの死後にもう一つの部分があり、それがなければその死は無益です。それは神が供犠を受納することです。聖書において、「主は香ばしきを聞《か》ぎたもうた」[9]（そして神は供犠の香りをかいで、受け入れられた）と言われているのは、このことです。この受納こそ奉献の完成です。しかしそれは被造物の神に対する行いというよりは、神の被造物に対する行いであり、被造物の最後の行いが死であることを妨げません。

　これらのことすべてがイエス・キリストにおいて成就したのです。イエス・キリストはこの世に来られたとき、ご自身を捧げられました。「聖霊によりておのれを捧げたまえり。」[10] 世に来る時、言いたまう。「汝、いけにえを欲せず……[11] その時われ言う。《われ来り。書《ふみ》の巻に、云々。》[12]」（イエス・キリストは聖霊によってご自身を捧げられた。この世に来られた時に、こう言われた。「主よ、供犠はあなたのお気に召しません。しかしあなたは私のために体を備えてくださいました。そこで、私は言いました。《ご覧ください。私は来ました、神よ、御心を行うために。あなたの掟は私の心のうちにありま す。》」[13]以上が、イエス・キリストの奉献です。イエス・キリストの聖化はその奉献に直接につながっています。この供犠はイエス・キリストの生涯にわたって続き、その死によって完成しました。彼は栄光に入るために、これらの苦しみを経なければならなかったのです。[14]そして神の御子であったとはいえ、イエス・キリストは従順を学ばなければならなかったのです。[15]しかし肉において生きておられたときには、ご自分を死から救う力のある方に大きな叫びを上げて呼ばわり、その畏れ敬う態度のゆえに願いを聞き入れられました。[16]そして神はイエス・キリストをよみがえらせ、ご自身の栄光――かつていけにえの上に降る天の火[17]によって象徴されていた栄光――を遣わして、その体を焼き尽くし、それが霊的存在となって栄光の生命を生きるようにされました。これこそ、イエス・キリストが獲得されたことであり、それは彼の復活によって成就したのです。

こうしてこの供犠はイエス・キリストの死によって完成し、さらに復活――そこでは罪ある肉の姿は栄光のうちに没し去りました――によって彼の体においても成就した結果、イエス・キリストはご自身としてはすべてを成し遂げられました。残るは、神がこの供犠を受け入れられることでした。あたかも煙が立ち上って神の玉座までその香りを持ち運ぶように、イエス・キリストが完全に屠《ほふ》られた状態で神の玉座に奉献され、持ち運ばれ、受け入れられることでした。そしてこれこそご昇天[18]において成就したことでした。そのときイエス・キリストは、ご自身の力と、四方八方からとりまくご自身の聖霊の力によってお昇りになったのです。それはあたかも、イエス・キリストの表徴であるいけにえの煙が、それを支える空気――それは聖霊の表徴です――によって高みに運ばれるようなものでした。そして「使徒言行録」は、イエス・キリストが天に受け入れられた[19]と明白に記していますが、それは地上で完成したこの神聖な供犠が神に嘉納され、神の懐に受け入れられて永遠に栄光の炎で燃えることを私たちに保証するためです。

　以上が、私たちの至高の主のあり方です。今度は、私たちのあり方がどうなのかを見てみましょう。私たちは教会――それは信者とりわけ神に選ばれた人々の世界であり、イエス・キリストも神の独り子の特権によって受肉されるとともにそこにお入りになりました――に入るとともに奉献され、聖化されます。この供犠は生涯を通じて続き、死において完結します。生きている間、魂はつねにあらゆる悪徳と地上への愛の影響で汚染されていますが、死においてそれから真に離脱し、犠牲を完成して、神の懐に受け入れられます。

ですから希望をもたない異教徒のように嘆き悲しむのはやめましょう。私たちが父上を失ったのは、何もお亡くなりになったときではありません。洗礼によって教会に加入されたそのときから、父上をいわば失っていたのです。そのときから父上は神のものでした。父上の人生は神に捧げられていました。父上の活動は俗世に関わっていましたが、それはひたすら神のためでした。死において父上は罪から完全に引き離されました。そして父上が神に受け入れられ、その供犠が実現し完成したのはそのときです。ですから父上は神に捧げると誓われたことを果たされました。神が父上に果たすように与えられた仕事を仕上げられました。ご自分がそのために創造された唯一のことを成し遂げられました。神の御心は父上のうちで実現し、父上のご意志は神のうちに吸収されたのです。ですから私たちが自分の意志で、神が結びつけられたものを分かつことがありませんように。そして真理を理解することを通じて、堕落して誤った自然本性の生み出す感情を抑えつけるなり静めるなりいたしましょう。なにしろ自然本性は、偽りの影しかもたず、その幻影によって、真理と福音が私たちに抱かせるはずの神聖な感情を乱すのですから。

ですからもはや異教徒のようにではなく、キリスト教徒のように、つまり聖パウロが命じられるように[20]、希望をもって死のことを考えましょう。それがキリスト教徒に固有の特権なのですから。私たちを欺く自然がそのように見せるからといって、遺体をおぞましい腐肉のように見ないで、信仰が教えるように、遺体を不可侵で永遠の聖霊の神殿として眺めましょう。じっさい私たちが知っているように、聖者の遺体には復活のときに至るまで聖霊が住まっており、復活はそのためにそこに留まっている聖霊の力で実現するのです。これが教会の信仰です。この理由で、私たちは死者の遺物を敬います。またこの真実の原理に立って、教会はかつて死者の口に聖体を与えていたのです。それは、死者の体が聖霊の神殿であることを人々は知っていたので、それはまた聖体の秘蹟と結びつく資格を有していると信じていたからです。しかし教会はこの慣習を変えました。遺体が神聖でないからではありません。聖体が命と生者のパンである以上、それは死者に与えるべきではないという理由によってです。

亡くなった人について自然本性がどう思わせようとも、もはやその人が生きるのをやめたと考えるのではなく、生きはじめたのだと考えましょう。真理がそう保証しています。その魂は滅び無に帰したと考えるのではなく、生気を与えられ至高の生者と結びついたのだと考えましょう。そしてまた、これらの真理に注目することを通じて、私たちのうちに刻みつけられた誤った考え、そして人間生来のこの恐怖の感情を矯正しましょう。

この恐怖をよりしっかりと克服するためには、その起源をよく理解しなければなりません。そしてそれについて簡単に説明するためには、すべての悪徳と罪の源泉が何であるかを一般的にお話ししなければなりません。それを私は二人のきわめて偉大な聖者から学びました。[21] この神秘の扉を開く真理によれば、神は人間を二つの愛、一つは神への愛、もう一つは自分自身への愛とともに創造されました。[22] ただし、神への愛は無限、すなわち神ご自身以外に一切の目的をもたないのに対して、自分自身への愛は有限で神に関係づけられるという条件をつけて創造されたのです。

人間はこの状態においては罪を犯すことなしに自分を愛していたばかりではありません。罪を犯さずには、自分を愛さないことはできなかったのです。

それから罪がやってきたので、人間は二つの愛の最初の方を失いました。そして自分自身への愛だけが、無限の愛を受け入れることのできるこの偉大な魂のうちに残った結果、神の愛が立ち去ってできた空虚のうちに、この自己愛が広がりあふれだしました。こうして自己愛はただ自分だけを、そして万物を自分のために、言いかえれば、限界なしに愛したのです。

これが自己愛の起源です。それはアダムにとっては自然であり、その無垢の状態においては正当でした。しかし彼が罪を犯した後では、それは罪深く節度を欠くものとなりました。

これがこの愛の源泉であり、その欠陥と過剰の原因です。支配欲や怠惰やほかの罪についても同じことが言えます。その適用は容易です。私たちの唯一の主題に戻りましょう。死の恐怖は無垢のアダムにとっては自然でした。アダムの生命はとても神のお気に召していたのですから、それは人間にとっても好もしいものであったはずです。そして死は恐ろしいものでした。神の御心に合致した生涯を終わらせるものだったのですから。それから、人間は罪を犯したので、彼の生命は損なわれ、彼の体と魂はお互いに敵となり、両方とも神の敵となりました。この恐ろしい変化があれほど神聖な生命を汚染したのに、生命愛は変わらずに残りました。そして死の恐怖はそのままだったので、アダムにおいて正当であったことが、私たちにおいては不正で邪なことになりました。

これが死の恐怖の起源であり、その欠陥の原因です。

ですから自然の誤りを信仰の光明によって明らかにしましょう。

死の恐怖は自然です。しかしそれは無垢の状態においてです。死は真実恐ろしいものです。しかしそれは死がまったく清らかな生命を終わらせる場合です。

死が神聖な魂を神聖な体から切り離していたとき、死を恐れるのは正当でした。しかしそれが神聖な魂を汚れた体から切り離すときには、死を愛するのが正当です。死が魂と体の和合を壊したとき、それを忌避するのは正当でした。しかしそれが両者の調停できない不和を静めるときには、そうではありません。要するに、それが無垢の体を苦しめるとき、神を敬う自由を体から奪うとき、神の御心に服従し協働する体を魂から切り離すとき、それが人間にとって可能なすべての善を終わらせるとき、死を憎悪するのは正当でした。しかしそれが汚れた生命を終わらせるとき、罪を犯す自由を体から奪うとき、救いをもたらすあらゆる機縁に刃向かう強力な反逆者から魂を解放するとき、死について同じ考えを抱き続けるのはきわめて不当です。

ですから自然が私たちに授けたこの生命愛を捨てないようにしましょう。私たちはそれを神からいただいたのですから。しかしそれは、神が私たちに賜ったのと同じ生命に対してであり、その反対の対象に向かうことがあってはなりません。

そしてアダムが自らの無垢の生に抱いていた愛、イエス・キリストさえもご自分の生に抱かれていた愛——そのことは死の苦痛を嫌悪されたことからも明らかです——には同意しながらも、イエス・キリストが愛された生とは反対の生は憎み、イエス・キリストが恐れられた死、神のお気に召す体に到来する死だけを恐れるようにいたしましょう。そして、それとは反対の死、つまり罪ある体を罰し、みだらな体を浄化することによって、死に対して正反対の気持ちを起こさせる——私たちにいささかの信仰と希望と愛徳があれば、そうなるはずです——に違いない死は恐れないようにいたしましょう。

イエス・キリストに到来したすべてのことは、一人ひとりのキリスト教徒の魂と体の双方に起こらなければならないというのは、キリスト教の大原則の一つであり、イエス・キリストがその死すべき生涯のあいだ苦難を受け、この死すべき生に対しては死なれ、新たな生命によって復活し、天に昇り、父なる神の右に坐しておられると同様に、キリスト教徒の体と魂も苦しみ、死に、復活し、天に昇り、右の座に着かなければならないのです。

これらの事柄は、魂においては私たちが生きている間に実現しますが、体においてはそうではありません。

魂は悔悛と洗礼において苦しみを受け、罪に対して死んだものになります。魂は同じく洗礼において新しい生に再生します。魂は死の時に地上を離れ、天に昇り、神が定められたときに右の座に着きます。

体においては、これらの事柄のうち何ひとつ、この世に生きているあいだには到来しません。しかしその後で同じことが体に起こるのです。

というのも、死において、体は死すべき生に対して死んだものになります。審判において体は新たな生に再生します。審判の後で、体は天に昇り、右の座に着きます。

こうして同じことが体にも魂にも到来しますが、その時期は異なります。そして体の変化は魂の変化が完了したとき、すなわち死の時にしか到来しません。そういうわけで、死は魂の至福の完成であり、体の至福の始まりなのです。

神の知恵が聖者を救いに導く際の驚嘆すべきやり方は、以上の通りです。そして聖アウグスティヌスがこの点について私たちに教えるところによれば[23]、神がそのように取り計らわれたのは、もしも人間の体が洗礼において死んで永久によみがえるとすれば、人はひたすら生命愛によって福音に従うことになるのではないかと、恐れられたからです。それに反して、人が死の陰[24]を経て不死を目指すとき、信仰の偉大さはより一層輝きを増すのです。

これこそたしかに私たちの信仰のあり方、私たちが告白する信仰です。私はお二人を慰める助けになればと思ってささやかな努力をしていますが、ここにはそうするためのものは十二分にあると思います。自分勝手な知識だけなら、私はこんなことを企てたりはしないでしょう。しかしこれは私が学んだことの繰り返しにすぎないのです。私は、神がこの萌芽を祝福して、それを成長させてくださるよう祈りながら、安心してそうしています。じっさい神なしには、私たちは何もできませんし、神の最も神聖な言葉も私たちのうちに根付くことはありません。それは、神ご自身がおっしゃるとおりです[25]。だからといって、私は、お二人に悲しまないでいただきたいとお願いしているわけではありません。打撃はあまりにも厳しく、超自然的な助けがなければ、耐えることさえできないでしょう。ですから、自然の感情を一切もたない天使のように、私たちが苦悩なしでいるのは正しくありません。しかし恩恵を一切感じない異教徒のように、慰めなしでいるのも正しくありません。正しいのは、キリスト教徒として悲嘆にくれつつ慰められ、恩恵の慰めが自然の感情に打ち勝つこと、恩恵がたんに私たちのうちにあるばかりでなく、そこで勝利をおさめるべく、使徒たちにならって「迫害されては、祝福しています」[26]と唱えること、かくして父なる神の御名があがめられることによって、その御心が私たちの心になること、神の恩恵が自然を治め支配すること、私たちの悲嘆が供犠の素材となって、恩恵によって焼き尽くされて無と化し、神の栄光を輝かせること、そしてこの個別の供犠が普遍的な供犠——そこでは自然全体がイエス・キリストのお力によって焼き尽くされるはずです——に栄誉を捧げ、その先駆けとなることです。

こうして私たちは自分自身の欠陥から利益を引き出します。それがこの燔祭の素材として役立つのですから。じっさい真のキリスト教徒の目標は、自らの欠陥を活用するところにあります。というのも、選ばれた者たちには、万事が益になるように共に働くのですから[27]。

そして私たちがよく注意して見るならば、今しがたお話ししたように、物事を真理において熟視することを通じて、私たちの教化に大いに役立つことが見つかるでしょう。

じっさい体の死は魂の死の似姿にほかならないということが真であり、またこの原理に立てば、父上の救いについてこの状況で良い希望を抱くあらゆる可能な理由が私たちにはあるのですから、私たちは苦悩の流れを押しとどめることはできないにしても、そこから次のような教訓を引き出さなければならないのは確かです。すなわち体の死がこれほど激しい情動を引き起こすほど恐ろしいものであるとすれば、魂の死はさらに慰めようのない苦悩を私たちに引き起こすに相違ないのです。神は私たちに第一の死を遣わされましたが、第二の死は遠ざけられました[28]。ですから私たちの不幸の大きさのうちに私たちの幸いの大きさを見極め、私たちの度外れた苦悩が私たちの度外れた喜びをはかる尺度となりますように。

今生の罪の名残を清めるために定められた罰のために、父上がしばらくの間苦しまれるのではないかという懸念を別にすれば、この喜びを抑えることができるものは何もありません。そして父上に対する神の怒りを和らげるために、私たちは心をこめて努力しなければなりません。

祈りと供犠は父上の受ける苦痛を癒すこの上ない薬です。しかし私たちが悲嘆のうちにあったとき、ある聖なる方[29]が私に教えてくださったところによれば、死者たちに施す最も確実で有益な慈善の一つは、もしも彼らがまだこの世にいれば、私たちに命じたであろうことを行い、彼らが私たちに与えてくれた神聖な助言を実行し、彼らが今私たちにこうあってほしいと願うあり方に従って、彼らのために生きることです。

これらを実践することによって、私たちは死者たちをいわば私たちのうちによみがえらせます。というのも、私たちのうちでいまだ生き働いているのは、彼らの助言なのですから。そして異端の祖が追随者を罪に引きずり込み、その毒が追随者の中で今なお生きているという理由で来世において罰せられるように、死者は自らの功徳に加えて、その助言と手本によって生み出した功徳によっても報いられるのです。

ですから父上が私たちのうちで、神の御前において再び生きるように力を尽くしましょう。そして私たちの心の一致のうちに慰めを見いだしましょう。父上はその一致のうちにまだ生きておられるように私には思われるのです。そしてイエス・キリストが信徒の集まりの中に現前されるように[30]、私たちの結びつきによって父上もまた私たちのあいだにいわば戻ってきてくださいますように。

神がこのような気持ちを私たちのうちに生み出してそれを維持してくださることを、そして神が私に授けてくださっているように思われる気持ちを継続させてくださることを、あなた方お二人と妹にこれまで以上の愛情を抱かせてくださることを、私は神に祈ります。じっさい私にはこう思われるのです。私たちが父上に抱いていた愛は失われてはなりませんし、また私たちはその愛を私たち自身に振り向け、とりわけ父上が私たちに注いでくださった愛情を受け継いで、できることなら、さらにいっそう心から愛し合わなければなりません。

神が私たちのためにこの決心を強固にしてくださることを私は祈ります。そしてこの希望があればこそ、お二人にこれから差し上げる助言を聞き入れていただきたいのです。私なしでもきっと受け入れてくださる助言ですが、それでも申し上げます。私たちは父上のことでは悲しみを和らげる慰めの理由を見いだしましたが、「その後で今度は、私たち自身のことについて、父上がご存命であれば、私たちに必要あるいは有用な事柄を備えてくださるだろうに、しかしもはやそうしてはいただけないのだ」と考えると、自らを慰める理由を失ってしまいかねませんが、そんなことにはならないようにしなければなりません。

それに最も深い関わりがあるのは、私です。もしも父上を六年前に失っていたら、私は破滅していたでしょう。[31] そして今では、父上の存在がそれほど絶対的に必要だとは思いませんが、それでもまだ一〇年は必要であったし、また生涯有益な教えをいただくことができたであろうことも承知しています。

しかしながら神は、父上の死がある時、ある場所、あるやり方で起こるように定められたのですから、それが神の栄光と私たちの救いにとって間違いなく最も時宜を得ていたと考えなければなりません。それがどれほど不思議に見えるとしても、すべての出来事においてそのように考えなければならず、どれほど不吉に見える出来事でも、そのお導きを神に委ねていれば、神はそこから私たちの喜びの源を引き出してくださると希望しなければならないと思います。

私たちの知り合いの貴人の中には、身内が死ぬのではないかと心配して神に祈りを捧げ、もしかしたらその効験でその死を遠ざけた方々がいらっしゃいますが、それはかえってあれほど多くの不幸の原因ないし機会になったので、むしろ願いが聞き届けられなかった方がよかったと思われるほどです。

たしかに人間はあまりにも弱い存在なので、未来の出来事の推移を健全に判断することはできません。

ですから神を信頼しましょう。そして軽率かつ無分別に未来を予想して心を苦しめないようにしましょう。

私たちの生き方は神に委ねて、悲しみが私たちを支配することがありませんように。

聖アウグスティヌスの教えによれば、一人ひとりの人間のうちには、蛇とエヴァとアダムが住まっています。蛇は感覚と私たちの自然本性、エヴァは欲望的欲求、アダムは理性です。[32]

自然本性は私たちを絶えず誘惑し、欲望的欲求はしばしば欲望を抱きますが、理性が同意しなければ、罪は成し遂げられません。

ですからこの蛇とこのエヴァの活動を阻止できないのなら、そのままにしておきましょう。しかし恩恵によって強くされた私たちのアダムが勝ち続け、そのことによってイエス・キリストが勝利者となり、私たちのうちで永久に君臨するように、神に祈りましょう。アーメン。

1 写本によっては、名宛人が「義兄ペリエ殿」になっているものがあるが、手紙がジルベルトとフロランの二人に宛てられているのは明らかである。

2 父の死去を伝える「最初の手紙」は残されていない。

3 キリスト教の外部にあって、死に対して毅然とした態度を取った古代の賢人の代表として挙げられている。

4 「最初の人間」とは、人類の始祖アダムのこと。彼が犯した原罪によって、セネカやソクラテスを含めたすべての人間は死に脅かされ、死に対する間違った考えのうちにあるというのである。

5 具体例として、死刑執行を控えたソクラテスの言動を描くプラトンの対話篇『クリトン』や『パイドン』、喪の悲しみのうちにある知人を慰めるためにセネカが書いた「慰めの書」(たとえば、『マルキアに寄せる慰めの書』)などが考えられる。

6 人間が原罪によって肉体の欲望の支配下に入ったという考えは、パウロに遡り、アウグスティヌスにも引き継がれた。「従って、あなたがたの死ぬべき体を罪に支配させて、体の欲望に従うようなことがあってはなりません。またあなたがたの五体を不義のための道具として罪に任せてはなりません」(「ローマの信徒への手紙」第六章一二—一三節)、「私たちが肉に従って生きている間は、罪へ誘う欲情が律法によって五体の中に働き、死に至る実を結んでいました」(同第七章五節)。

7 旧約時代のユダヤ教の礼拝において行われた動物の犠牲の中で、供えられた動物を全部焼いて捧げる「焼き尽くす献げ物」のこと。

8 教会はキリストの体であり、信者の一人ひとりはその体を構成する手足つまり部分であるという比喩は、パウロの書簡にしばしば登場する。「あなたがたはキリストの体であり、また一人ひとりはその部分です」(「コリントの信徒への手紙一」第一二章二七節)。「三　第一の回心期　姉ジルベルト宛の手紙(二)」注**11**参照。

9 「創世記」第八章二一節。ウルガタ版聖書にいささかの変更を加えたラテン語で引用されている。直後の(　)内は、パスカル自身のフランス語訳である。洪水の後で、ノアが神に捧げた燔祭が問題になっている。

10「ヘブライ人への手紙」第九章一四節。ウルガタにいささかの変更を加えたラテン語による引用。以下、同様。

11 同第一〇章五節。

12 同第一〇章七節。

13（ ）内は、パスカル自身による、直前のラテン語の引用のフランス語訳。ただし、パスカルは引用された章句の典拠である「詩編」第三九（新共同訳、四〇）編七―九節によって、「あなたの掟は私の心のうちにあります」という文を補っている。

14「ルカによる福音書」第二四章二六節の自由な引用。

15「ヘブライ人への手紙」第五章八節。

16 同第五章七節。

17 たとえばエリヤがバールの預言者たちに対抗して神に捧げた犠牲に降った「主の火」（「列王記上」第一八章三八節）、アロンによる献げ物の初執行のさいに降った火（「レビ記」第九章二二―二四節）。

18「使徒言行録」（第一章九―一一節）によれば、イエス・キリストは復活の四〇日後に天に昇って行った。

19 前注参照。

20「兄弟たち、すでに眠りについた人たちについては、希望を持たないほかの人々のように嘆き悲しまないために、ぜひ次のことを知っておいてほしい。イエスが死んで復活されたと、私たちは信じています。神は同じように、イエスを信じて眠りについた人たちをも、イエスと一緒に導き出してくださいます」(「テサロニケの信徒への手紙一」第四章一三―一四節)。この章句は、葬儀ミサの書簡朗読において読まれる。

21「二つの愛」の思想をパスカルに教えたという「二人」の聖者のうち、一人が聖アウグスティヌスであるのは確実であるが、もう一人については、研究者の見解はまちまちであり、ジャンセニウス(セリエ説)、アクイタニアのプロスペル(メナール説)、使徒パウロ(ルゲルン説)の名前が提起されている。

22 二つの愛の対立に関する基本的なテクストは、アウグスティヌスの『神の国』に見られる。「二つの愛が二つの国を造った。すなわち、地上の国を造ったのは、神を侮るまでになった自己愛であり、天の国を造ったのは、自己を侮るまでになった神の愛である」(第一四巻二八章)。ジャンセニウスは、『アウグスティヌス』第二巻「堕落した本性について」第二書二五章で、この文章を引用して、自己愛が人間の悪の根源であるという思想を展開しているが、その際、アウグスティヌスの原文では、「二つの国を造った」となっているところを、「二つの国を分離した」としている。

23 アウグスティヌスは、『神の国』第一三巻四章で、再生の秘蹟すなわち洗礼を受けて罪を赦された者が、なぜ罪に対する罰である死(注28の「第一の死」に相当する)を免れないのかという問題を論じている。

24「死の陰」という比喩は、「詩編」第二二(新共同訳、二三)編四節、「ルカによる福音書」第一章七九節などに登場する。

25「ぶどうの枝が、木につながっていなければ、自分では実を結ぶことができないように、あなたがたも、私につながっていなければ、実を結ぶことができない。私はぶどうの木、あなたがたはその枝である。人が私につながっており、私もその人につながっていれば、その人は豊かに実を結ぶ。私を離れては、あなたがたは何もできないからである」(「ヨハネによる福音書」第一五章四―五節)。

26「コリントの信徒への手紙二」第四章一二節。

27「神を愛する者たち、つまり、ご計画に従って召された者たちには、万事が益となるように共に働くということを、私たちは知っています」(「ローマの信徒への手紙」第八章二八節)。

28 ルゲルンによれば、パスカルはここで、アウグスティヌスが『神の国』第一三巻二章以降で展開した二種類の死の理論、すなわち魂と体の分離である「第一の死」と、神が最後の審判で「悪しき者」の魂を見捨てる「第二の死」の区別を受け入れて議論を進めている。それによれば、第一の死は、終末における死者たちの体の復活により終わりを遂げるので、ある意味で一時的なものであるが、最後の審判による第二の死は劫罰であり、永遠である。義人は同じ審判において第二の死から免れ、永遠の命を受ける。こうして、「魂と身体の分離〔第一の死〕が引き受けられるのは、その分離の前に魂が神から引き離され、全体としての人間〔魂と体の双方を備えた人間〕が、第一の死後、永遠である第二の死〔神が魂を見捨てること〕に陥ることを避けるためである」(同書第一三巻八章)。

29 ポール・ロワイヤルの聴罪司祭そして長上を務めたアントワーヌ・サングラン（一六〇七—一六六四）のこと。彼は、「死者の日」のためのある説教で類似の考えを展開している。

30 「二人または三人が私の名によって集まるところには、私もその中にいるのである」（「マタイによる福音書」第一八章二〇節）。

31 パスカル一家の回心をもたらすきっかけとなった出来事は一六四六年初めに起こった。六年前の一六四五年末はその直前である。「三　第一の回心期　姉ジルベルト宛の手紙」解題参照。

32 『創世記についてマニ教徒を駁す』第二書一四章二一。

解題　エチエンヌ・パスカルは一六五一年九月二四日、パリで死去した。彼は一六四八年七月まで、ルアンで親任官として徴税業務に携わっていたが、フロンドの乱の勃発を受けて親任官の職が廃止されるとパリに戻り、子供のブレーズとジャクリーヌとともに暮らすことになった。一六四九年五月には、フロンドの乱の難を避けて一家で郷里のクレルモンに疎開し、長女ジルベルトの婚家であるペリエ家に身を寄せるが、翌年一一月には、ブレーズとジャクリーヌとともに帰京し、その約一年後に死を迎えた。ジルベルトはその数日後に男児を出産したこともあって、夫フロランとともにクレルモンに留まっていたので、

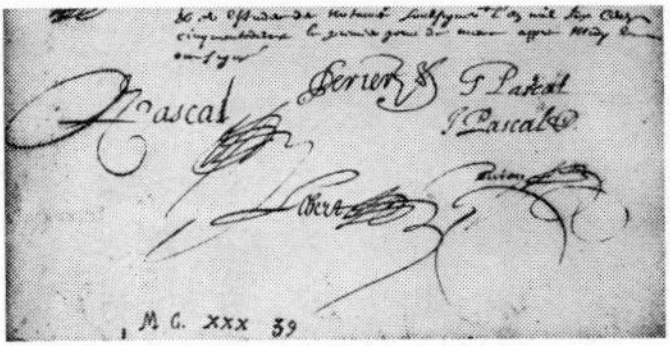

図8　エチエンヌ死後の遺産相続の証書（1652年3月1日）

ブレーズは二人に手紙で訃報を知らせた。その手紙は失われたが，彼はしばらくして，一通の長い手紙を改めて二人に書き送る。それが，右に訳出した「父の死についての手紙」である。これは，パスカルの私信の中で最も有名なものであり，その大幅な抜粋は，「死についての断想《パンセ》」のタイトルでポール・ロワイヤル版『パンセ』に収められ，一九世紀以降『パンセ』の種々の近代版が刊行されるまで，『パンセ』の一環をなすテクストとして読まれた。

この手紙は私信であるが，それと同時に，いやそれ以上に，死についての哲学的・宗教的瞑想，さらには一種の説教であり，その意味で，身内を越えて，より広範な読者層を意識したテクストである。ヨーロッパには，古代ローマ以来，喪の悲しみを慰めることを目指す実践道徳の著作群があり，それは「慰め」と呼ばれる文学ジャンルを形成していた。その中でとくに有名なのは，手紙の中でパスカル自身も名前を挙げているセネカの手になる三通の書簡形式の「慰めの書」である。この伝統はキリスト教にも受け継がれ，一七世紀のフランスでも少なからぬ「慰め」の手紙が書かれているが，この手紙もその一例，しかもきわめて完成度の高い例であるといってよい。

もちろんここでパスカルは，文学作品を書こうとしているわけではない。彼自身と残された家族の全員が是非とも必要としている慰めを，単なる哲学，たとえばプラトン主義的な霊肉分離と霊魂不滅の理論，あるいは出来事に幸不幸の価値評価を与える「思いなし」

から脱却して無感動の不動心で死を直視することを推奨するストア哲学に求めるのではなく、キリスト教の信仰と霊性がもたらした死生観に基礎づけようとしているのである。こうしてパスカルの考察は、父の死という個別の問題を超えて、人間一般とりわけキリスト教徒にとっての死、さらにその範例となるイエス・キリストの死、そしてその根源にある神の摂理へと広がり、それを踏まえて、人間の生死と神の計画との関係が宇宙的な規模で描き出される。それによれば、死は、人間が自らを犠牲として神に捧げる「供儀」にほかならない。イエス・キリストは、人間の罪を贖うために自らを犠牲として神に捧げたが、十字架上の死はその完成であった。キリストを模範とする人間の生涯も同じことであり、死によって供儀を完成し、永遠の生に参入する可能性が開かれるというのである。

「父の死についての手紙」は、第一の回心によって厳格で純粋なキリスト教信仰に目覚めたパスカルの思索の一つの到達点である。

Ⅱ　「世俗時代」から第二の回心へ

一六五二—一六五五年

六　スウェーデン女王クリスティーナへの献呈書簡

一六五二年六月

女王陛下

もしも私に熱意と同じほどの健康が恵まれておりましたなら、長い年月を費やした作品を、これほど遠隔の地からあえて献上しようとするよりはむしろ、私自ら陛下の御前に捧げにまいるところでしょう。そして世界で最も偉大な女王の足下にそれをお届けする光栄を私以外の者の手に委ねることを許しはしないでしょう。陛下、この作品はペンも数え札もなしに算数の計算を行うための機械です。新発明に費やさなければならない労苦と時間がどれほどのものか、陛下はご存じです。とりわけ発明者が自分自身でそれを最高の完成にまで導こうとする場合には、なおさらのことです。ですから私がどれほどの時間をかけて、この発明のために苦心したかを申し上げる必要はありますまい。この発明がいつの日かこれほど尊いお方の御前に現れることになるとまるで見越したかのように、熱意を込めて取り組んだと申すほかに、私の苦労をうまく表現することはできますまい。しかし陛下、このような栄誉は、私の仕事の真の動機ではなかったとはいえ、少なくともその報酬となるでしょう。私としては、これほど精魂を傾けた結果として、この仕事が陛下に束の間のご満足をもたらすことができれば、望外の幸せです。またこの機械の細部の説明に立ち入って、陛下をお煩わせするつもりもありません。もしも陛下がそれについていくらかお知りになりたいということであれば、ブルドロ氏宛てに私がお送りした紹介文[1]でその大要はお分かりいただけることでしょう。そこで私は、この作品の来歴の全容、発明の目的、研究のきっかけ、装置の効用、製作上の困難、進展の諸段階、完成結果、およびその使用規則について、手短に触れておきました。

ですからここでは、どうして私がそれを陛下に献上するに至ったのか、ただその理由だけを申し上げることにいたします。私が考えますに、陛下への献上こそ、この作品がたどった運命の仕上げとなる栄冠であり、最高の幸福なのですから。陛下、それを陛下に献呈するのは栄誉を追い求めるためではないかと疑われかねないことは承知しております。なぜならそれが陛下に捧げられるのを見れば、それは並外れたものでしかありえないと思われるからであり、また、その価値が卓越していることを考慮した上でなければ、それを陛下に献上すべきではないのに、陛下にそれが献上されているという理由だけで、卓越していると判断されるだろうからです。

とはいえ、私が献呈の計画を抱くに至ったのは、このような希望に動かされたからではありません。陛下、これほど遠大な計画は、陛下ご自身のほかに、何も目標にすることはできません。私をこの計画に導いた真の理由は、私を等しく感嘆と尊敬の念で満たす二つの事柄、すなわち至上の権威と堅固な学識が、陛下の神聖な存在の中で分かちがたく結びついていることです。じっさい、権力であれ知識であれ、その最高段階に達している方々に対して、私は格別の尊敬を捧げております。私の思い誤りでなければ、最高の識者は、最高の権力者と同じく王者と見なすことができます。天分にも、身分と同じ段階が見いだされます。そして王が臣民に対して行使する権力は、思うに、上位の精神が下位の精神に対して行使する権力の象徴にすぎません。[2] 上位の精神は下位の精神に対して説得の権利を行使しますが、それは国家の統治における支配権に相当します。この第二の支配は、精神が身体より上位の次元にあるだけ一層高い次元にあり、また、第一の支配が生まれや運勢によって分かち与えられ、保持されるのに対して、功績にしか由来しないだけ一層公正なものだと私には思われます。したがって、これらの支配はいずれも、それ自体として偉大であると認めなければなりません。しかしながら、陛下のお許しをいただいてあえて申し上げれば（というのも、陛下のご威光はそれでいささかも傷つかれることはないのですから)、一方だけで他方を欠いた支配は、私には不十分だと思われます。君主の権勢がどれほど強大であろうとも、精神においても優位を占めていなければ、その栄光には何か欠けるところがあります。また臣下がどれほど見識において優れていても、彼の身分は従属によって常に貶められます。人間は生来完全の極致を望むものなので、これまで絶えず、このような最も優れた意味での王者に出会うことを切望してきました。これまでのすべての王、すべての学者はそれぞれこのような理想の素描にすぎず、人々の期待を半分しか満たしていなかったのです。そして世界の歴史の全体を見回しても、陛下のご先祖たちのうちに、並みの学識をもった王がかろうじてひとり見出せるかどうかにすぎませんでした。これほどの傑作は陛下の御代のために取っておかれたのです。この偉大な奇蹟が出現して、ありとあらゆる感嘆を引き起こすべく、いかなる男性も到達することができなかった最高位をうら若い女王が占められたのです。じっさい女王においては、豊富な経験と青春の初々しさ、学問に捧げられる閑暇と王として生まれた者の果たすべき公務、そして卓越した学識と女性としてのか弱さが一身に会しています。陛下、この卓絶した模範、これまでこの世に欠落していた模範を、陛下は世界に示されました。陛下においては、学識の光が権力をもたらし、権威の光輝が学識を高めています。これほど驚異的な結びつきがあればこそ、陛下の権力を凌ぐいかなる権力もありませんし、また陛下を凌ぐいかなる精神もないのです。かくして、御身に先立つすべての時代の成果としてお生まれになった陛下は、陛下に引き続くすべての時代の感嘆の的となることでしょう。ですから、世に比類なき女王陛下、これまでにないまったく新しいやり方でお治めください。陛下の武力に服従しないすべてのものが、陛下の天分になびきますように。ご出生の権利で、末長き年月、勝ち誇れるあまたの地方をお治めください。さらに陛下の功績の力によっていつまでも大地の全域をお治めください。私はと申せば、陛下の第一の支配領域のもとに生まれた者ではありませんが、第二の領域のもとで生きることを誇りとし、それを万人に知らせたいと願っております。あえて陛下のもとにまで目を上げ、私の従属の最初のしるしを陛下に献上するのも、このような願いを証しするためにほかなりません。

陛下、このような次第で、御身にはふさわしからぬものではありますが、この品を陛下に献上させていただきました。この身の非才も、私の大望を押しとどめはしませんでした。陛下の御名の前では、陛下と不釣合いなものはすべて御身から遠ざけられるように思われますが、それにもかかわらず、陛下は御身に劣るものすべてを退けられはしないと考えたからです。さもなければ、陛下の偉大さを称賛するものも、陛下の栄光を礼賛するものもなくなってしまうことでしょう。陛下は精神の粒粒辛苦を受け入れることでよしとなさいます。それが陛下の精神と匹敵する精神の努力であることは要求されません。この寛大な思いやりによって、陛下は御身以外の人々といささかの交わりを結んでくださるのです。これらすべてを考え合わせるにつけても、私としては、陛下の超人的な天分の最も熱烈な賛美者の一人として、能うかぎりの服従の念をこめて、こう誓わずにはいられません。陛下、私がこの上ない熱意をこめて乞い願いますのは、女王陛下に、御身にうやうやしくお仕えするいとも従順でいとも忠実な僕《しもべ》としてお認めいただくことにほかなりません。

パスカル

1 ピエール・ブルドロ(一六一〇—一六八五)は王族のコンデ公の侍医であったが、一六五一年にスウェーデンのクリスティーナ女王の許に赴き、侍医として仕えるかたわら、女王とフランスの学者の間を取り持つ役割を果たした。彼は、一六四二年からコンデ公の館で科学アカデミーを主催し、パスカルとも親交があった。

2 一六四八年四月一日付の手紙に見える、「物体的なものごとは霊的なものごとの象《かたど》りにすぎず、神は目に見えるものの中に見えないものをあらわしてくださった」という考えが、非宗教的な文脈に移し替えられている。これはやがて、『パンセ』の「三つの秩序」(断章三〇八)の思想に成長していくが、まだここでは、身体と精神の両者を超える「愛」の次元は不在である。

解題　父エチエンヌが亡くなってまもなくの一六五二年一月、ジャクリーヌは兄ブレーズの同意を待たずに、ポール・ロワイヤル修道院に入る。残された彼は、科学研究を続行するとともに、その成果を一般公衆に向けて発信することに力を注ぎ、同年四月には、宰相リシュリューの姪であったエギュイヨン夫人のサロンで講演し、自らの手になる計算機の実演を行い、さらに真空の問題に説き及んだという。この時期のパスカルが、科学者としての天分と業績を梃子《てこ》として、社交界に代表される俗世間での栄誉を獲得しようとする野心、彼が後年、傲慢、優越欲、支配欲として告発する欲望に捕らわれていたことは否定できない。パスカルの伝記において、健康を害してルアンからパリに戻った一六四七年夏から一六五四年晩秋の第二の回心までの時期、とりわけ父親の死後の時期を「世俗時代」と呼ぶことがある。その実態がいかなるものであったかについては、さまざまな見方があるが、学問研究に対する情熱と世間的成功の追求との密接でおそらくは無自覚的な結びつきが、その主要な特徴をなしているのは確かである。

スウェーデン女王クリスティーナ(一六二六—一六八九、在位一六三二—一六五四)に宛てた手紙は、当時のパスカルの科学者としての自負をよく表すテクストである。クリスティーナは、バルト帝国を確立したグスタフ二世の一人娘として生まれ、六歳で即位したが、科学と学芸の庇護者として知られ、デカルトをはじめとして名だたる文人と学者を全ヨーロッパから招聘した。女王とパスカルの間を取り持ったのは、一六五一年から五三年にかけて侍医としてストックホルムに滞在したブルドロであり、パスカルは彼の勧めに従って、一通の手紙を添えて計算機を女王に献呈した。それが、ここに訳出した手紙である。彼は、自らが発明した機械の商品化を計画し、一六四九年には、その「特許状」を取得し、製品の製作を続けていた。そうだとすれば、献呈の主要な目的は、計算機の販売促進のために、女王から精神的・財政的援助を取り付けることであったと思われる。ただしこの宣伝にさしたる効果はなく、結局パスカルの計算機が商品化されることはなかった。

図9　クリスティーナ女王の肖像

　しかし手紙の文面から受ける最も強い印象は、自らの天才を自覚する若手科学者の情熱と矜持である。じっさいパスカルは、「王が臣民に対して行使する権力は、思うに、上位の精神が下位の精神に対して行使する権力の象徴にすぎません。上位の精神は下位の精神に対して説得の権利を行使しますが、〔…〕この第二の支配は、精神が身体より上位の次元にあるだけ一層高い次元に〔あります〕」と述べて、精神の身体に対する優位を高らかに宣言している。やがて彼は『パンセ』の中で、身体、精神、愛の三つの秩序ないし次元を区別し、最後の愛の次元が前二者を無限に超越すると主張するようになる(断章三〇八)が、ここではまだ彼のまなざしは最初の二つの次元にとどまっている。

この手紙にはもともと日付が欠けていたと考えられるが、献呈のきっかけとなったブルドロの手紙が一六五二年五月一四日付であるところから、同年六月に書かれたと推定されている。なお、本書簡には、「二一　計算機　大法官セギエへの献呈書簡」と同様、一切改行がないが、読みやすさを考慮して適宜改行を施した。

七　ジャクリーヌの修道誓願をめぐる手紙の断片

一六五三年六月六日

パスカル氏よりペリエ氏に宛てた手紙の抜粋

パリ、一六五三年六月六日金曜日

お手紙を拝受したところです。妹の手紙が同封されていますが[1]、読む暇はありませんし、読むのは無用でしょう。

妹は昨日、一六五三年六月五日木曜日に修道誓願を立てました。延期することは不可能でした。ポール・ロワイヤルの方々は少しの延期が大きな延期につながることを恐れて、妹を急かせようとされました。それは彼らが妹をいずれ役職につけたいと望んでいるからです[2]。ですから急がなければなりません。役職に就くためには、誓願から何年もかかるのですから。これがあの方々の私に対するなさりようなのです。結局、私にはできませんでした、云々。

〔裏面〕

以下は、ご参考までに表にまとめたものにすぎません。〔表は省略〕

1 ジャクリーヌが、修道誓願式の半月ほど前に、クレルモン滞在中のブレーズに送った手紙のことと思われるが、残されていない。彼は、一六五二年一〇月から翌年五月末にかけて、おそらく父エチエンヌの遺産相続にまつわる種々の問題を片付けるために、クレルモンのペリエ家に滞在していた。

2 じっさい、ジャクリーヌは二年後には修道志願者の指導、さらには寄宿生の教育の任務を委ねられ、一六五九年には、分院ポール・ロワイヤル・デ・シャンの副院長ならびに修練女監督者に任命された。

解題 ジャクリーヌは、一六五二年一月、ポール・ロワイヤル修道院に入って修道志願者となり、同年五月には、着衣式を経て、ジャクリーヌ・ド・サント・ユフェミーという修道名で修練者、すなわち修道誓願を目指して修練を行う修道女となる。ブレーズは、父エチエンヌの存命中は、修道女になるという妹の願いを支持していたが、父が亡くなると、

図10 パリのポール・ロワイヤル外観

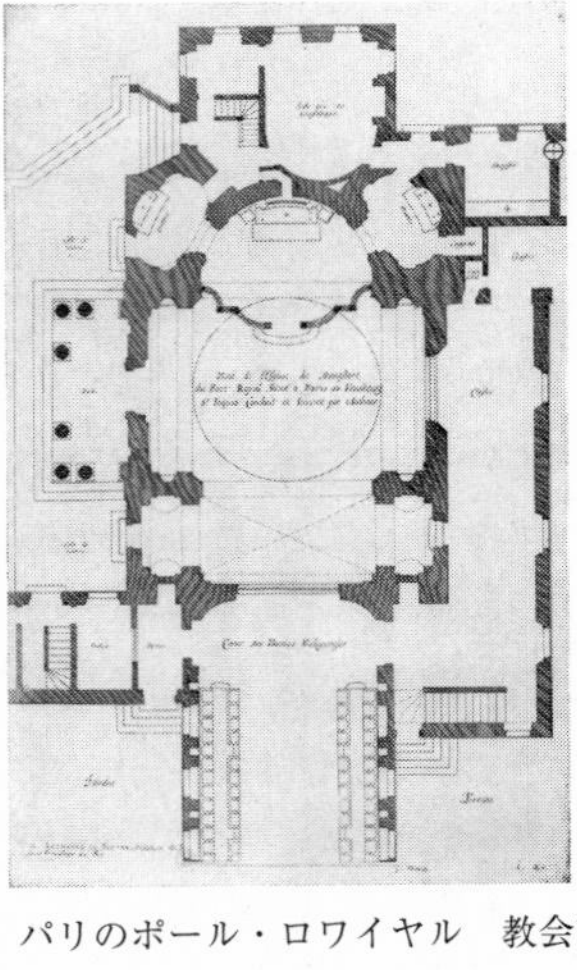

図11 パリのポール・ロワイヤル 教会設計図

一人暮らしの孤独を恐れ、修道院入りを数年は延期するように彼女に懇願した。したがって彼にとって、妹の決断は大きな衝撃であったが、その強い決意と兄に対する細やかな心遣いに負けて、彼女が修練者になることに同意し、着衣式にも出席した。

ジャクリーヌは、修道女としての熱意と適性が認められて、早くも翌年六月には修道誓願を行い、正式にポール・ロワイヤル修道院に迎え入れられた。しかしその際、彼女とブレーズとの間に相続財産をめぐって深刻な対立が生じた。当時の風習では、誓願を立てて修道院に入る修道女は、日常生活の費えを充当する資金を「持参金」として寄進することになっていた。ところがジャクリーヌは、常識的な持参金の額を超えて、彼女が父から相続した財産の大半をポール・ロワイヤルに寄進することを望んだ。ところで、修道女は誓願を立てることによって、俗世から離脱し、世俗の法の観点からは死を迎え、その財産は親族に戻ることになっていた。修道女が、自らが入る修道院に財産を寄進することは禁じられていた。そうだとすれば、ジャクリーヌが望んだのは、相続人が相続財産の大半をポール・ロワイヤルに寄付することであった。しかしこれには、ブレーズもジルベルトも反対した。この状況で、ポール・ロワイヤルのアンジェリック教母は持参金なしにジャクリーヌを受け入れることを彼女に申し出たが、それは彼女の宗教的熱情と自尊心を傷つけるばかりであった。最終的には、ポール・ロワイヤルの度量の大きさに刺激を受けたブレーズが、その向こうを張って、応分以上の持参金を寄進することで妥協が成立し、誓願式は六月五日に執り行われた。とはいえ彼の不満と悲しみはすぐには解消せず、わだかまりが残った。

右に訳出したのは、誓願式の翌日、パスカルがフロラン・ペリエに宛てた手紙の断片である。手紙の大部分は失われ、その一部が写本によって伝えられるだけであるが、奇妙なことに、冒頭の数行(「パリ、一六五三年六月六日金曜日」から「読むのは無用でしょう。」まで)は、パスカル自身の筆跡で書かれた原本の断片が残されている。パスカルの遺稿や遺品はあたかも聖遺物のように珍重され、少なからぬ断簡が切り取られて、各方面に分与された。問題の断片はその一つである。

断片ではあるが、この手紙は当時のパスカルの精神状況、彼がジャクリーヌとポール・ロワイヤルに対して抱いた不満と遺恨をよく伝えている。その背景については、ジャクリーヌが六月一〇日付の長大な手記において、彼女の観点からではあるが詳しい事情を書き記しており、それは日本語で読むことができる(「ジャクリーヌの修道院入りに関する家族の揉めごと」朝比奈誼訳、白水社版『パスカル全集』第一巻所収)。

八　パリ数学アカデミーへの献呈状　一六五四年

いとも高名なるパリ数学アカデミーに

いとも博識かつ高名な諸賢、ここに私は以下のものを皆様方に献上、というより返却いたします[1]。というのも、皆様の間で教育されなければ、私はそれらを我がものとすることはできなかったのですから、それらは皆様のものであると言わざるを得ません。私に固有なものがあるとすれば、それはかくも卓越した幾何学者の皆様にはふさわしくないと思われるものばかりです。じっさい、雄大で完全に証明された事柄でなければ、皆様のお気に召すことはないのですから。大胆な創意の才に恵まれた者は少数であり、洗練された論証の才は、私の思いますに、もっと少数であり、両方を兼備した者はさらに少数です。したがって、皆様に匹敵する[2]ものは何も持ち合わせない私といたしましては、弱年のみぎりからこの博学な学園においで私を支えてくださった皆様のご厚情が、これらの捧げものを、その価値を度外視して受け入れてくださることがなければ、沈黙を守ったことでしょう。

これらの小品のうち

第一のものは、主として、平方数、立方数、平方―平方数、そして任意の位に高められた数の周囲ないし周辺を論じます。したがって、それは『累乗数の周囲について』と題されます。

第二のものは、『他の数の倍数』を扱い、数字の単なる加算によってそれを識別する方法を与えます。

さらに続いて、ほかにもすっかり準備の整っている論考があり、それらは、神のご加護があれば、公表されるでしょう。その題名は以下の通りです。

『超魔法数について』、すなわち正方形の枠の中に数を配列して、単に方陣全体が魔方陣であるばかりでなく、それよりはるかに困難なことですが、その周囲が一つひとつ取り去られても、残りがつねに魔方陣であり、しかも例外なくあらゆる場合にわたってそうであるようにする方法。

『フランスのアポロニウスの拡張』[3]、すなわち円の接触、それも古代人に知られていて、ヴィエトによって復元された成果ばかりでなく、それをさらに拡張した成果を含み、同じ題名を名乗るのがふさわしくなくなった接触論。

『球の接触』、前論文と同じ方法で論じられているが、同様の豊かさを備えたもの。両者の方法は、それぞれの問題を平面によって解くものですが、円錐曲線に特有のある性質に由来し、他のきわめて困難な多数の問題の解決に役立ちます。しかもそれは一ページ足らずで記述できるのです。

さらに『円錐曲線の接触』、そこでは五つの点と五つの直線のうち任意の五つが与えられたとき、〔それらの点を通過し、与えられた直線に接触する〕円錐曲線を〔作図することが求められます[4]〕。

『立体軌跡』、あらゆる場合にわたり、あらゆる点で完全なものです。

『平面軌跡』、時の経過によって奪い去られた古代人の成果[5]にとどまらず、また現代のある著名な幾何学者[6]がそれを復元して、そこに付け加えた成果にもとどまらず、さらにこれまで知られずにきたもので、以上の双方を含んだうえで、それらをはるかに凌駕するもの。しかもそれは、おそらくまったく新しい方法、つまり新しい成果を、はるかに簡潔な手順で与える方法によって達成されます。

『円錐曲線論全書』、アポロニウスの円錐曲線論及び他の無数の円錐曲線論を、ほとんど唯一の命題から導出して包含します。これは、私が一六歳に達する前に考え付き、その後に秩序立てて集成したものです。[7]『透視図法』、これまで案出された方法、あるいは案出することができるいかなる方法よりも簡便だと思われる方法。じっさい、これは平面図上の点をただ二本の直線の交わりによって与えるものであり、これ以上の簡潔さはありえません。[8]

さらに、最新の、まったく未踏の主題を扱った研究、すなわち偶然の支配下にある遊戯における偶然の組み合わせ、我らがフランス語では「賭け金の分配を定める」と言われる問題に関わる研究があります。そこでは、不確かな運勢が公正な計算によって実に見事に制御される結果、両方の賭け手に対して、各々に正当に帰すべきものがつねに正確に分配されることになります。そのことは、手探りの試行が力を発揮する余地が少ないだけに、推論を一層強く働かせて探究しなければなりません。じっさい、運勢のどっちつかずの結果は、当然のことながら、自然の必然性よりもむしろ不確かな偶然性の産物です。それだからこそ、この問題はこれまで不確かなまま彷徨っていました。しかしそれは、経験の手には負えなかったのですが、今や理性の支配を逃れることはできなくなりました。じっさいわれわれは幾何学の助けを借りて、それをきわめて確実な技法として理論化したので、それは幾何学の確実性を共有して、今後堂々と進歩することができます。こうして、それは数学の論証を偶然の不確実性と結びつけ、相反すると見えるものを調和させることによって、命名にあたっては双方の名称を受け入れ、正当にも次の驚くべきタイトルを名乗ります。すなわち名付けて、「偶然の幾何学」[9]。

グノーモン建設法[10]、及び現在手がけている無数の雑多な仕事について、述べることはいたしません。実のところ、それらは完成していませんし、完成させる価値もありません。

真空についても今は沈黙します。なぜなら、それに関する著述がまもなく印刷に付され、前述の成果のように皆様の閲覧に供されるばかりでなく、一般読者のために公刊されることになっているのですから[11]。とはいえ、それを皆様の同意なしに行うつもりはありません。じっさい皆様の同意に値すれば、何も恐れるものはないのです。それを私は何度か別の機会に経験しました。とりわけ計算機については、その発明になかなか自信が持てなかったのですが、皆様の勧めに従って公表し、皆様の承認の重みを実感したものです。

以上が、われわれの幾何学[12]の成熟した果実です。もしもこれらをお伝えすることによって、代わりに皆様の果実の幾ばくかを持ち帰ることができれば、幸いにして、われわれはこの上なく大きな利益を手にすることになるでしょう。

パリにて、一六五四年
B・パスカル

1 アカデミーに提出された論文は、本文で列挙される「小品」リストの最初の二つである。第二の『他の数の倍数』は、『数三角形論』の付録として収められた小品の最後のものである。第一の「累乗数の周囲」に関する論文は、同じく『数三角形論』に添えられた小品『累乗数の和』、さらには『累乗数の一般的解法』の前身であると考えられる。

2 パスカルは年少の頃から、父とともに、メルセンヌの主催するアカデミーに出入りしていた。それを、アリストテレスがアテナイに創設した哲学の「学園《リュケイオン》」になぞらえているのは、それが自らの学びの場であったことを、パスカルが認めているからであろう。

3 アポロニウス(あるいはアポロニオス)は、前三世紀後半のギリシアの数学者。『円錐曲線論』(八巻)の著者として知られる。ほかにも、点と直線と円のうち三つ任意の要素が与えられたとき、それらに「接触」する円を描くという主題に関する『接触論』を書いたが、それは失われた。フランス一六世紀を代表する数学者フランソワ・ヴィエト(一五四〇―一六〇三)は、その問題を改めて取り上げ、『フランスのアポロニウス』と題する著作(一六〇〇)を発表した。パスカルはさらにそれ以上の成果を挙げたというのである。

4 〔　〕内は、ラテン語原文では欠落している。

5 アポロニウスが「平面の軌跡」について書いたとされる著作は失われた。

6 ピエール・ド・フェルマ(一六〇一―一六六五)のこと。彼がこの問題について挙げた成果は、一六三七年、メルセンヌのアカデミーに伝えられたという。パスカルはここでも、フェルマを凌駕する成果を挙げたと主張している。

7 いわゆるパスカルの定理(「円錐曲線に内接する六辺形の対辺の交点は一直線上にある」)のこと。

8 遠近法に基づく作図法のこと。

9 これが、パスカルが確率論に与えた名称である。彼自身は、確率(probabilités)という表現は用いていない。Probabilité(s)の語は、『パンセ』そしてとりわけ『プロヴァンシアル』にしばしば登場するが、それは「蓋然性」の意味で、しかも倫理神学の一部門である決疑論の文脈で用いられている。「蓋然性」、あるいはむしろ「蓋然的意見」(opinions probables)とは、道徳の領域において、確実ではないが、それなりの根拠を備え、権威ある専門家によって支持される見解のことである。

10 日時計の製作法のこと。パスカルが、この問題について何をどこまで研究していたかは分からない。

11 メナールが指摘しているように、『流体の平衡について』と『大気の重さについて』の二論文であると考えられるが、それがフロラン・ペリエによって公刊されたのは、パスカルの死後、一六六三年のことであった。

12 ここで「幾何学」は、数学の全体という広い意味で用いられている。『幾何学的精神について』〔断章一〕段落〔四〇〕によれば、幾何学には、運動、数、空間の三つの考察対象があるが、そのいずれを考察するかに応じて、「力学、算数、幾何学という三つの異なる名称」で呼ばれる。そして、後者の「幾何学」は、類概念としての「幾何学」に包含される種概念であるという。

解題　パスカルは、父の死後も科学研究を続行していたが、煩雑な相続の手続き、それに伴う長期のクレルモン滞在(一六五二年一〇月—翌年五月)、そしてジャクリーヌの修道院入りをめぐる悶着が重なって、パリの科学者たちの活動からは遠ざかっていた。しかし一六五三年六月にジャクリーヌが誓願を行ってポール・ロワイヤル修道院の修道女になると、研究活動を再開し、数学と物理学のさまざまな問題に精力的に取り組んだ。また学者仲間との交流にも復帰した。

「いとも高名なるパリ数学アカデミーに」宛てて書かれた右のテクストは、研究業績のリストとそれに先立つ短い献呈文から成っている。ラテン語で書かれ、最後に一六五四年の日付が記されている。リストの最初の二編は完成論文であるが、残りは進行中あるいはその構想段階の仕事である。要するに、パスカルはアカデミーに二点の業績を提出し、その機会に自らの研究の現状と計画を報告しているのである。文書の宛先である「パリ数学アカデミー」は、学僧メルセンヌが主催し、その死後、エチエンヌ・パスカルの友人であった科学者ルパイユールに引き継がれた科学者のサークルである。当時のパリには、アカデミーと称するいくつかの科学者のサークルが並立していたが、その中でメルセンヌ・アカデミーはとりわけ「純粋に数学的」であることを標榜していた。（ちなみに、イギリスのロイヤル・ソサエティにならって、フランスで公的な制度として科学アカデミーが設立されたのは、一六六六年のことである。）パスカルの意図は、弱年の頃から出入りしていたアカデミーに研究成果と研究計画を提出することを通じて、自らの科学者としての存在をアピールし、フランスひいてはヨーロッパの学界での地歩を固めることであったと思われる。

図 12　メルセンヌの肖像

文書に含まれる業績リストは、当時のパスカルの研究活動を示す貴重な資料であるが、ここではその具体的内容には立ち入らない。それについては、原亨吉氏のすぐれた翻訳・注・解説がある(白水社版『パスカル全集』第一巻所収)。ただ末尾近くで、「最新の、まったく未踏の主題」が挙げられているのは注目に値する。これは、サイコロ賭博が中断された場合、場に出された賭け金をそれぞれの賭け手に公平に配分するにはどうしたらよいかという問題であり、現代の用語法で言えば、確率と期待値の計算問題である。パスカルは、父の死後、少年時代の隣人であり、幼馴染であった大貴族ロアネーズ公爵と再び緊密な交わりを結び、公爵を通じて、その周辺にいた二人の社交界の紳士シュヴァリエ・ド・メレ、そしてダミアン・ミトンと知り合いになるが、「賭け金の分配」の問題を彼に提起したのは、メレであった。パスカルはこの問題をめぐって、一六五四年六月頃から一〇月にかけてフェルマと手紙を交わす過程で自らの解法に辿りついた。彼は、その成果を『数三角形論』と題する論文にまとめ、それに付随する他の論文とともに印刷し、配付する準備を進めていたが、それが彼の生前に日の目を見ることはなく、公刊されたのは一六六五年のことであった。彼は自らの発見の公表をあえて断念したのである。その原因は、一六五四年の後半に彼の心に徐々に生じた変化、「火の夜」と称される晩秋の一夜の体験によってクライマックスを迎える新たな回心であった。

九　メモリアル　一六五四年一一月二三日

恩寵の年、一六五四年。

一一月二三日月曜日、教皇にして殉教者聖クレメンス、およびその他、ローマの殉教者名簿[1]中の諸聖人の祝日。殉教者聖クリソゴヌスおよびその他……の祝日の前日。

夜の一〇時半頃から零時半頃まで。

火[2]

アブラハムの神、イサクの神、ヤコブの神[3]、哲学者と学者の神にあらず。
確実、歓喜、確実、直感、直観、歓喜。[4]

イエス・キリストの神。

わが神にして汝らの神、ヨハネ、二〇、一七。[5]
汝の神はわが神たるべし。ルツ。[6]
この世と、**神**を除くすべてを忘れること。
神は福音書の教える道によりてのみ見いだされる。人間の魂の**偉大さ**。
正しき父よ、世は汝を認めざりしも、われは汝を認めたり。ヨハネ、一七。[7]
歓喜、歓喜、歓喜、そして歓喜の涙。[8]
われ神より離れおりぬ。
彼ら、源なるわれを棄てたり。[9]
わが神、われを見捨てたもうや。[10]
願わくは、われ、神より永遠に離れざらんことを。

永遠の生命は、唯一のまことの神にいます汝と、汝のつかわし給える者を知るにあり。[11]
イエス・キリスト

イエス・キリスト
われキリストより離れおりぬ。われ、キリストを避け、否認し、十字架につけたり。
願わくは、キリストより決して離れざらんことを[12]。
キリストは、福音書の教える道によりてのみ保持される。
まったき、心地よき放棄。
イエス・キリストとわが指導者への全面的な服従[13]。
地上での修練の一日に対して歓喜は永遠に。
われは汝の御言葉を忘るることなからん[14]。アーメン。

1　紙片(解題参照)では、単に「殉教者名簿」と記されている。翌日の二四日の項に記されている聖クリソゴヌスの名は、ローマの聖務日課書には登場するが、パリの聖務日課書には見当たらない。

2　直後に記された「アブラハムの神、イサクの神、ヤコブの神」の文言(次注参照)と考え合わせると、モーセがホレブの山で出会った「火に燃える柴」の光景、柴を燃やし尽くさずに、燃え立たせる「火」(「出エジプト記」第三章二節)が問題になっていると思われる。パスカルが熟知していたジャンセニウスの『モーセ五書註解』(一六四一年)によれば、「火は、字義的な意味で、神の威容を意味する」という(「出エジプト記」の当該箇所の注釈)。

3 「出エジプト記」第三章六節で、燃える柴のなかから神がモーセに呼びかけたときの、神の名乗りの言葉。福音書でイエスはこの言葉を引用している(「マタイによる福音書」第二二章三二節、「マルコによる福音書」第一二章二六節、「ルカによる福音書」第二〇章三七節)。同じ表現は、『パンセ』の断章四四九にも登場する。

4 紙片では、「確実、確実、直感、歓喜、平安」となっている。

5 原文、ラテン語。紙片は典拠(「ヨハネによる福音書」第二〇章一七節)を記していない。復活ののち、マグダラのマリアに現れたイエスは、「私の父であり、あなたがたの父である方、また私の神であり、あなたがたの神である方のところへ私は上る」と語った。

6 旧約聖書「ルツ記」第一章一六節。ユダのベツレヘムから移住したイスラエル人と結婚した異邦の女性ルツは、夫の死後、故郷とその神に別れを告げて、義母ノエミとともにベツレヘムに赴き、イスラエルの神を自らの神とする。紙片に「ルツ」の語はない。

7 「ヨハネによる福音書」第一七章二五節。最後の晩餐を終えたイエスが父なる神に捧げた祈りの中の言葉。紙片に典拠は記されていない。

8 紙片では「歓喜、歓喜、歓喜、歓喜の涙」。

9 原文、ラテン語。「エレミヤ書」第二章一三節。イスラエルの忘恩を責める神の言葉。紙片では、「彼ら、活ける水の源なるわれを棄てたり」となっている。

10 「詩編」にしばしば見られる神への嘆願の言葉「救いの神よ、私を離れないでください」(たとえば、第二六(新共同訳、二七)編九節)の余響ともいうべき表現。十字架上でイエスが叫んだという言葉、「エリ、エリ、レマ、サバクタニ」(「わが神、わが神、なぜ私をお見捨てになったのですか」)(「詩編」第二二(二二)編二節)にも通じている(「マタイによる福音書」第二七章四六節、「マルコによる福音書」第一五章三四節)。

11 「ヨハネによる福音書」第一七章三節。父なる神に捧げるイエスの祈り(注**7**参照)の一節。

12 姉ジルベルトの伝えるところによれば、パスカルの臨終の言葉は、「神が私を決してお見捨てにならないように」であった。注**10**参照。

13 以下の三行、紙片では「云々」とだけ記している。

14 「詩編」第一一八(新共同訳、一一九)編一六節。

解題　一六五三年後半から一六五四年にかけて、パスカルは科学者として活発に活動するばかりでなく、ロアネーズ公爵のような大貴族と親交を結び、社交界にも出入りして、世俗的な評判と栄達を目指すかのような生活を送る。姪のマルグリット・ペリエの伝えるところでは、官職について、結婚することも考えていたという。しかしそのように一見華々しい生活の最中で、彼は心の空白を感じ、世俗的な生き方に執着しながら、それに強い嫌悪感を抱くようになった。五四年の九月末、彼はパリのポール・ロワイヤル修道院に妹のジャクリーヌを訪ね、俗世を厭いながらも、神からの呼びかけは感じることができない自らの心境を告白した。その後まもなく、彼はポール・ロワイヤルの近くに引っ越し、しばしばジャクリーヌのもとに通った。そして彼女は、一二月の初め頃、兄が回心の決意を固め、ポール・ロワイヤルの聴罪司祭であったアントワーヌ・サングランの霊的指導を受ける心構えであることを確認した。年が明けると、パスカルは黙想のためにパリ南郊のポール・ロワイヤル・デ・シャン(ポール・ロワイヤル修道院の分院及びポール・ロワイヤルの隠士の居住施設があった)に出かけ、三週間を過ごしたのちパリに戻り、新しい生活を始めた。

以上の経緯は、兄から直接に話を聞いたジャクリーヌが姉のジルベルトに宛てて書いた二通の手紙(一六五四年一二月八日付と翌年一月二五日付)(1)によって知られることである。しかしパスカルの回心の核心には、最愛の妹も知らなかった不思議な出来事があった。それは、一六五四年一一月二三日の夜半、彼に生じた神秘的高揚の体験である。それを伝えるのが、『メモリアル』と呼ばれる、一枚の紙片及び羊皮紙に書き込まれた書付である。パスカルはそれを胴衣の裏地に縫いこみ、衣替えをするたびに、縫い目を解いてはまた縫いこみ、肌身離さず持ち歩いていた。それは死後発見され、遺族によって大切に保管され、自筆の紙片は今に伝えられている。羊皮紙の方は失われたが、その忠実な写しが残されている。書付に題名はない。「メモリアル」とは、大切な出来事を記念するために記す文書のことであるが、この呼称は、一八世紀にこの書付を筆写したゲリエ神父が、それを「一種のメモリアル」と形容したことに由来する。

これが、パスカルの信仰生活の画期をなし、彼の思想と信念と生き方に決定的な影響を

図 13　ポール・ロワイヤル・デ・シャン俯瞰図(修道院とグランジュ)

図14　ポール・ロワイヤル・デ・シャンの教会交差廊

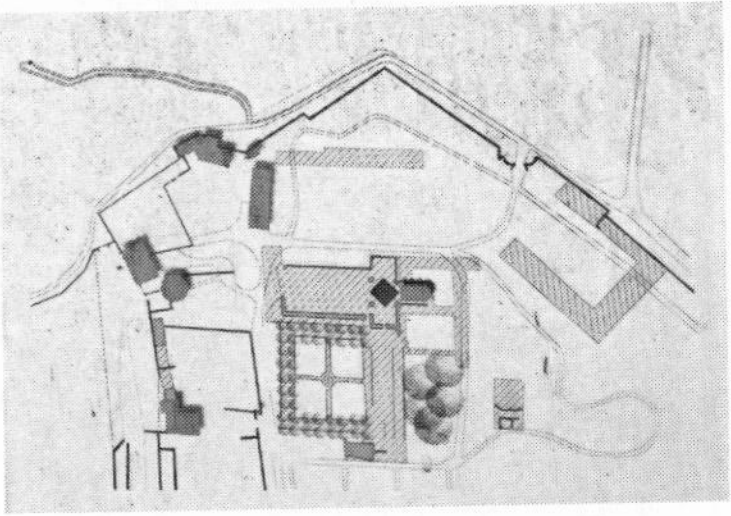

図15　ポール・ロワイヤル・デ・シャン修道院教会の見取り図．外部の人の入り口は，交差廊の北側(図中の菱形の上部)

及ぼした出来事であることは疑いようがない。しかしそれが何であるかについては、事柄がパスカルと神との内密の関係に関わる以上、直接に知ることはできない。それを認めた上で、『メモリアル』を読むにあたって、またそれが伝える出来事を考えるにあたって、いくつか注意すべきことがある。

まずは、パスカルが生前、この出来事について完全な沈黙を守ったことである。彼はそれを近親にも友人にも語らなかったし、何らかの主張の論拠として持ち出すことも決してなかった。彼の信仰と生き方の原点となったこの出来事は、他者の容喙《ようかい》を許さない秘事であった。

次に、『メモリアル』が示唆しているのは、決して独立した突発的な出来事、一瞬の閃光のうちに出来《しゅったい》する見神体験のようなものではない。それは、何カ月にもわたる心の葛藤、それを解決するためのさまざまな努力、聖書の熟読と黙想の果てにもたらされた恵みである。つまり、それは回心の長い道のりの中に位置づけられる一つのステップ、劇的で神秘的ではあるが、前後のステップと連続した出来事である。またそれは、パスカル自身が記しているように、ある夜半、二時間という時の経過のうちに進行した出来事である。「火」として現前する神の威容に捉えられながら、彼は聖書の章句を頼りに黙想を重ねているのである。

この夜の出来事は、パスカルに回心の道を進むための熱情を与えた。彼は、「この世と、神を除くすべてを忘れること」を決意し、それまでの生き方を根本から変えようとする。印刷まで済ませていた『数三角形論』の頒布を断念し、近刊を予告していた真空についての論文の印刷も見送った。これは、必ずしも科学研究をよしなしごとと

図 16　1654 年 11 月当時パスカルが住んでいた家

して放棄することではない。むしろ研究成果の公表が、否応なしに世俗的な評判と名誉の追求から免れないことを痛切に自覚した結果としての断念である。つまりは自らのうちに潜む傲慢や優越欲、あるいは後に『パンセ』において「憎むべき」と形容される〈私〉（断章五九七）、すなわち自己愛の断罪を意味しているのである。

この夜以降、パスカルは「イエス・キリスト」と「わが指導者」（サングラン神父）に「全面的〔に〕服従」して、新しい生き方を模索していく。しかし、この夜の体験がどれほど決定的であったとしても、また彼の指導者への服従がどれほど全面的なものであったとしても、それによって、彼の生き方の路線がすべて決定されたわけではない。この世のすべてを忘れることを決意したからといって、それは、おそらくジャクリーヌが望んだように、隠遁者や修道士になること、具体的には、ポール・ロワイヤルの男性隠遁者――いわゆるポール・ロワイヤルの隠士――の仲間入りをすることを意味しない。結局、彼は平信徒として俗世に留まり、その立場でポール・ロワイヤルに協力することを通じて、当時の信仰改革運動に関わる道に進んだ。

図17　サングランの肖像

『メモリアル』は、一七四〇年にはじめて公刊された。伝統的に『パンセ』とは独立した文書と見なされてきたが、二〇世紀中頃から、断章番号をつけて『パンセ』の一部に組みこむ習慣が広まった。岩波文庫版『パンセ』でも、断章＊一(下巻二四―二八頁)として収録している。しかしメナールも指摘するように、これは本来、『パンセ』よりは「小品」に属すべき文書であり、ここに再録する。『メモリアル』には、紙片に記されたものと、それをパスカル自身が羊皮紙に清書したものの二種類の本文がある。文庫版『パンセ』では、紙片のテクストを掲げたが、ここではより完備した羊皮紙のテクストを訳出し、紙片との主要な異同は注で指摘した。なお、羊皮紙版はパスカルの自筆ではなく、甥のルイ・ペリエが原本のレイアウトも意識して忠実に筆写したものである。翻訳でも、できるだけ原テクストのレイアウトを尊重した。

(1) この二通の手紙、およびジャクリーヌがブレーズに宛てた一月一九日付の手紙は、日本語で読むことができる(「パスカルの回心についてのジャクリーヌの手紙」西川宏人訳、白水社版『パスカル全集』第一巻所収)。

一〇　サシ氏との対話　一六五五年一月

パスカル氏とサシ氏との対話——エピクテトスとモンテーニュをめぐって
フォンテーヌの『覚書』からの抜粋

サシ氏の和合の精神[1]

〔1〕こうしてサシ氏は、いましがた述べたように、外部の人については、どれほどの高位高官に対しても、いつも扉を閉ざしていたが、その同じ人が、ここの隠遁者の場合は、どれほどの軽輩に対してもつねに心を開き、いつでも面会するのであった。そしてどれほど深く精神を集中しているときでも、気を逸らされることをいささかでも気にする素振りはけっして見せなかった。司祭になるとすぐに氏は、もはや自分のために生きるのではなく、神の仰せによって世話を任された人々のためにに自分があるのであり、これからは、つねに模範とも師とも仰いでいた聖パウロにならって、すべての人に対し

てすべてのものになるべきであると[2]理解した。

〔2〕上述したあの一致と愛の精神を誰とでも保つために、氏が最も力を込めて人々に勧めたのは、ほかでもない、軽率な判断、そして人の考えをあれこれ推し量っては、その振舞いをあげつらおうとする手前勝手を避けることだった。氏が言うには、福音書の中で、「裁くなかれ[3]」という言葉ほど、文字通りに理解しなければならない言葉はなく、それ自体としてはとても良いことかもしれない行動を悪く解釈しようとするのは大いに軽率である、それについて確かな判断を下せるのは神お独りなのだから。それに、病人というものは、自分が気づき感じている傷を癒すことにひたすら没頭しているので、他人の病気のことなどほとんど考えないものではないか。

〔3〕何かちょっとしたいさかいが起こったときには、氏はつねに賢明な熱意を発揮して、当事者たちのもとに、氏に最も親しく、また氏に最も信頼を寄せている人々を急行させて、償いをしてもらうのが当然の相手に対してさえ、こちらから償いをするように勧告するのだった。氏が言うには、キリスト教はこの点においてもほかのすべての点と同じく、現世のあらゆる愚かしい掟を廃止するというのである。

〔4〕さらに和合を保つため、氏は、聖書が大いに非難する欠点、すなわち告げ口を避けるように強く勧告していた。「それは、少人数のサークルにこの上ない損害をもた

らす悪徳だ」と氏は述べていた。さらに加えて、人から言われたことを吹聴するような人は、よだれかけをした子供同然で、どんな付き合いもできないとも言っていた。

〔5〕サシ氏はまた、この和合の精神によって、聖なる学問においてであれ、自然に関わる学問においてであれ、あらゆる論争をつねに避けていた。そのこと自体は大したこととは思われないかもしれない。しかし氏は、それらの論争で名を馳せた偉才たちに四方八方から取り囲まれ、しかも数々の論争がたけなわの時期でさえ、ほかの人々の興奮については批判がましいことは何も言わず、温和な荘重さのうちにつねにとどまっていた。また氏は、聖アウグスティヌスを自らの拠り所として深く没頭していたが、そこに見ていたのは、議論に勝つための新たな論拠を提供してくれる武器庫ではなく、自らの信仰を養う新たな糧を与えてくれる源であった。以上は、氏が平静な精神と性格の持ち主であったことの立派な証拠であり、そのために、氏はフランス中で最も温和な人だという評判をつねに取っていたのである。

〔6〕それにまたこの荒野[4]で、哲学を構成する人間的な諸学問とデカルト[5]氏の新見解について、どれほど多くの小競り合いが生じたことだろう。アルノー氏は休憩時間にそれについて親密な友人たちと対話を交わしていたが、それが知らず知らずのうちに至るところに広まり、この孤独の場所は、会話の時間にはこれらの話題で持ちきりになった。

隠遁者で自動機械[6]のことを語らない者はほとんどいなかった。犬をたたくことをもはや何とも思わなくなり、棒で無頓着に打ち据え、まるでそれが痛みを感じたかのように犬を憐れむ者たちを小馬鹿にして、こう言うのだった。「それは時計であり、それが叩かれたときに出す叫びは、小さな発条《ぜんまい》が動かされて立てる音にすぎない。それは何も感じていないのだ。」人々はかわいそうな動物の四つ足を板に釘づけにして、生きたまま切り開き、血液の循環を観察したが、これもまた重要な話題だった。これらすべての新奇な事柄の源はリュイーヌ公爵の城[7]であり、その源は無尽蔵であった。そこでは、デカルト氏による新たな世界の体系がひっきりなしに論じられ、それが賛嘆されていた。しかしながらサシ氏がこれらの新奇な学問に立ち入ることは決してなかった。氏は言うのだった。「誰かが私に、太陽は削りくず[8]の集まりで、動物は時計だと言いに来たからといって、神の偉大さについてどんな新しい考えをもたらしてくれるだろう。」そしてこれらの事柄のことを聞くと穏やかな笑みを浮かべて、それに自分で取り組みたいという気持ちよりは、それに取り組んでいる人々を憐れむ気持ちの方が強いことを示すのだった。

〔7〕氏はある日、私一人のときに、こう言われた。「私としては、皆が無分別に賛成するデカルト氏のこれらの新学説に対する神のお導きに驚嘆を禁じ得ない。私はデカルト氏とアリストテレスをともに泥棒、そして前者はもう一人の泥棒である後者を殺しに

やってきて、その略奪品を奪い取る泥棒であるかのように考えている。アリストテレスは徐々に教会に押し入り、ついには教会の教師たちの教師になっていた。」氏はさらに続けて、「私がソルボンヌで見たことだが、そして私はそれを見て戦慄を禁じ得なかったが、ある博士が聖書の一節を引いたところ、別の博士が大胆にもアリストテレスの一節を引いて、相手を反駁した。前者はすっかり仰天して、ほとんど無意識にこう答えた、「ここでは聖書が正しい」。それに対して、後者は顔色も変えずぶっきらぼうに言った、「アリストテレスもまた正しい」。「それにしても、聖書もアリストテレスも正しい」と前者は言い返した。これほどおぞましい略奪が行われたのちに、最近、別の男が出現し、アリストテレスを略奪し、彼を殺害する。結構なことだ。死者の数が増えるほど、敵の数は減るのだから。次にはこのデカルト氏にもおそらく同じことが起こるだろう。」

〔8〕さらに氏は付け加えて言った。「神が世界を作ったのは、次の二つのこと、一つはご自身について偉大な観念を与えるため、もう一つは見えるもののうちに見えないものを描き出すためである。デカルト氏はその双方を破壊する。太陽はなんと素晴らしい作品だろうと人が言うと、全然そんなことはない、それは削りくずの集まりなのだと、彼は答える。見えるもの、たとえば自然界の神である太陽のうちに見えないものを認め、太陽が植物のうちに生み出すすべてのもののうちに恩寵の象徴を見るどころか、彼らは

反対に、自分たちが想像したある種の鉤《かぎ》によって万物を説明できると主張する。[9] 彼らは、驚嘆すべき絵画を目の前にして、美しい全体に感嘆する代わりに、細部の個別の色彩にとどまり、「この赤は何だろう、何からできているのか、あの材料からか、いや別のものだ」と言うばかりの無学の徒のようなもので、絵の全体の構成をじっくり眺めようとはしない。賢者ならそれを眺めて、その美しさに魅惑されるだろうに。

〔9〕デカルト氏は言った。「私は物事をそれが実際にあるがままに語るとは主張していない。世界はあまりにも巨大な対象なので、そこで人は迷うばかりだ。しかし私はそれを一つの暗号とみなしている。ある人々はこのアルファベットの文字をいじくり回して、あることを見つける。私もまた何ごとかを見つけるが、それはおそらく神が作られたものではない。」」サシ氏が言うには、「そうではない。それは、教父方の言葉づかいでは、「際限のない論争欲であり、真理は見つかったと思えば思うほど、一層見つからない[10]」。こうした者たちは手探りで真理を探している。それが見つかるのは全くの偶然だ。私はノートルダム橋を渡るさいに〈日時計屋[11]〉の看板を眺めたものだが、彼らを眺めるのも同じようにする。橋を渡る時、文字盤がその時の正しい時刻を告げていれば、こう言ったものだ。「早く渡ろう。じきに正しくなくなるのだから。」真理が文字盤に出会ったのであって、文字盤が真理に出会ったわけではない。それは一日に一回しか本当

のことを言わないのだから」」。

1 見出しは、『覚書』の編纂者トゥヴナンによる。原文には、章や節の区切りは一切ない。

2 「コリントの信徒への手紙一」第九章二二節。

3 「マタイによる福音書」第七章一節、「ルカによる福音書」第六章三七節。

4 ポール・ロワイヤル・デ・シャンのこと。女子修道院の近隣に、男性の隠遁者たちが住まっていた。人里離れたポール・ロワイヤル・デ・シャンの隠棲地は、三―四世紀にエジプトを中心とした荒野で修行をし、修道制の基礎を築いた「荒野(砂漠)の師父」と呼ばれる隠修士たちにならって、「荒野」と呼ばれていた。

5 ポール・ロワイヤルの理論的指導者アントワーヌ・アルノーは、デカルト哲学の最初期の理解者であり、デカルトの『省察』に対する「第四反論」を執筆した。

6 デカルトの動物機械論のこと。

7 リュイーヌ公爵(一六二〇―一六九〇)は、国王に伺候する大貴族であったが、哲学に関心を寄せ、デカルトの『省察』のフランス語版を出版したことで知られる。ポール・ロワイヤルとの関係も深く、ポール・ロワイヤル・デ・シャンのすぐ近くのヴォミュリエに城館を建て、隠遁者たちと交流があった。パスカルは、一六五五年一月にポール・ロワイヤル・デ・シャンで三週間にわたる隠遁生活を送ったが、最初はヴォミュリエに滞在した(図**35**参照)。

8 デカルト『哲学原理』第三部五四節「どのように太陽と恒星は形成されたか」参照。

9 この段落でフォンテーヌは、デカルト学派(「彼ら」)の宇宙論を説明しようとしているが、「ある種の鉤」というのは、デカルトの論敵ガッサンディ(一五九二―一六五五)が復活させたエピクロスの原子論で重要な役割を果たす観念である。「人間的な諸学問」には目を向けようとしないサシの弟子であるフォンテーヌは、デカルトとガッサンディの立場の違いに無頓着であるように思われる。

10 原文ラテン語。アウグスティヌス『書簡集』(一三五、一)に収められた、ウォルシアーヌスからアウグスティヌスに宛てた手紙からの引用(トゥヴナンによる)。

11 日時計の看板を掲げた居酒屋の名前。

パスカル氏とサシ氏との対話[12]

〔10〕パスカル氏もまたこの時期にポール・ロワイヤル・デ・シャンにやって来て、滞在した。全フランスばかりでなく、全ヨーロッパの驚嘆の的であったこの人が誰であるかをわざわざ言うには及ばない。つねに生き生きと働く彼の精神の拡がり、気高さ、堅固さ、洞察力と明晰さは、人のあらゆる想像を超えるものだった。どんな数学の達人でも彼には敵わなかった。その証拠が、当時すべての学者の話題となっていた、あの有名なルーレットの話[13]である。周知のように、彼はまるで銅に生命を与え、ブロンズに精

気を吹き込むように見えた。彼は、それぞれの上にゼロから九までの数字が書き込まれた理性をもたない小さな車たちが最も理性的な人々と互角に渡り合うように仕組み、無言の機械にいわば言葉を与えて、最高の学者でも解くのが困難な算数の問題を遊びながら解決させた。それは彼にあまりにも精神の集中と努力を強いたので、この機械、私もこの目で見たことがあるこの機械をすべての人が驚嘆する水準にまで仕上げるために、彼自身は三年近く頭の調子がおかしくなるほどであった。

〔11〕この驚嘆すべき人物に神の恩寵がついに臨むと、彼はあれほど高邁なその精神をイエス・キリストのやさしい軛《くびき》に服従させた。[14] そしてあれほど高貴で偉大な彼の心はへりくだって悔悛を受け入れた。彼はパリでサングラン氏のもとに来て、同氏に身を委ね、彼の命ずるところはすべて実行しようと決意した。サングラン氏はこの偉大な天才に会って、彼をポール・ロワイヤル・デ・シャンに送るのがよいと考えた。そこなら彼に対して、アルノー氏が深遠な学問をめぐって戦いを挑み、サシ氏がそれを軽蔑することを教えてくれるだろうから。こうしてパスカル氏はポール・ロワイヤル・デ・シャンにやって来て滞在した。[15] サシ氏は社交儀礼として彼に会わないわけにはいかなかった。とりわけサングラン氏から懇請されていたのでなおさらだった。しかしながらサシ氏は聖書と教父方のうちに聖なる光明を見いだしていたので、パスカル氏がその天才の光輝

ですべての世人を魅惑し夢中にさせていたにしても、それに幻惑されることはあるまいと考えた。じっさい、サシ氏は、パスカル氏が述べることはすべてきわめて正しいと認めた。パスカル氏の精神と話の力強さを見て、喜びを覚えた。しかしサシ氏はそこに何も新しいものは見なかった。パスカル氏の話の偉大なところのすべてを、氏はそれ以前に聖アウグスティヌスのうちに見いだしていた。そしてどちらの取柄も認めて、こう述べていた。「パスカル氏は教父方の著作を読んだことがないのに、[16]自らの洞察力によって、彼らが見いだしたのと同じ真理を独力で見いだした点で、きわめて立派だ。氏は、それをどこにも見たことがなかったので、驚くべき真理だと思っている。しかし私たちにしてみれば、それは、私たちの本の至るところに見いだされる見慣れたことなのだ。」こうして、この賢明な聖職者は、昔の人も今の人に劣らない光明をもっていたことを認めて、そこにとどまり、パスカル氏については、彼がすべてにおいて聖アウグスティヌスと同じ意見であるのを見て、高く評価した。

〔12〕人々と対話をするときのサシ氏のやり方は、自分の話を相手の話に釣り合わせることであった。たとえば、シャンペーニュ氏[17]と会うときは、彼と絵画の話をするのだった。アモン氏[18]なら、医療について話を交わした。在地の外科医と会うときは、傷の治療について質問した。ブドウあるいは果樹または穀物を栽培する人々は、彼らがそこで

守るべきことのすべてを彼に語るのだった。サシ氏にとっては、すべてが直ちに話題を神に転じ、対話者たちをそこに導く糸口であった。そこで氏は、パスカル氏の場合もその得意分野に水を向けて、彼が最も熱心に取り組んでいる哲学者たちの読書を話題にするべきだと考えた。

〔13〕サシ氏は二人で共にした最初の数回の対話でこの主題にパスカル氏を導いた。パスカル氏は、自分が最も読み慣れている二冊の本はエピクテトスとモンテーニュであると述べて、この二人の才気を大いに称賛した。このような著者たちはあまり読んではならないとつねに考えていたサシ氏は、彼らについて徹底的に話してほしいとパスカル氏に頼んだ。

〔14〕パスカル氏はサシ氏に言った。「エピクテトスはこの世の哲学者のうちで人間の義務を最もよく知った一人です。彼が何より望むのは、人間が神を自らの主要目的と見なすこと、神がすべてを公正に統治していることを確信して、心から神に身を委ね、また神は絶大な知恵なしには何事もなさないのだから、すべてにおいて喜んで神に従うことです。こうして、このような心持ちになれば、あらゆる不平不満は押しとどめられ、どれほど困難な出来事も心安らかに耐えるように自らの心を整えることができるようになるというのです[19]。

〔15〕彼はこう言います。「けっして《私はこれを失くした》と言ってはいけない。むしろ、《私はこれを返した》と言わなければなりません。私の息子が死んだとしたら、《私は彼を返した》のだ。妻が死んだら、《彼女を返した》のだ。財産もほかのすべてについても同様だ。《しかし私からそれを取り上げたのは悪人だ》と、きみは言う。きみにそれを貸した人が、誰を通じてその返還をきみに求めようと、きみは何で気に病む必要があるだろうか。彼がその使用をあなたに許可している間は、それを他人の財産のように気をつけて使いなさい。ちょうど旅人が宿屋でそう振舞うように。[20]」彼は言います。「出来事がきみの望みどおりに起こることを願ってはならない。むしろそれが、起こるがままに起こることを望まなければならない」と。[21]

〔16〕彼はほかの場所ではこう言います。「思い出すがよい。きみはここでは役者のようなものであり、芝居の登場人物、つまり主人の意向できみに与えられた役柄を演じているのだ。短い役を与えられたら、短く演じなさい。長い役なら、長く演じなさい。乞食をまねてほしいと言われたら、できるかぎり自然にそうしなければならない。ほかの役でも同じことだ。与えられた役をうまく演ずるのはきみの役割だ。しかし役を選ぶのは、ほかの人の役割だ。[22]」

〔17〕「死そして最も恐ろしいと思われる不幸を日々直視しなさい。そうすれば、きみ

はけっして卑しいことを考えないだろうし、何ごとも度を越えて欲することはないだろう。[23]」

〔18〕こうして彼は無数のやり方で人間がしなければならないことを示します。彼が人間に望むのは、謙虚であること、良い決心をしたとき、とりわけ決心したばかりのときには、それを隠すこと、そして秘密裏にそれを成し遂げることです。良い決心を表ざたにすること以上に、それを台無しにすることはないのですから。[24]

〔19〕彼は倦まず弛まずこう繰り返します。「人間の努力と願望のすべては、神の意志を認めてそれに従うことでなければならない。[25]」

〔20〕パスカル氏はサシ氏に続けて言った。「以上が、人間の義務をこれほどよく知ったこの偉大な精神がもたらした光明です。彼が人間の無力を同じように認めていたとしたら、彼は崇拝されるに値するとあえて申します。じっさい神でないかぎり、義務と無力の双方を人間に教えることはできなかったのです。しかるに彼は土と灰だったので、[26]何をなすべきかをこれほどよく理解した後で、何ができるかについては次のような思い上がりに陥ります。彼は言います。

〔21〕「神は人間にこれらの義務すべてを果たす手段を与え、その手段は私たちの能力の範囲内にある。[27]私たちの力の及ぶ物事を通じて幸福を求めなければならない。なぜな

ら神はそれらをこの目的のために与えてくださったのだから。[28] 私たちのうちで何が自由であるかを吟味しなければならない。財産や生命や他人の評価は私たちの力ではどうにもならず、したがって神に導いてくれない。[29] しかしながら、知性が偽りだと知っていることを信じるように、知性に強制することはできないし、意志に対しても、自分を不幸にすると感じているものを愛するように強制することはできない。[30] したがってこの二つの能力は自由であり、私たちが完全になるのもそれによってである。この二つの能力によって、人間は完全に神を知り、神を愛し、神に従い、神の意にかない、自らのすべての悪徳から癒され、あらゆる美徳を獲得し、聖なる者となり、神の友にして伴侶となることができる[31]」と言うのです。

〔22〕悪魔的な傲慢とも言うべきこれらの原理は彼を他の誤りに導きます。たとえば、魂は神の実体の一部分であるとか、[32] 苦しみや死は悪ではないとか、[33] 神から呼ばれていると考えざるをえないほどむごい迫害を受けたときには自殺してもよいとか、[34] 等々です。」

〔23〕「モンテーニュについてもお話しするようにお望みですので申し上げますが、彼はキリスト教国に生まれ、カトリック教徒であることを表明していますので、この点では、何も特別なことはありません。[35] しかし彼は、もしも信仰の光明がなかったとした場合、理性はいかなる道徳を命じることができるかを探究しようとしたので、この仮定か

ら自らの諸原理を引き出しました。[36] こうして彼は、あらゆる啓示を奪われた人間を考察して、次のように論じます。

〔24〕彼はすべてを普遍的な懐疑、それも疑いがその疑い自身を運び去ってしまうほど全般的な懐疑のうちに置きます。[37] つまり彼は自分が疑っているかどうかを疑い、さらにこの最後の命題まで疑うので、その不確かさは、休むことも終わることもない円を描いて、自分自身の上を転がっていきます。彼は、すべてが不確かだと断言する人々にも、すべてが不確かだというわけではないと断言する人々にも同じように反対しますが、それは彼が何ごとも断言したくないからです。

〔25〕自らを疑うこの懐疑、彼が自分の支配的形態と呼んでいる自らを知らないこの無知、[38] その中にこそ彼の信念の本質がありますが、彼はそれをいかなる肯定的な言葉によっても表現することができませんでした。じっさい、もしも彼が自分は疑っていると言えば、彼は少なくとも自分が疑っていることを断言することによって自らを裏切ることになります。それは彼の意図に明白に反しているので、彼は疑問によってしか自分の信念を説明できませんでした。こうして、「私は知らない」とは言いたくないので、彼は「私は何を知っているか」と述べて、この言葉を自らの信条とします。そしてそれを、双方の皿に矛盾命題を載せて、両者が完全に釣り合っている状態にある天秤の下に掲げ

ます[39]。つまり彼は混じりけなしの懐疑論者[40]なのです。

〔26〕彼の議論と『エセー』のすべてはこの原理をめぐって展開されます。そしてそれこそ彼が確立しようとする唯一の事柄です。とはいえ、彼はいつでも自らの意図を明示するわけではありません。彼はそこで人々の間で最も確実とされているすべてのことを、知らず知らずのうちに破壊します。それはその反対を確実なこととして確立するためではありません。何しろ確実さこそ、彼の唯一の敵なのですから。そうではなくて、外観はどちらもともに等しいのだからどこに信頼を置いてよいのか分からない、ということをひたすら示すためなのです[41]。

〔27〕このような考えに立って、彼はあらゆる断定を鼻であしらいます。たとえば、フランスには、訴訟の弊害に対処するためには、多数のそして当事者に言わせれば適切な法律を積み上げることが有効な解決策であり、そうすれば訴訟を生み出す疑義の根本を断ち切ることができるし、それが不確実さの奔流を押しとどめ、推測を閉じ込める堤防となる、と考えた人々がいます。ところが、モンテーニュは彼らに反対します。そこで、彼は自分の訴訟を裁いてもらうのに、あの多数の法令で武装した裁判官に任せようが、通りすがりの誰かに任せようが同じことだと言いますが、それはなにも国家の秩序を変えるべきだと言いたいわけではありません。彼にそんな野心はありません。また自

分の意見の方が優れていると言いたいわけでもありません。どんな意見であれ、正しいものがあるとは思っていないのですから。それはただ、世間で最も広く受け入れられている意見のむなしさを証明するためなのです。そして、これだけ多数の法律が紛争の数を増すのにしか役立たないのだから、あらゆる法律を排除すればむしろその数は減るということを示します。何しろ困難はそれを吟味するにつれて増大し、不明瞭さは注釈によって増し加わるのですから。ある文章の意味を理解する最も確かな手段はそれを詮索せず、最初の見かけのままに受け取ることです。少しでも目を凝らすと、明瞭さは雲散霧消するのです。[42]

〔28〕こうして彼は人間の行動と歴史上の事実について、行き当たりばったり、つまりあるときはこのやり方、別のときはあのやり方というふうに、最初の見かけに従って自由に判断し、自分の考えを理性の物差し——そこには間違った目盛りしかついていません——で束縛しません。こうして彼は自らを例にとって、同一の精神のうちにある矛盾を示すのです。[43]

〔29〕全く自由なこの天性にあっては、議論において勝ちを収めても収めなくても、まったく同じです。どちらの場合でも、つねにあらゆる意見が薄弱であることを示す手段となるのですから。彼はこの普遍的な懐疑のうちにきわめて有利な姿勢で陣取ってい

るので、勝利によっても敗北によっても同じように立場を強化するのです[44]。

〔30〕彼は、このようにぐらついて揺れ動く態勢に身を置きながら、同時代の異端者たちに断固として戦いを挑み、自分たちだけが聖書の真の意味を知っているという彼らの主張を突き崩します[45]。そしてそこからまた、神は存在しないとあえて断言する者たちの恐ろしい冒瀆をさらに強力に打ち砕きます[46]。

〔31〕彼はとりわけ「レーモン・ド・スボンドの弁護[47]」において彼らを攻撃します。そして彼らが意図してあらゆる啓示を捨て去り、あらゆる信仰をわきにおいて、自らの生来の光明をひたすら頼りにしているのを見て、モンテーニュは彼らに問いかけます。彼らにはいかなる権威があって、あの至高の存在、その定義からして当然無限である存在の有無を判断しようとするのか。自分たちは自然界のいかなる些細な物事も本当には知らないというのに[48]。

〔32〕モンテーニュは彼らに、いかなる原理に依拠しているのかと尋ね、それを示すように迫ります。彼らが提示することのできるすべての原理を吟味し、持ち前の優れた才能できわめて深く掘り下げたあげくに、最も自然で堅固だと思われている原理のすべてが空虚であることを示します[49]。

〔33〕彼は尋ねます。魂は何ごとかを知っているのか[50]。それは自分自身を知っている

のか。それは実体なのか偶有性なのか、物体なのか精神なのか。これらの事柄のそれぞれは何であるのか、そしてこれらのカテゴリーのいずれにも所属しないものはあるのか。魂は自分に固有の身体を知っているのか。物質とは何か、そして魂は、自らについて提起された無数の種類の意見の中で正しいものを見分けることができるのか。もしも魂が物質だとしたら、それはどのように推理することができるのか。精神だとしたら、どのように個別の身体と結びつき、情念を感じることができるのか。[51]

〔34〕魂はいつから存在しはじめたのか。身体とともになのか、それともその前からか。またそれは身体とともに終わるのか、終わらないのか。[52]魂はけっして間違わないのか。間違うのなら、いつ間違えるかは分かるのか。間違いの本質はそれに気づかないところにあるというのに。このような間違いの暗闇にあって、二足す三は六だと固く思い込み、後になってそれは五だと同じように確信することはないか。[53]

〔35〕動物たちは理性を働かせ、言葉を使い、考えるかどうか、誰がそれを決定することができるだろう。[54]時間とは何か、空間ないしは延長とは何か、運動とは何か、〈一〉とは何か、これらはすべて私たちを取り囲む環境でありながら、まったく説明がつかないものである。[55]

〔36〕私たちは、健康、病気、生、死、善、悪、正義、罪について始終語っているが、

それらは何であるのか。

〔37〕私たちは自らのうちに真実の原理をもっているのだろうか。そして私たちがもっていると思い、公理ないしは共通知見――なぜならそれはすべての人間において一様であるので――と呼んでいる原理[56]は、本質的な真理に合致しているのだろうか。そして善良この上ない存在が私たちを真理の認識のために創造し、原理を真なるものとして私たちに与えてくださったことを、私たちが知っているのは、もっぱら信仰を通じてでしかないのだから、そうだとしたら、この光明がなければ、原理も成りゆき任せに作られた不確実なものにすぎないかもしれないではないか。それが、いったい誰に分かるだろう。あるいは、原理を作ったのは不誠実で邪悪な存在で、その存在は私たちを欺くために偽りの原理を与えたのかもしれない[57]。このことが示しているのは、神と真とは不可分であり、一方が存在するかしないか、確実であるか疑わしいかに応じて、他方も必然的にそうなることである。そうだとすれば、真実の裁判官とみなされている共通感覚が、それを創造した存在の特許状[58]をもっているかどうか、誰に分かるだろう。さらに言えば、真理とは何であるか、誰に分かるだろう。そしてそれを知らないのに、それを所有していると、どうして確信することができるだろう。そもそも、「ある」ということが何であるか、誰に分かるだろう。それより一般的なことは何もなく、それを説明するために

は、「それは〜である」という言い方をして、そこに含まれるこの語を真っ先に使わないわけにはいかない以上、それは定義不可能なのだから[59]。

〔38〕そして私たちは、魂、身体、時間、空間、運動、〈一〉、真、善、さらには存在すら何であるかを知らず、またそれらについて作り上げる観念を説明することもできない以上、どうしてその観念がすべての人間のうちで同一であると確認できるのか。何しろそうである証拠として私たちがもっているのは、帰結の一致だけであるが、それは必ずしも原理の一致を示すしるしではないのだから。じっさい原理は異なっているのに、同じ結論に導かれることは大いにありうるし、真がしばしば偽から結論されることは誰しも知っている[60]。

〔39〕要するにモンテーニュは、あらゆる学問をきわめて深く吟味し、幾何学については、その不確かさが公理及び無定義語——たとえば延長や運動など——のうちにあることを示し[61]、自然学はもっと多くのやり方、医学はさらに無数のやり方で、そして同様に歴史、政治、道徳、法律学その他を吟味します[62]。その結果、神の啓示がないとすれば、私たちは目覚めているのかいないのか、文字通り疑うことになるだろうと確信しつづけることになります。何しろ、いくつかの夢の中よりも、今の方がよく考えているわけではないのですから。それどころか、人生そのものが一つの夢であり、私たちは死に際し

てはじめてそこから目覚めるのであって、その間は、自然の睡眠中と同じく、真実の原理をほとんどもっていないのではないのかと疑うことになるでしょう。[63]

〔40〕こうしてモンテーニュは、信仰から切り離された理性をきわめて強くまた容赦なく叱責したあげく、理性は本当に理性的なのか、動物は理性を備えているのかいないのか、そこに多い少ないはあるのかどうかについて疑いを抱かせ、理性が自らに与えていた高い地位から理性を引きずり落とし、お情けで獣並みの地位を与えます。そして理性が創造主ご自身によってその本来あるべき序列——それを理性は知らないのです——を教えられるまで、この地位から抜け出すことを許しません。もしも理性がそれに不平を言えば、すべての獣の下に置くぞと脅しますが、そうするのは、その反対と同じぐらい容易です。そしてその間、理性に働く力を与えるにしても、それはひたすら、理性が愚かな思い上がりで増長する代わりに、心からへりくだって自らの弱さに気づくためなのです。」

〔41〕サシ氏は、後になってこのことを私に伝えてくださったのですが[64]、パスカル氏の話に静かに耳を傾けながら、まるで新しい国に住まい、新しい言語を聞いているような気がしました。氏は心の中で、聖アウグスティヌスの次の言葉を唱えていました。

「ああ、真理の神よ、これらの巧妙複雑な推論を知っている者たちは、そのためにもっとあなたのお気に召すのでしょうか(真理の神なる主よ、これらのことを知っている者は誰でも、もうそれだけで、あなたのお気に召すのでしょうか)。[65]」サシ氏は、自分自身で作った棘で体じゅうを突き刺し引きちぎるこの哲学者を哀れに思いました(彼らは自らの針で自分自身を突き刺すのだ[66])。そして聖アウグスティヌスも、彼自身がこの状態にあったときの自分についてこう述べています。「あたかもちくちく刺されたかのように動かされました。[67]」「あなたは、地が茨とあざみを私のために生み出すようにお命じになり、その通りのことが、私の身に起こりました。[68]」

〔42〕　そこでサシ氏は、十分長い間辛抱した後で、パスカル氏にこう語りました。「お話に感謝します。たとえ私が長い時間をかけてモンテーニュを読んだとしても、あなたとこの対話を交わすことを通じて知ったほど、彼を知ることができないのは確かです。この人は、あなたがその著作について語ってくださったことだけで、自分を知ってもらいたいと願うべきでしょう。そして彼は、聖アウグスティヌスとともに、こう言うことができるでしょう。「ここで、私を見てほしい。ここで私に注目してほしい。[69]」この人にはたしかに才気があると思います。しかしもしかしたら、あなたは彼が依拠する諸原理をこれほどぴったり繋ぎあわせることによって、彼が本来もっているよりいささか多くの才気を彼に貸し与えているのではないでしょうか。ご想像いただけると思います

が、私のような生き方をしていると、この著者を読むように勧められることはめったにありませんでした。そのいかなる著作にも、私たちが読書において主として探究すべきこと、聖アウグスティヌスの規則によれば、「神に対して人間の知性と感性を鼓舞する」[70]ことが何も含まれていないのですから。じっさい彼の言葉は、へりくだりと信心の非常に豊かな源泉から出ているようには見えません(それらは、最も深いへりくだり、たぐいまれな信心と知恵の標識ではないのです)[71]。

〔43〕アカデメイア派と呼ばれた、かつての哲学者たちがすべてを疑ったのは、大目に見てもいいでしょう[72]。しかしモンテーニュは、何の必要があって、今やキリスト教徒にとっては痴《し》れ言にすぎない学説を更新して知的遊戯にふけるのでしょう(このような戯言《たわごと》がより高尚でより内容豊かな文学だと思われている)[73]。聖アウグスティヌスは言います。「私は、傲慢で気の狂った人間たち、おしゃべりな人間たちの手中に落ち込んでしまった。彼らの口には悪魔の罠がひそんでいる[74]。」これが、聖アウグスティヌスがこれらの人々[75]について下した判断です。じっさい、この聖人が若者たちについて述べたことにならって、モンテーニュについても、こう言うことができます。「悪魔の大いなる罠、多くの者たちが甘美な弁論の魅力によってその中にからめとられた[76]。」モンテーニュはそのすべての発言において信仰を棚上げにします。そうだとすれば、信仰をもって

いる私たちも同様に、彼の発言のすべてを棚上げにしなければなりません。私はこの著者の才気をとがめだてはしません。それは神の偉大な賜物なのですから。しかし彼はそれをもっとよく使い、それを供物として、悪魔よりはむしろ神に捧げることができたはずです。聖アウグスティヌスは言っています。「理解のはやさも舌鋒の鋭さもあなたの賜物です。しかし私はそれをあなたに供物として捧げませんでした。」[77]「じっさい罪を犯した天使たちへの供物は、いろいろの仕方で捧げられます。」[78]よいものであっても、それをこれほど悪用するとしたら、何の役に立つでしょう(よきものも、それを善用しない私にとっては何の役に立ったでしょう[79]。それらの学問を素早く理解する才能が何の役に立ったでしょう)と、この聖なる博士は回心する前の自分について語っています。

〔44〕パスカルさん、あなたは幸せです。あなたは、あの酩酊状態に陥って「酔いどれ博士[80]」と呼ばれている人々よりはるかな高みに上られたのですから。彼らは、真理を欠いた心(しかしながら真実を欠いた空虚な心[81])しかもっていません。神はあなたの心のうちに、あなたがモンテーニュのうちに見いだしたのとは異なる甘美さと魅力を注ぎ込まれました[82]。神はあなたをこの危険な快楽から呼び戻されました。聖アウグスティヌスも「破滅的な快楽から[83]」呼び戻されたと述べて、よしなしごとに現《うつつ》を抜かして罪を犯したのに、神がそれを赦してくださったことを神に感謝しています(あなたは、私がこれ

らのよしなしごとに快楽を感じていた罪を赦してくださいました)[84]。聖アウグスティヌスは、かつては同じ考えのうちにあっただけに、この点については一層確実に信用できます。あなたは、モンテーニュがあの普遍的な懐疑によって同時代の異端者たちと戦ったと言われますが、聖アウグスティヌスもまたアカデメイア派の唱えた同じ懐疑によってマニ教徒の異端から離れたのです(アカデメイア派と呼ばれるあの哲学者たちは、万事について疑わなければならないと考え、いかなる真実も人間にはとらえられないと主張しましたが、彼らはその点でより賢明だったのではないか、という思いが私の心に浮かびました[85]。そこで、アカデメイア派の哲学者たちにならって、すべてを疑い、すべての間を揺れ動きながらも、マニ教徒とは手を切らねばならないと決心しました[86])。

〔45〕聖アウグスティヌスは神に帰依すると、これらのよしなしごとを瀆聖と呼んで捨て去り、ほかの何人かの人々について語ったことを自ら実践しました(彼らは、あなたの前で自分を殺し、救われるために打ち倒され、打ち砕かれ、そして自らの高ぶりを〈空飛ぶ鳥〉として、自らの好奇心を〈海の魚〉として、いけにえに捧げます[87])。聖パウロは私たちがこのような教説に誘惑されないように警告を与えていましたが、聖アウグスティヌスはその警告がどれほどの知恵に満ちていたかに気がつきました(哲学のむなしい誘惑の罠にはまらないように注意しなさい[88])。じっさい、そこには人をうっとりさ

せるようなある種の魅力があることを彼は認めています。「それは、ある種の生来の優雅さに精神の陶冶が加わることによって、いよいよ好もしく魅力的になっていました[89]。」時には、雄弁に表現されるだけで、本当だと思われる事柄があるのです。彼の言い方では、それは美々しい皿(むなしくも甘美な皿)[90]に載せて食卓に出される危険な食べ物です。しかしそのような食べ物は心を養わず、かえって空にします(私はそれらを食べて養われるどころか、ますます衰弱していったのです)[91]。それはまるで眠っている人、眠りながらものを食べていると思い込んでいる人のようなものです。この想像上の食べ物はその人を空っぽのまま置き去りにします。」

〔46〕サシ氏はパスカル氏に、これに類したことを沢山語った。これに対して、パスカル氏は答えて言った。「サシさんは、私がモンテーニュを自家薬籠中の物にして、彼を思いのままに操れるとお褒めくださいましたが、私の方では、お世辞抜きに、サシさんが聖アウグスティヌスを一層見事に自家薬籠中の物にして、さらにうまく操っておられると申し上げることができます。もっともそれがかわいそうなモンテーニュの得にならないことは認めなければなりませんが。」そしてパスカル氏は、サシ氏の今しがたの発言すべての揺らぎなさにきわめて深く教化されたと表明した。しかしながら、まだ自分の著者のことで頭がいっぱいだったパスカル氏は自分を抑えることができず、言葉を

継いでサシ氏に言った。

〔47〕「サシさん、正直に言って、私はモンテーニュの著書の中で、高慢な理性が自分自身の武器によって完膚なきまで打ち砕かれ、人間が人間に対してあの容赦ない反逆を企てるのを見て喜ばずにはいられません[92]。その反逆のせいで、ストア主義者たちの原理によって神との交わりの高みに達していた人間は、懐疑論者たちの原理によって野獣の本性に突き落とされるのです。そして私はこれほど苛烈な復讐の執行人である彼を心から愛したことでしょう、モンテーニュが信仰において教会の弟子であったのと同時に、もしも道徳においても教会の規則に従っていたとすれば。彼は人々をあれほど有益な謙遜に導いたのですから、彼らが新たな罪を犯して、神の怒りを買わないように仕向ければよかったのです。神だけが人間を罪から解放することができるのですが、その罪を人間は知ることさえできないことをモンテーニュは認めさせたのです。しかし彼は反対に、行動においては異教徒、しかも次のような異教徒として振舞います。

〔48〕モンテーニュは、信仰の外ではすべてが不確かだという原理に立ち、また人間は大昔から真と善を探求してきたのに、心の平静に向かって少しも前進しない[93]ことを考え合わせ、その仕事はほかの人たちに任せて（探求するがよい。世界の働きに翻弄される者たちよ[94]）、自分はそのあいだゆっくり安息し、物事の上を軽く滑っていくべきだと

結論します。何しろ、物事は押さえつけるとはまり込んでしまう恐れがあるのですから。[95] そして真も善もその最初の見かけどおりに受け取り、それを締めつけてはならない。なぜならそれらはあまりにも実質を欠いているので、少しでも握りしめると、指の間をすり抜け、掌は空っぽになってしまうからというのです。[96]

〔49〕こういうわけで、彼は感覚の報告と共通知見に従います。なぜならそれを否認しようと思ったら自分に無理を強いなければなりませんし、真がどこにあるか知らない以上、そんなことをして得になるかどうか分からないからです。こうして彼は苦痛と死を避けます。本能がそうするように促し、それに対して彼は同じ理由で逆らいたくないからです。だからといって、彼はこの自然な恐れの感情もあまり信用せず、それが本当の悪だとは結論しません。なぜなら人が感じるもう一つの自然な感情である快楽は、悪いものだと言われているけれど、自然本性に言わせればその逆なのですから。

〔50〕こうして彼の振舞いには、奇矯なところはまったくありません。[97] 彼はほかの人々と同じように行動します。そして彼らが愚かにも、自分たちは真の善に従っていると考えてすることのすべてを、彼は別の原理で行います。すなわち本当らしさはどちらの側も同様なのだから、前例と便宜の方が重みのある分銅になる、というのです。[98]

〔51〕そこで彼は自分の国の風習に従いますが、[99] それは慣習が彼を引きずっていくか

らです。[100] 彼は自分の馬に、まるで哲学者ではない常人であるかのようにまたがります。馬がそれを許してくれるのですから。しかしそれが権利だと信じているわけではありません。もしかしたら反対に、彼を使用する権利をもっているのはこの動物の方かもしれないのですから。[101]

〔52〕彼はまたいくつかの悪徳を避けるためにいくらかは自制します。結婚生活の義務である貞節さえも守りました、放蕩には苦痛が伴うのですから。[102] しかし支払うことになるかもしれない苦痛が避けようとする苦痛より大きい場合には、何もせずにじっとしています。彼の行動の準則はすべてにおいて、便宜と心の平安なのです。

〔53〕彼はこうしてあのストア派の美徳を遠くに投げ捨てます。[103] それは、厳しい顔つきをして、まなざしは獰猛、髪は逆立ち、汗まみれの額にしわを寄せ、緊張していかにも辛そうな姿勢で、人々から遠く離れて、陰鬱な沈黙に閉じこもり、独りで岩の先端に座っている姿で描かれますが、彼に言わせれば、それは、子供たちを怖がらせるだけの幻影、自分ではけっしてたどり着けない安息を絶え間ない努力で探求するよりほかのことはしない、美徳の幻影なのです。これに対して、モンテーニュの美徳は、自然で親しみやすく、心地よく、陽気で、いわば剽軽《ひょうきん》です。それは、自分を魅惑するものに従い、よいめぐりあわせにも悪いめぐりあわせにも無頓着に接し、落ち着いた無為の懐にのう

のうと横たわります。そして、そこから、幸福をあれほど苦労して探し求める人々に向かって、幸福の居場所はそこにしかなく、[104] また、彼自身が言うように、無知と無頓着はできのいい頭にとって二つの柔らかな枕であると教えるのです。[105]

〔54〕サシさん、包み隠さずに申し上げますが、この著者を読み、エピクテトスと比較しますと、彼ら二人がそれぞれたしかに、世界で最も著名な二つの学派、しかも唯一理性にかなった学派の最も有名な擁護者であったことが分かります。理性にかなっているというのは、人は次の二つの道のいずれかに従って歩むことしかできないからです。すなわち、神がいる場合には、至高善は神のうちにあります。神が不確かなら、真の善も同様に不確かになります。真の善は神と切り離せないのですから。

〔55〕私は、これらの様々な議論を吟味して、双方が、いかなる点において、彼らが知ろうと試みた真の知恵との何らかの一致にたどり着いたかに注目することに、この上ない喜びを覚えました。じっさい、自然はそのすべての作品のうちに神を描き出そうとする願望を抱いており、その作品は神の似姿ですので、そこには何らかの神の刻印が見て取られるとともに、それは似姿にしかすぎないので、無数の欠陥をかかえています。[106] そこで、そのような自然の願望を、自然のうちに観察するのが愉快なことだとすれば、精神の作り出したもののうちに、精神が本質的な美徳を、たとえそれに背を向けながら

でも、やはりそれを再現すべく努力を重ねているのを眺め、精神がいかなる点で美徳に達し、いかなる点でそこから迷いだしているかに注目することは、それよりはるかに正義にかなっているのではないでしょうか。それこそ、私がこの研究[107]においてなそうと努めたことなのです。

〔56〕サシさん、あなたは今しがた、このような哲学の読書からキリスト教徒が引き出せる効用はほとんどないことを、ものの見事に示してくださいました。しかしながら私としては、あなたのお許しを得て、この点についてもう少し自分の考えを申し述べずにはいられません。とはいえ、あなたからもたらされるであろう光明以外のものはすべて放棄する所存です。そうすることで、運よく真理に出会うか、それとも、あなたから確実に真理を受け取るか、いずれにせよ私にとってはありがたい利点があるでしょう。

〔57〕私の思いますに、この二つの学派の誤りの源泉は、現在の人間の状態が創造されたときの状態と異なっていることを知らずにいた点にあります[108]。その結果、一方は原初の偉大さのいくらかの痕跡を認めますが、自らの腐敗には無知なので、自然本性を健全で修復者の必要がないものとして取り扱い、傲慢の極みへと導かれます。それに対して、もう一方は現在のみじめさを感じますが、原初の尊厳には無知なので、自然本性をいやおうなしに虚弱で修復できないものとして取り扱い、真の善に到達することができ

ないという絶望、ひいては極度の無気力に陥ります。

〔58〕こうして、この二つの状態は、真理の全容を見渡すためには一緒に知らなければならなかったのに、別々に知られたせいで傲慢と怠惰というあの二つの悪徳のいずれかに人を必然的に導くことになります。恩寵を受ける前のすべての人間は間違いなくこれらの悪徳のうちにあります。というのも人間は無気力によって乱脈のうちにとどまっていない場合は、虚栄によってそこから抜け出すからです。それほど、あなたが聖アウグスティヌスについて今しがた引かれたあの言葉は真実であり、また、思うに、その含意は深いのです。「じっさい罪を犯した天使たちへの供物は、いろいろの仕方で捧げられます云々。」じっさい人はいろいろの仕方で、彼らを崇拝するのです[109]。

〔59〕したがって以上のような不完全な知識の結果として、一方は、人間の義務は知ってもその無能力は知らないために高慢のうちに陥り、他方は、無能力は知っても義務は知らないため無気力に堕してしまいます。

〔60〕そうだとすれば、一方が誤っているところで、他方には真実があるので、両者を結びつければ、完全な道徳が形成されるように思われるかもしれません。しかし両者を組み合わせても、そこから生ずるのは平和ではなく、ただ戦争と全面的破壊だけです。じっさい一方が確実さを証明すれば、他方は疑いを証明し、一方が人間の偉大を証明す

れば、他方はその弱さを証明するので、両者は互いに誤りと同様に真理をも破壊してしまいます。その結果、両者は自分たちの欠陥のせいで独りでは存続できず、自分たちの対立のせいで結合することもできず、かくしてぶつかりあっては砕け滅び、福音の真理に場所を譲るのです。

〔61〕福音はこれらの矛盾を神々しい仕方で一致させます。真なるもののすべてを結びつけ、偽なるもののすべてを追放して、そこからまさしく天上の知恵を作り出し、こうして上述の人間的な学説においては両立不可能であったこれらの意見の対立をそこで解消させるのです。そしてその理由は、あの現世の賢者たちが、対立するこれらのものを同一の主体のうちに置いていたところにあります。じっさい、一方は偉大さを自然本性に、他方は弱さを同じ自然本性に帰属させていましたが、それは存立不可能です。それに対して、信仰は両者を異なる主体のうちに置くように、私たちに教えます。弱さのすべては自然本性に、力のすべては恩寵に属しているのです。

〔62〕これが、ひとりの神のみが教えることができ、またなすことができる未知の驚くべき結合です。それは、神人《しんじん》110の唯一の位格の内なる二つの本性のえも言われぬ結合の象《かたど》りと結果にほかなりません。

〔63〕サシさん、とパスカル氏は続けて、サシ氏に言った。哲学だけが私の主題だっ

たのに、そこにとどまる代わりに、あなたの前でこんな風に神学について論じることをお許しください。しかし話題に引きずられて、知らないうちにここまで導かれたのです。そしてどんな真理を論じるにせよ、神学に触れないでいるのは困難です。なぜなら神学はすべての真理の中心なのですから。それはここでは紛れもなく明らかです。じっさい神学は、あの二つの意見のうちに見いだされるすべての真理をこれほど明白に含んでいるのですから。

〔64〕したがって彼らのうちのどちらにせよ、どのようにして神学の教えに従うのを拒むことができるのか、私には分かりません。じっさい彼らが人間は偉大であるという思いに満たされていたとしても、彼らはそこから福音の約束――それは、神の死の尊い代償にほかなりません――に匹敵するものを何か思いついたでしょうか。そして彼らが自然本性の弱さを目にして悦に入っていたとしても、彼らの考える弱さは、罪のもたらす真の弱さ――同じ神の死がそれを癒してくれたのです――には及びもつきません。こうしてすべての者がそこに自分たちが望んだ以上のものを見いだします。そして驚嘆すべきは、無限に低い段階では連携することができなかった彼らが、そこでは一致しているのです。」

〔65〕サシ氏は、パスカル氏がどれほど鮮やかに物事を操れるのかを見て驚き、その

ことを同氏に言わずにはいられませんでした。しかし同時に、誰もがパスカル氏のように、こうした読書をこれほど賢明で高尚な考察に結びつける秘訣を持ち合わせているわけではないことも認めました。パスカル氏は、猛毒を巧妙に調合して、そこから最強の特効薬を作り出すすべを知っている有能な医者に似ているというのです。サシ氏はさらに加えて言いました。パスカル氏がこれまで述べたことからすれば、このような読書が氏にとって有益であったことはよく分かるが、それが同様に、多くの人のためになるとは信じられない。たいていの人の精神の働きはいささか緩慢で、あのような著者たちを目利きとして読み、堆肥の中から真珠——ある教父の言い方では、「テルトゥリアヌスの堆肥から黄金[111]」——を取り出すのに十分な洞察力を備えているわけではないのだから。そのことは、あの二人の哲学者たちについてさらによくあてはまるのであって、黒煙を噴き上げる彼らの堆肥は、彼らの本を読む者たちのぐらついた信仰(大量の煙からきらめく信仰[112])を曇らせかねない。そうであってみれば、自分としては、普通の人たちには、軽々にこのような読書に耽《ふけ》らないように忠告したい。さもなければ、あの哲学者たちとともに身を滅ぼし、彼らがそうなったように、悪魔たちの慰みものと風の餌食——これは聖書の言い方だが[113]——になる恐れがある(風の餌食になるとは、悪霊どもに食べさせることこと、つまり、あやまちを犯すことによって、彼らにとって快楽と嘲笑の種になることにほかならない)のだ、と。[114]

〔66〕パスカル氏は言った。「これらの読書の効用について、私の考えをごく簡単に申し上げましょう。私がエピクテトスのうちに見いだすのは、ある比類のない技術、外的な事物のうちに安息を探し求める人々の平安をかき乱して、[115]彼らが本当は奴隷[116]であり、みじめな盲人[117]であること、そして彼らがひたすら神お独りに身を捧げないかぎり、彼らは自分が避けようとしているあやまりと苦痛以外のものは見いだすことができないこと[118]を、いやおうなしに認めさせる技術です。

〔67〕モンテーニュは、やはり比類のない技を発揮して、信仰はもたないのに、真の正義をもっていると自負する人々の傲慢を打ち砕きます。また自分の意見に固執し、諸学問のうちに確固たる真理を見いだせると思っている人々の迷妄を破ります。そして理性がほとんど光明を欠いていて、五里霧中であることを理性自身に自認させるので、これらの原理を善用すれば、信仰の神秘のうちに矛盾を見いだそうなどという気持ちを起こすのは困難になります。じっさい精神は徹底的に打破されるので、受肉あるいは聖体の神秘が可能であるかどうか——それを一般人はあまりにもしばしば問題にしますが——をあえて判断することなど、思いもよりません。[119]

〔68〕しかしながら、エピクテトスは怠惰に反対するにしても、傲慢に導きます。こ

うして、信仰に由来しない正義は、最も完全なものであっても変質していることを納得していない人々にとって、彼は大きな害をもたらしかねません。そしてモンテーニュは不信心と悪徳に傾きがちの人々にとってはきわめて危険です。そういうわけで、彼らを読むことを勧めるに際しては、読者の境遇と品行に十分気をつけて、慎重細心に読み方を規整しなければなりません。ただ、私の思いますに、二人を一緒に読みさえすれば、それほど悪い結果になることはないでしょう。一方が他方の悪いところに反対するのですから。と言っても、両方を読めば美徳が身につくわけではありません。単に悪徳のうちにいるのを邪魔されるだけです。この対立する二人の一方は傲慢を、もう一方は怠惰を追い払って、互いに魂を攻め立てるので、魂はこれらの理屈にもてあそばれて、両方の悪徳のいずれのうちにもとどまることができず、またどちらの悪徳から逃れることもできないのです。」

〔69〕こうして、この二人の優れた才気の持ち主は、これらの哲学者たちの読書についてついに一致し、同じ終着点で出会った。[120] とはいえ、その到着の仕方はいささか異なっていた。サシ氏はキリスト教の原理を洞察することによって一挙にそこに到達したが、パスカル氏はこれらの哲学者の原理にこだわることによって多くの回り道をした後にはじめてたどり着いたのであった。

〔70〕パスカル氏の回心した姿は、サシ氏とポール・ロワイヤル・デ・シャン全体をこのように喜びの渦に巻き込み、人々は、恩寵の全能の力がたぐいまれな憐れみを発揮して、これほど高尚な精神の持ち主をこれほどのへりくだりとともに服従させたことに感嘆していた。ほぼ時を同じくして、もう一人の人にほとんど奇蹟といってよい心の変化が起こり、[121]人々を感嘆させ、この人里離れた荒野を喜びで満たした。この回心は私たちすべてに限りない慰めをもたらした。そのことを思い出すと、私はいまだに我を忘れて有頂天になるのである。

12 この見出しも編纂者トゥヴナンによる。注**1**参照。

13 ルーレットは小さな車輪ないしは木の球のことであるが、幾何学用語としては、車輪の輪の一点が直線上を転がるときに描く軌跡、すなわちサイクロイドの意味も持っていた。パスカルは一六五八年にサイクロイドに関する問題に取り組み、それに関する数学コンクールを組織するが、その顛末について『ルーレット、別名トロコイドまたはサイクロイドの歴史』――「歴史」は「話」と訳すこともできる――と題する文書を公表した。セリエによれば、フォンテーヌがここで話題にしているのは、この文書のことだという。それに対してメナール、トゥヴナン、ルゲルンは、フォンテーヌがルーレットを「小さな車」の意味に取り、直後に出てくる計算機と混同していると解釈している。文脈から考えて、後者の解釈の方が無理がない。

14 「私の軛は負いやすく、私の荷は軽い」（「マタイによる福音書」第一一章三〇節）。

15 パスカルは、一六五五年一月七日から二八日にかけて、ポール・ロワイヤル・デ・シャンに滞在した。「九　メモリアル」の解題参照。

16 パスカルは第一の回心の時期から、キリスト教の教父とりわけ聖アウグスティヌスを読み込んでいた。

17 フィリップ・ド・シャンペーニュ（一六〇二―一六七四）は、フランドル出身の画家であるが、ポール・ロワイヤルと密接な関係があり、娘の一人はポール・ロワイヤルの修道女となった。

18 ジャン・アモン（一六一八―一六八七）は医者であったが、ポール・ロワイヤルの隠士となった。

19 エピクテトス『要録』三一節（『人生談義』岩波文庫、下、三八四、以下同様。出典の指示の仕方については、解題二一三頁参照）の次の一節に基づく自由な引用。「神々に対する敬神と敬虔について、その眼目は神についてよい考えを持つことだと知ってほしい。すなわち、神々は存在し、万物をあらゆる正しさと善意で統治していること、神々に従い、そのすべての御業に服する心構えを持つこと、そして神々が命ずるすべてのことはきわめて賢明な意図によってなされていると考えて、それに進んで従うことである。こうすれば、君は神々をけっして非難することはなく、また神々が君を無視し、君の世話をしないと言って不満に思うこともないだろう。」この翻訳で、「神々」（複数）と訳したところは、ギリシア語の原文でも「神々」となっており、近現代の多くの翻訳はそうしている。しかしパスカルの参照したジャン・グリュ訳（旧訳、解題二一二頁参照)では、「神」(単数)となっている。旧訳に依拠するパスカルは、エピクテトスの思想をキリスト教に引き寄せている。なお、旧訳では、『要録』に含まれる文章の順序が近代版とは異なり、本節は三六番目に位置する。以下、旧訳の『要録』に言及する場合は、その番号を〔　〕に入れて示す。

20 『要録』一一節、下、三六七—三六八のほぼ忠実な引用。

21 『要録』八節、下、三六六。「物事が君の望むように起こることを望んではならない。むしろ物事が起こるように起こることを欲しなさい。そうすれば君は幸福になるだろう。」

22 『要録』一七節、下、三七一—三七二のほぼ忠実な引用。

23 『要録』二一節、下、三七四のほぼ忠実な引用。

24 旧訳『要録』の各節に付された題名のいくつかと照応している。「見栄と見せびらかしを避けるべきこと」(『要録』四六〔六〇〕節)、「自分の苦行を誇ってはならないし、それを見られるために行ってはならない」(『要録』四七〔六一〕節)、「美徳の実践は、初めは嘲られるが、根気よく続ければ称賛される」(『要録』二二〔二七〕節)。

25 『要録』五三節、下、四〇三—四〇四／三一節、下、三八四。

26 旧約聖書続編「シラ書〔集会の書〕」第一七章三一節(新共同訳では、三二節)。

27 「しかしながら神はわれわれに、すべての出来事を、落胆せずまたわが身を卑しめずに耐え忍ぶ能力を授けられたばかりではない。さらに、善き王そして本当の父として、その能力を自由なものとして、強制も障害もなしに授けられた。それを完全にわれわれに依存させ、それを妨げ、邪魔するための力をご自身のためには残されなかった」(エピクテトス『語録』第一巻六章四〇節、上、五三)。旧訳では、欄外に、「神はわれわれの善をわれわれの能力の範囲内に置かれた」という要旨が掲げられている。

28「われわれの能力の範囲内にあることは、それが最も善くなるように処理しなければならないが、ほかの事柄は、それがあるままに使用しなければならない」(『語録』第一巻一章一七節、上、二三)。旧訳の欄外注には、「幸福に生きるための見事な教え」とある。また『要録』一九節、下、三七三によれば、「自由に至る唯一の道は、われわれに依存しない事柄を軽蔑することである」。

29「さまざまの物事のうち、あるものはわれわれの能力のうちにあるが、他のものはそうではない。考えや意欲、欲望や嫌悪、要するに、われわれに固有の仕業はわれわれの能力のうちにある。身体、財産、評判、地位と顕職、要するにわれわれの仕業でないものは、われわれの能力のうちにない。われわれの能力のうちにあるものは、本性上自由であり、妨げられず、邪魔されない。しかしそうではないものは、脆弱で隷属的であり、容易に妨げられ、他者の支配をうける」(『要録』一節、下、三六〇)。

30「ああ、人間よ〔…〕、君は、誰にも妨げられず、また強制されない意志を持っている。〔…〕君が、真なるものに同意するのを邪魔することができる者が誰かいるだろうか。誰もいない。虚偽を受け入れるように無理強いすることができる者がいるだろうか。誰もいない。だから分かるだろう。君は、妨げられることも、強制されることも、邪魔されることもない自由意志を持っている」(『語録』第一巻一七章二一—二三節、上、一〇九)。パスカルは、「知性」と「意志」を峻別して、前者に「知」と「信」、後者に「感性」と「愛」を帰しているが、エピクテトスにはこのように明確な区別はない。むしろ「意志」に力点を置いて、それが真に自由になるためには、何に「同意」するべきかを問題にしている。

31「神がいかなるものであるかを学ばなければならない。というのも、神がどのようなものとして見いだされようとも、神の気に入り、神に従おうとする者は、全力を尽くして神に似るように努めなければならないからである」(『語録』第二巻一四章一二節、上、二五八)。「神の友」、あるいはそれに類する表現は、『語録』第二巻一七章二九節、上、二八五/第三巻二四章六〇節、下、一六一/第四巻三章九節、下、二四〇/『要録』一五節、下、三七〇などに見いだされる。

32『語録』第一巻一章一二節、上、一二では、ゼウスがエピクテトスに対して、「私はお前に、私たちの小さな一部分、すなわちお前のうちにある、意欲と忌避の能力、行動に赴いたり、そこから退いたりする能力、つまり心像を使用する能力を与えた」と述べている。旧訳の欄外には、「魂が神の本質の微粒子であるとする、ストア主義者たちの誤り」という要約が添えられている。

33「人々を不安にするのは事柄自体ではなくて、事柄についての考えである。たとえば、死は悪ではない。〔…〕むしろ死は悪であるという私たちの考え、それが本当の悪なのである」(『要録』五節、下、三六四)。『語録』第三巻八章五節、下、五八では、子供の死、船の遭難、投獄を例に挙げて、同様の主張がなされている。

34『語録』第一巻九章一〇―一七節、上、六七―六八では、災難や迫害に屈しないためには自殺するほうが良いのではないかと問う弟子に対して、エピクテトスは、「神から呼ばれ」るまでは、この世に留まるべきだと答えて、むしろ自殺に反対している。しかし、『語録』第一巻二四章二〇節、上、一三九では、人生の不幸に対して、「扉は開かれている」と述べて、自殺を容認している。

35「私は、使徒伝来のローマ・カトリック教会の中で死んでいくし、またそこで生まれた人間なのだ」(モンテーニュ『エセー』第一巻五六章、二、一九五)。

36 モンテーニュは、『エセー』の最長編「レーモン・スボンの弁護」(第二巻一二章)において、神の恩寵と神の認識を欠いた人間が、生来の理性だけで何を知ることができるかを探究することを通じて、信仰に支えられない人間のむなしさを浮き彫りにする。しかし理性だけから道徳を導き出すことができるかという問題は論じていない。

37「ピュロン派の哲学者たち」によれば、彼らが「私は知らない」とか、「私は疑う」とか言うときには、「この命題そのものもほかのものと同時に運び去られるのであって、ちょうどルバーブが悪い体液を体外に流しだすと同時に、自分も一緒に流しだされるのと同じ」なのである(『エセー』第二巻一二章「レーモン・スボンの弁護」三、一六四―一六五)。以下、「レーモン・スボンの弁護」からの引用については、巻と章の指示を省略する。

38「自分を知り、自分を判断し、自分を非難する無知は完全な無知ではない。完全な無知であるためには、自分自身についても無知でなければならない(「レーモン・スボンの弁護」三、一二四)。モンテーニュは、そのような無知が「自分の支配的形態」——原二郎訳では、「私の最大の特色」——であると述べている(『エセー』第一巻五〇章、二、一六九)。

39「この〔ピュロン派の〕考えは、私が天秤の銘に彫りつけたように、「私は何を知っているのか?」〔ク・セ・ジュ〕という疑問のかたちで表せば、いっそうはっきりする」(「レーモン・スボンの弁護」三、一六五)。モンテーニュは、一五七六年、平衡を保った天秤の図柄を配したメダルを鋳造している。

40 直訳すれば、「純粋なピュロン主義者」。モンテーニュは、真理と知識の探求において、独断論者、アカデメイア派、ピュロン派(あるいは判断中止論者)の三つの学派を大別している。独断論者は確実な知識が見つかると主張し、アカデメイア派は、真理は人間の手段では把握できないと判断するが、ピュロン派は、独断論はもとよりアカデメイア派の主張も、認識能力を過大視する人間の思い上がりだと見なす。パスカルは、モンテーニュがこの最後の立場に立っているというのである(「レーモン・スボンの弁護」三、一二三—一二四)。ピュロンは、前四世紀から三世紀にかけて活動した懐疑主義者。著作は皆無であるが、判断中止の徹底によって〈アタラクシア〉(平静不動)の境地を達成したと伝えられる。

41「レーモン・スボンの弁護」三、一二三—一二八。モンテーニュはそこで、ピュロン派の思想、とりわけ判断中止(エポケー)の考え方について詳説しているが、パスカルはそれをモンテーニュ自身の思想と見なしている。

42 『エセー』の最終章「経験について」(第三巻一三章)の冒頭部分(六、一一二一―一一二六)の自由な要約。

43 『エセー』第二巻一章に見られるモンテーニュの自己評価(二、二二四)を踏まえた一節。

44 『エセー』第三巻八章「話し合う方法について」(とりわけ五、一六五―一六八)を念頭に置いた一節。パスカルは、この「エセー」を高く評価し、『一　幾何学的精神について』「(断章二)説得術について」段落〔47〕で、「あの「話し合う方法」の比類のない著者」と述べて、称賛している。

45 「ドイツではルターが聖書について分裂や論争を引き起こしたが、彼自身、自らの教説について同じ程度、いやそれ以上の分裂や論争を後に残したことを私は知っている」(『エセー』第三巻一三章、六、一一八)。

46 モンテーニュは自らが翻訳したレーモン・スボンの『自然神学』の目的が、「人間的および自然的理由によって、キリスト教のあらゆる信仰箇条を、無神論者の反対に対して確立し証明しよう」とするところにあると述べている(「レーモン・スボンの弁護」三、九―一〇)。

47 「レーモン・ド・スボンド」という表記は、パスカルが依拠した一五九五年版系統の刊本による。モンテーニュ生前の版では、レーモン・スボンとなっており、こちらの呼び方の方が一般的である。

48 モンテーニュは「レーモン・スボンの弁護」の中で、神についての古来の様々な神話と学説を解説している(三、一三九―一七九)。パスカルの叙述はそれに関連するが、その関連は厳密なものではない。

49「ところで、神の啓示を受けない限り、人間にとって原理などというものはありえない」(『レーモン・スボンの弁護』三、一八七)。モンテーニュは、この前後の部分で、認識における原理の役割を論じている。

50「魂」の部分あるいは機能と見なされる理性について、モンテーニュはこう述べている。「理性が何ごとかを知っているとすれば、それは少なくとも自分の存在とその住まいであろう。理性は魂の中にあり、その部分もしくはその活動である」(『レーモン・スボンの弁護』三、一八九)。

51「けれども精神の印象がどのようにして、人体という重く固い物体の中にこんなにも深く入り込むのか、またこれらの驚嘆すべき仕掛けはどのように連結し接合しているのかということになると、けっして誰にも分からなかった。〔…〕聖アウグスティヌスも、「精神がどのように身体と結びついているかは、人間の理解を越えるが、それが人間なのだ」と述べている」(『レーモン・スボンの弁護』三、一八四―一八五)。パスカルがここで魂の本性と能力について提起している問いは、『パンセ』断章一九九(上、二五一―二五二)でも繰り返されており、そこでは、右のアウグスティヌスの言葉も引用されている。

52「魂の本性はいかなるものか。魂は肉体とともに生まれ出るのか。それとも反対に、生まれ出るものの中に外から入り込むのか。死によってわれわれとともに分解して滅びるのか。それとも冥府まで行って、暗闇と巨大な深淵を見るのか。それとも、神意によって、他の動物の肉体に入るのかということについては何も知らないのだから」（「レーモン・スボンの弁護」三、一九〇）。パスカルは、そこで引用されているルクレティウスの詩句（『事物の本性について』一、一一二―一一六）を要約している。

53 この例は、モンテーニュではなく、デカルトに由来する。パスカルは、前者の懐疑を後者の方法的懐疑によってさらに徹底しているのである。「私は、他の人々が、自分ではこの上なく確実に知っているつもりの事柄においてさえ間違っていると思うことが時々あるが、それと同じように、私が二と三の足し算をするたびごとに〔…〕私が誤るように神が仕向けることもありうるのではないか」（デカルト『省察』第一）。

54 「レーモン・スボンの弁護」で、人間と動物の長大な比較が行われている部分（三、三四―八八）の要約。

55 時間、空間、運動のような基本概念についての哲学的問いかけは、モンテーニュのものというより、一七世紀の科学者と哲学者のものである。たとえば、デカルトは、彼の方法的懐疑を実践するにあたって、こう述べている。「それゆえ私は、私が見ているものはすべて偽であると想定しよう。〔…〕物体、形、延長、運動そして場所は、私の精神の虚構だとしよう。それでは、何が真でありうるのか。おそらく、何も確実なものはないという、このことだけだろう」（『省察』第二）。パスカル自身、同様の問いかけを、『一一　幾何学的精神について』「〔断章一〕幾何学一般についての考察」段落〔23〕以降で行っている。

56 「公理ないしは共通知見」という表現は、デカルトの『省察』に付された「反論と答弁」のうち、「第二答弁」の末尾に置かれた「幾何学的な仕方で配置された、神の存在および精神と身体の区別を証明する諸論拠」に出てくる。

57 「私たち」を欺く「悪しき霊」の想定はデカルトに由来する。「それゆえ、真理の至高の源泉である真なる神ではなく、ある悪しき霊、強力であるに劣らず狡猾で嘘つきであり、あらゆる手管を用いて私を欺こうとする霊が存在するのだ、と想定しよう」(『省察』第一)。パスカル自身、『パンセ』断章一三一(上、一四七)で、この想定を取り上げている。

58 「この世界という大きな建物の中で、人間だけがその美しさと個々の造作を認める能力をもち、これを建てた造物主に感謝することができる〔…〕のだという特権は、いったい誰から授かったのだろうか。そんな立派な偉い役目の特許状があるのなら見せてもらいたいものである」(「レーモン・スボンの弁護」三、三〇)。

59 『一一　幾何学的精神について』「〔断章一〕幾何学一般についての考察」段落〔26〕で同じ主張がなされている。なお、「ある」の原語 être――英語の be、ドイツ語の sein――は、主語と述語を繋ぐ繫辞《けいじ》(AはBである)の働きと並んで、存在を表示する働き(「われ思う、ゆえにわれあり」の「ある」)をもち、さらには存在そのものも意味する。

60 メナールも指摘するように、このような厳密な論理はモンテーニュには無縁であり、パスカル独自のものである。たとえば、『パンセ』断章一〇九(上、一二八―一二九)参照。

61 モンテーニュは、幾何学の確実さにも懐疑の目を向けている(「レーモン・スボンの弁護」三、二六〇)が、公理や無定義語のような数学の原理には立ち入っていない。パスカルは、『一一幾何学的精神について』「〔断章一〕幾何学一般についての考察」段落〔18〕以降において、始原語すなわち無定義語と原理の問題を論じているが、そこでは「自然の光明」によって無定義語の明瞭さと原理の確実性が担保され、懐疑主義は回避されている。

62「各々の学問にはそれぞれ前提とされた原理があり、人間の判断はあらゆる方面からその拘束を受ける。もしもあなたが、その原理の囲いにひそむ根本的な誤謬を攻撃しようとすると、彼ら専門家たちは早速、「原理を否定する者と議論してはならない」という格言を持ち出してくる。ところで、神の啓示を受けない限り、人間にとって第一原理などはありえない。神の啓示以外はすべて、はじめも、真中も、終わりも、夢と煙にすぎない」(「レーモン・スボンの弁護」三、一八七)。

63 モンテーニュは、「レーモン・スボンの弁護」の終わり近くの一節(三、三〇二)で、人生を夢にたとえている。また、デカルトも『省察』第一で、夢と覚醒の区別の困難さを論じている。『パンセ』断章一三二(上、一四七―一四八)にも、同じ喩えが登場する。

64 フォンテーヌは、自分が対話に同席していなかったことを自ら認めた上で、対話の内容を伝えている。

65 アウグスティヌス『告白』(第五巻四章七節)。誤った天文学の知識を振り回すマニ教徒の不敬虔が批判されている一節。まずは、フォンテーヌ自身のものと思われるフランス語訳が掲げられ、次にラテン語原文が添えられている(翻訳では丸括弧に包んだ)。

66 キケロ『弁論家について』第二巻三八章一五八節。

67 『告白』第三巻七章一二節。

68 『告白』第四巻一六章二九節。アリストテレスの『カテゴリー論』を独力で勉強し理解したが、そこから神について誤った観念を引き出したことが語られている。

69 アウグスティヌス「書簡」二三一(ダリウス宛)。自らの『告白』を名宛人に送ったときに添えた手紙。『告白』の中に、あるがままの自分を見てほしいと述べている。

70 アウグスティヌス『再論』第二巻六章。『告白』についての注記。

71 この引用の出所は不明。

72 アウグスティヌスがマニ教の教説から離脱するにあたって、アカデメイア派――実際は、新アカデメイア派――の懐疑主義が重要な役割を果たしたことを踏まえた発言。次の段落(44)で引用されているアウグスティヌスの言葉を参照(『告白』第五巻一〇章一九節)。

73 『告白』第一巻一三章二一節。「戯言」というのは、ウェルギリウス『アエネイス』第四巻で語られる、アエネアスに捨てられたカルタゴの女王ディドが自殺する悲話を指している。

74 『告白』第三巻六章一〇節。

75 直前の引用で問題になっている、マニ教徒たちのこと。

76 『告白』第五巻三章三節。「悪魔の大いなる罠」と言われているのは、マニ教の司教ファウストゥス。

77 『告白』第四巻一六章三〇節。自由学芸と哲学を学ぶ際に発揮した才能が、かえって神から遠ざかる機縁となったことについての自己批判。

78　『告白』第一巻一七章二七節。「罪を犯した天使たち」とは、堕天使、悪霊のこと。

79　『告白』第四巻一六章三〇節および三一節。

80　『告白』第一巻一六章二六節。弁論術の教師たちのこと。アウグスティヌスは、彼らがギリシア神話を教材にして、神々の破廉恥な行為を教えることを非難している。

81　『告白』第三巻六章一〇節。ここでは、マニ教徒が問題になっている。

82　人間を神あるいは現世に引き寄せるのは、「快楽」の感情であり、人の心は、「神の魅力」と「現世の魅力」の双方から働きかけられて、より大きい方に赴く。これは、「二つの快楽」の理論と呼ばれ、アウグスティヌス神学の特徴をなす。

83　『告白』第一巻一四章二三節。

84　『告白』第一巻一五章二四節。

85　『告白』第五巻一〇章一九節。注72参照。

86　『告白』第五巻一四章二五節。

87　『告白』第五巻三章四節。ただし、そこでアウグスティヌスが問題にしているのは、神を顧みない自然哲学者であり、文章は否定文になっている。それに対して、フォンテーヌは原文の否定辞を取り去って、アウグスティヌスのように神に回心した「ほかの何人かの人々」に適用している。また、引用文中の「救われるために打ち倒され、打ち砕かれ」は、『告白』第四巻一章一節に由来する。

88　『告白』第三巻四章八節。「人間の言い伝えにすぎない哲学、つまりむなしいだまし事によって人のとりこにされないように気をつけなさい」(「コロサイの信徒への手紙」第二章八節)。

89『告白』第五巻六章一一節。マニ教徒ファウストゥスの弁舌に関する批評。

90『告白』第一巻一四章二三節。ホメロスの作品についての形容。

91『告白』第三巻六章一〇節。

92「〔理性によってキリスト教を詮索しようとする人々の〕逆上を打ち倒すために私がとる手段、そして最もよいと思う手段は、高慢と人間的思い上がりを叩きつぶし、踏みにじってやることである。〔…〕彼らの手から理性というちっぽけな武器をもぎ取ることである。尊厳なる神の権威と威光の前に頭を垂れさせ、土下座させることである」(「レーモン・スボンの弁護」三、二七)。『パンセ』にも類似する文言がある。「あの高慢な理性が屈服し、哀願するとは、何ていい気味だ」(断章五二)。なお、ここで始まるパスカルの第二の発言は、最初の発言の末尾(段落〔40〕)と緊密に繋がっており、直前のサシの発言に対する応答とは考えにくい。

93『エセー』第三巻一三章、六、一一二五—一一二六。テクスト、とりわけ法律の条文の真意を、無数の解釈を通じて確定しようとする努力のむなしさが論じられている。

94ルカヌス『内乱《パルサリア》』第一巻四一七行(大西英文訳岩波文庫版では、四三五—四三六行)。『エセー』第三巻一三章、六、一一三四で引用されている。

95「人々は欲することや振舞うことを、意志と熱心のすべてを傾けてする。だが、〔…〕もっと安全を期するためには、いくらか軽やかに、上っ面を滑りながら、世間を渡らなければならない。はまり込んでしまうのではなく、上を滑らなければならない」(『エセー』第三巻一〇章、

六、一〇)。

96「たとえ思索を凝らして人間の本質を捉えようとしても、水をつかむようなものである。なぜならその本性からしてどこへでも流れるものを押さえつけようとすればするほど、つかまえようとするものを失うからである」(「レーモン・スボンの弁護」三、三一九)。

97「私はすべての並外れた道に反発を感じる」(「レーモン・スボンの弁護」三、二一七―二一八)。

98「〔ピュロン派の人々は、〕こんな言い方をする。「私は何ものも確定しない。」「あれ以上にこれでもない」あるいは「これでもないし、あれでもない」、「私には分からない。」「外見はいたるところで同じである。」〔…〕実際生活の行為では、彼らは普通の生き方に従っている」(「レーモン・スボンの弁護」三、一二七―一二八)。

99「われわれの理性が最も真実に近いものとして勧めることは、一般に、各人はその国の法律に従えということである」(「レーモン・スボンの弁護」三、二七二)。

100「われわれは、何を言おうと、世間一般の慣習やしきたりに引きずられる」(『エセー』第三巻五章、五、一二二)。次の段落(52)で言及される結婚についてのモンテーニュの感想。

101「〔鳥や馬や犬たちのような〕動物のためとあれば、われわれはいかなる心遣いも惜しまない。王侯方がこれらの動物のためにわざわざなさることを、どんな卑しい下僕たちでさえ、主人のために進んでするとは思えない」(「レーモン・スボンの弁護」三、四九)。「私が猫と戯れているとき、ひょっとしたら、むしろ私よりも猫の方が、私を相手に暇をつぶしているのではないだろうか」(「レーモン・スボンの弁護」三、三五)。

102 「私は人から放縦だと思われているかもしれないが、じっさいは、そこに約束し期待した以上に厳格に結婚の掟を守ってきた」(『エセー』第三巻五章、五、一二三)。

103 「レーモン・スボンの弁護」の結びに次の一句が記されている。「この崇高な、奇蹟的な変身を望むことは、われらがキリスト教信仰のなしうることで、ストア派の美徳のなしうることではない」(三、三二三)。ここで言及されている「変身」とは、ストア派の哲学者セネカの「ああ、もしも人間が人間性を超えることがなければ、人間とはなんとくだらない、卑しいものであろう」という言葉を受けている。そしてモンテーニュは、生前出版のテクストでは、この直後に、「すべてのストア学派の中で、これほど真実の言葉はない」というコメントを付している。

104 ストア派の美徳とモンテーニュの美徳の対比的な描写は、『エセー』第一巻二六章(パスカルが参照した一五九五年版系統の刊本では、二五章)「子供の教育について」を下敷きにしている。ただし、そこで問題になっているのは、哲学の教育とそれが目指す美徳のあり方である。モンテーニュに言わせれば、学校教育が、哲学を「しかめ面の、眉を寄せた、恐ろしい顔つきに描いて見せるのは非常な誤り」であり、「じっさいは、これほど愉快で、快活で、陽気で、いわば剽軽なものはない」。したがって、真の哲学の目指す美徳は、「学校で教わるように、切り立って、でこぼこした、近づきがたい山頂に屹立しているものではありません。それに近づいたことのある人なら、むしろそれが豊かな、花の咲き乱れた美しい野原の中にあって、そこからあらゆるものを眼下に見下ろしていると考えます」(第一巻二六章、一、三〇三―三〇五)。

105 「最も単純に自然に身を任せることは、最も賢明な身の任せ方である。ああ、無知と無頓着とは、よくできた頭を休めるには、なんと柔らかく、快く、健康な枕であろう」(『エセー』第三巻一三章、六、一三五)。

106 同じ思想は『パンセ』にも見いだされる。「自然に完璧さがあるのは、それが神の似姿であることを示すためで、欠陥があるのは、似姿にすぎないことを示すためである」(断章＊二二三、下、七三頁)。

107 「研究」という言い方は、『パンセ』に収められた「人間の研究」に関する断章六八七を思い起こさせる。サシとの対話における発言という形を取ってはいるが、これまで展開されてきたパスカルの人間観は、独立した研究ないし論考だと考えられる。

108 この思想は、『パンセ』断章一四九で、「神の知恵」が啓示する教えである(上、一九三―一九四)。また、断章二〇八も同様の人間観を展開している。

109 段落〔43〕、および注78参照。

110 原語は、Homme-Dieu。キリストが〈真の神〉であると同時に〈真の人間〉であるとする信仰に基づくキリストの名称。ニカイア公会議(三二五年)、及びカルケドン公会議(四五一年)において、教義として定められた。「われわれの主イエス・キリストは〔…〕神性を完全に所有し、同時に人間性を完全に所有する。真の神であり、同時に理性的霊魂と肉体とから成る真の人間である」(カルケドン信経)。なお、位格《ペルソナ》は、三位一体における父なる神・子なる神・聖霊なる神のそれぞれのあり方を意味する。

111　「堆肥から黄金」というラテン語のことわざは、キリスト教の教父の著作にもしばしば登場するが、「テルトゥリアヌスの堆肥」という言い回しの出所は不明である。本対話が収められているフォンテーヌの『回想録』の別の箇所では、サン・シランの発言として、「聖キュプリアヌスは素晴らしい。「彼はテルトゥリアヌスの堆肥の中に黄金を探し求めた」」という言葉が伝えられている。テルトゥリアヌスは教父の一人であるが、異端に陥ったので、その著作には誤り(堆肥)が含まれているが、キュプリアヌスはそこから見事な表現と思想(黄金)を引き出すすべを心得ていたという意味ではないかと、セリエは推測している。

112　アウグスティヌス『告白』第四巻二章二節。

113　旧約聖書「箴言」第一〇章四節「嘘を頼りにする者は、風を食らう」(ウルガタによる。新共同訳には見当たらない)。

114　『告白』第四巻二章三節。

115　これは、エピクテトスの教えの中心的なテーマであり、いろいろな形で繰り返される。たとえば、『語録』第一巻四章一八―二七節、上、四一―四三、第四巻四章一―五節、下、一九〇―一九一等。しかし正確に対応する文言は見つからない。

116　「真の自由、難攻不落で失われる心配のない自由のために、神が君に貸し与えたものの返還を求めたとき、君はそれを神に返却しないだろうか。〔…〕たんに死ばかりでなく、拷問、追放、鞭打ちを耐え忍ぶように鍛錬し、一言で言えば、君の外にある一切のものを返却するように努めないだろうか。そうでなければ、君は、一万回執政官になろうとも、奴隷の中の奴隷だろう」(『語録』第四巻一章一七二―一七三節、下、二三四)。

117「ああ、諸君、君たちはどこに行こうとするのか。可哀そうに、君たちは何をしようというのだ。君たちは盲人のように、あてもなく彷徨っている。君たちは本当の道を捨てて、別の道を選んでいる。平安と幸福を、それがないところに探し、ほかの人に道を教えられても、それを信じようとしない。どうして君たちは、それらを外部に探すのか」(『語録』第三巻二二章二六節、下、一一五)。

118「君自身の悪を清めるがいい。〔…〕君の心から、悲しみ、恐れ、欲望、羨望、悪意、貪欲、柔弱、不摂生を追い払うがいい。しかしそれらは、ただ神のみを仰ぎ見、神だけに結びつき、その命令に身を捧げることなしには、追い払うことはできない」(『語録』第二巻一六章四五―四六節、上、二七七―二七八)。

119『パンセ』にも同様の主張が見られる。断章一六八、二二七、八八二参照。

120この結論は、本編の作者であるフォンテーヌのものである。パスカルとサシのそれぞれの発言に即して考える限り、「これらの哲学者たちの読書」に関する二人の対立が解消したとは思われない。

121弁護士で、リュイーヌ公爵(注7参照)の執事であったニコラ・リシェのこと。

解題　『メモリアル』が伝える体験によって回心の決心を固めたパスカルは、一六五五年一月、黙想のためにポール・ロワイヤル・デ・シャンに滞在し、その間に、隠士の一人であったルメートル・ド・サシ（一六一三―一六八四）（通称サシ）と会見し、対話を交わす。ルイ＝イザク・ルメートル・ド・サシ（一六一三―一六八四）は、ポール・ロワイヤル修道院の改革者アンジェリック・アルノー（一五九一―一六六一）、その弟で神学者のアントワーヌ・アルノー（一六一二―一六九四）の甥であるが、聖職の道に進み、修道女の聴罪司祭を務め、また隠士に霊的指導を行うなど、ポール・ロワイヤルの重鎮の一人であった。

『サシ氏との対話』、より完備した言い方では『エピクテトスとモンテーニュに関するパスカルとサシ氏との対話』（以下、混同の恐れのない場合には、『対話』と略記）は、上述のパスカルとサシの会見を背景として、そこで交わされた対話を伝えるという体裁をとる小品である。パスカルが世俗時代に愛読した二人の「哲学者」、古代ローマのストア派の哲人エピクテトスと一六世紀フランスのモラリストで『エセー』の著者モンテーニュについて、それぞれの思想の核心を要約し、その価値をキリスト教信仰の観点から測定し、二人の世俗作家の読書が信仰の形成において果たしうる役割を説明する本作は、パスカルの人間論をまとまった形で表現するテクスト、そして何より、彼がやがて構想する「キリスト教護教論」の主要テーマ、とりわけ人間の偉大さとみじめさのテーマを予告するテクストとして、パスカルの小品の中でとりわけ重要な位置を占めている。しかしながら、それは果たしてパスカルの真正のテクストと言えるのか、そうだとして、それはいつ頃、何のために書かれたのか、という深刻な問いを提起する作品である。またテクストの校訂、つまり本文の確定についても大きな困難を抱え、それが解決したのは、一九九〇年代に入ってからのことである。

『サシ氏との対話』は元来、サシの秘書であったニコラ・フォンテーヌ（一六二五—一七〇九）が晩年に執筆した『ポール・ロワイヤルの隠士列伝あるいは覚書』（略称『覚書』）と題する大部の著述の一部である。彼は、サシのもとに保管されていた資料を利用して、隠士たちの来歴と生き方をたどり、彼らがサシと交わした対話を再構成あるいは創作したのである。『サシ氏との対話』では、対話の背景を語る導入に続いて、設定された主題をめぐるパスカルとサシのやり取りが展開されるが、それは普通の意味での対話というよりは、討論の記録であり、そこでは、パスカルが発表者、それに対して、サシはいわゆるディスカッサント——学術シンポジウムにおいて報告に対してコメントを述べる指定討論者——の役割を務めている。そうだとすれば、問題は、フォンテーヌが伝えるパスカルの論述が、パスカルの実際の発言あ

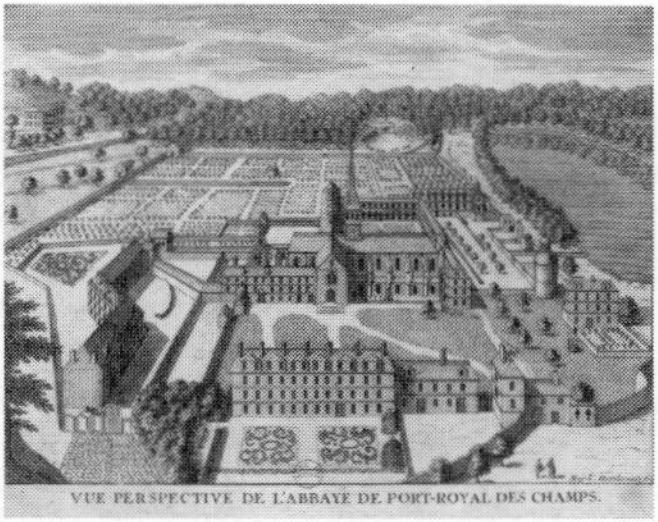

図 18　ポール・ロワイヤル・デ・シャン修道院と司祭館

るいは原稿に基づいた記録なのか、それともフォンテーヌが、パスカルの著作類、具体的には『パンセ』に依拠して再構成した創作なのか、ということになる。パスカルの原稿が見いだされていない以上、これについて絶対確実な答えはない。しかし結論的に言えば、フォンテーヌは、パスカルがサシに託したであろう論述の原稿を忠実に再現しているというのが、今日のパスカル研究者の共通見解である。フォンテーヌが読むことができたポール・ロワイヤル版『パンセ』では、省略されたり変更されたりした表現が、論述の随所に見いだされること、またモンテーニュの懐疑主義の説明にあたって、デカルトの方法的懐疑を援用して、モンテーニュの議論をはるかに先鋭化させていることなど、フォンテーヌのような編纂者のなしうるところではない。また簡潔で緊張をはらみ、破格の表現も辞さない文体は、『覚書』の語りの部分の文体とはそぐわない。『対話』におけるパスカルの論述は、彼自身の手になるものと考えてよい。なお、サシの応答の部分は、ほぼアウグスティヌスの『告白』に由来する引用のモザイクの観を呈しているが、その元には、サシ自身が用意していた『告白』の抜書きがあったと考えられている。研究や黙想の対象とする著作の引用集を自家用に作るのは当時の知識人の習慣であった。要するにフォンテーヌは、パスカルの原稿とサシの引用集を手元に置いて、二人の「対話」を構成したのである。

パスカルの原稿は、いつ頃そしていかなる目的で執筆されたのだろうか。フォンテーヌの説明に従う限り、それは、一六五五年一月に行われた「数回の対話」(『対話』第〔13〕段落）の準備として、あるいはその成果として書かれたと考えるのが自然である。サシは、回心したパスカルを指導するにあたって、パスカル自身が最も関心を寄せていた主題について語ることを求め、パスカルはそれに応えて、エピクテトスとモンテーニュの哲学を紹介し、それがキリスト教信仰といかなる関係を取り結び、さらに回心においていかなる役割を果たしうるかを説明するために、このテクストを記したというのである。そうだとすれば、その執筆時期は、一六五五年一月あるいはその後まもなくということになる。これまでのパスカル研究は大筋としてこの考えを受け入れており、ジャン・メナールやミシェル・ルゲルンのような今日の代表的研究者もこの見解に与《くみ》している。

これとは異なる立場を取るのが、ソルボンヌ大学でメナール教授の後を継いだフィリップ・セリエ教授であり、その主張を注目すべき論拠を踏まえて、自らの編纂する選集で提起している[1]。セリエによれば、問題の原稿は、パスカルが一六五七年から取り組みはじめた「キリスト教護教論」——その草稿を主体とする遺稿集が『パンセ』である——に含まれる人間論のための準備ノートであり、サシの意見を求めるために彼のもとに送られ、その手元に残されたものだという。それが、パスカルの

図 19　サシの肖像

遺した『パンセ』の草稿の中に見いだされないのは、まさにそれが、サシの手に渡っていたからである。サシはおそらく、それにコメントを付して保管していたが、彼の死後、それを受けついだフォンテーヌが、パスカルの原稿とサシ自身の『告白』の引用集を組み合わせて「対話」を作り上げた、というのである。この仮説から出発して、セリエは、『対話』中のパスカルの発言と『パンセ』の原稿を入念に照合して仮説を補強し、問題のテクストの執筆時期を一六五八年と推定した。この見解は、パスカルの護教論の成立過程を考える上では興味深いが、サシのもとに送られたとされる原稿が見いだされない以上、仮説の域を脱することはできない。また、『対話』に収められたパスカルの論述を素直に読めば、それをひたすら「キリスト教護教論」の枠に閉じ込めるのは、テクストの意味を狭めるという印象を受ける。セリエ説は無視できないが、それだけで、従来の一六五五年説を退けるのは時期尚早であろう。

『サシ氏との対話』は、一八世紀前半に、まずは独立した文書、次いで『覚書』の一部として公刊されたが、前者は当時未刊だった『覚書』からの抜粋であり、後者は当時の習慣に従って、さまざまな改変を蒙っていた。写本も何種類か残されていたが、いずれも失われた――と思われていた――フォンテーヌの原本から枝分かれしたものであり、それぞれの間には無視できない相違があった。こうしてテクストの校訂は困難を極めたが、歴代の研究者はそれに挑み、とりわけジャン・メナールは既知の刊本と写本を改めて徹底的に照合して、あるべきテクストを復元し、それを自らが編纂する『パスカル全集』第三巻(一九九一年)に収録した。これは原典批判の模範となる卓越した仕事であるが、それですべての謎が解明されたわけではなかった。ところで、それが刊行された翌年、フォンテーヌの『覚書』の批評校訂版を準備していたパスカル・マンゴッティ＝トゥヴナンがフランス学士院図書室に所蔵されていた未知の写本を見つけて調査した結果、それがフォンテーヌ自筆の『覚書』の完全原稿であることが判明した。そして、『サシ氏との対話』については、この原本を参照することで、従来の難読箇所に解決がもたらされるばかりでなく、多くの新しい読みが含まれていることが明らかになった。メナールの表現を借りれば、これは、「唯一真正で、以前よりさらに輝きを増した、新しいテクスト」なのである。この発見を受けて彼は、マンゴッティ＝トゥヴナンと共同で『サシ氏との対話』の左記の新版を一九九四年に出版した。

Pascal, *Entretien avec M. de Sacy*, original inédit présenté par Pascale Mengotti et Jean Mesnard, « Les Carnets », Paris, Desclée de Brouwer, 1994.

また、『覚書』の全体も、マンゴッティ＝トゥヴナン(本書では、単にトゥヴナン)によって二〇〇一年に公刊されている。

Nicolas Fontaine, *Mémoires ou histoire des Solitaires de Port-Royal*, édition critique par Pascale Thouvenin, Paris, H. Champion, 2001.

翻訳にあたっては、上記の二つの刊本を底本とし、さらに、ルゲルン版全集とセリエ＝フェレロル版選集——いずれも新発見のテクストに依拠している——を参照した。各段落の冒頭に、〔　〕に包んだアラビア数字を付して、参照の便を図った。メナール版全集とセリエ＝フェレロル版選集も同様の措置を取っているが、数字の振り方はそれぞれ異なっており、本訳書の番号とは一致しない。

＊エピクテトスとモンテーニュのテクストについて

パスカルが愛読した二人の著者のうち、エピクテトス(五五?—一三五?)は、自分では著作を残さなかったが、その教えは弟子のアリアノスによって収集され、『語録』と『要録』と称される二冊のギリシア語の本として後世に伝えられた。パスカルは、それをフイヤン会士ジャン・ド・フランソワ(俗名ジャン・グリュ)によって一七世紀初頭に公刊された次のフランス語訳で読んでいる。*Les Propos d'Épictète. Recueillis par Arrian, Auteur Grec son disciple. Translatez du Grec en françois par Fr. I. D. S. F.* 訳注においては、必要に応じて、この翻訳(「旧訳」と称する)に言及したが、引用テクストは、次の二種のフランス語訳を参考にして訳出した。1) Épictète, *Entretiens*, texte établi et traduit par Joseph Souilhé, « Collection des universités de France », Paris, Les Belles Lettres, 4 volumes ; 2) Épictète, *Manuel* et *Entretiens*, dans *Les Stoïciens*, éd. P.-M. Schuhl, Paris,

Gallimard, « Bibliothèque de la Pléiade », Paris, Gallimard, 1962. 出典の箇所は、『語録』については巻・章・節の番号、『要録』については節の番号で指示するが、読者の便宜を考えて、次の日本語訳の当該箇所を付記した。エピクテトス『人生談義』國方栄二訳、岩波文庫(上下)、二〇二〇―二〇二一年。たとえば、『語録』第一巻一章一七節、上、二三は、問題の引用が上巻二三頁に、『要録』八節、下、三六六は、下巻三六六頁に見いだされることを示す。

モンテーニュの『エセー』には、大別して、著者生前刊行の一五八八年版、死後出版の一五九五年版、いわゆる「ボルドー本」――一五八八年版にモンテーニュ自身が加筆・訂正を行った手択本――を底本とするヴィレー版及びそれを改訂したヴィレー＝ソーニエ版の三種があり、パスカルが利用したのは、一五九五年版の系統を引く一六五二年版である。二〇世紀には、第三番目の版つまりボルドー本が優位を占めていたが、近年、一五九五年版が再評価され、それを底本とする複数の新版が二一世紀に入って公刊された。日本でも同版に依拠した宮下志朗訳がある。しかし一五九五年版とボルドー本の相違はわずかであり、『対話』の解釈に影響を及ぼすこともない。引用にあたっては、ヴィレー版(*Les Essais de Michel de Montaigne*, éd. Pierre Villey, Paris, F. Alcan, 1922, 3 vol.)を底本とする岩波文庫版『エセー』(原二郎訳、全六巻、一九六五―一九六七年)をおおむね踏襲し、当該箇所を巻数と頁数で示した。ただし訳文には適宜変更を加えた。

(1) セリエ＝フェレロル版選集(二〇〇四年)及びセリエ版選集(二〇一一年)に収録された『サシ氏との対話』の解題。

Ⅲ　信仰改革運動への参画と霊性の深化

一六五五―一六六二年

一一　幾何学的精神について　一六五五年頃

幾何学的精神について

〔断章一〕[1] 幾何学一般についての考察[2]

（第一部　幾何学の精神すなわち真の方法を含む）

〔1〕〔I　真理の研究には三つの目標がある〕[3] 真理の研究には三つの主要な目標がありうる。一つは、真理を探究する場合にそれを発見すること、もう一つは、真理を所有している場合にそれを証明すること、最後は、真理を吟味する場合に真偽を見分けることである。

〔2〕第一について私は語らない。私がとりわけ論ずるのは第二であり、それは第三

を含んでいる。じっさい真理を証明する方法を心得ていれば、同時にそれを判別する方[4]法も手に入ることになる。なぜならそこで与えられる証明が既知の規則に合致しているかどうか吟味することによって、その真理が厳密に論証されているかどうかも分かるのだから。

〔3〕これら三種の事柄において卓越している幾何学は、未知の真理を発見する技術を解明した。それは幾何学では分析[5]と呼ばれているが、それについては多数の優れた著作が書かれているので、いまさら論じるのは無用だろう。

〔4〕私が伝授したい唯一の技術は、すでに見いだされた真理を論証し、その証明が論駁されない程度まで真理を明瞭にする技術である。そのためには、幾何学がそこで遵守している方法を説明するだけでよい。じっさい幾何学はこの技術を完璧に教えてくれる。【といっても[6]、幾何学がそれについて何か語るわけではない。ただ実例によってそれを示すのだ。ところでこの技術は二つの主要な事柄、すなわち一つはそれぞれの命題を個別に証明すること、もう一つはすべての命題を最良の順序に配置することから成り立っている。そこで私としては、それを二つの節に分かつことにする。第一節は、幾何学的論証すなわち方法に則して完璧な論証を導く規則を、第二節は、幾何学的秩序[7]すなわち方法に則して完全な秩序の規則を包含するだろう。したがって、二つの節は全体と

して、証明すべき推論を導き、かつ真理を判別するのに必要なすべてのことを含むことになるだろう。[8] 私が意図しているのは、これら二つの事柄を丸ごと伝授することなのだ。[9]

第一節　幾何学的論証すなわち方法に則した完璧な論証の方法について[10]

〔初稿の断片[11]〕

……一方より他方においてずっとよく成功すること[12]……、そして私がそこに到達するためにこの学問を選んだのはほかでもない、この学問だけが推論の真の規則を心得ており、あの三段論法、あまりにも当然すぎて、だれも知らない者がない三段論法の規則に拘泥することなしに、すべての事柄において推論を導く真の方法を選び取り、それに立脚しているからである。たいていの人はこの方法を知らないが、それを知っているのはきわめて有利なので、才覚が等しくすべての条件が似通っている人たちの間では、幾何学の心得のある者が優位を占め、推論においてまったく新たな活力を獲得することは経験によって知られている。

だから私としては、論証が何であるかを理解してもらうのに幾何学の論証を例にとりたい。幾何学こそは、人間の学問のうちで唯一無謬の論証を生み出す学問であるが、その理由はそれだけが真の方法を遵守するからである。それに対して、他のすべての学問はその本性からして必然的に何らかの混乱のうちにある。それをぎりぎりまで見極めることができるのは幾何学者だけである。

〔5〕論証を説得力のあるものにするために守らなければならない手法を理解してもらうには、幾何学が遵守している手法を説明するのが最善のやり方である。そしてそれを完璧に行うためには、それに先立って、〔…〕の理念を示しておかなければならない。】

〔6〕しかしそれに先立って、さらにいっそう卓越して完全な方法の理念を示しておかなければならない。もっとも、人間はけっしてそこに到達できない。というのも、幾何学を超えるものは、私たち人間を超越するのだから。とはいえ、その方法が実践不可能であるにしても、それに言及する必要がある。

〔7〕この真の方法は、もしもそこに到達できるものであれば、最も高度な論証を形成することになるが、次の二つの主要な事柄から成り立っている。一つは、いかなる用語であれ、あらかじめ明確に意味を説明しなかった用語はけっして用いないこと、もう

一つは、いかなる命題であれ、既知の真理によって論証されていない命題はけっして提示しないこと、つまり一言で言えば、すべての用語を定義し、すべての命題を証明することである。しかし、私が説明する秩序そのものに従うために、私の言う定義が何であるかをはっきりさせなければならない。

〔8〕〔Ⅲ　定義とは何か〕[13] 幾何学では、論理学者が名称の定義[14]と呼ぶ定義しか認められない。言い換えれば、完璧に既知のものとなっている用語によって明瞭に指示されたものごとに対する命名である。そして私が語るのも、この定義だけである。

〔9〕この定義の効用と用途は、多数の用語を使わなければ言い表せないことを、与えられたただ一つの名称によって表現することを通じて論述を明瞭かつ簡潔にすることである。しかしながら、その結果として、付与された名称は、ほかにどんな意味をもっているにせよ、それらの意味はすべて取り去られて、ひたすらそれに割り当てられた意味しかもたないようになる。実例を一つ挙げよう。

〔10〕数の中で、二等分できる数と、そうではない数を区別する必要がある場合、この条件をしばしば繰り返すのを避けるために、前者に次のようにして名称が与えられる。二等分できるあらゆる数を、私は偶数と呼ぶ[15]。

〔11〕これが幾何学的定義である。なぜなら、あるものごと、すなわち二等分できる

あらゆる数を明瞭に指示した後で、それにほかのあらゆる意味――それがあるとして――をはぎ取ったある名前を与えて、指示されたものごとの意味をそれに与えているのだから。[16]

〔12〕そこから、定義はきわめて自由であり、まったく反論の余地がないことが分かる。じっさい明瞭に指示されたものごとに任意の名称を付けることほど、許容されていることはない。ただ気をつけなければならないことがあるとすれば、命名の自由を濫用して、異なる二つのものごとに同じ名称を付けることである。

〔13〕だからといって、それが許されないわけではない。命名の帰結を混同せず、それを一方から他方に拡張しなければいいのである。

〔14〕しかしこの欠陥に陥ったとしても、それにはきわめて確実で有効この上ない対処法がある。それは頭のなかで、定義された用語の代わりに定義を置き換えることである。[17]つまり、つねに定義をはっきり思い浮かべることによって、たとえば偶数が問題になる場合にはいつでも、それが二つの均等な部分に分割される数であると正確に理解し、この二つの事柄を思考において不可分に結びつけた結果、論述の表現に一方が出てきたときには、精神がすぐさまそれに他方を関連させるようにすることである。なぜなら幾何学者そして方法に則して振舞うすべての人たちがものごとに名称を付与するのは、ひ

たすら論述を短縮するためであって、彼らが論じているものごとの観念を縮小したり変更したりするためではないのだから。じっさい彼らの主張によれば、彼らが簡潔な用語を用いるのはたんに多数の言葉がもたらす混乱を避けるためだけであって、精神はその用語を十全な定義でつねに補っているのである。[18]

〔15〕詭弁家のまことしやかな騙し討ちを素早くまた強力に遠ざけるのに、この方法に勝るものはない。それは、つねに意識していなければならないものであり、それだけであらゆる種類の難解であいまいな表現を追放することができる。

〔16〕これらの事柄が十分に理解されたところで、私は真の秩序に立ち戻る。それは、すでに述べたように、すべてを定義しすべてを証明することから成りたっている。

〔17〕この方法はたしかに素晴らしい。しかしそれはまったく不可能である。なぜなら定義しようとする最初の用語が、それを説明するために先行する用語を前提しているのは明白であり、同様に、証明しようとする最初の命題が、それに先行する別の命題を前提しているのも明白だからである。こうして最初の命題にけっして到達できないのは明らかである。[19]

〔18〕したがって、探究を次第に押し進めると、否応なしにもはや定義できない始原語、そしてきわめて明瞭な原理、その先にはもはやそれを証明するさらに明瞭な原理な

ど見いだせない原理に到達する。

〔19〕そこから人間はいかなる学問であれ、それを絶対に完全な順序では論じられないことが分かる。それは人間生来の不変の無力さなのである。

〔20〕〔Ⅳ　幾何学的方法について〕しかしだからといって、あらゆる種類の秩序を捨てなければならないということにはならない。

〔21〕じっさいある一つの秩序——幾何学の秩序——があり、それは説得力の程度が劣るという点ではたしかに下位にあるが、確実さが劣るという点でそうなのではない。それはすべてを定義するわけではなく、すべてを証明するわけでもなく、その点で完全な秩序に引けをとる。しかしそれは自然の光明[20]によって明瞭で確実なものごとしか前提しない。だからそれは完全に真実である。なぜなら自然が論証の欠陥を補い支えているのだから[21]。

〔22〕人間のあいだでは最も完璧なこの秩序は、すべてを定義あるいは論証することから成立するのでも、何も定義も論証もしないことから成立するわけでもない。それは、その中間、すなわち明瞭ですべての人間が理解するものごとは定義しないが、それ以外のすべては定義し、すべての人間に知られているものごとは証明しないが、それ以外のすべては証明することから成立している。すべてを定義しすべてを証明しようと試みる

人々と、それ自体では自明ではないものごとについて定義と証明を怠る人々は、ともに等しくこの秩序に違反している。

〔23〕これこそ幾何学が完璧に教えてくれることだ。幾何学は、空間、時間、運動、数、同等といったものごとのいずれも定義しないし、それに類する多くのものごとについても同様である。なぜならこれらの用語はそれが意味するものごとを、言語を理解する人々に対して、あまりにも自然に指示するので、それを説明しようとすれば、明らかになるよりむしろ難解になってしまうのだから[22]。

〔24〕〔V　言葉の中には定義できないものがある〕じっさいこれらの始原語を定義しようとする人々の論述ほどお粗末なものはない。いかなる必要があって、「人間」という語で理解されているものを説明しようとするのか。この用語で指示しようとするものが何であるか、私たちは十分に知っているではないか。プラトンは私たちにどんな利益をもたらそうとして、「それは羽のない二足の動物である」などと言ったのだろう[23]。まるで、私たちが言葉で表現はできないけれど、生来自然に抱いている人間の観念の方が、プラトンの無用でしかも滑稽な説明より明瞭でも確実でもないみたいではないか。何しろある人間が両足を失ったからといってその人は人間性を失うわけはでないし、一羽の鶏は羽を失ったからといって人間性を獲得するわけでもないのだから。

〔25〕中には、ある単語を同じ単語で説明するという不条理にまで陥る人々がいる。私は光を次のように定義した人々を知っている。「光は光を発する物体の光る運動である。」これではまるで「光」という語なしに、「光を発する」とか「光る」という語の意味が理解できるみたいではないか。[24]

〔26〕「ある〔存在する〕」ということを定義しようとすれば、この不条理に陥らずにはすまない。なぜなら、どんな言葉でもそれを定義するには、「それは～である」という言葉を表現するにせよ、言外に匂わせるにせよ、そこから始めなければならないからである。したがって「ある〔存在する〕」を定義するためには、「それは～である」と言わざるを得ず、すなわち定義にあたって定義される言葉を使わないわけにいかないのである。[25]

〔27〕以上からよく分かるのは、言葉の中には定義できないものがあることである。そして、もしもそれらについて、自然がすべての人間に同様の観念を与えることによって、この欠陥を補ってくれなかったとしたら、私たちのすべての言語表現は混乱に陥っていたことだろう。ところがその反対に、私たちは、それらの語に全幅の信頼を寄せて確実に使用している。それはまるで、それらがあいまいさを完全に除外したやり方で説明されているかのようだ。それというのも、自然自らがそれらの語について、言葉なし

に私たちに与えてくれる理解は、人為が説明を通じて私たちに得させてくれる理解よりも明確だからだ[26]。

〔28〕とはいえ、定義するのが不可能で無用だと私が言うものごとも、その本質について、すべての人が同じ観念を抱いているわけではない。

〔29〕〔Ⅵ 時間は定義することができない〕じっさい、たとえば時間はそのような種類のものである。誰がそれを定義できるだろう。そしてどうしてそうする必要があるだろう。なぜなら時間といえば、それ以上詳しく指示することなしに、言わんとすることをすべての人が思い浮かべるのだから。しかしながら時間の本質についてはさまざまな異なった意見がある。被造物の運動だという人々もいれば、運動の尺度だとする人々もいる、等々[27]。だからすべての人に共有されていると私が言うのは、これらのものごとの本性ではない。単なる名称とものごとの関係だけである。この「時間」という表現を聞いて、すべての人が同じ対象に思いを向けるということである。それでもう、この用語を定義せずに済ませるのに十分なのだ。たとえ、その後で時間が何であるかを検討する段になって、考えを巡らせはじめると見解の相違が出てくるにしても。なぜなら定義がなされるのは、名指されるものごとを指示するためだけで、その本性を示すためではないのだから[28]。

〔30〕だからといって、被造物の運動を時間という名で呼ぶことが許されないわけではない。今しがた述べたように、定義ほど自由なものはないのだから。

〔31〕〔Ⅶ　時間という名称は二通りに理解することができる〕しかしこの定義を下した後では、「時間」の名で呼ばれる二つのものごとがあることになるだろう。一方は、この語によってすべての人が自然に理解し、私たちの言語を話すすべての人がこの用語で名指すものごと、他方は、被造物の運動である。というのも、この新しい定義によって後者もまたこの名で呼ぶことにしたからである。

〔32〕そうだとすれば、あいまいさを避け、その帰結を混同しないようにしなければならない。なぜなら、「時間」という語で自然に理解されるものごとが実際に被造物の運動であるという帰結は、以上からは出てこないのだから。この二つのものごとを同じ名で呼ぶのは任意であった。しかし両者の名称はともかく、その本性を一致させるのは勝手次第とはいかないだろう。

〔33〕こうして、もしも「時間は被造物の運動である」という論述が提起された場合には、「時間」の語で言おうとしているのが何であるのか、すなわち万人が認める通常の意味が残されているのか、それともその意味は取り去られて被造物の運動という意味がこの場合に限って与えられているのかを問い質さなければならない。もしもほかのあ

らゆる意味が取り去られているのなら、それに反論することはできない。それは自由な定義であり、その結果として、繰り返しになるが、同じ名称をもつ二つのものごとがあることになる。しかしそれに通常の意味を残しておいて、それでもこの語で言おうとしているのは被造物の運動なのだと主張するのであれば、反論は可能である。それはもはや自由な定義ではない。それは証明を要する命題である。もっともそれ自体としてきわめて明白であれば話は別であるが、その場合に問題になるのは、原理と公理であり、けっして定義ではない。自由でないというのは、この言明が、「時間」という語が「被造物の運動」という表現と同義であると言おうとしているのではなく、「時間」という用語によって形成される概念がこの想定された運動であると言おうとしているからである。29

〔34〕これを完全に理解することがどれほど必要か、また私が今取り上げた事例に類する状況が、日常の談話においても学問の論述においても、どれほどひっきりなしに生ずるかを知らなかったとすれば、私はこの点を強調することはなかっただろう。しかし争論がもたらす混乱を経験した私としては、この明晰の精神に従う重要性をいくら強調してもしすぎることはないと考えており、実を言うと、この論考のすべては、そこで論じられる主題のためというより、明晰の精神のために書かれているのである。

〔35〕じっさい、どれほど多くの人々が、時間について、その通常の意味は残したま

まで、それは運動の尺度であると述べ、それで時間を定義したつもりになっていることだろう。しかしながら彼らが行ったのは、定義を与えることではなく、命題を提起することなのだ。同様に、どれほど多くの人々が、「運動は端的に現実態でもなければ純粋の可能態でもなく、可能態にある存在の現実態である」[30]と述べて、運動を定義したつもりになっていることだろう。しかしながら彼らがそうしているように、「運動」の語にその通常の意味を残しておけば、それは定義ではなく、命題である。こうして、彼らが名称の定義と称する定義——自由で思い通りになる、幾何学的な真の定義——を、事物の定義と称する定義——本来は、いささかも自由ではなく、反論の余地がある命題——と混同することによって、彼らは自由勝手に一方も他方も作り出す。そして各人がそれぞれ、前者の定義においては許されているけれど、後者においては禁じられている自由を行使して、同じものごとを自分の流儀で定義することによって、彼らはすべてをもつれさせ、あらゆる秩序とあらゆる光明を失って、自らを見失い、解きほぐすことのできない混乱に迷い込んでしまう。

〔36〕〔Ⅷ　幾何学の効用〕幾何学の秩序に従えば、けっしてそのような混乱には陥らないだろう。この分別に富んだ学問は、「空間」「時間」「運動」「等しい」「より大きい」「減少」「すべて」のような始原語、そして世人が自ずから理解する語に定義を〔与

え」[31]たりはしない。しかしそれらの語を除けば、そこで用いられる残りの用語はきわめて明確に定義されるので、それらを理解するために辞書に頼る必要はない。したがって、一言で言えば、幾何学のすべての用語は、自然の光明あるいは幾何学の与える定義のいずれかによって、完璧にその意味を解することができる。

〔37〕このようにして幾何学は、第一の点、すなわち定義する必要のあるものごとだけを定義するという問題において生じかねないすべての欠陥を回避している。それはまた、もう一つの点、すなわち明白でない命題を証明するという問題についても同様に振舞う。

〔38〕じっさい幾何学は既知の根源的な真理に到達すると、そこで立ち止まり、それらを承認してくれるように要請する。[32]なぜなら幾何学はそれらを証明する、さらに明白なものをもっていないのだから。したがって幾何学が提起するすべては、自然の光明あるいは証明のいずれかによって論証される。

〔39〕こういうわけで、この学問がものごとのすべてを定義せずまた論証しないのは、それがひたすら私たちにとって不可能だからにほかならない。【しかし自然はこの学問が与えてくれないものを提供してくれるので、幾何学の秩序は人間業《わざ》以上の完璧さは与えてくれないにしても、人間が到達できるあらゆる完璧さは備えている。私には、この

論述の初めからこの…に言及するのがふさわしいと思われた、云々〕[33]

〔40〕〔IX　どうして幾何学はいくつかのものごとを定義することができないのか〕幾何学が主要な対象とするものごとをどれ一つとして定義できないのは、奇妙だと思われるかもしれない。じっさいそれは運動も数も空間も定義することができない。しかしながらこれら三つは、それがとりわけ考察するものごとであり、そのうちのどれを探究するかに応じて幾何学は、力学、算数、幾何学という三つの異なる名称を冠することになる。ちなみにこの最後の名称は、類概念にも種概念にも所属している。[34]

〔41〕しかしそれは、次のことに気がつけば、驚くにはあたらない。この驚嘆すべき学問は最も単純なものごとだけに専念する以上、それにふさわしい対象は当然同じ単純性を備えているが、そのせいで定義ができないのである。したがって定義の不在は欠陥というよりむしろ完全さである。[35] なぜならそれは分かりにくさに由来するのではなく、反対に極度の明らかさ、論証による立証はできないにしても、論証の完全な確実性を備えた明らかさに由来するのだから。こうして幾何学は、これらの語、すなわち「運動」「数」「空間」が意味するものごとが何であるかは分かっていると想定した上で、それを定義するという無駄骨はおらずに、それらの本性を洞察し、それらの驚嘆すべき特性を発見する。

〔42〕これら三つのものごとは、「神はすべてを重さと数と大きさにおいて造られた」 36
という言葉に従えば、宇宙全体を包み込んでいるが、相互に必然的なきずなで結びつけられている。

〔43〕じっさい運動は、何か動くものなしには考えられないが、その何かは〈一つ〉のものなので、その一というあり方がすべての数の起源となる。そして結局、運動は空間なしにはありえないので、これら三つが第一のもののうちに含まれていることが分かる。

〔44〕時間さえもまたそこに含まれる。じっさい運動と時間はお互いに相関している。運動の相違である速さと遅さは、時間と必然的な関係をもっているのだから。

〔45〕こうしてこれらのものごとすべてに共通する特性があるが、それを知ることは精神を自然の最大の驚異に向けて開くことになる。

〔46〕〔X 二つの無限性、一方は無限大、他方は無限小〕その中でも主要なものは、すべてに見いだされる二つの無限性、一方は大きさの無限性、他方は小ささの無限性である。

〔47〕じっさいある運動がどれほど迅速であろうと、それ以上に速い運動を想像することができる。そして後者をさらに加速して、それをいつまでも無限につづけることができるが、そうしたところで、それ以上もはや増し加えることのできない速さに到達す

ることはけっしてない。また反対に、ある運動がどれほど緩慢であろうと、それを一層減速することができる。そしてそれをさらに減速し、こうして無限まで推し進めることができる。もうそれ以上は無限に減速することはできず、そうしようとすれば静止してしまうような遅さの段階に到達することはけっしてない。

〔48〕同様に、ある数がどれほど大きかろうと、それ以上に大きなある数、さらに後者を凌駕する別の数を想像できる。こうしてそれは無限に続けることができ、それ以上はもはや増大できない数に到達することはけっしてない。また反対に、ある数が、百分の一ないしは一万分の一のように、どれほど小さかろうと、それよりさらに小さい数を想像できる。そしてそれはいつまでも無限に続けることができ、そうしたところでゼロつまり無に到達することはない。

〔49〕同様に、ある空間がどれほど大きかろうと、それ以上に大きなある空間、さらにそれ以上に大きな空間を想像できる。こうしてそれは無限に推し進めることができ、もはやそれ以上増大することができない空間に到達することはけっしてない。また反対に、ある空間がどれほど小さかろうと、それより小さな空間を想像できる。それはいつまでも無限に推し進めることができ、もはやいかなる延長ももたない不可分な空間に到達することはけっしてない。

〔50〕時間についても同様である。いつまでも際限なしに、さらに大きな時間を想像することができるし、またより小さな時間をいくら想像しても、瞬間そして純粋な無持続に到達することはない。

〔51〕つまり一言で言えば、それがいかなる運動、いかなる数、いかなる空間、いかなる時間であろうと、つねにそれより大きなものとより小さなものがあるわけで、そうしてみれば、それらは皆、無と無限という二つの極限から無限に隔てられ、両者の間で存在している。

〔52〕〔XI　幾何学が原理を証明することができないのは、原理が明白だからである〕これらすべての真理は論証することができない。しかしながらそれらは幾何学の基礎であり、原理である。しかしそれらを論証できなくさせている原因は、それらの難解さではなく、逆にそれらの極度の明白さのうちにあるので、証拠が欠けているのは欠陥ではなく、かえって完全さである。

〔53〕そこから分かるのは、幾何学がその対象を定義できず、その原理を証明できないことである。しかしそれは、対象と原理がその本性からして極度の明白さのうちにあり、その明白さが論証よりも強力に理性を説得するという、唯一のそして好都合な理由によるのである。

〔54〕じっさい、いかなる数であれ増し加えることができるという真理ほど明白なものはあるだろうか。それを二倍にすることはできないだろうか。ある運動の速度を倍加し、同様にある空間を倍増することもそうである。

〔55〕そしてまた、いかなる数であれ、それを半分に分割し、その半分をさらに分割することができるのを、誰が疑うことができるだろうか。じっさいこの半分は無だとでも言うのだろうか。それならどうして、二つのゼロだというこの二つの半分が合わさると、一つの数になるのだろう。

〔56〕同様に、どれほど遅い運動であれ、それを半分に減速し、同じ空間を通過するのに二倍の時間がかかるようにすること、そしてそれをさらに半分に減速することはできないだろうか。じっさいこの後者の運動は純然たる静止だとでも言うのだろうか。それならどうして、それぞれ静止であるような半分の速度が二つ合わさると元の速度になるのだろう。

〔57〕こうして空間についても、どれほど小さなものであれ、それを半分に分割し、その二つの半分をさらに分割できないだろうか。そしてどうして、これらの半分が不可分でいかなる延長ももたないなどということが生じうるだろう。これらが一緒に合わされば元の延長になるというのに。

〔58〕人間に生得の認識のうちで、これらに先行し、明白さの点でこれらに勝るものはない。しかしながら、何ごとにも例外はあるものなので、ほかのすべてのことにおいては優れているのに、これらの無限に当惑し、どうしてもそれに同意できない精神の持ち主がいる。

〔59〕〔XII　空間は無限に分割できる〕空間が増大できないと考える人に私はいまだかつて会ったことがない。しかし、ほかの点では大変有能なのに、ある空間を不可分の二つの部分に分割できると、そこにある不条理をものともせずに、断固として主張する人たちを見たことはある。37

〔60〕このような無理解の原因が何でありうるのかを、私は彼らのうちに懸命に探求した。そして主要な原因を一つだけ見いだしたが、それは彼らが無限に分割可能な連続体を考えることができず、そこから、それが無限には分割できないと結論するからである。

〔61〕真理を直接所有していると思うのは、人間にとって生まれながらの病である。そこから自分にとって不可解なものはすべてつねに否定しようとする傾向が生ずる。ところが現実には、人間が生まれつき知っているのは虚偽だけであって、真実と見なすべきなのは、虚偽だと判明するものごとの反対だけである。

〔62〕そういうわけで、ある命題が不可解であるときはいつでも、それについての判断を停止し、不可解だからといって否定せずに、その反対命題[38]を吟味しなければならない。そしてそれが明らかに偽りであることが分かれば、元の命題を、それがまったく不可解であっても、大胆に肯定することができる[39]。この規則を私たちの主題に適用しよう。

〔63〕空間が無限に分割できると思わない幾何学者はいない。魂なしには人間でないように、この原理なしには幾何学者であることはできない。しかしながら無限の分割を理解する者はいない。それでも、この思考不可能な真理を確信するのは、次の唯一の、しかしそれだけで十分確かな理由による。すなわち、ある空間を分割していけば、不可分な部分つまりいかなる延長ももたない部分に到達できるというのが偽りであることが、完全に理解されるという理由による。

〔64〕じっさい空間をずっと分割していくと、ついには次のような部分、すなわちそれを二つに分割すれば、それぞれの半分は不可分でいかなる延長ももたないような部分、つまり延長がゼロであるこれら二つをまた一緒にすれば延長となるような部分に到達すると主張するほど、不条理なことはあるだろうか。じっさい私は、このように考える人々に問いたい。彼らは、二つの不可分体の接触について明確な観念を形成しているのだろうか。もしもいたるところで接触しているのなら、それらは一つの同じものにすぎ

ないことになるので、二つが一緒になったものはそもそも不可分である。そして、もしもそうでなければ、ある部分だけで接触していることになり、したがってそれらは部分をもち、したがって不可分ではない[40]。

〔65〕彼らが、自分たちの命題はもう一つの反対命題と同様に思考不可能であることを認めるとすれば、そしてじっさい彼らは追及されればそう認めるのだが、そうだとすれば、ものごとの真理を判定するのに、その観念を形成する能力が私たちにあるかどうかを基準にすべきではないことを認めるべきである。なぜならこれら二つの相反する命題は双方とも思考不可能であるが、それにもかかわらず必然的に、二つのうちの一つが真であるのは確実なのだから。

〔66〕しかしこれらの見せかけの難題、私たちの非力に比例しているだけの難題に対しては、以下の自然の光明と堅固な真理をそれに対置してほしい。もしも空間がある有限数の不可分体から構成されているのが本当だとすれば、次の帰結が導かれるはずである。つまり、それぞれ正方形すなわちすべての辺の長さが等しい二つの空間があって、一方が他方の倍の大きさだとした場合[41]、一方は、他方に含まれる不可分体の数の二倍数の不可分体を含んでいることになるだろう。彼らにはこの帰結をよく心にとめてほしい。その上で、点を正方形に並べていって、一方が他方の倍の点を含むような二つの正方形

にたどり着くことをめざして精魂を傾けてほしい。それが実現すれば、私としては、世の中のすべての幾何学者が寄り集まっても彼らに敵わないことを認めよう。しかしこのことが本来的に不可能なら、すなわち一方が他方の二倍数の点を含むような二つの正方形を、点を並べて作ることが絶対的に不可能であれば――そのことをわざわざ証明するだけの価値があるのなら、私はここでそうするところだが[42]――、彼らはそこから帰結を引き出すべきである。

〔67〕そして彼らがいくつかの場合に出会うかもしれない困難、たとえばある空間が無限の可分体からできているというのは、私たちがそれをきわめて短時間で通過し、その間にこの無限の可分体を通過し終えることになることを思えば、とても理解し難い考え[43]であるが、このような困難を軽減するために、次のことを彼らに注意してもらう必要がある。それは、無限の可分体とそれらを通過するのに要する短い時間のように不釣合いなものごとを比較してはならないということである。そうではなくて、比較するのなら、問題の空間全体と時間全体、そしてその空間を構成する無限の可分体とその時間を構成する無限の瞬間を比較してほしい。そうすれば、私たちが無限の瞬間のうちに無限の可分体を通過し、短時間のうちに小さな空間を通過すること、そしてそこには彼らを呆然とさせたあの不釣合いはもはやないことが彼らにも分かるだろう。

〔68〕最後に彼らが、小さな空間が大きな空間と同じだけの部分からできているのは奇妙だと思うのなら、それらの部分が空間の大きさに応じて小さくなることを理解してほしい。そして小さなガラス板を通して天空を眺め、ガラスの各部分に天の各部分が映っているのを見て、この認識に慣れ親しんでほしい。

〔69〕しかし彼らが、私たちには知覚できないほど小さな部分が天空と同じだけ分割できることを理解できないのなら、この小さな切っ先を驚くべき大きさの塊にまで拡大する顕微鏡でそれらの部分を眺めさせるのに勝る矯正法はない。そうすれば、さらに技巧を凝らして研磨した別のレンズの助けを借りてそれらを拡大し、ついには彼らがその大きさに感嘆している天空に匹敵させられることを、容易に理解するだろう。こうして、この対象が容易に分割できるものであることが今や彼らにも明らかになったのだから、彼らには、自然が、技術という人為を無限に超えた能力をもっていることを銘記してほしい。

〔70〕結局のところ、これらのレンズが対象の元々の大きさを変化させたのか、それとも逆に、私たちの眼球の形状――それは、縮小レンズと同じ働きをする――によって変化し縮小されていた本当の大きさをレンズが復元したのかのどちらが正しいか、誰が請け合うことができただろう。

〔71〕このようなよしなしごとにこだわるのは煩わしいが、無駄骨を折らなければならない時もある。[44]

〔72〕〔XIII 無限の分割可能性への反論に対する回答〕この分野に通じた明晰な精神の持ち主が相手なら、二つのゼロ延長は一つの延長を形成することができないというだけで十分である。しかしながら反対者の中には、一は数ではないのに、二つの一はそれが合わさると一つの数になるのだから、それと同様に、二つのゼロ延長は一つの延長を形成することができるという驚くべき返答でこの自明の理から逃れられると言い張る人たちがいるので、彼らに対してはこう言い返さなければならない。彼らはそんなことを言うのなら、同様の理屈で、二万の男子の誰一人として軍隊でないのに、寄り集まると一つの軍隊を形成する、千軒の家のどれ一つとして町ではないのに、寄り集まると一つの町を形成する、また、部分はどれ一つとして全体ではないのに、寄り集まると全体になる、また、数同士の比較にとどまれば、二倍数[46]を二つ合わせれば四倍数、十倍数を十合わせれば百倍数になるが、合わせる前はそうではなかった、というのを反対の理由に挙げるがいい。[45]

〔73〕しかしこれほど不釣合いな比較によって、ものごとの不変の本性とその自由で随意な名称、つまりそれを作った人間の恣意に依存する名称を混同するのは、適切の精

神を欠いていることになる。じっさい、人が二万の男子に軍隊という名称を、多数の家に町という名称を、十個の一に十倍数という名称を与えたのは、論述を容易にするためであったのは明らかである。そしてこの自由な命名から、単一、二倍数、四倍数、十倍数、百倍数といった名称が生まれ、それらは私たちの思いつきによって相異なってはいるが、現実には、その不変の本性によって同じ類に属しており、それらすべての間には比例関係があり、大小の程度において異なるだけである。ただし、これらに名前が与えられた後では、二倍数は四倍数ではなく、一軒の家は一つの町ではなく、一つの町も一軒の家ではない。さらに言えば、一軒の家は一つの町ではないにしても、それは町のゼロではない。「あるものごとでないこと」と「そのものがゼロ」の間には大きな違いがある。

〔74〕〔XIV　どうして一は数ではないのか[47]〕じっさい、このことを徹底的に理解するためには、次のことを知らなければならない。一が数の中に入らない唯一の理由は、ユークリッド及び算数を論じた初期の著述家たちが、一以外のすべての数に当てはまる特性を提示するにあたって、「一を除くすべての数において、かくかくしかじかの条件が見いだされる」と何度も言うのを避けるために、「数」という語の意義から一を除外したためである。すでに述べたように、定義は思いのままに定めることができるので、彼ら

にはそうする自由があった。したがって、もしも彼らが望めば、彼らは同様に二倍数も三倍数も、その他お好みのあらゆる数も除外したはずである。そのことを断りさえすれば、誰の許可も必要ないのだから。また逆に、お望みなら、一も数に含められるし、分数も同様である。またじっさい、一般的な諸命題においては、「あらゆる数において、そして一と分数において、かくかくしかじかの特性が見いだされる」と毎回言うのを避けるために、そうせざるを得なくなる。そして私は、数について論ずるすべての場合において、それをこの無限定の意味で使用してきた。

〔75〕〔XV　一は数と同じ類に属する〕しかしながらユークリッドは一を数のうちに含めなかったが、それは彼の自由であった。それにもかかわらず、その当人が、一が数の無ではなく、反対に数と同じ種類に属していることを理解させるために、同種の大きさを次のように定義しているのである。彼はこう述べている。「ある一つの大きさが何度も倍加されて元の大きさより大きくなる場合、この二つの大きさは同じ種類に属すると言われる。」[48] したがって、一は何度も倍加されれば、いかなる数よりも大きくなることができるのだから、まさにその本質と不変の性質によって数と同じ種類に属する。それも、一を数とは呼ぼうとしなかった当のユークリッドの意味においてそうなのである。

〔76〕〔XVI　不可分体は延長と同じ類には属さない〕延長と不可分体の関係については、

事情が異なる。じっさいそれは名称——それは随意である——を異にするばかりではない。先の同じ定義によって、類も異にしているのである。なぜなら不可分体を好きなだけ倍加したところで、任意の延長より大きくなることは到底ありえないので、それはたった一つの不可分体しか形成することができないからである。[49] それはすでに示したように、自然でもあれば必然でもある。そしてこの最後の証明は、この二つのものごと、すなわち〈不可分体〉と〈延長〉の定義に立脚しているので、これから論証を完了し完全なものとしよう。

〔77〕〔XVII〕[50] 不可分体はいかなる部分ももたないものであり、延長はいくつもの分離された部分をもつものである。

〔78〕この定義に基づいて、私は主張する。二つの不可分体は結合しても、一つの延長にはならない。

〔79〕じっさい不可分体同士を結合させるという場合、それらはどちらもある一つの部分において接触するということだ。したがってそれらが接触している当の部分は分離していない。なぜなら、そうでなければ、それらの部分は接触していないことになるのだから。しかるに、定義からして、それらの不可分体にほかの部分はない。したがって、それらには分離された部分はない。したがって、延長は部分の分離を含むという定義に

よって、二つの不可分体を結合させても延長とはならない。

〔80〕そこにほかの不可分体を結びつけるにしても、同じ理由によって、そのすべてについて同じことを示すことができるだろう。したがって不可分体をどれだけ増し加えても、けっして一つの拡がりにはならないだろう。こうして、同じ類の事物についての定義[51]からして、不可分体は延長と同じ類には属していない。

〔81〕以上のようにして、不可分体が数と同じ類に属していないことが論証される。そこから、二つの一は同じ類に属するので、ある数を作り出すことができるが、二つの不可分体は同じ類に属さない[52]ので、一つの延長になることができないという結果が出てくる。

〔82〕そこから、一と数との関係と、不可分体と延長との関係を比較する根拠がきわめて薄弱であることが分かる[53]。

〔83〕〔XVIII　ゼロは数と同じ類に属していない〕しかし私たちが延長において行った考察に適切に対応する比較を数のうちに求めようというのなら、それはゼロと数の関係でなければならない。じっさいゼロは数と同じ類に属していない。ゼロにいかなる数を掛けあわせても、数を超えることはできないのだから。こういうわけで、不可分体がまさに延長のゼロであるのと同様に、ゼロはまさに数の不可分体である。そして同様の関係

は静止と運動、瞬間と時間の間にも見いだされるだろう。じっさいこれらの事柄はすべて、その各々のカテゴリーの大きさとは異質である。なぜならそれらを無限に掛けあわせても、延長の不可分体と同様に、また同じ理由で、けっして不可分体にしかなることができないからである。こうしてこれらの事柄の間には完全な照応が見いだされるだろう。じっさいこれらすべての大きさは無限に分割していくことができ、そのカテゴリーの不可分体に到達することはない。こうしてそれらはすべて無限と無の中間に位置している。

〔84〕〔XIX 二つの無限は、異なるものであるが、一方によって他方が認識される〕以上が、自然によってこれらのものごとの間に定められた感嘆すべき関係、そして二つの驚嘆すべき無限性であるが、自然がそれを人間に提示したのは、それを理解するためではなく、感嘆に誘うためであった。54 この考察を終えるにあたって、最後の指摘として付け加えたいのは、この二つの無限が、無限に異なっているにもかかわらず、お互いに相関しているので、一方を知ることが必然的に他方を知ることにつながるということである。

〔85〕じっさい数については、それをつねに増加させることができることから、絶対的な帰結として出てくるのは、それをつねに減少させることができるということであり、

それは明瞭である。じっさい、たとえばある数を掛けあわせて十万まで増加することができるとすれば、同様に、掛けあわせたのと同じ数でそれを割ることによって、十万分の一の数を得ることができる。こうしてあらゆる増加の項は、整数を分数に変えることによって、分割の項となる。その結果として、無限の増加はまた必然的に無限の分割を包含している。

〔86〕〔XX　空間が無限に分割できることの論証〕そして空間においても、同じ関係がこれらの二つの相反する無限の間に見られる。すなわち、ある空間が無限に延長できることから、次の例で分かるように、それが無限に減少できるということが帰結する。つねに真直ぐに遠ざかっていく船を、ガラス板を通して眺めるとしよう。この透明なガラス板に写る船の任意の一点に注目すれば、船が遠ざかるにつれて、その点がつねに絶え間ない運動で上昇するのは明らかである。[55] したがって、船の動きがつねに引き延ばされて無限に至るとすれば、この点は絶え間なく上昇するだろうが、それにもかかわらず、目から水平に引かれた視線がガラス板と交わる点にはけっして到達しないだろう。このようにして、その点はつねにそこに接近しながらけっして到達することはなく、目指す点の下方に残された空間を絶えず分割していくが、けっしてそこに辿りつくことはないだろう。こうして、船の動きの無限の拡がりから、水平な視線とガラス板の交点の下方

に残された小さな空間の無限かつ無限小の分割が必然的に帰結されることが分かる。

〔87〕〔XX《ママ》 結論、以上の論述から引き出される素晴らしい教訓〕以上の理由に満足せず、空間は無限に分割できないという信念にとどまる人々は幾何学的論証を論ずるいかなる資格もない。そして彼らは、他の事柄にどれほど深い見識があるにしても、これについてはまったく見識がない。じっさい、人間としては有能なのに、幾何学は無能というのは、よくあることではないか。[56]

〔88〕しかしこれらの真理を明瞭に理解する人々は、私たちをあらゆる方面から取り巻くこの二重の無限性のうちに見られる自然の力の偉大さに感嘆し、この驚異的な考察によって、自分たちが拡がりの無限と無、数の無限と無、運動の無限と無、時間の無限と無のあいだに置かれていることを見て取り、それを通じて、自分自身を知ることを学べるだろう。以上に基づいて、人は自らをその正当な価値において評価し、幾何学の残りすべてより価値のある考察を作り上げるすべを学ぶことができるだろう。[57]

〔89〕私がこの長い考察を展開しなければならないと思ったのは、こうした二重の無限性を、最初は分からなくても、説明すれば納得する能力を備えた人々のためであった。そしてそんなことは必要としないほど十分な知識を備えた人は大勢いるにしても、ある人々にとっては必要なこの論考は、他の人々にとってもまったく無用ではないというこ

とになるはずである。

1　〔　〕内は、訳者による付加。解題参照。

2　メナールによれば、この題名はおそらくアルノーが付けたものである。次行の〔　〕内の部立ても同様である。「サント＝ブーヴ写本」(以下、誤解の恐れがない場合は、たんに「写本」と記す)では、欄外に「〔　〕内は省略すること」と記されている。

3　〔　〕内は、「写本」の欄外に記されている見出し。

4　「写本」では誤って、「発見する」と記されている。

5　原語 analyse は、数学用語としては「解析」であるが、論理学や方法論の用語としては、「分析」と訳すほうが一般的である。記号代数の父と言われるフランソワ・ヴィエト(一五四〇―一六〇三)は、『解析法序説』(*In artem analyticem Isagoge*)を著し、そこで解析を「数学においてよい発見を教える」手立てと定義している。また、デカルトは論証の方法を「分析」と「総合」の二つに区分し、「分析は、ある事柄が方法的に見いだされる真の道筋を示す」と述べている(『省察』第二答弁。『デカルト著作集』第二巻、白水社、一九九三年、一八八頁)。それを受けて『ポール・ロワイヤル論理学』も、「分析」と「総合」の区別を詳述している(第四部第二章〔初版第一章〕)。

6　【　】内(「といっても」から段落〔5〕の最後の「理念を示しておかなければならない。」まで)は、「写本」では〔　〕内に置かれている。パスカルが最終的に削除した部分。

7　二行前の「順序」も、ここの「秩序」も、原語はともに ordre である。

8　ここで予告されている「第二節」は、〔断章二〕では論じられていない。また、〔断章二〕(「説得術について」)がそれに該当するわけでもない。

9　「写本」では、この段落の下(ページ下余白部分)に「幾何学的精神について」というタイトルが書き込まれていた。メナールは、これは続く本文の題名ではなく、大きな削除部分を含むこのページが本小品の一部であることを示すために第三者が付した指示ではないかと推測している。翻訳では本文から削除した。

10　「写本」では節タイトルの次の行に囲み付きで「幾何学一般についての考察」という断章冒頭と同じタイトルが書き込まれている。メナールによれば、「写本」のこのページが多くの削除部分を含むため、本断章に属するテクストであることを示すために付されたもので、題名の役割を担っているわけではない。翻訳では本文から削除した(注**9**参照)。

11　以下の二段落は、「写本」ではより小さな字体で書かれている。元の原稿では、この部分を覆うように、「論証を説得力のあるものにするために…」で始まる段落〔5〕が、端のみ糊付けされて貼られていたという。

12　この初稿の冒頭は失われており、「一方」と「他方」が何を指すか分からない。

13　「写本」の欄外に記されている見出し(注**3**参照。以下、同様)。Ⅱの見出しは欠落している。

14　名称の定義(あるいは名目的定義)は、事物の定義(あるいは実在的定義)と対比されるが、この区別はアリストテレスに遡る。「定義は、ある事物が何であるかを説明する陳述と見なされるのであるから、その一つの種類は、名称が何を意味しているかを説明する陳述、言い換えれば、本質を表現する陳述とは異なる純粋に名目的な陳述であることは明瞭である。たとえば、「三角形」という語が何を意味するかが、それである。〔…〕もう一つの種類の定義は、事物が何故あるかを明らかにする陳述である。こうして、前者は意味を示すが、証明はしない。それに対して後者は明らかに、本質についての一種の論証であり、ただその用語の配列によって論証と異なる」(アリストテレス『分析論後書』第二巻一〇章。翻訳にあたっては、次の仏訳を参考にした。Aristote, *Organon, IV. Les Seconds Analytiques*, traduction nouvelle et notes par J. Tricot, Paris, Vrin, 1979, p.194-195)。

15 古代ギリシアの数学者エウクレイデス(以下、英語名ユークリッドを用いる)の『原論』第七巻で同じ定義が与えられている(定義六)。同じ例は、名称の定義の「必要性と効用」を論ずる『ポール・ロワイヤル論理学』第一部一二章(初版では一〇章)でも利用されている。

16 偶数 nombre pair という表現において用いられる pair は、元来、「同等」あるいは「類似」を意味し、それから派生するさまざまな意味をもっている。

17 「定義された用語」と訳した défini は、定義によって規定される項すなわち被定義項(definiendum)であり、「定義」の方は、ここでは、被定義項を規定し説明する定義項(definiens)のことである。

18 パスカルは青年時代の真空をめぐる科学論争において、すでに定義を名称の定義に限定する立場を取っていた。彼によれば、「あることを定義するのとその存在を主張するのとは、別の事柄」であり、たとえば論敵のノエル神父がしたように、「物体」を「相互に外的な部分をもつもの」と定義して、それを空間と同一視することを通じて真空の存在を否定したとしても、そのような意味での物体が存在する保証はない。それを立証するためには、そのような意味での物体が、物体の普通の意味、すなわち「可動的かつ不可入的な物質的実体」としての物体と同じであるかどうかを確認しなければならないが、これは名称の定義の問題ではなく、命題の証明の領域に属する問題である。ノエル神父は、「物体」という語のあいまいさを利用して詭弁を弄しているのである。しかし、「もしもわれわれが定義された用語の代わりに定義を置き換えれば」、この詭弁は見破ることができる(一六四八年の「ルパイユール宛の手紙」による)。

19 アリストテレスによれば、先行するものの知識にもとづいて後続するものの知識を認識しようとする場合、先行するものを無限に遡ることは不可能である(『分析論後書』第一巻三章)。同じ考えは、「名称の定義に関する重要な所見」と題された『ポール・ロワイヤル論理学』第一部一三章(初版一二章)も取り上げている。

20 「自然の光明」は、デカルトにおいて、真理の標識である明証性の明らかさを生み出す根拠と考えられているが、パスカルもそれを踏襲している。「私は先ほど、自分が疑っていることから、私の存在を結論できることを自然の光明によって見てとったが、同様に、自然の光明が真実として私に提示するものは何であれ、それを疑うことはできない」(『省察』第三)。『哲学原理』にも、同様の主張が見られる。「虚無にはいかなる性質も特性もないことは、われわれの魂のうちに自然に備わる光明によって明白である」(第一部一一節)。

21 『パンセ』にも同様の主張が見られる。「私としては、現実には完璧な懐疑論者はいなかったと断固として主張する。自然が無力な理性を支え、理性がそこまで道を踏み外すのを妨げているのだ」(断章一三一、上、一五〇)。ちなみに、本文の「論証の欠陥」は、「推論ないし理性の欠陥」と訳すこともできる。

22 デカルトにも同様の主張が見られる。「それ自体として、あまりに明瞭なので、それを学校《スコラ》のやり方で定義しようとすると不明瞭になるような概念、勉学によって獲得されるのではなく、われわれに生まれつきの概念がある」(『哲学原理』フランス語版、第一部一〇節タイトル)。彼はその例として、「形、大きさ、運動、場所、時間等」を挙げている(「メルセンヌ宛の手紙」一六三九年一〇月一六日。『デカルト全書簡集』第三巻、二六一頁)。『ポール・ロワイヤル論理学』も、「存在、思考、延長、同等、持続、時間という名称」の例を挙げて、この考えを敷衍している(第一部一三章(初版一一章))。

23 パスカルはこの逸話をモンテーニュの『エセー』(「レーモン・スボンの弁護」三、一九四)の中に見いだしたが、それはディオゲネス・ラエルティオス『ギリシア哲学者列伝』に遡る。犬儒派の哲学者ディオゲネスは、プラトンが「人間とは二本足の、羽のない動物である」と定義して好評を得ていたとき、雄鶏の羽をむしりとって、それをさげてプラトンの教室に入っていき、「これがプラトンの言う人間だ」と言った。そういうことがあったので、この定義には、「平たい爪をした」という語句がさらに付け加えられることになったのである(第六巻四〇節。加来彰俊訳岩波文庫版、中巻、一九八九年、一四三頁)。

24 この定義は、真空の存在をめぐる論争において、論敵のノエル神父が提起した定義の要約である。パスカルは神父への返信(一六四七年一〇月)において、それを手厳しく批判し、「私たちは、定義において、けっして定義される用語を用いることはありません」と述べていた。

25 『一〇　サシ氏との対話』(段落〔37〕)でも同じ主張がなされていた。同段落の注**59**参照。

26 パスカルは、『パンセ』でも類似の考えを述べているが、そこには微妙な差異があるように思われる。「〔これらの事柄を定義しようとすると、かえって訳が分からなくなるのは、なんとも奇怪なことだ。〕私たちは、それらについてだれでも同じような観念を抱いていると想定している。しかしこの想定には根拠がない。そこにはいかなる証拠もないのだから。なるほど、同じ状況にそれらの言葉が当てはめられるのは、私も見ている。〔…〕そして当てはめ方が合致していることから、観念も合致しているに違いないという有力な推定が出てくる。しかし推定をどう思うかと訊かれれば、賛成の側に回るのは確かだとしても、そこには有無を言わせず論破して絶対的な確信を生み出す力はない」(断章一〇九、上、一二八―一二九)。

27 アリストテレスは、『自然学』第四巻一〇―一二章で、「時間は何であるか、その本性は何か」を論じ、「時間を全宇宙の運動」とする――プラトンの『ティマイオス』に由来する――主張を退け、「時間は運動の尺度である」、さらに「時間は運動の数である」という見解を展開している。アリストテレスの見解はスコラ哲学に受け継がれて、「時間は、前後の順序に即した運動の数である」と定式化された(*Cf.* Étienne Gilson, *Index scolastico-cartésien*, 2e éd., Paris, Vrin, 1979, p.284)。

28 注14参照。パスカルにとって、結局、定義は名称の定義に帰着し、事物の定義は排除される。これは、事物の定義を重視するアリストテレスの対極にある立場である。後者は、『分析論後書』第二巻七—一〇章において、定義の様々な種類とその特徴を論じているが、それによれば、名目的定義は、それが定義する対象の存在を証明できない。ところで、存在するかどうか分からない対象については、それが何であるか知ることは不可能である以上、物事の本質を問う実在的定義に比べて、名目的定義は副次的である。これに対して、パスカルの名目的定義は、実在の事物ばかりでなく、可能不可能を問わず、あらゆる想像・虚構上の存在に及ぶところにその特徴がある。じっさい、彼は「ルパイユール宛の手紙」において、「事物の定義にあたっては、それが可能であるか否かを探究する前に、つねに定義をしておかなければならない」と述べている。

29「自由な定義」と「証明を要する命題」の峻別は、すでに「ルパイユール宛の手紙」において主張されていた。注18参照。

30 アリストテレスの『自然学』(第三巻一—二章)に由来する、スコラ哲学における運動の定義。ただし、この定式の出所は不明。デカルトも、運動に関する同様の定義を、無用な定義の例に挙げて、揶揄している。「きわめて単純で、自然に知られる多くの事柄〔…〕を定義しようとすると、かえってそれらを不明瞭にして、混乱に陥ります。じっさい、たとえば、部屋の中を歩き回る人は、「運動とは、可能態にあるかぎりでの、可能態にある存在の現実態である」と言う人よりも、運動が何であるかをよりよく理解させてくれます」(「メルセンヌ宛の手紙」一六三九年一〇月一六日。『デカルト全書簡集』第三巻、二六一頁)。注22参照。

31「写本」には脱落がある。諸版によって補う。

32 根源的で明白この上ない真理――原文では複数になっている――の承認を「要請」するという言い方は一見奇妙であるが、数学の証明論においては、議論のはじめに前提される証明不能の原理が〈要請〉あるいは〈公準〉と呼ばれていた。ユークリッド『原論』第一巻では、点や線などの幾何学用語の定義が与えられたのちに、「次のことが要請されているとせよ」という但し書きを伴って、五つの〈要請〉が掲げられている。〈要請〉は論理学においても、論証あるいは議論における出発点となる原理の一種であり、アリストテレスは、それを〈公理〉および〈基礎定立〉と並んで原理の一つに数えている。ただし、アリストテレスの場合、それは必ずしも自明でも証明済みでもなく、ただ議論の出発点において承認を要請する命題を意味している(『分析論後書』第一巻一〇章)。

33【　】内の文章は、「写本」では〔　〕内に置かれている。原本では抹消されていたと、メナールは推定している。

34 当時、幾何学は、「線、面、立体」のように「測定可能なすべてのもの」を対象とする数学の一部門を意味するばかりでなく、包括的に数学全体を指して用いられることがあった。

35 パスカルは、『サシ氏との対話』(段落〔39〕)において、モンテーニュの懐疑主義が幾何学の原理の批判にまで及んでいると述べていたが、彼自身はそのような極端な懐疑は退けている。「要するにモンテーニュは、あらゆる学問をきわめて深く吟味し、幾何学については、その不確かさが公理及び無定義語――たとえば延長や運動など――のうちにあることを示し」ます。

36 旧約聖書続編「知恵の書」第一一章二一節の自由な引用。新共同訳では、「しかしあなたは、長さや、数や、重さにおいてすべてに均衡がとれるように計らわれた」(二〇節)となっている。

37 友人のメレを念頭に置いているのは確実である。「賭け金の分配」の問題をめぐって、フェルマに宛てて書いた手紙(一六五四年七月二九日付)のなかで、パスカルは次のように述べている。「[メレ氏]は、きわめてすぐれた精神の持ち主ですが、幾何学者ではありません。ご存じのように、それは大きな欠陥です。そして、彼は数学的線分が無限に分割されることさえ理解せず、それが有限数の点から構成されていると考えてよいと思い込み、私は彼をその考えからどうしても引き離すことができませんでした。もしもあなたが彼の目を覚ますことができれば、彼は完璧になるでしょうに。」

38 厳密に言えば、矛盾命題。

39 これは、帰謬法(背理法)による論証である。それは、ユークリッド『原論』にも頻出する間接証明法であり、アリストテレスも論証法の一つとして解説している(『分析論前書』第二巻一一―一四章)が、「否定の論証」であるかぎりにおいて、「肯定の論証」より劣ったものとされている(『分析論後書』第一巻二六章)。『ポール・ロワイヤル論理学』もまた、「幾何学者の方法に通常見いだされるいくつかの欠陥について」と題する第四部九章(初版八章)において、帰謬法に同様の批判を加えている。パスカルは帰謬法を重視し、それを幾何学ばかりでなく、護教論においても駆使している。たとえば、原罪の教義は、人間の想像を絶するが、「この神秘なしには人間はさらに想像を絶する存在」となるという(『パンセ』断章一三一、上、一五二)。

40 『ポール・ロワイヤル論理学』は、第二版(一六六四年)で増補した第四部一章で「知識」と「無知」の問題を取り上げているが、その後半で、不可解で思考不可能な事柄の例として、物質の無限の分割可能性に言及し、『幾何学的精神について』を敷衍しながら詳細に論じている。たとえば、本段落に対応する次のような一節がある。「最後に、延長をもたない二つのものが延長を形成することはできず、あらゆる延長には部分があるという論拠ほど、明らかな論拠はない。しかるに、不可分だと想定されるこれらの部分の二つを取り出して問うのだが、それらには延長はあるのか、それともないのか。もしもあるのなら、それらはしたがって分割可能であり、多数の部分をもつ。もしもないのなら、それはしたがって延長のないものであり、こうしてそれらが延長を形成することはありえない。」

41 ある正方形の対角線を一辺とする正方形は、元の正方形の二倍の面積をもつ。

42 代数の用語で言えば、$a^2=2b^2$ の関係を満たす自然数 a、b が存在しないということ。あるいは、2の平方根 $\sqrt{2}$ は無理数であって、自然数を分子と分母とする分数では表現できないと言ってもよい。パスカルは、『パンセ』でも心と理性の働きを説明するのに、同じ例を援用している。「空間には三次元があり、数が無限であることを感じるのは心であり、しかるのちに、一方が他方の倍であるような平方数は存在しないことを理性が証明する」(断章一一〇)。『ポール・ロワイヤル論理学』(第四部一章)も同じ例を引き合いに出している。

43 これは、運動に関するゼノンのパラドックス、いわゆる「二分割」のパラドックスに類似した考えである。

44 「何事にも時があり、天の下の出来事にはすべて定められた時がある。〔…〕泣く時、笑う時、嘆く時、踊る時」というソロモンに仮託された言葉（旧約聖書「コヘレトの言葉」第三章一―八節）を思い起こさせる表現であるが、空間の無限分割性をどうしても理解しようとしない論敵に対する苛立ちが感じられる。

45 古代ギリシアでは、〈数〉は〈一〉という単位がいくつか集まったものを意味し、〈一〉は〈数〉の中に含まれていなかった。ユークリッド『原論』では、「数とは、単位からなる多である」と定義されている（第七巻定義二）。しかし近世になると、オランダの数学者シモン・ステヴィン（一五四八―一六二〇）が、数を十進小数にまで拡張し、〈一〉が〈数〉であることを強く主張して、論争を引き起こした。パスカルは、この論争を、物事の本性には関わらない、たんなる名称の定義の問題だと見なしている。『ポール・ロワイヤル論理学』もこの見解を受け継いで、次のように述べている。「それはたんなる言葉の争いであり、一という単位が数であるかないかは、数に与える定義次第である。ユークリッドが定義したように、「数は多くの単位を寄せ集めたものである」とすれば、〈一〉が数でないのは明白である。しかしユークリッドのこの定義は恣意的であり、ほかの定義を与えることは許されている。じっさいステヴィンのもたらした定義〔「数は、それによって各々の物事の量が説明されるところのものである」〕によれば、〈一〉は数であるが、そのような定義を与えることは可能であった」（第四部五章〔初版四章〕）。

46 二つの単位（つまり一）から構成される数のこと。

47 この見出しは、パスカルの主張に合致していない。

48 ユークリッド『原論』第五巻定義五（現行版では、四）。原文では、「同じ種類に属する」の部分は、「相互に比をもつ」となっているが、「比」は、「同じ種類の二つの量のあいだの大きさに関するある種の関係」（定義三）なので、パスカルの引用は間違っているわけではない。ただしユークリッドの比例論は、線・面・立体のような図形とその大きさのあいだの関係を扱っているのに対して、パスカルはそれを数の問題に適用している。このような変更が、たんなる言葉の問題で片づけられるかどうかは別に考えなければならない。

49 〈不可分体〉ないし〈不可分量〉（un indivisible, des indivisibles）は〈延長〉とは絶対的に異質であるという以下の議論は、一見すると、幾何学者としてのパスカルの考えとは矛盾しているように思われる。〈不可分量〉は、当時の幾何学の術語としては、立体（三次元）に対する面（二次元）、面（二次元）に対する線（一次元）、線（一次元）に対する点（ゼロ次元）のように、一つ下の次元の量ないし大きさを意味した（D. Descotes, *Blaise Pascal. Littérature et Géométrie*, Presses Universitaires Blaise Pascal, 2001, p.141による）が、イタリアの数学者カヴァリエーリ（一五九八―一六四七）は、この概念を利用して、近代的求積法への道を開いた（『連続体の不可分量を介した新しい方法によって発展させられた幾何学』（一六三五年））。この方法は、「不可分量の理論」（doctrine des indivisibles）と呼ばれ、パスカル自身、サイクロイド曲線に関する問題を解決するために利用していた。ところで、この理論では、平面図形を構成する線を足し合わせること(「線の総和」)によって、その面積を求め、立体図形については、「面の総和」によって体積を求めるというように、ある次元の大きさを、それより一つ下の次元の大きさの総和によって表現した。しかし、そのような表現は、次元を異にする大きさは異質であり、下位の次元の量をいくら足し合わせても、上位の次元の量には達しないとする不可分量の定義と衝突する。じっさいは、パスカル自身も認めているように、不可分量の理論における「線の総和」というのは、図形に含まれる細長の長方形の短辺を無際限に縮小したものの和であり、「面の総和」についても同様である。こうして、不可分量の方法で問題になる「線」や「面」は、伝統的な幾何学の定義する線や面とは、意味を異にする。実は、サイクロイド曲線に関する問題は、パスカルに言わせれば、古代人の求積理論によっても、不可分量の理論と同じように厳密に証明できるのであって、「それら二つの方法は、お互いに、たんに表現の仕方によって異なるだけである。〔…〕そういうわけで、私は、〈線の和〉あるいは〈面の和〉といった不可分量の用語をこれからも使用することを躊躇しないだろう。〔…〕また〈縦線の和〉というのも、不可分量の理論を理解せずに、無際限の数の線によって面を表すというのは、幾何学に反すると考える人々には、幾何学的ではないように見えるが、これは彼らの無知の結果にほかならない」(『A・デットンヴィルの手紙』。人文書院版『パスカル全集』第一巻、六六三―六六四〔八五―八六〕頁参照)。要するに、カヴァリエーリの方法における不可分量は、伝統的な幾何学用語としての不可分量とは別物であり、パスカルがこれから論じるのは後者である。彼は、段落〔12〕〔13〕で、名称の定義によって、「異なる二つのものごと」に同じ名称が与えられる場合を想定しているが、「不可分量」はその一つの例と考えられる。

50 節番号のみで、小題は欠けている。

51 段落〔75〕で引用されているユークリッドの定義参照。

52 一は数と同じ類に属するが、不可分体は延長とは同じ類に属さない、ということ。

53 以上の考察は、『ポール・ロワイヤル論理学』第四部五章(初版四章)でも取り上げられている。ただしそこでは、不可分体の語は用いられず、「点と線との関係」が論じられている。

54 パスカルは、『パンセ』で、この二つの無限を前にした人間は、「その驚異の光景に恐れおののくだろう。そして思うに、彼の好奇心は驚嘆に変わり、思い上がって驚異の探究に乗り出すよりは、沈黙のうちに驚異を観想することに向かうだろう」と記している(断章一九九、上、二四三)。

55 同じ例は、『ポール・ロワイヤル論理学』第四部一章でも取り上げられているが、そこでは、「平らな海を想像する」という条件が付加されている。パスカルは、数学的な遠近法の枠で問題を考えており、地球が丸いことは考慮していない。

56 注**37**参照。

57 この結論は、「二つの無限」の中間的存在としての人間のあり方を問う、『パンセ』断章一九九と密接に関係している。そこでは、「人間よ、我に立ち返って、存在するものと対比した自分が何であるかを見つめるがよい。〔…〕地球、王国、都市そして自分自身をその正当な価値において評価することを学ぶがよい」と言われている(上、二四二)。幾何学の価値については、後出の「一八　フェルマとの往復書簡(二)」参照。「ですから私は幾何学を最も素晴らしい職業と呼びますが、結局それは職業にすぎません。しばしば申したように、それは小手調べにはよいけれど、私たちの全力を用いるのには向いていません。」

〔断章二〕[1] 説得術について

〔1〕説得術は、提起されたことに、人が同意するときの同意の仕方と、人に信じてもらおうとする事柄が備えるべき諸条件とに、必然的な関係をもっている。

〔2〕誰でも知っていることであるが、魂には意見を受け入れる二つの入り口、すなわち魂の二大能力である知性と意志がある。そのうち、より自然なのは知性の門である。なぜなら人は論証された真理にしか同意すべきでないということになっているからである。だがより普通なのは、自然に反してはいるが、意志の門である。なぜならこの世にあるかぎりのすべての人は、ほとんどつねに、証明されたからではなく、気に入ったから信じるように仕向けられるのだから。

〔3〕この道は低劣で卑しくお門違いである。だから世間の人は皆それを否認する。何を信ずるにせよ、さらには愛するにせよ、そうする価値があると知っているものしか信じないし愛さないと、誰もが公言している。

〔4〕私はここでは神の真理については語らない。そもそも、それを説得術の領分に

入れないように注意するつもりだ。なぜなら神の真理は自然を無限に超えているのだから。神お独りが、それを魂のうちに、それも御心にかなうやり方で注ぐことができる。

〔5〕私の知るところでは、神は、ご自身の真理が心から精神に入ることを望まれ、精神から心に入ることを望まれなかった。[2] それは、一方では、あの高慢な推理の能力――それは、自分こそ意志が選択する事柄の判定者であるべきだと主張している――をへりくだらせ、他方、この薄弱な意志――それは、汚れた執着によってまったく損なわれている――を癒すためである。その結果として、次のことが生じる。すなわち、人間的な事柄を語る場合には、それを愛する前に知らなければならないと言われて、[3] それがことわざになっているのに対して、聖者たちは反対に、神の事柄を語る場合には、それを知る前に愛さなければならない、人は愛によってのみ真理に参入すると言って、[4] それを彼らの最も有益な神学命題の一つとしたことである。

〔6〕この点で、神があの超自然的な秩序、つまり自然的な事柄において人間にとって自然であるべきだった秩序とは正反対の秩序を確立されたことが分かる。それにもかかわらず、人間は神聖な事柄に対して行うべきことを世俗の事柄に対して行うことで、自分の秩序を損ねてしまった。というのも、私たちはじっさい、ほとんど自分の気に入るものしか信じないのだから。そしてそこから私たちは、私たちの快楽とは正反対のキ

リ[5]スト教の真理に同意することができないのである。ユダヤ人たちはモーセに対して、「心地よいことを私たちに語ってください。そうすればあなたの言うことを聞くでしょう[6]」と言っていたが、これではまるで楽しみが信仰の基準であるべきだと言わんばかりではないか。そしてこの無秩序をご自身にふさわしい秩序によって罰するためにこそ、神は御自らの光明を人の精神に注ぎ込むより前に、ひたすら天来の甘美な魅惑によって意志を捉え、その反乱を鎮圧するのである。[7]

〔7〕したがって私が語るのは、私たちの手に届く真理についてだけである。要するに私の主張はこうである。精神と心はいわば魂の門であり、真理はそこを通って魂に受け入れられるのだが、精神を通り道にするのはごくわずかであり、大半は理性の助言なしに、意志の軽率な気まぐれによって群れをなしてそこに導き入れられる。

〔8〕これらの能力には、それぞれ固有の原理、そして活動の原動力がある。

〔9〕精神の原理と原動力は、万人に知られている[8]自然本性上の真理、たとえば全体はその部分より大きいというような真理、[9]それに加えて個別の領域における多数の公理[10]である。公理は、ある人々は受け入れるが、ほかの人は受け入れないものであるが、一旦承認されれば、たとえ偽りであっても、最も真実なものに劣らず、説得力を発揮する。

〔10〕意志の原理と原動力は、万人に共通する自然本性上のいくつかの欲望、たとえ

ば誰もがもたずにはいられない幸福になりたいという欲望、[11] それに加えて、各人が幸福に到達するために追求する多数の個別の対象である。後者は、私たちの気に入る力を備えているので、たとえ現実には有害であっても、それが真の幸福を創りだす場合に劣らず、強力に意志に働きかける。

〔11〕私たちを同意に仕向ける能力については、以上の通りである。

〔12〕しかし説得すべき事柄の性質について言えば、それはたいへん多様である。

〔13〕そのうちのあるものは、必然の帰結によって、共通原理と承認された真理から引き出される。そのような事柄は、間違いなく説得することができる。じっさいそれと同意された原理との間にある関係を示せば、それで否応なしに理詰めの説得になるのだから。

〔14〕そして魂は、自らが認めた真理のリストにそれが編入されるのを見せられれば、すぐさまそれを受け入れないわけにはいかない。

〔15〕もう一つ、私たちを満足させる対象と緊密な結びつきを有するものがあり、それもまた確実に受け入れられる。じっさい魂は、自らがこの上なく愛するものに導いてくれる事柄があることを見せられるとただちに、必然的に、喜び勇んでその事柄に赴く。

〔16〕しかしながら、承認された真理と心の欲望の双方にこのような結びつきを有し

ている事柄があれば、その効力はきわめて確実であり、自然の中には、これ以上説得力のあるものはない。

〔17〕反対に、私たちの信念とも私たちの快楽とも関係のないものは、私たちにとって不都合でいつわりのものであり、徹底的に無縁である。

〔18〕以上すべての場合には、疑いの余地はない。しかし説得したい事柄が、たしかに既知の真理に立脚してはいるが、同時に私たちに最も強く感じられる快楽に反しているような場合もある。そのような事態は、あまりにもありふれた経験であるが、私が冒頭で述べたことを実証することになりかねない。つまり、この居丈高な魂は、ひたすら理性によって行動すると威張っていたのに、軽率で恥ずべき選択によって腐敗した意志が欲するものを追い求め、それに同意するにはあまりに賢明な精神がどれほど抵抗しようと耳を貸さないのである。

〔19〕このとき、真理と快楽のあいだにどっちつかずの往復運動が生じ、真理の認識と快楽の感覚とのあいだに戦いが勃発するが、その帰趨はまことに定めがたい。というのも、それを判定するためには、人の心の最も内奥で起こっていることを知らなければならないが、それは当事者自身にもほとんど知られていないのだから。

〔20〕ここから次のことが分かる。つまり説得しようとすることが何であろうと、目

指す相手の人となりを考慮して、その精神と心のあり方、つまり彼がいかなる原理を承認し、いかなる事柄を愛しているかを知らなければならない。そして次いで、問題になる事柄において、それが、一方では、承認された原理と、他方では、与えられた魅力を通じて甘美に見える対象と、いかなる関係を取り結んでいるかに注目しなければならない。

〔21〕こういうわけで、説得術は論破する技法ばかりでなく、それと同じぐらい、気に入られる技法から成りたっている。それほどまでに、人間は理性よりも気まぐれによって行動するものなのだ。

〔22〕ところで、この二つの方法、すなわち論破する方法と気に入られる方法のうち、私がここで提示するのは、前者の規則だけであり、それも原理が承認され、しかもそれが固守される場合に限る。さもなければ、証明を私たちの移り気な気まぐれに適合させる技法が果たしてあるのかどうか、私には分からない。

〔23〕しかし気に入られるための技法は、比較にならないほど難しく、微妙で有益、そして驚嘆に値する。したがって私がそれを論じないのは、それが私の能力を超えるからである。そして私はそれとはあまりにもかけ離れていると感じられるので、それは絶対的に不可能だと考えたくなる。

〔24〕だからといって、論証するのと同程度に確実な、気に入られるための規則がないと私が考えているわけではない。それを完璧に認識して実践するすべを心得ている人がいるとして、その人が、幾何学の諸仮定を理解するのに十分な想像力を備えている人々に幾何学の基本命題群を論証する場合と同じぐらい確実に、国王を含めたあらゆる種類の人から愛してもらうことに成功するであろうことを疑っているわけでもない。

〔25〕しかしながら、これはもしかしたら私の弱みがそう言わせるのかもしれないが、そうした規則にたどり着くことは不可能だと私は思っている。とはいえ、少なくとも、私の知るかぎり、もし誰かそれをできる者がいるとすれば、それは私の知人たちであり、この問題についてこれほど明瞭で豊かな知識を持っている者はいなかった[12]。

〔26〕これが極端に困難な理由は、快楽の原理が堅固でもなく安定もしていないことに由来する。この原理はすべての人間においてまちまちであり、それぞれの個人において変わりやすく、変化の多様性はあまりに著しいので、同じ一人の人間でも、時が異なれば、他人との違い以上に自分自身との違いの方が大きくなる。男には女とは異なる快楽がある。金持ちと貧乏人にも異なる快楽がある。君主、軍人、商人、町人、農民、年寄り、若者、健常者、病人、すべての人間が変化する。どれほど些細な出来事も彼らに変化をもたらす。

〔27〕ところで、以下に述べることであるが、諸真理とそれらの原理――真に関わる原理であれ、快楽に関わる原理であれ――とのあいだの結びつきを示す技術がある。[13] ただしそれが成立するのは、いったん承認された原理が堅固で、けっして否認されない場合に限る。

〔28〕しかしながらそのような原理はほとんどなく、きわめて単純な線[14]だけを考察する幾何学を別にすれば、私たちがつねに合意し続ける真理はほとんどない。いわんや私たちが絶えず取り替えないような快楽の対象はない。そうである以上、論証を私たちの変幻極まりない気まぐれと調和させる堅固な規則を示す手立てがあるかどうか、私には分からない。

〔29〕私が説得術と名づけるこの技術は、本来、方法に則した完璧な証明の運用にすぎないのだが、次の三つの主要な部分から成立している。すなわち、用いなければならない用語を明瞭な定義によって定義すること、問題となっている事柄を証明するために明白な原理ないし公理を提示すること、論証にあたってはつねに頭のなかで、定義された用語の代わりに定義を置き換えることである。

〔30〕この方法の根拠は明らかである。なぜなら前もって意味の分からないすべての用語を明瞭に定義しておかなければ、証明しようとするものを提示し、その論証を企て

ても無駄骨に終わるのだし、また同様に、論証においては、それに必要な明白な原理をあらかじめ要請[15]しなければならないのだから。じっさい基礎を固めなければ、建物を築くことはできない。そして最後に、論証にあたって、定義された用語の代わりに頭のなかで定義を置き換えなければならないのも明らかである。さもなければ、用語に含まれる相異なる意味を濫用することになりかねないからである。そしてこの方法にきちんと従えば、理詰めに説得できるのは確かである。なぜなら、定義によって、用語の意味がすべて了解され、またあいまいさも完全に払拭されるので、その上で、原理が承認され、論証においてつねに頭のなかで、定義された用語の代わりに定義そのものが置き換えられれば、帰結を導き出す力は無敵で、その効果を完全に発揮せずにはおかないからだ。

〔31〕こうして以上の条件が守られる論証には、いささかの疑いを差しはさむこともありえなかった。逆に、それが守られない論証はけっして効力を持ちえない。

〔32〕したがってこれらの条件を理解して、それに精通するのはきわめて大切である。こういうわけで、事をより容易にまたより明らかにするために、それらすべてを以下の少数の規則の形で示すことにする。それは、定義と公理と論証の完成[16]、敷衍すれば、説得術における幾何学的証明の十全な方法の完成のために必要なすべてのことを含む規則である。

定義のための規則

一、それ自体できわめてよく知られているので、それを説明するのにもっと明瞭な用語がない事柄については、いっさい定義しようとしないこと。

二、いささか不明なところがあったり、あいまいだったりする用語は、いずれも定義なしには容認[17]しないこと。

三、用語の定義においては、完全に既知のものになっているか、すでに説明ずみの言葉しか使用しないこと。

公理のための規則

一、必要な原理については、それがいかに明瞭で自明であろうとも、承認してもらえるかどうかを要請せずには、いっさい容認[18]しないこと。

二、それ自体として完全に自明な事柄しか、公理として要請しないこと。

論証のための規則

一、それ自体としてあまりにも自明で、それを証明するためのもっと明瞭なものがない事柄については、論証をいっさい企てないこと。

二、いささか不明なところのある命題はすべて証明すること、そしてその証明にあたっては、きわめて自明の公理あるいはすでに承認ずみないし論証ずみの命題だけを使用すること。

三、つねに頭のなかで、定義された用語の代わりに定義を置き換えること。これは、定義によって意味を限定された用語に付きもののあいまいさによって誤らないためである。

〔33〕以上が、堅固で不動の証明に関するすべての教えを含む八つの規則である。そのうち三つは、絶対に必要というわけではなく、無視しても誤ることはない。さらに言えば、それら三つはできるかぎり守るほうがより完全ではあるが、つねに厳密に守るのは困難であり、ほぼ不可能である。それらは、それぞれの部分の最初の三つである。

定義のための規則

一、完全に既知の用語は、いっさい定義しないこと。

公理のための規則

一、完全に自明で単純な公理のいっさいを要請するのを怠らないこと。[19]

論証のための規則

一、それ自体としてきわめてよく知られている事柄は、いっさい論証しないこと。

〔34〕じっさい、それ自体できわめて明瞭な事柄を明瞭に定義し説明したり、それが必要とされる場所で拒絶される心配のない公理をあらかじめ要請するのを怠ったり、[20]さらに証明なしに承認してもらえる命題を証明したりするのは、たしかに大した欠陥ではない。[21]

〔35〕しかし他の五つの規則は絶対に必要であり、重要な欠陥そしてしばしば誤りに陥ることなしに、それなしで済ませることはできない。そうであればこそ、ここで特にそれらを再掲する。

定義のための規則

二、いささか不明なところがあったり、あいまいだったりする用語は、いずれも定義なしには容認しないこと。[22]

三、定義においては、完全に既知のものになっているか、すでに説明ずみの用語しか使用しないこと。

公理のための規則

二、完全に自明な事柄しか、公理として要請しないこと。

論証のための規則

二、すべての命題を証明し、その証明にあたっては、きわめて自明の公理あるいはすでに論証ずみないし承認ずみの命題だけを使用すること。

三、用語の意味を限定し説明する定義を頭のなかで思い浮かべるのをおろそかにして、用語のあいまいさを濫用するようなまねを決してしないこと。

〔36〕以上が、証明を説得的で確固たるもの、要するに幾何学的なものにするために必要な条件の全体を形作る五つの規則である。[23] そして八つの規則全部が揃えば、証明はさらにより完全なものになる。

〔37〕今度は、証明された命題群を優れた幾何学的な筋道に配置するために従うべき秩序の規則[24]に話を移そう。

〔38〕以上を確立した後で……

〔39〕この説得術は以上のことから成りたっているが、それは次の二つの規則に集約

される。命名した名称については、そのすべてを定義すること。定義された用語の代わりに定義そのものを頭のなかで思い浮かべながら、すべてを証明すること。

〔40〕以上に対しては三つの主要な反論が提起されるかもしれないので、先回りして答えておくのが適当だと思われる。第一は、この方法には何も目新しいことがない、というものである。

〔41〕次は、この方法は習得するのがあまりに容易なので、そのために幾何学原論を学ぶ必要はなくなる、何しろそれは、読めばすぐ分かる二つの標語から成りたっているのだから、というものである。

〔42〕そして最後は、それは無益だ、何しろその用途はほとんど幾何学の分野だけに限られているのだから、というものである。

〔43〕以上に対して、これほど知られていないものはなく、これほど実践するのが困難なものはなく、これほど有益で普遍的なものはないことを示さなければならない。[25]

〔44〕最初の反論、すなわちすべてを定義しすべてを証明しなければならないという、これらの規則は世間ではありふれたものであり、論理学者たちもそれらを彼ら自身の学問の準則のうちに含めているという反論について言えば、私もそうあってほしいと願っているし、推論におけるあらゆる欠陥――それはまさにありふれている――の原因が、

私がわざわざそれを入念に探究する必要がなかったほど、よく知られていたらよいのにと願うところだ。しかしそれはほとんど知られておらず、ただ幾何学者——彼らはきわめて少数であり、ある民族全体を長い期間にわたって調べ上げても一握りしかいない——を別にすれば、それを彼ら同様に知っている者はまったく見当たらない。私が以上について述べたわずかなことを、完全に分かってくれる人たちが相手なら、それを理解してもらうのは容易である。しかし完全に理解しなかったとすれば、何も学ぶべきものを得られないだろうと言わざるを得ない。

〔45〕しかしこれらの規則の精髄をつかみ、それらを自らのうちにしっかりと根付かせるまでそれらを心に刻み付ける人なら、ここに述べられていることと、幾人かの論理学者が彼らの著作のそこここにたまたま書き込んだかもしれない、似たようなこととの間にどれほど大きな違いがあるかを感じとることだろう。

〔46〕違いの分かる精神の持ち主なら、似通った二つの文言について、それらがいかなる場所と状況で発せられたかに応じて、両者の間にどれほど大きな相違があるかを知っている。じっさい、二人の人が同じ本を読んで暗記したとして、それを同じように知っていると考えてよいのだろうか。一方は、その本のすべての原理、帰結の説得力、提起されるかもしれない反論への回答、そして著作の構成全体を把握するほど自家薬籠中

のものにしているのに対して、他方にとって、それは死んだ言葉、言い換えれば、実り豊かな樹木を生み出した種子と似てはいるが、それをむなしく受け入れた不毛な精神のなかで、乾ききって実りをもたらさない種子としてとどまっているというのに。

〔47〕同じことを言う人たちのすべてが、それを同じように所有しているわけではない。だからこそあの「話し合う方法」の比類のない著者[26]は、ある人が素晴らしい名文句を口にしているのを聞いたからといって、それで彼の能力を判定してはならないことを分からせようと、あれほど躍起になっているのである。彼に言わせれば、見事な話に対する感嘆の念を話し手にまで広げる代わりに、それがどのような精神から出てくるのかを見抜く必要がある。それが話し手の記憶や偶然のまぐれ当たりから引き出されているかどうかを試してみるがよい。それを冷淡でばかにした様子で受けとめ、果たして相手が自分の言ったことに対して、その価値にふさわしい評価が与えられていないことを意識するかどうか見てみよう。たいていの場合、相手はただちに前言を撤回して、自分が思っているよりも優れたその考えを遠くに打ち捨て、まったく別の低劣で滑稽な考えに宗旨替えすることになるだろう。だから、問題の考えがその著者の心中にどのように宿っているのか、著者はどのようにして、どの観点から、どこまでそれを所有しているのかを探らなければならない[27]。さもなければ、拙速な判断は軽率のそしりを受けることに

なるだろう。

〔48〕私は公正な方々に問うてみたい。次の二つの原理、すなわち「物質には考える能力が本性的かつ絶対的に欠如している」と「私は考える、だから私は存在する」は、デカルトの考えと聖アウグスティヌスの考えにおいて本当に同じことなのだろうか。後者は前者に先立つこと一二〇〇年前に同じことを述べたのであるが。[28]

〔49〕私には、本当のところ、デカルトがその真の発案者でないなどと言うつもりはまったくない。たとえ彼がこの偉大な聖人の著作を読んではじめてその原理を学んだとしてもそうだ。というのも、ある文言をより長くまたより広い反省もなしにたまたま書きつけることと、この文言のうちに、物質的存在と精神的存在の区別を証明する一連の驚嘆すべき帰結を見てとり、それを、デカルト自身が主張したように、全自然学の確固として首尾一貫した原理として採用することとの間にどれほど大きな違いがあるかを私は知っているからだ。デカルトがその企図をじっさいに実現したかどうかを吟味する必要はない。彼が成功したと想定して、[29]その想定に立って言うのだが、この文言が彼の著作において有している意味と、それがたんに付随的に触れられているにすぎない他者の著作において有している意味の間には、生命と力にあふれた生者が、死者と異なるほどの違いがある。

〔50〕ある人があることを、それがどれほど優れているかを理解せずに、おのずと口にすることがあるが、別の人がその発言に一連の驚嘆すべき帰結を見てとるとすれば、それはもはや同じ言葉ではないと、私たちは断定する。後者はそれを前者から学んだとしても、前者に借りはない。それは見事な巨木が、その種子を何の考えもなく、またその種子が何であるかも知らずに豊穣な土地に蒔いた人のものではないのと同様である。蒔かれた種子を自らの肥沃さによって利用してこのように成長させたのはその土地なのである。

〔51〕同じ着想が、その発案者とは別の人のうちで、見違えるような成長を遂げることが時おり見られる。元の畑では不毛であったものが、移植されて豊かな実りを結ぶのである。

〔52〕しかしよりしばしば起こるのは、優れた精神の持ち主が自分自身の着想を育て、そこに潜んでいる成果のすべてを自分自身で引き出した後で、ほかの誰かがその着想の評判を聞きつけ、それを借用して自分の飾りとするけれど、その真価は理解しないという場合である。異なった口から発せられる同じ一つの言葉の違いが最も明らかになるのは、このような場合である。

〔53〕論理学は、おそらくこのようにして、幾何学の規則をその効力を知らずに借用

した。こうして論理学者たちは、それらを行き当たりばったりに自分たち本来の規則のうちに取り入れたが、だからといって、それで幾何学の精神を会得したことにはならない。私としては、彼らがたまたまそれを口にしたのではない[30]という証拠を見せてくれなければ、彼らの規則を、理性を導く真の方法を教えるこの学問と同列に置くつもりはない。

〔54〕いやそれどころか、それらの規則を論理学から締め出して、二度と戻ってこないようにしたいぐらいだ。じっさい、幾何学の方法にすべてが含まれていることに着目せずに、それをたまたま唱えるだけで、その光明に従う代わりに、無用な探究のうちに果てしなく迷い込み、彼らの規則が約束するだけで与えてはくれないものを追いかけ回すのは、まさに洞察力が不足している証拠、それもその光明に気づかなかったばかりに、それに従いそこねた場合よりもさらに不足している証拠である。

〔55〕誰もが誤りを犯さない方法を探究している。論理学者たちは人々をそこに導くのが自らの務めだと公言している。しかし幾何学者たちだけそこに到達する。彼らの学問とそれに追随するもののほかに、真の論証はない。そして論証術のすべては、すでに述べた諸準則の中だけに含まれている。その準則だけで十分であり、それだけで証明は成し遂げられる。ほかのあらゆる規則は無用あるいは有害である。

〔56〕これが、あらゆる種類の書物と人との長い付き合いから得た経験によって、私が知っていることである。

〔57〕以上を踏まえて言えば、真の方法の規則をほかの多数の無用または間違った規則のうちに混在させ、そこから前者を識別することができないのに、「それでも前者を保持しているのは事実なのだから、幾何学者が与えるこれらの規則には何の新味もない」と主張する人々がいれば、彼らは、無数の偽物の中に紛れ込んだ高価なダイアモンドをいくら探しても見分けられないのに、それを一緒くたに抱え込んでおいて、「本物を所有している」と自慢する人々と変わりない、と私は判定する。[31] 本物を手に入れるのは、そのがらくたの山には見向きもせずにお目当ての選ばれた石に手を伸ばす人だけである。他の人々はそれを探しはするものの、他のすべてを捨てようとはしなかったのである。

〔58〕間違った推論という欠陥は病気であるが、この二つの薬[32]によって直すことができる。ところが人々は、もう一つ別の薬を無数の無用な草から調合した。そこには有益な草も含まれてはいるが、ほかの雑草とまじりあって質を落とし、効き目がなくなっている。

〔59〕虚偽の推論に含まれるすべての詭弁と多義性を暴き出すために、論理学者たち

は聞く者をびっくり仰天させる野蛮な用語を発明した。33 これほどこんがらがった結び目のすべての縺《もつ》れをほぐすためには、幾何学者たちが指定する二つの先端の一方を引っ張るほかに手はないのに、論理学者たちはどれが正しい端かは知らないので、それを含むとてつもなく多くの他の先端にもしるしをつけたのである。

〔60〕こうして、論理学者たちは、私たちを目指すところに導くと称する多数の異なった道を示してくれるのだが、私たちが目指すところに導く道は二つしかない。その二つを他の道から切り離して、個別にしるしをつけるすべを知らなければならないのだ。論理学者たちは次のように主張するかもしれない。幾何学者たちが二つの正しい道を正確に指定するとしても、それは自分たちがすでに他者からもらっていたものを与えるだけではないか、なぜなら論理学者は同じものに加えてそれ以上のものを与えてくれていたのだから、と。しかし、そう主張する人は、こうした贈りものがその豊富さによって価値を失い、増し加えることによって取り去ることに気づいていないのだ。

〔61〕よいものほどありふれているものはない。それを見分けることだけが問題なのである。よいものはすべて自然で、私たちの手に届くところにあり、それどころかみんなに知られている。これは確かだ。しかしその見分け方は知られていない。このことはすべてに当てはまる。いかなる種類の卓越であれ、それが見いだされるのは並外れて奇

妙なもののうちではない。そこに到達しようとして背伸びすれば、そこから遠ざかってしまう。たいていの場合、身をかがめなければならないのだ[34]。最良の書物とは、読者が自分でもこれなら書けたかもしれないと思うような書物だ。唯一よいものである自然はまことに親しみやすく、ありふれている[35]。

〔62〕これらの規則は本物の規則なのだから、単純で素朴で自然のままであるはずだ。そのことを私は疑わないし、またじっさいにそうなのだ。推論を形成するのはバルバラでもバラリプトンでもない。精神を無理に背伸びさせてはならない。緊張と負担を強いるようなやり方で働かされると、精神は実質的で力をつける食物を取る代わりに、余所行きの背伸びをしたり、むなしく滑稽なはったりをかけたりして、愚かなうぬぼれで自分を満たすことになる[36]。

〔63〕また、従うべき真の道の認識に取り組む人々を同じくらい妨げる主要な理由の一つは、彼らがよいものは到達不可能だと最初から思い込んで、それに偉大とか、高貴とか、高尚とか、崇高といった名前を付けるところにある。それがすべてを台無しにする。私としては、むしろ卑近、普通、平俗と名付けたい。よいものには、これらの名前の方がずっとふさわしい。私はこうした誇張した言葉が嫌いだ[37]……

1　〔　〕内は、訳者による付加。解題参照。

2　ここで、「心」は段落〔2〕の「意志」、「精神」は「知性」に対応している。パスカルは、精神を知性の座、心を意志の座と見なしている。

3　オウィディウスの「未知のものに対しては、いかなる欲望もない」(『恋愛術』第三巻三九七行)という言葉が、典拠として挙げられてきたが、メナールによれば、「人間にとって、愛は見ることから生まれる」ということわざが、一六―一七世紀に流布した詞華集(*Florilegi magni, seu polyantheae floribus novissimis sparsae*)に採録されているという。

4　「人は愛によってのみ真理に参入する」という言葉は、聖アウグスティヌス『マニ教徒ファウストゥスを駁す』第三二巻一八章に見いだされる。ジャンセニウスは、『アウグスティヌス』第二巻・序の書「神学における理性と権威について」第七章「人間の理性と愛徳によって神の神秘に参入する二重のやり方」において、この言葉を引用しており、パスカルはそれに依拠しているのかもしれない。

5　「自然本性に反し、常識に反し、快楽に反する唯一の宗教が、唯一つねに存在してきた」(『パンセ』断章二八四、上、三五五頁)。

6　この引用の出所は不明。諸版は、「出エジプト記」で、神から授けられた十戒を告げるモーセに対する民の返答の言葉、「あなたが私たちに語ってください。私たちは聞きます。神が私たちにお語りにならないようにしてください。そうでないと、私たちは死んでしまいます」(第二〇章一九節)の自由な敷衍ではないかと推測している。

7 これは、パスカルが『恩寵文書』で解説するアウグスティヌスの二種の快楽(délectation)の理論である。それによれば、意志の行動原理は快楽であるが、快楽といっても、対立する二種の快楽、すなわち自然の快楽と恩寵の快楽があり、意志はより強い快楽に動かされる。こうして、「人間が自らの腐敗のために陥った罪と欲心」から脱却することができるとしたら、それは、「より強い快楽、たんに同じぐらい強いというだけでなく、それ以上に強く、絶対的な勝利を収める快楽」、すなわち恩寵の快楽によるほかない(望月ゆか訳『恩寵文書』〔手紙六〕段落〔47〕)。白水社版『パスカル全集』第二巻、一二四頁参照。ただし白水社版では、délectation は「よろこび」と訳されている)。この間の事情を、『プロヴァンシアル』はより明確に説明している。「神は人の心を、そこに天来の甘美さを注ぎ込むことによって変化させる。その甘美さは、肉の快楽に打ち勝ち、人が、一方では自らの虚無と死すべき定めを実感し、他方では神の偉大さと永遠性を発見して、朽ちることのない善からわが身を引き離す罪の魅惑に対して嫌悪の気持ちを抱かせる。こうして人は、心を魅惑する神のうちに最大の喜びを見いだし、過つことなく、まったく自由に、己の意志で、愛に満ちて、神のもとに赴く」(第一八信)。

8 「万人に知られている connues」は、「万人に共通の communes」の誤記ではないかとメナールは推測している。

9 「全体はその部分より大きい」という命題は、ユークリッド『原論』第一巻では、「公理ないし共通概念」のうちに数えられている。

10 「公理」は、論証の出発点となる自明の真理の意味と解されることが多いが、ここでは、「真理」と区別されて、議論の出発点となる要請ないし前提の意味で用いられている。一七世紀のフランス語辞書、たとえばフュルチエールの辞書によれば、それは、「ある技芸ないし学問において措定された疑う余地のない、あるいはそう見なされる原理」である。

11「人間はみな幸福になることを追い求めている。探求に用いる手段がどれほど異なっていても、そこに例外はない」(『パンセ』断章一四八、上、一八四)。

12 人に「気に入られ」、人から「愛してもらう」技法は、当時の社交界の理想的人間像であった「紳士《オネットム》」の理論家たちによって展開された。パスカルの友人であり、空間の無限分割性を否定したメレ(〔断章一〕段落〔59〕注**37**)は、その代表格であった。解題及びその注(11)も参照。

13 ここで問題になっているのは、説得すべき真理、説得者が真理として提示するものである。

14 一八世紀に刊行された抜粋版では、「線」のところは「形体」となっている。

15 原理の要請については、〔断章二〕段落〔38〕注**32**参照。

16 パスカルは、すでにルパイユール宛の手紙(一六四八年)で、「私たちを真理の認識に導く段階は、定義、公理そして証明です」と述べていた。

17「写本」では「省略する」(omettre)となっているが、それでは意味が通らないとして、諸版は「容認する」(admettre)と改めている。ただし、この規則を最初に紹介した『ポール・ロワイヤル論理学』第四部三章(初版二章)は、「放置する」(laisser)としている。そうなれば、「いささか不明なところがあったり、あいまいだったりする用語は、いずれも定義なしに放置しないこと」という意味になる。またブランシュヴィック版全集は、『論理学』の訂正を根拠に

omettre を laisser の意味に解し、「写本」の読みを保存している。

18 前注参照。ブランシュヴィック版全集の解釈によれば、「承認してもらえるかどうかを要請せずに放置しないこと」となる。

19 「怠らない」(N'omettre)は「写本」の読みであり、ブランシュヴィックとフェレロルはそれに従っている。ラフュマ、メナール、ルゲルンは、「容認しない」(N'admettre)と訂正している(注**17**参照)が、それでは、段落〔32〕で与えられている最初の定式と意味が異なってしまう。

20 ラフュマ、メナール、ルゲルンは、「怠る」(d'ometttre)を「容認する」(d'admettre)と訂正している。前注参照。

21 たとえば、定義について言えば、数は定義できないはずである(〔断章一〕段落〔40〕〔41〕)が、ユークリッドの『原論』では、定義が与えられている。「数とは、単位からなる多である」(第七巻定義二)。

22 注**17**参照。

23 この五つの規則は、『ポール・ロワイヤル論理学』第四部三章(初版二章)「合成(=総合)の方法、とりわけ幾何学者が遵守する方法について」で、ほぼ字句どおりに再録され、さらに、一一章(初版一〇章)「八つの主要な規則に要約された学問の方法」で再び取り上げられている。

24 〔断章二〕段落〔4〕で予告されている「第二節」の主題、「幾何学的秩序すなわち方法に則して完全な秩序の規則」のことだと思われるが、結局、この主題は論じられていない。「学問の方法」に関する規則を論じる『ポール・ロワイヤル論理学』第四部一一章(前注参照)は、定義、公理、論証に関する規則については、パスカルの規則を借用しているが、最後の「方法に関する二つの規則」は、デカルトに由来する「総合の規則」と「分析の規則」(『方法序説』第二部)を掲げている。

25 提起された三つの反論のうち、以下では、最初の反論に対する答えしか与えられていない。

26 モンテーニュのこと。彼の『エセー』第三巻八章は、「話し合う方法」と題されている。

27 パスカルの文章は、モンテーニュの次の一節を下敷きにしている。「もう一つ、私が大いに重宝している忠告がある。それは、議論や話し合いで、立派に見える発言のすべてをただちに受け入れてはならない、ということである。たいていの人は他人の才能で自分を豊かにしている。機知に富んだ言葉や当意即妙の返答や格言を振り回しながら、ご本人はその本当の力を知らずにいることがある。〔…〕その借りものが、どんなに本当で美しくても、つねにそれに降参してはならない。本気になってそれを攻撃するか、あるいは分からないふりをして、後ろに下がり、はたして言っている本人に、それがどのように宿っているかを、あらゆる方向から探らなければならない。〔…〕もしも相手が一般的な言い方で、「これはよいが、それはよくない」などと言って、それが当たっていたら、偶然が相手の味方をしたのではないか、確認してみなければならない。〔…〕私は毎日、愚か者が愚かでない発言をするのを聞く。彼らはうまいことを言う。だが、それをどこまで知っているのか、どこから借りてきたのかを見極めようではないか。われわれは、彼らが所有していない名文句や立派な理由を用いることのお手伝いをする。彼らはたんに預かっているものを、偶然に手探りで言い出したのかもしれない。それに信用と価値を与えるのは、われわれなのだ。〔…〕彼らを助けるのをやめて、一人歩きをさせてごらんなさい。火傷《やけど》をしはしないかとびくびくしながら、その材料を扱うだろうから。位置や光の当て方を変えることも、深く掘り下げることも、あえてしなくなるだろうから。それを少しでも揺すぶってごらんなさい。たちまち彼らの手から転げ落ちるだろうから。それがどんなに強く美しいものであっても、あなたに譲り渡すだろうから」(『エセー』第三巻八章、五、二八七―二九〇)。

28　デカルト哲学の根本原理である「コギト」(「われ思う、ゆえにわれあり」)、及び物心(＝身心)二元論の思想が、すでにアウグスティヌスのうちに見られるという指摘は、メルセンヌやプロテスタントの牧師コルヴィウスによってなされていたが、とりわけアントワーヌ・アルノーは何度もこの問題に言及し、デカルトの独創性を過小評価する傾向があった。『省察』の「第四反論」において、アルノーはアウグスティヌスの『自由意志論』第二巻三章を挙げて、こう述べている。「〔人間精神の本性について言えば、〕ここで注目に値すると思われるのは、デカルト氏が自らの全哲学の基礎と第一原理として確立したことは、氏に先立って、聖アウグスティヌスが〔…〕自らの哲学の基礎と支柱として採用したのと同じことだ、ということです」(白水社版『デカルト著作集』第二巻、二四二頁参照)。また、一六四八年に、匿名でデカルトに宛てた手紙では、物心二元論について、それが「明晰、明白、神的である」ことを認めた上で、アウグスティヌスが、『三位一体論』第一〇巻一〇章で「ほぼ同様のことを議論している」と指摘している(『デカルト全書簡集』第八巻、四四―四五頁参照)。さらに、『ポール・ロワイヤル論理学』第四部一章では、「コギト」による懐疑主義の克服が紹介されているが、そこではアウグスティヌスの名前だけが挙げられ、デカルトへの言及はない。アルノーと比べて、デカルトの独創性を擁護するパスカルの筆法は際立っている。

29 パスカルは、デカルト哲学の二大原理（コギトと物心二元論）を承認し、それを「全自然学」の原理として採用することにも同意しているが、デカルトがそこから導き出した具体的な成果の当否には留保を加えている。この留保は、パスカルのデカルト観、そして彼自身の思想を考える上で注目に値する。

30 デカルトの『方法序説』の完全な題名、「理性を正しく導き、学問において真理を探究するための方法の話」を念頭に置いた表現。

31 デカルトは『方法序説』第二部で、論理学に同様の批判を加えている。「論理学はたしかにきわめて真実で有益な多数の準則を含んではいるが、そこには、有害だったり無用だったりする、ほかの準則があまりにも多く混じっているので、それらを選り分けるのは、まだ下削りもしていない大理石の塊からディアナあるいはミネルヴァの女神像を彫り出すのとほとんど同じぐらい困難である」（岩波文庫版、二七―二八頁参照）。

32 段落〔39〕で提示された二つの規則、すなわち、「命名した名称については、そのすべてを定義すること。定義された用語の代わりに定義そのものを頭のなかで思い浮かべながら、すべてを証明すること」を指している。

33 中世のスコラ哲学では、三段論法における妥当なタイプ――格式という――を記憶するための「格式覚え歌」が作られていたが、そこで、それぞれの格式を示す用語。たとえば、後出(段落〔62〕)のバルバラ、バラリプトンの類。『ポール・ロワイヤル論理学』は、伝統的な形式論理学が三段論法を重視していることを批判しているが、それでも三段論法に相当のページを割き、「格式覚え歌」も紹介している。第三部四―八章参照。

34 モンテーニュも、『エセー』の最終章「経験について」の結びの部分で類似したことを述べている。「魂の偉大さは、高く昇ったり、前に進んだりすることよりも、自分を整え、自分の分を守るところにある。それは、十分なものであれば、それで偉大だと見なし、秀でたものよりも中位のものを愛することによって、自分の高さを示すのだ」(第三巻一三章、六、一九八)。

35 「自然はやさしい道案内である。だが、知恵と公正さを欠いてまで、やさしい道案内ではない。〔…〕最も美しい人生とは、私の思うに、ありふれた、人間らしい模範に合った人生、秩序立っているが、しかし奇蹟とか逸脱はないような人生である」(第三巻一三章、六、二〇四、二〇八)。

36 モンテーニュも、「子供の教育について」と題するエセーで、スコラ哲学の不自然な教育を批判している。「知恵の最も明白なしるしは、つねに変わらぬ歓びです。その状態は、月の上方の天上界にあるものと同じく、いつも晴朗です。バロコとかバラリプトンといったちんぷんかんぷんの専門用語が、その召使たちを泥だらけ、煤だらけにするのであって、哲学がそうするわけではありません。〔…〕哲学の目的は、美徳にあります。しかしその美徳は、学校で教わるように、切り立って、でこぼこした、近づきがたい山頂に屹立しているものではありません。

〔…〕ところが、哲学を聞きかじったにすぎない召使たちは、至高の、美しい、意気揚々とした、愛情ある、優しいと同時に勇気あるこの美徳を、とげとげしさや、不愉快さや、恐怖や、束縛の公然たる敵であるこの美徳を、そしてまた、自然を道案内とし、幸運と快楽を付き添いとしたこの美徳を、足しげく訪れることがなかったせいで、自分たちの弱い想像力に任せて、あの愚かで憂鬱、怒りっぽく陰気、居丈高でしかめ面の像を捏造し、これを人里離れて、生い茂った茨の中にある岩の上に置いて、鬼面人を驚かす幽霊に仕立てあげたのです」(『エセー』第一巻二六(一五九五年版では、二五)章、一、三〇五)。この一節は、モンテーニュの理想とする美徳をストア派の美徳と対比させて描写する『サシ氏との対話』(段落〔53〕)の発想源ともなっている(同段落の注104参照)。

37　『パンセ』には、「私は道化も誇張も同じように嫌いだ」という言葉が残されている(断章六〇八、中、三三七)。

解題　『幾何学的精神について』(以下、『幾何学的精神』という略称も用いる)は、パスカルが、伝統的学問の基本学科であった論理学とレトリックの批判的検討を通じて、自らの方法論を雄大な展望のもとに展開した未完の著作であり、『真空論序言』や『サシ氏との対話』と並んで、彼の哲学的小品の中でとりわけ重要な位置を占める。しかしそれは、執筆時期、執筆の意図と目的、題名、それを構成する二編の文書の関係といった文献批判上の多くの難問を提起する謎めいた作品でもある。

「幾何学的精神について」という題名はパスカルの生前にすでに言及され、またそこに含まれるいくつかの考察も紹介されていた。ポール・ロワイヤルの同志アルノーとニコルが執筆した『論理学すなわち考える技術』(以下、『ポール・ロワイヤル論理学』という通称、あるいは『論理学』という略称を用いる)の初版は、一六六二年七月、パスカルの死去する数週間前に出版されたが、その序文でニコルは、そこに含まれる新しい考察のすべてが著者の創意によるものではなく、そのいくつかは、「今世紀のある著名な哲学者」(デカルト)から借用したものであり、「また、そのほかのいくつかは、ある卓越した精神の持ち主によって書かれ、著者によって『幾何学的精神について』と題された未刊行の小品から引き出された」と述べているのである。(ちなみに、「ある卓越した精神の持ち主」という表現は、第二版以降、「故パスカル氏」と改められている。) じっさい、『論理学』第一部で論じられる「名称の定義」と「事物の定義」の区別、そして第四部で解説される論証法の「五つの規則」は、パスカルの考察を出発点として、それを敷衍したものである。

『幾何学的精神』の原本は、『パンセ』の原稿とは異なり、パスカルが亡くなったとき、彼の手元に残

図20　アルノーの肖像

されていなかった。そのテクストは、彼の甥ルイ・ペリエの作成したパスカルの未公刊テクストの集成、いわゆる「ペリエ写本[1]」によって伝えられ、一八世紀前半にはじめて出版された刊本はそれに依拠している。ペリエ自身はおそらく、原本ないし副本を所持していたアルノーからそれを譲り受けて、写本を作成したと考えられている。「ペリエ写本」はその後失われたが、サント＝ブーヴ（一八〇四―一八六九）が所持していたそのコピー（「サント＝ブーヴ写本」）が現存しており、一八世紀後半以降に出版されたすべての刊本の典拠となっている。

「サント＝ブーヴ写本」は「ペリエ写本」のできるかぎり忠実な筆写であると考えられるが、それにもかかわらず、本作の題名、それを構成する二編の文書（断章）の題名の名付け方と提示の仕方に不可解なところがあり、校訂者と研究者を悩ませ、さまざまな解釈が提出されてきた。この謎はおそらく、アルノーが所持していた原本ないし副本にまで遡るものであり、その完全な解決は望むべくもないが、ジャン・メナールは彼の編纂する『パスカル全集』第三巻において、徹底的な考証を通じて謎のかなりの部分を解明し、それは、ルゲルンやフェレロルのような後続の校訂者によって受け入れられ、ほぼ定説となっている。

まず、「幾何学的精神について」という題名は、パスカル自身に遡り、作品全体を指す呼称である。次に、作品は独立した、いずれも未完の二断章からなっているが、前者には、

「幾何学一般についての考察」、後者には「説得術について」という題名が付されている。[2]ただし、この題名がパスカルの手になるものかどうかは分からない、というより疑わしい。とりわけ、「幾何学一般についての考察」という芸のないタイトルは、パスカルに似つかわしくない。パスカルから原稿を託されたアルノーが付けた可能性が濃厚である。[3]「説得術について」の方は、テクスト中に登場する表現であり、パスカルが付けたとしても不思議ではない的確なタイトルであるが、その確証はない。とはいえ、二編のそれぞれを指示するタイトルとしてほかに適当なものはないので、本訳書においてはメナール版全集に従い、前者を、「〔断章一〕幾何学一般についての考察」、後者を「〔断章二〕説得術について」と名付け、誤解の恐れがない場合には、たんに〔断章一〕〔断章二〕と呼ぶこととした。

本作の執筆時期については、テクスト中に推定の直接の手がかりはない。『ポール・ロワイヤル論理学』との関連に注目して、パスカルがそれに対する協力を求められた機会に執筆したと考えれば、それが構想された一六五八年から五九年に位置することになる。今日ではルゲルンが、この説を採用している。それに対して、メナールは、それより早い時期、パスカルが「火の夜」の体験によって「世俗時代」に終止符を打ち、回心の生活を送りはじめた一六五五年と推定している。「〔断章一〕幾何学一般についての考察」の後半部は、自然の基本的特性としての無限の問題を取り上げ、とりわけ物体の無限の分割可能性を論じているが、そこで論敵として想定されているのは、パスカルが世俗時代に知り合った社交界の紳士《オネットム》たち、とりわけメレである。ところで、メレは数学的図形の無限分割という考えを頑なに拒絶していたが、パスカルはその拒否反応を一六五四年七月のフェルマ宛の手紙で報告している。また、「〔断章二〕説得術について」において、メレやその友人ミトンの体現する紳士道が「気に入られる術」との関連で示唆されていること、さらに、「説得術」が、たんに世俗の人間的な説得にとどまらず、理念としては、神による人間の心の説得、すなわち回心をも包含するという、雄大な宗教的展望が冒頭で提示されていることに着目すれば、本作は、パスカル自身の「世俗時代」とそれに引き続く回心からあまり隔たらない時期に書かれたと考えるのが、最も妥当だというのである。ルゲルンとメナールの両説は、それぞれ相応の理由に基礎づけられているが、決定的とは言い難く、いずれも仮説にとどまる。(4) 本訳書では、メナール説を参考にして、本作の執筆時期を「一六五五年頃」とした。

＊

この小品は、ある意味で、パスカルの『方法序説』である。ただしデカルトの方法論が、「理性を正しく導き、学問において真理を探究するための方法」(5)の開発を目指しているのに対して、パスカルは、真理の発見法は数学における分析(解析)法に委ね、自らの主題を証明と説得、彼自身の表現を借りれば、「すでに見いだされた真理を論証し、その証明が論駁されない程度まで真理を明瞭にする技術(6)」に限定する。伝統的な論理学の枠組みで言えば、それは、推論の領域の問題、とりわけ三段論法に相当するが、パスカルは、三段論法を無用で不自然な技術であるとして退け、幾何学の論証法を方法論のモデルに採用する。その理由は、幾何学こそが、「人間の学問のうちで唯一無謬の論証を生み出す学問」だからである。じっさい、幾何学は個々の命題を厳密に証明し、さらに証明されたすべての命題を適切な順序に配置することを通じて学の体系を作り出していく技術の手本を見せてくれる。こうしてパスカルは主題を二つに分かち、第一の部分で、「幾何学的論証すなわち方法に則して完璧な論証を導く規則」を、第二の部分で、「幾何学的秩序すなわち方法に則して完全な秩序の規則」を解説し、全体として、「証明すべき推論を導き、かつ真理を判別するのに必要なすべてのこと」を論ずると予告する。とはいえ、「幾何学的秩序」は、〔断章一〕でも〔断章二〕でも結局論じられていない。本作は完成にはほど遠いスケッチである。

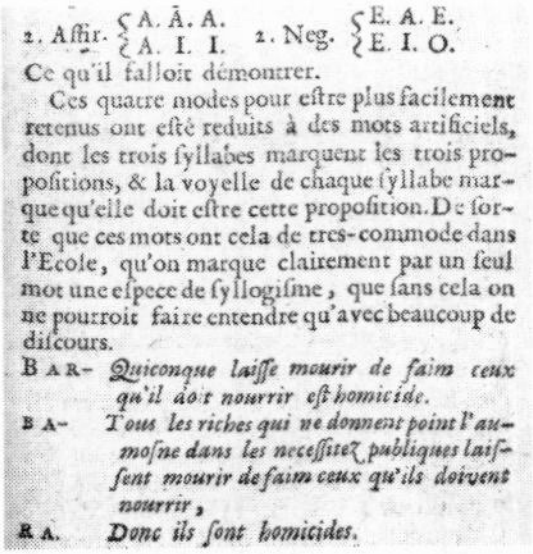
2. Affir. { A. A. A. / A. I. I.　　2. Neg. { E. A. E. / E. I. O.
Ce qu'il falloit démontrer.
Ces quatre modes pour estre plus facilement retenus ont esté reduits à des mots artificiels, dont les trois syllabes marquent les trois propositions, & la voyelle de chaque syllabe marque qu'elle doit estre cette proposition. De sorte que ces mots ont cela de tres-commode dans l'Ecole, qu'on marque clairement par un seul mot une espece de syllogisme, que sans cela on ne pourroit faire entendre qu'avec beaucoup de discours.
BAR- *Quiconque laisse mourir de faim ceux qu'il doit nourrir est homicide.*
BA- *Tous les riches qui ne donnent point l'aumosne dans les necessitez publiques laissent mourir de faim ceux qu'ils doivent nourrir,*
RA. *Donc ils sont homicides.*

図21　三段論法格式「バルバラ」

　方法論のモデルを伝統的な論理学ではなく、幾何学ないし数学のうちに求めるのは、なにもパスカル独自の発想ではない。デカルトもまた、『方法序説』第二部において、「これまで、学問において真理を探究したすべての人々のあいだで、何らかの論証を見いだすことができたのは、ただ数学者たちだけであった」と記していた。しかし、すでに述べたように、デカルトの方法の目標は、真理の探究と発見であったのに対して、パスカルの目標は、すでに誰かによって発見された(と見なされる)真理を証明し、それを通じて、真理と誤謬を弁別することに向けられている。要するに、真理が真理である所以を、自分そして他者に対して解き明かすこと、言い換えれば、自分で納得し、他者を説得することが問題なのである。パスカルにとって、論証と推論は、それを理解して受容する対話者の存在を、少なくとも潜在的に前提している。その意味で、彼の方法論は説得を目標とし、説得と切り離すことができない。論証術は否応なしに〔断章二〕の主題となる「説得術」に通じている。

ところで説得術は、近世フランスでは、レトリックすなわち弁論術の別名であった(7)。しかも、それは古典古代の伝統に遡る語法である。じっさい、アリストテレスの古典的な定義によれば、弁論家《レートール》(rhētōr)の術である弁論術《テクネー・レートリケー》(technē rhētorikē)は、「それぞれの対象に関して可能な説得の手段を観察する能力」である(8)。パスカルの方法論は、数学的論証をモデルとしながら、その適用範囲は科学や学問を越えて、社会生活におけるあらゆる種類の説得活動に及んでいる。彼は、〔断章二〕の冒頭で、人間がある知識ないし意見を納得して受け入れるメカニズムを分析し、それに関与する二つの機能として、知性(ないし精神)と意志(ないし心)を挙げている。人間は、たんに頭によって事の真偽・正邪を考察して、正しいと判断したものを受け入れるのではない。そこには、事柄に対して好悪の感情を抱く心が介入して、知性の判断に影響を及ぼす。だからこそ、説得術は、一方では「論破する技法」、すなわち理詰めで説得する技法、他方では「気に入られる技法」の二つから成立している、というのである（〔断章二〕段落〔21〕）。アリストテレスによれば、弁論術における立証は、弁論《ロゴス》自体による証明、すなわち論理的推論を通じての主張の証明にとどまるものではない。そこには、説得の場を構成する弁論者と聴衆のあり方、前者についてはその性格《エートス》、後者については弁論によって引き起こされる心の状態すなわち情念《パトス》、という二つの要素が関与している。説得が十全に機能するためには、弁論の知的理解ばかりでなく、弁論者の人柄が聴き手に信用されて、耳を傾けてもらう必要があり、さらに聴き手の心のうちに弁論に対する感情的共感が生み出されることが不可欠だからである。こうして、アリストテレス的な弁論術は、論証術を基盤としながら、弁論者と聴衆のエートスとパトスを観察・理解して、それを利用する術、言うなれば、人間の心理と行動のタイプに関する研究を包み込む総合的な学術となる(9)。アリストテレスに直接学んだかどうかは別にして、パスカルの「説得術」は、アリストテレス伝来の弁論術の理念を受け継ぎ、彼自身の表現を借りれば、「人間の研究」（『パンセ』断章六八七）に通じている。

その上で、パスカルの眼差しは、人間学を越えて、神学に向かう。そして説得を、たんに人間同士の水平な関係に限らず、神と人間の垂直の関係においても構想する。もっとも、本作で「神の真理」が論じられることはなく、そもそもそれは「説得術の領分」には入らないことが強調される。それにもかかわらず、パスカルは「神の真理」の説得のメカニズムに言及し、それを人間的真理の説得のメカニズムと並置して、類比的に展望する（断章二）段落（4）—（6））。やがて、『パンセ』（『キリスト教護教論』）において、「推論」による神の真理の説得が試みられると同時に、それが神から「心の直感」によって与えられる回心と対比され、[10] 人間業《わざ》によって読者を信仰に導く企てとしての「護教論」の存在理由が問い直されることを思えば、人間の説得と神の説得の類比的展望は、きわめて重要な意味をもっている。パスカルの説得術の独創性は、それを、人間の次元と神の次元の双方を見はるかす雄大な視野のもとに構想したところにある。

とはいえ、パスカルが提示する説得術は、たんなる見取り図にとどまる。彼は、神の次元における説得術に立ち入らないばかりでなく、人間の次元においても、説得術の二本柱の一つである「気に入られるための技法」を論じようとはしない（断章二）段落（22））。結局、彼が論ずるのは、「論破する方法」の骨子をなす「方法に則して完璧な証明」を導くための手立てだけである。そして、それは、次の三つの要素、「すなわち、用いなければならない用語を明瞭な定義によって定義すること、問題となっている事柄を証明するために明白な原理ないし公理を提示すること、論証にあたってはつねに頭のなかで、定義された用語の代わりに定義を置き換えること」に帰着する（断章二）段落（29））。

これは、拍子抜けするほど、簡単で単純な方法である。しかし重要なのは、それが科学的論証ばかりでなく、あらゆる種類の説得において有効な普遍性をもつことである。「気に入られるための技法」に熟達した社交界の紳士、あるいは「繊細の精神」の持ち主でさえ、「この種の推論をしないわけではない[11]」。ただ、それは、「無言で自然にそして技巧なしに」、そしておそらくは無意識のうちに行われる。幾何学的方法が、「繊細の精神」の中にまで浸透し、目に見えない形で働くと考えるところに、パスカルの方法論の特徴がある。

パスカルの方法のもう一つの特徴は、その定義観にある。彼は、伝統的な論理学が、名称の定義(名目的定義)と事物の定義(実在的定義)を区別していることは承知した上で、幾何学においては、前者だけが認められるとして、後者を排除する(〔断章一〕段落〔8〕および〔35〕)。後者は、問題とする対象が何であるか、その本質を問う定義、たとえば、「人間は理性的動物である」、あるいはパスカルの挙げる例を借りれば、「時間は運動の尺度である」といったたぐいの定義であるが、パスカルに言わせれば、このような定義は、じつは証明すべき主張すなわち命題であり、論証の出発点に置かれるべき定義ではない。こうして彼は、実在的定義によって概念を確定することを通じて事物の本質を捉えようとする道を閉ざし、定義をもっぱら事物とその呼称の関係、つまり命名に限定する。定義はもはや、言語及び論理の領域と存在の領域とを繋ぐ結節点として機能することはなくなり、存在の形而上学的探求は現象の科学的・実証的研究に取って代わられる。パスカルの定義観は、伝統的な形而上学の失効と実証主義の到来を予告しているかのようである。

本作は、未完の小品であるにもかかわらず、本来の主題から逸脱する多彩な考察を展開している。〔断章二〕の後半部では、自然の基本的特性としての二つの無限、無限大と無限小、さらに物体の無限分割性の問題が、副次的な問題――パスカル自身、それを「よしなしごと」(12)と呼んでいる――としては異例なほど入念に論じられている。また〔断章二〕では、説得の「方法」を少数の規則の形に要約した後で、その方法がありふれていて新味がないという批判を取り上げ、その反駁を試みるが、それは、思想とその担い手としての人間との関係をめぐるモラリスト的な考察、さらには、この問題を考える上での手本となるモンテーニュとデカルトへの美しい賛辞へと発展していく。『幾何学的精神について』は、その方法論においても、また、その各所にちりばめられた斬新な考察においても、汲みつくせない豊かさと数々の謎を秘めた作品である。

＊

翻訳にあたっては、例外的にフェレロル＝セリエ版選集を底本として、メナール版全集、ルゲルン版全集と照合し、さらにブランシュヴィック版（全集及び『パンセと小品』）とラフュマ版『小品と手紙』も参照して訳文を作成した。各段落の冒頭に、〔 〕に包んだアラビア数字を付して、参照の便を図った。メナールとフェレロルも同様の措置を取っているが、本作の番号づけは、フェレロル＝セリエ版選集のそれと一致する。

『幾何学的精神について』のテクストの伝承において、きわめて重要な位置を占める『ポール・ロワイヤル論理学』については、第五版(一六八三年)を底本とする次の批評校訂版を参照し、初版の章立てと相違がある場合は、その旨を記した。(13)

〔Antoine Arnauld et Pierre Nicole,〕 *La Logique ou l'Art de penser*, édition critique présentée par Pierre Clair et François Girbal, Paris, PUF, 1965.

さらに、以下の批判校訂版、とくにその豊富な注も参考にした。

La Logique ou l'Art de penser, édition critique par Dominique Descotes, Paris, H. Champion, 2014.

(1)「ペリエ写本」については、岩波文庫『パンセ』下、二二三—二二四頁参照。

(2) 白水社版『パスカル全集』以前の邦訳では、ブランシュヴィック版を参考に、「幾何学的精神について」という総題のもとに、全体導入部に続く二部構成の本文(「第一部 幾何学的証明、すなわち、方法論的で完全な論証の方法について」「第二部 説得術について」)からなる小品として、紹介されてきた。

(3)「サント゠ブーヴ写本」における「第一部 幾何学の精神すなわち真の方法を含む」という部立ての見出し(〔断章一〕注2参照)も、『ポール・ロワイヤル論理学』の部立てのタイトル、たとえば「第一部 観念、あるいは概念の形成と呼ばれる精神の第一の働きについての考察を含む」と酷似しており、これまたアルノーの命名であることを強く窺わせる。

(4)『幾何学的精神について』の執筆の動機と目的については、もう一つの説がある。パスカルは、アルノーの依頼を受けて、ポール・ロワイヤル塾の生徒のために幾何学の教科書を執筆したところ、アルノーからその叙述が混乱していることを批判されて破棄したという言い伝えがあるが、『幾何学的精神について』は、この教科書の序文として構想されたのではないかというのである。この説はブランシュヴィック等によって唱えられ、メナールも最初はそれに同調し、執筆時期は一六五七ないし五八年としていた(ジャン・メナール『パスカル』安井源治訳、みすず書房、一九七一年、一三八頁)。しかしメナールは、『パスカル全集』第三巻ではこの説に否定的評価を下し、執筆時期も一六五五年に改めている。

(5)デカルトの著作の完全な題名は、『理性を正しく導き、学問において真理を探究するための方法の話。加えて、その方法の試みである屈折光学、気象学、幾何学』である。

(6)〔断章一〕段落〔4〕。以下、解題同段落の「　」内の引用も同所。

(7)アカデミー・フランセーズの辞書(第二版、一七一八年、《persuader》の項)によれば、「レトリックは、説得術である」。

(8)アリストテレス『弁論術』第一巻二章(『アリストテレス全集』第一六巻、九頁。山本光雄訳による)。

(9)アリストテレス『弁論術』第一巻二章(同上、一〇―一一頁)。古代ローマを代表する弁論家キケロも、同様の見解を述べている。「説得を目的とする弁論の理法の全体は、三つの要件に依存している〔…〕、すなわち、われわれが弁護しているものが真実であることを立証すること、聴衆がわれわれに好意をもつようにすること、聴衆の心に、それがいかなるものであれ、案件が求める情動を吹き込むこと、の三要件である」(『弁論家について』第一巻一一五節、大西英文訳、岩波文庫、上、一二三八頁)。

(10)「神から心の直感によって宗教を授けられた人々は、まことに幸せで、まことに正当な確信を抱いている。しかしそうではない人々に対しては、私たちは推論によってしか宗教を与えることができない。しかもそれは、神が心の直感によって宗教を授けられるまでのことである。そうでなければ信仰は人間的なものにとどまり、救いには無益なものにすぎない」(『パンセ』断章一一〇、上、一三二—一三三)。

(11)〔断章二〕段落〔24〕—〔25〕。『パンセ』断章五一二「幾何学の精神と繊細の精神の相違」(中、二五七)。

(12)〔断章一〕段落〔71〕。

(13)邦訳が二〇二一年に刊行された。アントワーヌ・アルノー、ピエール・ニコル『ポール・ロワイヤル論理学』山田弘明・小沢明也訳、法政大学出版局。

一二　ロアネーズ嬢宛の手紙　一六五六年九月—一六五七年二月

パスカル氏からロアネーズ嬢へ宛てた数通の手紙の抜粋

〔一〕

〔写本九／アダン 一〕

〔一六五六年九月一〇日頃〕

お手紙はこの上ない喜びをもたらしてくれました。実を言えば、心配になってきたというか、少なくとも不審に思いはじめていたところでした。お話しになっている苦しみの始まりが何であるかは存じませんが、それがやってこなければならないことは分かっています。先ほど、あなたに書くお手紙のことを考えながら、聖マルコの第一三章を読んでいました。[1] ですからそこに見いだしたことを申し上げましょう。イエス・キリストはそこで使徒たちにご自身の最後の到来について雄大な話をなさいました。そして教会に起こるすべてのことは、個々のキリスト教徒にも起きるのですから、本章の全体が、来るべき全宇宙の状態――それは、聖書の述べるように、破壊されて新しい天と新しい地に取って代わられます[2]――だけではなく、一人ひとりの人間の状態――人はそれぞれ回心することを通じて自らのうちなる古い人を破壊するのです[3]――も予告しているのは確かです。またこうも考えていました。あの予告、すなわち神から見捨てられた神殿は崩壊して、積み上がった石は一つ残らず崩れ落ちるだろうという予告は[4]、私たち一人ひとりのうちにある、神から見放された人間の崩壊を象徴しているが、そうだとすれば、この予告は、古い人の情欲は一切残してはならないことを示している、と。そして、この恐るべき内乱と身内の同士討ちは[5]、神に自らを捧げる人々が内心に感じる混乱を、これ以上の描写はないほど見事に表現しているのです……

しかし次の言葉は驚くべきものです。「憎むべき者が、それがいてはならない所に立つのを見たら、誰しも逃げ出さなければならない。何であろうと家にあるものを取りだそうとして中に戻ってはならない[6]。」これは現時のありさまを完全に予告していると私には思われます。じっさい今や、道徳の堕落が、それがあってはならない場所である修道院そして神学者や修道士の書物にまで及んでいます[7]。これほどの乱脈を見たからには、脱出しなければなりません。このときには、身重の女と乳飲み子を持つ女、すなわち現世に引きとめられるしがらみがある者は不幸です。[8] この点について、ある聖女は適切にもこう述べています。[9]「俗世から離脱するための召命を受けているかどうかを検討する必要はありません。ただ俗世に留まる召命を受けているかどうかを検討すればよいのです。それは、ペスト患者のいる家や火の手のあがった家から脱出するように呼びかけられているかどうか考えたりしないのと同じことです。」

福音書のこの章をご一緒に全部読みたいものですが、その末尾はこれらの不幸すべてを避けるために目を覚ましているように、祈るように、との励ましで終わっています。[10] じっさい危険は絶え間ないのですから、祈りも絶やしてはならないというのはまったく正しいことです。

このために、人から所望されていた祈禱文を、お送りします。[11] 午後三時に唱えるものです。ご出立になって以来、ポントワーズのある修道女に奇蹟が起こりました。[12] 聖荊《せいけい》への勤行《ごんぎょう》によって、自分の修道院から出ることなしに猛烈な頭痛から回復したのです。このことはいずれもっと詳しくお伝えします。しかしこれに関して、聖アウグスティヌスの美しく、そしてある種の人々にとっては慰めに満ちた言葉をお送りします。彼はこう述べています。「奇蹟を本当に見るのは、奇蹟が役に立つ人々です。じっさいそれを役立てられない者に奇蹟は見えません。[13]」

ご好意あふれる贈りものには、いくら感謝しても足りません。[14] それが一体何であるのか見当がつきませんでした。というのも、お手紙を読む前に包みを開いたものですから。その後で、それに捧げるべきであった尊敬を最初から捧げなかったことを後悔しました。

神の恵みを受けて亡くなった人々の遺物のうちには、目には見えないけれど聖霊が憩っており、復活に至れば聖霊はそこに姿を現すというのは真理であり、だからこそ聖者の遺物はこれほど崇敬する価値があるのです。[15] 神はけっしてご自身の民を見捨てられません。墓に葬られた状態においてさえそうなのです。そこで彼らの遺体は、人の眼には死んだように見えても、神の前ではいっそう強く生きています。なぜならそこでは、もはや罪が体に宿っていないからです。それに反して、生きている間ずっと、罪は体に宿りつづけます。罪の果実はいつもそうだというわけではありませんが、少なくともその根もとはそうなのです。そしてこの不幸な根もとは、存命中は体と切り離せないせいで、その状態で体を敬うことは許されないのです。それはむしろ憎まれるのにふさわしいのですから。だからこそ、この不幸な根もとを完全に断ち切るために、死が必要なのであり、死が願わしいものになるのです。しかしながらあなたがよくご存じのことを申し上げる必要はありません。それを言うなら、あなたが話題にしておられる別の方々にしたほうがよいでしょうが、あの方々は耳を傾けてくれないでしょう……

1　「マルコによる福音書」第一三章で、イエスは弟子たちに、この世の終末についての説教を行うが、その中に、「これらは苦しみの始まりである」(第八節、ウルガタによる。新共同訳では、「苦しみ」は、「産みの苦しみ」となっている)という表現が出てくる。パスカルは、ロアネーズ嬢の用いた言葉を受けて問題の章を取り上げ、それを出発点とする黙想を開陳している。

2　この予告は、旧約・新約両聖書のあちこちに見られる。「見よ、私は新しい天と新しい地を創造する」(「イザヤ書」第六五章一七節)。「私たちは、義の宿る新しい天と新しい地とを、神の約束に従って待ち望んでいるのです」(「ペトロの手紙 二」第三章一三節)。「私はまた、新しい天と新しい地を見た。最初の天と最初の地は去っていき、もはや海もなくなった」(「ヨハネの黙示録」第二一章一節)。

3　「古い人」という表現は、パウロの『ローマの信徒への手紙』(第六章六節、新共同訳では、「古い自分」)に見られる。「もし、私たちがキリストと一体となってその死の姿にあやかるならば、その復活にもあやかれるでしょう。私たちの古い自分がキリストとともに十字架につけられたのは、罪に支配された体が滅ぼされ、もはや罪の奴隷にならないためであると知っています。死んだ者は、罪から解放されています」(五―七節)。

4　「イエスは言われた。「これらの大きな建物を見ているのか。一つの石もここで崩されずに他の石の上に残ることはない」」(「マルコによる福音書」第一三章二節。聖書協会共同訳(二〇一八年)では、「この大きな建物に見とれているのか。ここに積み上がった石は、一つ残らず崩れ落ちる」)。

5 「戦争の騒ぎや戦争のうわさを聞いても、慌ててはいけない。〔…〕民は民に、国は国に敵対して立ち上がり、方々に地震があり、飢饉が起こる。〔…〕兄弟は兄弟を、父は子を死に追いやり、子は親に反抗して殺すだろう」(「マルコによる福音書」第一三章七―八、一二節)。

6 「憎むべき破壊者が立ってはならない所に立つのを見たら――読者は悟れ――、そのとき、ユダヤにいる人々は山に逃げなさい。屋上にいるものは下に降りてはならない。家にある物を何か取り出そうとして中に入ってはならない」(「マルコによる福音書」第一三章一四―一五節)。終末に到来する苦難を予告するイエスの言葉。「憎むべき破壊者」(日本聖書協会の文語訳では「荒す悪《にく》むべき者」、ウルガタでは abominatio desolationis)は、旧約聖書「ダニエル書」に由来する表現で、メシアに反逆して聖所を荒す者、つまりアンチキリストを指していると考えられる。

7 パスカルは、この時期、ロアネーズ嬢宛の手紙と並行して、『プロヴァンシアル』の一連の手紙を執筆し、そこで、当時のイエズス会系の道徳神学と決疑論を、キリスト教の精神に反するものとして、痛烈に批判していた。

8 「それらの日には、身重の女と乳飲み子をもつ女は不幸だ」(「マルコによる福音書」第一三章一七節)。

9 この聖女の身元も引用の出所も同定されていない。ルゲルンは、パスカル自身の思い違い、あるいは写字生の写し間違いを疑った上で、サン・シランの『キリスト教的・霊的書簡集』の中に類似の考えがあることを指摘している。

10「気をつけて、目を覚ましていなさい。そして祈りなさい。〔…〕だから目を覚ましていなさい。〔…〕主人が突然帰って来て、あなたがたが眠っているのを見つけるかもしれない。〔…〕目を覚ましていなさい」(「マルコによる福音書」第一三章三三、三五―三七節。ウルガタによる。新共同訳には、「そして祈りなさい」はない)。

11 メナールによれば、聖荊《せいけい》の奇蹟を記念して、聖荊の神秘についての霊的考察と祈禱文が作成されたが、それを指しているのではないかという。

12 マルグリット・ペリエに奇蹟をもたらした聖荊は、ほかにもいくつもの奇蹟を引き起こした。ここで言及されている奇蹟は一六五六年八月下旬に生じ、九月中旬には、その公式な認定を求める申請がポール・ロワイヤルから提出されたという。

13 セリエによれば、この引用はアクイタニアのプロスペルが編纂したアウグスティヌスの箴言集『真の無垢について』(*De vera innocentia*)に由来するという(「箴言」一〇九)。

14 すぐ後に言及されている「神の恵みを受けて亡くなった人々の遺物」、すなわち聖遺物であろう。聖人あるいは聖人と見なされた人々の遺骨、彼らが生前使用した衣服、彼らの遺骨が触れた布などは、崇敬の対象として大事に保存された。

15 パスカルは、すでに一六五一年の「五　父の死についての手紙」で、「聖者の遺体には復活のときに至るまで聖霊が住まっており、〔…〕この理由で、私たちは死者の遺物を敬います」と述べていた(九一頁参照)。

〔二〕

〔写本四／アダン二二〕
〔一六五六年九月二四日〕

〔…〕苦しみなしに縛《いまし》めから逃れられないのは確かです。聖アウグスティヌスも言われるように、自らを引きずっていく縛めに進んで従っているときには、それを感じません[1]。しかしそれに抵抗し、遠ざかろうと歩みはじめると、ひどい苦しみを感じます。縛めは伸び広がり、加えられる暴力のかぎりを蒙ります。この縛めは私たち自身の体であり、それは死においてしか断ち切られません。私たちの主によれば、「洗礼者ヨハネの到来以来」、言いかえれば、この世に主が到来して以来、したがって、一人ひとりの信者に主が到来して以来、「神の国は暴力を蒙り、暴力を振るう者たちがそれを奪っている[2]」のです。神が心に触れる以前は、私たちには、地上に向かう情欲の重みしかありません。神が上に引き寄せられると、これら二つの逆方向の力がこの暴力を生みだしますが、それを克服できるのは神お独りです。しかし聖レオが言われるように、「私たちは神なしには何もできないが、神とともにならすべてをなせる」[3]のです。ですからこの戦いを一生のあいだ耐える決心をしなければなりません。この地上に平和はないのですから。「イエス・キリストは平和ではなく、剣をもたらすために来られたのです。」[4]しかしながら、このことは認めなければなりません。「人間の知恵は神の前では狂愚にすぎない」[5]と聖書が述べているように、人間にとっては耐えがたいものに思われるこの戦争も神の前では平和と言ってよいのです。なぜならイエス・キリストはまたこの平和をもたらされたのですから。[6]しかしながら、それは、体が破壊されてはじめて完全なものとなるような平和です。死が願わしいのは、そのためです。とはいっても、私たちは喜んでこの生を耐え忍びます。それは、私たちのために、生と死を耐え忍ばれた方のためなのです。今日のミサで朗読される書簡で聖パウロが述べているように、その方は、「私たちが求めたり、想像したりすること以上の善きものを私たちに与えることがおできになる」[7]のです……

1　アウグスティヌス『ヨハネによる福音書講解説教』第二六説教の一節の要約。問題の一節は、すでに『恩寵文書』(手紙五)で扱われている(白水社版『パスカル全集』第二巻、一〇六―一〇七頁、および二三五頁注10)。

2　「マタイによる福音書」第一一章一二節。

3 教皇レオ一世(在位四四〇―四六一)に帰せられているこの引用の出所は同定されていない。いずれにせよ、この引用の起源にあるのは、イエスの言葉である。「私を離れては、あなたがたは何もできない。〔…〕あなたがたが私につながっており、私の言葉があなたがたの内にいつもあるならば、望むものを何でも願いなさい。そうすればかなえられる」(「ヨハネによる福音書」第一五章五、七節)。

4 「マタイによる福音書」第一〇章三四節。

5 「コリントの信徒への手紙一」第三章一九節。

6 『パンセ』に同趣旨の文章が残されている。断章＊一三(下、五八―五九)。

7 「エフェソの信徒への手紙」第三章二〇節。五旬節(聖霊降臨日)後、第一六日曜日のミサで朗読される習わしであった。一六五六年では、九月二四日にあたることから、本信の日付が決定される。

〔三二〕

〔写本一／アダン六〕

〔一六五六年一〇月半ば〕

〔…〕あまり時間はありませんが、あなたの挙げられたすべての項目にお答えし、きちんと書くために。

ラヴァル氏[1]の本と『恩寵についての黙想』[2]に感銘を受けられたと伺って喜んでいます。私の願いにとって大きな結果がそこから出てくるのではないかと期待しています。

あなたを心配させたあの断罪の詳細をお送りします。[3]神のご加護で、まったく何でもありません。もっとひどいことをされなかったのは奇蹟です。真理の敵は真理を圧殺する力と意志をもっているのですから。この世には大きな功徳を積んだ女性たちがいて、神はその方々に免じて真理をお見捨てにならず、また真理にかくもふさわしくなくなった現世から真理を取り去ることをお控えになるのですが、おそらくあなたはその一員なのです。そして教会がその祈りによってあなたに仕えたとすれば、あなたがあなたの祈りによって教会の役に立っているのは確実です。じっさい真理のうちにいないすべての人[4]に回心を得させる功徳をもっているのは教会であり、また教会と不可分のイエス・キリストです。そしてしかる後、これらの回心した人々が自分たちを解放してくれた母に救いをもたらすのです。お手紙には教皇との一致に対する並々ならぬ熱意が認められますが、それを心から称賛します。体は頭なしには生きていないように、頭も体なしには生きていません。そのどちらかから離れる者は誰でも、もはや体の一部ではなく、また、イエス・キリストに属しません。教会のうちにいる人々の中で、あなたが、私たちの仲間と呼んでいる人々ほど、この体の一致を大事にしている人々がいるかどうか私には分かりません。私たちに分かっているのは、あらゆる美徳、殉教、苦行とあらゆる善行も、教会の外、教会の頭《かしら》である教皇との交わりの外では無益だということです。私がその交わりから離れることは決してないでしょう。少なくとも、神がそのお恵みを下さるよう、神に祈ります。さもなければ永久の破滅しかないでしょう。[6]

一種の信仰告白をあなたにしています。どうしてだか分かりません。しかし取り消す気はありませんし、また繰りかえす気もありません。

デュガ氏[7]が今朝、この上ない驚きと喜びをあらわにして、あなたの手紙のことを話してくれました。彼はあなたの言葉のいくつかを私に伝えてくれましたが、あなたがそれをどこから取ってきたかは知りません。彼はそれについて驚くべきこと、あなたご自身に、とはいえ、私にとってはもはやそれほどでもないことを語ってくれました。そして神があなたに下される恵みに、私が慣れはじめたのでしょう。そうは言っても、正直なところ、その恵みは私にとってつねに新たです。それ自体つねに新たなのですから。

じっさいそれは絶えざる恵みの流れであり、聖書はそれを大河や太陽の光になぞらえています。[8]太陽が絶え間なく自分の外に送りだす光はつねに新たなので、もしも太陽が一瞬でもそれを送りだすのをやめれば、それまで受け取っていたすべての光は消え失せ、私たちは闇のうちに留まることになるでしょう。デュガ氏の話では、あなたにお返事を書きはじめたけれど、それをもっと読みやすいものにするために清書し、さらには書きたすつもりだとのことでした。しかし今しがたその返事が私のところに送られてきましたが、それに添えた私宛ての短信によれば、清書することも書きたすこともできなかったよし。ですから読みにくいものになっていると思われます。デュガ氏に暇がないこと、それでもあなたのために暇を作りたいと望んでいることは、私が請けあいます。

＊＊＊の一件[9]には、私とともに喜んでくださることでしょう。あなたが教会のためを思ってくださることは承知しています。あなたは教会に大きな恩義があります。教会はあなたのために一六〇〇年前から呻吟《しんぎん》しているのです。今や教会のため、そして私たちすべてのために呻吟し、私たちに残された命のすべてを教会に捧げるときです。なぜならイエス・キリストが生を受けられたのは、ひたすらそれを、教会と私たちのために失うためだったのですから……

1　ポール・ロワイヤルの同調者であったリュイーヌ公爵は、「ラヴァル」の名義で何冊かの信仰書を公刊していたが、その中のいずれかであると考えられる。

2　この題名通りの著作は同定されていないが、いずれにせよ、ポール・ロワイヤルの関係者の手になる信心書であると思われる。メナールは、マチュウ・フェイドー（一六一七―一六九四）

の小品、『キリスト教徒の主要な義務についての黙想』および『恩寵についての教理問答』ではないかと推測している。

3 ローマ教皇庁が一六五六年八月二一日に、アルノーの何編かの著作を禁書に指定したことを指すと考えられる。この決定の知らせは九月末にフランスにもたらされた。そこから、本信の執筆時期が推定される。

4 ポール・ロワイヤル版『パンセ』第二八章六では、「真実の宗教のうちにいないすべての人」となっている。

5 「私たちの仲間」というのは、ロアネーズ嬢の元の手紙の中に、「あなた方のお仲間」という表現があったのを受けたものと思われる。具体的には、教会当局の決定に対して抵抗の姿勢を示していたポール・ロワイヤルを指している。

6 同様の信仰告白は、一六五七年一月二三日の日付をもつ『プロヴァンシアル』第一七信にも見られる。

7 ポール・ロワイヤルの修道女の聴罪司祭、次いで同修道院の長上となったサングランのこと。彼は、ロアネーズ嬢の霊的指導者でもあった。

8 旧約聖書続編「シラ書〔集会の書〕」第二四章の後半部の自由な引用(ウルガタによる)。「知恵である私は河を流れ出させた。私は、河に発する豊かな水路、河から引かれた水道、そして運河のように、園から流れ出た。〔…〕私は教えを、万人の上に、曙のように輝かせ、その光を遠くまで及ぼそう」(四〇―四一、四四節。新共同訳では、三〇―三二節)。

9　パスカルは、『プロヴァンシアル』において、イエズス会の決疑論者たちの弛緩した道徳論を告発していたが、パリの司祭たちはそれに呼応して、「新手の決疑論者たちの悪しき道徳律」に対する反対運動を展開していた。それを指すと思われる。

〔四〕

〔写本二／アダン四〕
〔一六五六年一〇月二九日頃〕

あの奇蹟にあなたは十分な関わりをお持ちだと思われますので、それが教会によって最終的に認定されたことを個人的にお知らせします。同封の大司教総代理殿の判決文によってご覧になるとおりです。[1] 神がこれほど驚くべき出来事によってご自身をあらわしてくださる人々はごく少数なのですから、このような機会をよく役立てなければなりません。と言うのも、神がご自身を包み隠す自然の秘密の外にお出ましになる目的はほかでもなく、私たちが神をより確実に知ることができればできるほど、より多くの熱意をこめて神に仕えるように私たちの信仰を励ますことです。もしも神が人間たちに絶え間なくご自身をあらわされたとすれば、神を信じることにいささかも功徳はありません。

逆に、もしも決してご自身をあらわすことがなければ、信仰はほとんどないでしょう。しかし神は、ふつうは身を隠しておられますが、まれにご自身に仕えるように定められた人々に出現されます。神がそのうちに引きこもられたこの理解を絶する秘密、人間の目には窺い知れないこの秘密は、私たちが人目から遠く離れて孤独に赴くための重要な教訓です。神は受肉の時までは、われわれの目に御自らを包み隠す自然の覆いのもとに隠れて留まっておられました。そしていよいよ現れなければならなくなると、人間性を身にまとうことによって、[2] さらにより深く身を隠されました。目に見えなかった時の方が、見えるようになった時より、まだずっと見分けやすかったのです。そしてついに使徒たちになされた約束を果たして、最後の到来の時まで人間とともに留まることにされた時、神はこの上なく不可解でこの上なく晦渋な秘密のうちに留まることを選ばれました。それが聖体の形色《けいしょく》[3]なのです。これこそ、聖ヨハネが「黙示録」で「隠されていたマナ」と呼ばれた秘蹟です。[4] そして思うに、イザヤが預言の霊に満たされて、「まことにあなたは隠れた神です」[5] と述べたとき、彼はこの状態で神を見ていたのです。これこそ窮極の秘密、神が留まることのできる窮極の秘密です。神をつつむ自然の覆いは多数の異教徒の眼差しを遮りはしませんでした。彼らは聖パウロも言うとおり、「目に見える自然によって目に見えない神を認めた」のです。[6] 異端のキリスト教徒たちは、神の人間性を通じて神を知り、神であり人であるイエス・キリストをあがめます。しかし神をパンの形色のもとに認めることは、ただカトリック教徒にのみ特有のことです。そこまで神が光を与えられたのは、私たちだけなのです。[7] 以上の考察に加えて、さらに聖書の中に隠れている神の霊の秘密を挙げることができます。じっさいそこには完全な二つの意味、字義的な意味と神秘的な意味がありますが、ユダヤ人は一方の意味にとどまり、ほかにもう一つ意味があるとは思いもせず、それを探そうとは考えもしませんでした。[8] 同様に、不信の輩は自然現象を見ると、その原因を自然に帰して、それとは別の創造者がいるとは考えません。またユダヤ人は、イエス・キリストのうちに完全な人間を見て、そこに別の本性を探そうとは思いませんでした。これまたイザヤの言うように、「私たちは、それが彼だとは思わなかった」のです。[9] そして最後に、異端者たちはパンの完全な外見を見て、そこに別の実体を探求しようとは考えませんでした。あらゆる事物はなんらかの神秘を覆い隠しています。あらゆる事物は神を覆い隠すヴェールです。キリスト教徒はすべてのうちに神を認めなければなりません。現世の苦難は永遠の幸福に通じていますが、それを覆い隠しています。現世の喜びは、それが引き起こす永遠の不幸を覆い隠しています。神がすべてのうちにおいて、ご自身を認めさせ、ご自身に仕えさせてくださるように祈りましょう。そして神が、ほかの人々に対してはあらゆる事物の中に身を隠しながら、われわれに対してはあらゆる事物の中に、そしてこれほど多くの仕方で出現してくださったことについて、かぎりない感謝を捧げましょう……

1　一六五六年三月二四日、パスカルの姪に起こった「聖荊の奇蹟」は、同年一〇月二二日、パリの大司教総代理によって公式に奇蹟と認定された。ロアネーズ嬢は、八月四日に聖荊の崇拝のためにポール・ロワイヤル修道院を訪れたさいに神からの召命を感じ、ポール・ロワイヤルの修道女になることを強く願っていた。詳しくは、塩川徹也『パスカル　奇蹟と表徴』第三章二節「奇跡の認定訴訟」を参照のこと。

2　神が受肉によって、〈人間性〉を身にまとって、〈真の神〉であると同時に〈真の人間〉となったということ。『サシ氏との対話』注110参照。

3　聖体拝領において、パンとぶどう酒の形色すなわち外観のもとに、隠れて臨在するとされるイエス・キリストの体と血。

4　「耳ある者は、霊が諸教会に告げることを聞くがよい。勝利を得るものには隠されていたマナを与えよう」（「ヨハネの黙示録」第二章一七節）。

5　「まことにあなたはご自分を隠される神」（「イザヤ書」第四五章一五節）。「隠れた神」あるいは「神は姿を隠した」という考えは、『パンセ』において重要な役割を果たしている。〔ファイルA一八〕「宗教の基礎および反論への回答」（上、二八三―二九九）、断章三九四、四三八参照。

6　「なぜなら、神について知りうる事柄は、彼ら〔＝不義によって真理の働きを妨げる人間〕にも明らかだからです。神がそれを示されたのです。世界が造られた時から、目に見えない神の性質、つまり神の永遠の力と神性は被造物に現れており、これを通して神を知ることができます」(「ローマの信徒への手紙」第一章一九―二〇節)。

7 メナールも指摘するように、パスカルはここで、トマス・アクィナスに帰せられる聖体に対する賛歌「アドロテ」を思い浮かべていると思われる。それは、「これらの形色のうちにまことにましまず隠れたる神、今うやうやしく御前に礼拝し奉る」の言葉で始まっている。

一方、ポール・ロワイヤル修道院は一六四七年一〇月二四日に聖体修道会と合体し、毎年この時期に、その記念式が執り行われていた。ジャクリーヌ・パスカルは、姉のジルベルトに宛てて奇蹟の認定を知らせる手紙のなかで、認定を祝う感謝のミサと聖体修道会との合体記念式が引き続いて行われることに、「何か偉大な事柄の表徴」を読みとっている(白水社版『パスカル全集』第二巻、三〇六―三〇七頁)。

8 聖書のテクストには二つの意味があるという考えは、『パンセ』にもしばしば登場するが、そこでは、字義的(あるいは肉的)な意味と霊的な意味が対比させられ、「神秘的な意味」という表現は用いられていない。〔ファイルA一九〕「律法は表徴的であった」(上、三〇一―三三九)に含まれる断章、とりわけ二六〇、および断章五〇二参照。

9 「彼は私たちに顔を隠し、私たちは彼を軽蔑し、無視していた」(イザヤ書第五三章三節)。

〔五〕

〔写本三／アダン五〕
〔一六五六年一一月五日〕

お手紙の紛失をあなたがどのように受け取られたかは存じません。私としては、それを適切に受けとめられただろうと願うばかりです。事の善し悪しを判断するのに、つねに悪意と誤りでいっぱいの私たち自身の心ではなく、不正でも盲目でもありえない神の御心をよりどころにすることを始めるべき時機です。もしもそのようなお気持ちであったとすれば、うれしいことです。私としては、手紙は見つかるだろうと思っていますが、そんな気休めの理由より、もっと堅固な理由でお心が慰められることを目指されますように。五日付の手紙はすでに届きました。それは重要なほうの手紙ではありません――デュガ氏[1]の手紙はもっと重要です――が、それにしても、もう一方の手紙も取り戻す希望を与えてくれるというものです。

あなたのために私がなにも書き送らなかったと不平を洩らされるのは、どうしてだか分かりません。私はあなた方お二人を分け隔てせず、どちらも絶えず心にかけています。[2]私のほかの手紙が、この手紙もそうですが、あなたに十分関わりをもっていることはお分かりのはずです。本当に、あなたに申し上げずにはいられないのですが、私は自分の判断において誤らないことを願っています。もしそうであれば、あなたに不都合はおありにならないでしょう。じっさい、私はあなたにとても満足しているのですから。しかし大事なのは、私の判断ではありません。私がこう申し上げるのは、あの善良なフランシスコ会修道士の迫害について、また＊＊＊の出来事について、あなたがお話しになるそのしかたを見てのことです。[3]某氏がそれに関心を抱くのは驚きません。彼の熱心には慣れていますから。[4]しかしあなたの熱心は私にとってじつに新鮮です。それは通常、新しい心[5]が生み出すあの新しい言葉づかいです。イエス・キリストはその福音において、信じる者を見分けるためのしるしを与えて、「彼らは新しい言葉を語るだろう」[6]と言われました。そしてじっさい思想と願望の革新は話し方の革新を引き起こすのです。お独りで過ごされる日々についてあなたが言われること、とりわけ読書があなたにもたらす慰めは、それを某氏[7]にお見せしたら、さぞ喜ばれることでしょう。私の妹[8]にしても同様です。それはたしかに新たな事柄ですが、しかしそれを絶えず更新しなければなりません。なぜならこの新しさは、神のお気に召すことのない古い人とはちがって、神のお気に召さないはずはありませんが、地上の新しさとは異なるからです。じっさい現世の事柄はどれほど新しくても、続いていくうちに古びていきますが、それに反して、この新しい霊[9]は持続すればするほど新しくなるのです。聖パウロも言われるとおり、「古い人は滅び」、日々に新たになります。[10]そして来世において、はじめて完全に新しいものになるでしょう。そこで私たちは、賛歌の詩編でダビデが語るあの新しい歌、[11]すなわち慈愛の新しい霊に発する歌を歌うことでしょう。

あの二人の方に関わる消息として、お二人の熱心が少しも冷めていないことがよく分かると申し上げましょう。[12]それには驚かされます。信心の道に入る人を見るより、そこに留まりつづける人を見ることの方がずっと稀なのですから。お二人のことはつねに心にかけています。とりわけ奇蹟の方《かた》[13]のことはそうです。そこにはより並外れたことがあるのですから。とはいえ、もうお一方も同様に並外れており、ほとんど他に例を見ることはありません。確かなのは、神が今生でほどこしてくださる恵みの大きさは、後生《ごしょう》においで準備してくださる栄光の大きさの尺度だということです。こうして、信心に専念する人たちのうちに神の業《わざ》がはじまるのを見て、その行く末と完成を予測するとき、その選ばれた民として神が選り抜かれたように思われる方々に対する敬意に私の心は貫かれ、畏敬の念に打たれます。あえて申し上げれば、私にはその方々がすでにあれらの玉座の一つに座っているのが見えるように思われるのです。つまり、イエス・キリストがなされた約束によれば、すべてを捨てた者たちが主イエスとともにこの世を裁くことになる玉座のことです。[14] しかし、その同じ方々でも転ぶことがあり、逆に、不幸にも裁かれる者たちの一員に加わりかねないという思いが私の頭をよぎるとき、また自らの栄光から転落し、神からいただいた王冠を怠慢のせいで他人にみすみす取られてしまう人々があれほどたくさんいることに思い至るとき、そうした考えに私は耐えることができません。そして至福の状態のうちにいて至極当然だと思っていたその方々が、永遠の悲惨の状態にいるのを見たら覚えるであろう戦慄はあまりにも大きいので、私はこの光景から心を逸らし、神に立ち戻って、神がご自分のものとされたか弱い被造物をお見捨てにならないように祈ります。またご存じのあのお二方のために、教会が今日聖パウロとともに唱える言葉を神に捧げます。「主よ、ご自身が始められた業をご自身で成し遂げてください。[15]」聖パウロはご自身をしばしばこの二つの状態においてお考えでした。それで、ほかの場所でこう言っておられます。「私は自分の体を懲らしめます。それは、あれほど多くの人々を回心させておきながら、自分の方が劫罰を受けることがないようにとの思いからです。[16]」そこで次のヨブの言葉で終わりにします。「私はつねに神を畏れる。あたかも逆巻く波で私をのみこむ荒海のように。[17]」また他の場所では、「幸いだ、つねに畏れのうちにある人は[18]」……

1 サングランのことと思われる。上掲、「手紙」(三)注7参照。
2 ロアネーズ嬢と兄のロアネーズ公爵のこと。
3 問題になっている事柄が何であるかは不明。
4 ロアネーズ公爵のこと。彼は、妹に先立って、一年以上前から回心していた。
5 「新しい心」という表現は、「エゼキエル書」第一八章三一節、第三六章二六節に見える。
6 「信じる者には次のようなしるしが伴う。彼らは私の名によって悪霊を追い出し、新しい言葉を語る」(「マルコによる福音書」第一六章一七節)。
7 サングランを指すと思われる。「手紙」(三)注7参照。
8 ポール・ロワイヤルの修道女であったジャクリーヌ・パスカルのこと。
9 「新しい霊」という表現は、注5に引いた「エゼキエル書」の箇所に見られる。
10 「互いにうそをついてはなりません。古い人をその行いと共に脱ぎ捨て、造り主の姿になら う新しい人を身に着け、日々新たにされて、真の知識に達するのです」(「コロサイの信徒への手紙」第三章九―一〇節)。
11 「新しい歌を主に向かって歌え」(「詩編」第一四九編一節)。この詩編は、日曜日の賛課(朝の祈り)で唱えられたという。
12 謎めいた言い方であるが、ロアネーズ公爵と妹シャルロットを指していると考えられる。ポール・ロワイヤルでは、通信の秘密を守るために、偽名や暗示的な表現を使うことが少なくなかった。

13 ロアネーズ嬢のこと。「手紙」〔四〕注1参照。

14 「するとペトロがイエスに言った。「このとおり、私たちは何もかも捨ててあなたに従って参りました。では、私たちは何をいただけるのでしょうか。」イエスは一同に言われた。「はっきり言っておく。生まれ変わりの世において、人の子が栄光の座に座るとき、あなたがたもまた十二の座に座って、イスラエルの十二部族を裁くことになる」」(「マタイによる福音書」第一九章二七―二八節。ウルガタによる。新共同訳は、「十二部族を治める」としている)。

15 「あなたがたの中で善い業《わざ》を始められた方が、キリスト・イエスの日までに、その業を成し遂げてくださると、私は確信しています」(「フィリピの信徒への手紙」第一章六節)。この一節は、聖霊降臨祭後第二二日曜日のミサの「書簡」の部で朗読される。一六五六年は、一一月五日がこの日に当たる。

16 「〔私は〕むしろ、自分の体を打ちたたいて服従させます。それは、他の人々に宣教しておきながら、自分の方が失格者になってしまわないためです」(「コリントの信徒への手紙一」第九章二七節)。

17 「あたかも頭上に逆巻く波のように、私はつねに神を恐れた。私はその重さに堪えることができなかった」(「ヨブ記」第三一章二三節。ウルガタによる)。

18 「神は知恵を見、それを計り〔…〕そして言われた。「主を畏れ敬うこと、それが知恵」」(「ヨブ記」第二八章二七―二八節)、および「いかに幸いなことか、主を畏れる人、主の戒めを深く愛する人は」(「詩編」第一一一〔新共同訳、一一二〕編一節)に由来する引用と思われる。

〔写本六／アダン七〕

〔一六五六年一二月初頭〕

〔六八〕

＊＊＊の件の結果がどうなろうとも、ありがたいことに、すでになされたことから十分に、あの呪わしい道徳律に打ち勝つ素晴らしい手立てを引き出すことができます。[1] それにいくらか関与した人々は神に大いなる感謝を捧げ、彼らの身内や友人は彼らのために神に祈らなければなりません。それは彼らが、神から与えられたこれほど大きな幸福と栄誉から転落しないためです。この世のすべての栄誉は、神から授かる栄誉の影にすぎません。後者だけが堅固で実質的です。とはいえ、それも善良な心構えがなければ無益です。なぜなら肉体と精神の労苦をささえて、それに価値を与えるのは、肉体の苦行でも精神の思いわずらいでもなく、心の善き働きだからです。[2] 要するに、聖化のためには、労苦と快楽が二つながら必要なのです。聖パウロが言われたように、「よい生き方をしようとする者は、多くの心労と不安を見いだす」のです。[3] この言葉は、それらを感じる人々にとっての慰めです。なぜなら彼らは、自分たちが探している天への道がそれらに満ちていることを知らされていれば、自分たちが正しい道にいることを示するし

に出会って喜ぶはずですから。しかしこれらの労苦に快楽がないわけではありませんし、また労苦は快楽によってしか克服されることはありません。じっさい、神のもとを去って現世に逆戻りする者たちは、神との合一の快楽よりも地上の快楽のうちに多くの甘美さを見いだすという理由だけで、そうするのであり、またこの呪縛が勝利者として彼らを引き立て、彼らの最初の選択を後悔させて、テルトゥリアヌスの言葉に従えば[4]、彼らを「悪魔に悔悛させられた者」にしますが、それと同様に、現世の快楽を去ってイエス・キリストの十字架に従う者も、もしも罪の悦楽よりも、軽蔑、貧乏、困窮、仲間はずれのうちにより多くの甘美さを見いだすのでなければ、そんなことはしないでしょう[5]。こうして、テルトゥリアヌスの言うように[6]、「キリスト教徒の生涯が悲しみの生涯だと考えてはならない。人が快楽を去るのは、ただより大きな快楽のため」なのです。聖パウロはこう言われます。「つねに祈りなさい。つねに感謝しなさい。つねに喜びなさい[7]。」神を見いだした喜びこそが、神に背いた悲しみと人生の全面的転換の根源にあるのです。イエス・キリストによれば、「畑に宝を見つけた人は非常に喜び、喜びのあまり、持ち物のすべてを売り払ってその畑を買います[8]」。現世の人々は、「現世が与えることも取り去ることもできない」――これもイエス・キリストの言葉です――この喜びをもっていません[9]。天上の至福者はいかなる悲しみもなしにこの喜びをもっています。現世の人々の悲しみにはこの喜びがありません。キリスト教徒はこの喜びをもっていますが、そこには、別の快楽に従ったという悲しみ、そして私たちを絶えず誘惑するこれら別種の快楽の魅惑に引かれてこの喜びを失うのではないかという恐れが混じっています。こうして私たちは、この喜びを保持して私たちの恐れを和らげ、この恐れを保持して私たちの喜びを保持すべく、[10]絶えず働かなければなりません。またあまりにも一方に押しやられると感じたら、その程度に応じて他方に身を傾けて、まっすぐ立っているようにしなければなりません。「不幸な日々には幸福を思い出し、幸福の日々には不幸を思い出すように」と聖書も述べています[11]が、イエス・キリストが私たちにしてくださったあの約束、「ご自分の喜びを私たちのうちに満たしてくださる」という約束[12]が成就するまで、そうしてください。ですから悲しみに打ちひしがれるままになってはいけません。そして信心は慰めのない苦しみでしかない、などと思わないようにしましょう。完璧な信心は天においてしか見当たりませんが、それでも真の信心は満足感に満ちあふれているので、その始まり、進行、完成のいずれにおいても十分な満足をもたらします。それはきわめてまばゆい光なので、その領域にあるすべてのものに降り注ぎます。もしもそこにいささかの悲しみが、とりわけ始まりにおいて、混じりあっているとすれば、それは徳ではなく、私たちに由来します。なぜならそれは私たちのうちに芽生える信心の結果ではなく、まだそこに残っている不信心の結果だからです。[13] 不信心を取り去りましょう。そうすれば喜びは混じりけないものになるでしょう。ですから信心ではなく、私たち自身を責めましょう。そしてひたすら私たちを矯正することを通じて信心のうちに安らぎを探しましょう……

1　パリの司祭団による弛緩した決疑論の告発のこと(「手紙」(三)注**9**)。司祭団は、「新手の決疑論者の多数の邪悪な主張の抜粋」を、一一月二四日付の請願書で、フランス聖職者会議に提出していた。

2　愛のこと。「コリントの信徒への手紙一」第一三章一—三節参照。

3　「私たちが神の国に入るには、多くの苦しみを経なくてはならない」(「使徒言行録」第一四章二二節)。

4　「こうして、自らの過ちを悔い改めて、神に償いをはじめた者は、その悔い改めを悔い改めて、悪魔に償いをするだろう。そして神の仇敵に親しめば親しむほど、神にとっておぞましいものになるだろう」(テルトゥリアヌス『悔い改めについて』第五節)。

5　パスカルの恩寵論の背景にある二種の快楽——自然の快楽と恩寵の快楽——の理論が、ここでは信仰と霊性の実践の問題に転用されている。『一一　幾何学的精神について』「(断章二)説得術について」注**7**参照。「二つの快楽」については、『恩寵文書』(手紙五)(白水社版『パスカル全集』第二巻一〇四—一一〇頁)に詳しい説明がある。

6「もしもきみが、人生には楽しみが必要だと考えるのなら、どうしてきみは恩知らずにも、神からくだされたあれほど多くの快楽に満足せず、それに目をふさぐのか」(テルトゥリアヌス『見世物見物について』第二九節)。

7「いつも喜んでいなさい。絶えず祈りなさい。どんなことにも感謝しなさい。これこそ、イエス・キリストにおいて、神があなたに望んでおられることです」(「テサロニケの信徒への手紙一」第五章一六—一八節)。

8「マタイによる福音書」第一三章四四節。

9「ヨハネによる福音書」の次の二節を組み合わせた引用。「私は、平和をあなたがたに残し、私の平和を与える。私はこれを、世が与えるように与えるのではない」(第一四章二七節)。「今はあなたがたも悲しんでいる。しかし、私は再びあなたがたと会い、あなたがたは心から喜ぶことになる。その喜びをあなたがたから奪い去る者はいない」(第一六章二二節)。

10「和らげる」あるいは「抑制する」という語を期待したくなるが、原文では「保持する」となっている。

11「シラ書(集会の書)」第一一章二七節(ウルガタによる)。新共同訳では、「人は、幸福なときには不幸を忘れ、不幸なときには、幸福を思い出さない」(同章二五節)となっている。

12「今までは、あなたがたは私の名によっては何も願わなかった。願いなさい。そうすれば与えられ、あなたがたは喜びで満たされる」(「ヨハネによる福音書」第一六章二四節)。

13『パンセ』断章＊一三(下、五八—五九)で類似の表現が繰り返されている(ただし、そこでは、

「信心」は「信仰」、「不信心」は「不信仰」と訳されている）。「手紙」〔二〕注6参照。

〔七〕

〔写本八／アダン九〕
〔一六五六年一二月二四日〕

あなたもご存じの方が[1]不安のうちにあることを知って、そのことには驚きませんが、その方のことはお気の毒に思っています。それは小さな審判の日であり、その到来はその方の全身全霊を動揺させずにはおきません。[2]ちょうど公審判[3]が世界全体に動揺を引き起こすように。とはいえ、その方がなそうとされているように、自らをすでに裁いている人々はそこに含まれないのです。この一時的な労苦は、それをご自分の苦しみとして耐え忍んでくださるイエス・キリストの無限の功徳によって、永遠の労苦から身を守ってくれることでしょう。それがその方に慰めをもたらしてくれるはずです。私たちの軛《くびき》は、イエス・キリストの軛でもあります。そうでなければ、それはとても耐えられないでしょう。「私の軛を負いなさい」と主は言われます。それは私たちの軛ではなく、主のものであり、だから主も負われるのです。「私の軛は軽くて負いやすい」と主は言われます。[4] それが軽いのは、イエス・キリストとその神としての力にとってだけです。あの方に申し上げたいことがあります。このような不安が出てくるのは、あの方のうちに芽生えはじめた善からではなく、まだ残存していて漸次減らしていかなければならない悪からだということを覚えていただきたいのです。[5] またその方には、わが子をけっして手放すまいとする母の腕から盗賊が引き離そうとしている子供のようにしていただかなければなりません。なぜなら子供は、自らが蒙っている暴力について、愛をこめて引きとめている母ではなく、不正な人さらいを責めなければならないのですから。[6] 待降節の祈禱はそのすべてが弱い者に勇気を与えるのにまことにふさわしいものです。そこでは、しばしば次の聖書の言葉が唱えられます。「雄々しくあれ、心おののく弱きもの。見よ、あなた方の救い主が来られる。[7]」また今日の晩課ではこう唱えられます。「新たな力を奮い起こせ。今やあらゆる恐れを捨てよ。見よ、私たちの神が来られる。私たちを助け、私たちを救うために……[8]」

1　ロアネーズ嬢のこと。

2　メナールは、この「小さな審判の日」のうちに、ロアネーズ嬢がキリスト降誕祭を控えて受けたと思われる悔悛の秘蹟とそこで行った総告白を見ている。ポール・ロワイヤルの精神的指導者であったサン・シランによれば、罪人にとって三つの裁き（審判）があり、第一は罪人自身による自己の裁き、第二は司祭による裁き、最後はイエス・キリストが世の終わりに行う公審判である。第一と第二はセットで悔悛の秘蹟を構成し、しかるべく行えば第三の裁きを避けることが可能である。

3　歴史の終わりに、再臨するキリストが人類を全体として、また人類の一員としてすべての個人を裁くこと。最後の審判と同じ。

4　「私は柔和で謙遜な者だから、私の軛を負い、私に学びなさい。そうすれば、あなたがたは安らぎを得られる。私の軛は負いやすく、私の荷は軽いからである」(「マタイによる福音書」第一一章二九―三〇節)。

5　直前の「手紙」〔六〕の末尾近くに述べたことを改めて喚起している。

6　同じ喩えは、『パンセ』断章＊一三(下、五八―五九)にも見られる。「手紙」〔二〕注6、「手紙」〔六〕注13も参照。

7　「雄々しくあれ、恐れるな。見よ、あなたたちの神を。敵を打ち、悪に報いる神が来られる。神は来て、あなたたちを救われる」(「イザヤ書」第三五章四節)。この章句は、待降節の典礼において、長短さまざまの形で繰り返し用いられている。

8　メナールによれば、これは、聖書の章句の引用というより、前出のイザヤの章句と降誕の祝日の第一晩課で歌われる答唱(「ユダとエルサレムの人々よ、恐れるな。明日は出で立て。主は共におられるだろう。毅然とせよ。主の救いがあなたたちの上に臨むだろう」「歴代誌下」第二〇章一七節の自由な引用)を組み合わせたものだという。メナールはそこから本信の日付を一二月二四日と推定している。

〔八〕

〔写本七／アダン八〕
〔一六五七年一月〕

あなたが、慢心のもとになるのではないかと心配しておられた事件が上首尾に終わる希望があると伺って満足しています。いたるところに心配の種があります。じっさいそれがうまく行かなければ、そこからあの悪い悲しみが生まれるのを心配することになるでしょう。聖パウロが言われるように、「それは死をもたらします」が、それに反して、「命をもたらすもう一つの悲しみがある」のです。[1]

この事件が難問であったのは確かであり、その方がそれを切り抜けるとすれば、そこにはいささか得意になる理由があります。といっても、そのために私たちが神に祈ったのだから、そこからもたらされる成功は神の業《わざ》だと信じなければならないという点を別にすればですが。しかし、もしもそれが失敗に終わっていたとしても、同じ理由から、それに打ちひしがれてはなりません。つまり、そのために私たちは神に祈ったのだし、神はこの事件をご自身のものとされたように見えるのですから。こうして神はすべての幸いとすべての災い――罪は別にして――の原因であると考えなければなりません。[2] その方には、この点について、以前聖書から引用したことを繰り返しましょう。「幸福な日々には、あなたが当然受けるべき不幸を思い出しなさい。そして不幸な日々には、あなたが待ち望む幸福を思い出すように。[3]」しかしながら、あなたがご存じのもうお一方、多くの事柄に心を惑わされていると書き送られてきた方については、そのような状態におられるのを見てとても気の毒に思っていると申し上げましょう。[4] この方の苦しみには本当に心が痛みます。できるものなら、苦しみを少しでも軽くしてさしあげたいのですが。どうかこの方が、先回りして未来を思い煩わず、主の御言葉にあるように、「一日の苦労は一日にて足る[5]」ことをお忘れになりませんように。

けっして過去に囚われてはなりません。自分の罪を悔い改めるだけでよいのですから。しかしそれにもまして、未来に影響されてはなりません。未来は私たちにとってまったく存在せず、そこにたどり着くことはおそらく決してないからです。本当に私たちのものである時間は現在だけですし、神の御心に従って私たちが用いるべきなのも現在だけです。何よりもそこにおいてこそ、私たちの思いを吟味しなければなりません。それなのにこの世の人びとは一時も落ち着いていられないので、現在の生と自分が現に生きている瞬間のことはほとんど考えず、ただこれから生きるはずの瞬間のことばかり考えています。こうしてひとはつねに未来を生きる態勢にあり、けっして今を生きる態勢にはありません。[6]主イエスは、私たちの予見が、今日の日を越えて先に広がることをお望みになりませんでした。これは、私たちの救いにとっても、私たちの心の平安にとっても、守らなければならない限界なのです。本当に、キリストの教えは最も多くの慰めに満ちています。たしかにこの世の道徳律以上に、そうなのです。

心悩んでおられるその方にも、ほかの人々にも、そして私自身にも、多くの苦難が待ち受けていることが予想されます。でも、このような予見に囚われていると感ずるとき、私は自分の限界のうちに閉じこもらせてくださるように神に祈ります。私は自分を自分に集中させます。すると今自分がしなければならないいくつものことを怠り、代わりに未来についての無用の思いのうちに気を散らせていたことに気がつきます。未来の思いに囚われることは、私の義務であるどころか、逆にそれに囚われないことこそ私の義務だというのに。人は、現在をよく知り究めることができないからこそ、知ったかぶりして未来を詮索するのです。こう申し上げるのは、私のためであって、その方のためではありません。その方はたしかに私よりもはるかに多くの徳と黙想を積んでいらっしゃるのですから。しかしその方が私の欠点に陥らないように、それをお見せするのです。善の手本をまねるより悪を見るほうがうまく自分を直せることがあります。そして悪はきわめてありふれているので、悪を活用する癖をつけるのはよいことです。それに反して、善はきわめて稀なので……

1「神の御心にかなった悲しみは、取り消されることのない救いに通じる悔い改めを生じさせ、世の悲しみは死をもたらします」(「コリントの信徒への手紙二」第七章一〇節)。

2 この「事件」が何であるかは分からないが、ロアネーズ公爵に関わることだと思われる。

3「手紙」(六)で引用された「シラ書(集会の書)」第一一章の章句(注**11**)を、文言を変えて再び引用している。

4 ロアネーズ嬢のこと。「手紙」(五)注**12**及び**13**参照。

5「明日のことで思い悩むな。明日のことは明日自らが思い悩む。その日の苦労は、その日だけで十分である」(「マタイによる福音書」第六章三四節)。ウルガタでは、「苦労」のところは、malitia(悪、悪意)という語が用いられているが、パスカルはそれを受けて、malice としている。一般には、peine(苦労)という語が用いられることが多い。

6『パンセ』断章四七(上、七〇―七一)では、同じ思想が、人間の本来的な条件として提示されている。

〔九〕

〔写本五／アダン三〕
〔一六五七年二月〕[1]

ありがたいことに、あなたのためにはもう何の心配もせず、すばらしい希望を抱いています。「すでに持っている人には与えられる」[2]という、あのイエス・キリストの言葉は、慰めにあふれる言葉です。この約束によって、多くを受け取った人々にはより多くを希望する権利があります。ですから、並外れて受け取った人々は並外れて希望しなければなりません。私はできるかぎり何も悲しまず、いかなることが起こっても、それを最良のものとして受けとめるように努めます。そして思うに、それは義務であり、そうしないのは罪なのです。つまり、罪が罪であるのは、ひたすらそれが神の御心に反しているからなのです。こうして罪の本質は、私たちが神の御心だと承知していることに反する意向を持つところにあるので、神が出来事によって御心をあらわされるときに、それに順応しなければ罪になるのは明らかだと思われます。[3]すべて起こったことには何かしら驚嘆すべきところがあることを私は学びました。なぜならそこには神の御心がしるされているのですから。恵みを完璧に継続してくださる神を心から讃えます。じっさいそれが決して弱まらないことが、私には分かるのです。

＊＊＊の事件ははかばかしくありません。[4] 真の神の促しを感じる人々にとって、迫害の準備が人身に向けられているばかりでなく（それだけなら大したことではないでしょう）、真理にも向けられているのを見るのは、戦慄すべきことです。嘘いつわりなしに、神は見捨てられています。今こそ神にお仕えすることが神のお気に召す時だと思われます。神は、私たちが自然によって恩寵を判断することを望まれますので、次のように考察することをお許しになります。すなわち、臣下によって自国から追われた君主は、反乱のさなかで忠誠を保ち続ける者たちにこの上ない愛情を抱きますが、[5] それと同じように、神は、今日これほど激しく攻撃されている宗教と道徳の清らかさを擁護する者たちを特別の思し召しでご覧になると思われます。しかし地上の国王方と王者の中の王との間には以下の違いがあります。つまり君主はその臣下を忠実にするのではなく、忠実である臣下を見いだすのですが、それに反して、神が見いだすのはただ神に背いた臣下ばかりであり、もしも忠義な者がいれば、神ご自身がそうされているのです。そういうわけで、国王は服従のうちにとどまる臣下に対して格別の恩義を負っていますが、その反対に、神への奉仕のうちにとどまる人々自身は神に対して無限の恩義を負うことになるのです。ですから、神が私たちにこの恩恵を授けてくださったのであれば、それについ

て神を称えつづけ、やがては来世においても神を讃えましょう。そして神に祈りましょう。神がさらにそれを授けてくださいますように、そして私たちと教会全体――その外には呪いがあるばかりです――に憐みをかけてくださいますように。

お話にあった、＊＊＊の迫害には、私も関わりがあります。[6] 神が隠れた僕《しもべ》を取っておかれたことがよく分かります。神がエリヤに言われたとおりです。[7] 私たちがたしかにその一員であり、それにふさわしいものでありますように、霊と真理において、心底から神に祈ります……

1 本信は、執筆時期を推定するための手掛かりに乏しく、さまざまな説がある。ブランシュヴィックは一六五六年一〇月、ラフュマは九月ないし一〇月、セリエは八月二五日を提案している。注**4**参照。

2 「持っている人はさらに与えられて豊かになる」(「マタイによる福音書」第一三章一二節)。

3 「出来事」についての類似の思想は、『パンセ』の「イエスの秘義」にも見られる。「もしも神が御手ずから導き手を与えてくださるのなら、ああ、なんと喜んで従わなければならないだろうか。必然と出来事は間違いなくそのような導き手である」(断章＊七、下、四二。ただしそこでは、「導き手」は「師父」と訳されている)。

4 この事件が何であるかは確定されていないが、ポール・ロワイヤルに対する迫害の脅威、とりわけ信仰宣誓書の署名強制の問題に関係しているのは確実である。ブランシュヴィックは、フランス聖職者会議で信仰宣誓書が、一六五六年九月四日に作成されたことに着目して、本信の執筆時期を同年一〇月と推定しているが、メナールは問題が切迫してきた翌年二月としている。パスカル自身、一六五七年一月二三日の日付をもつ『プロヴァンシアル』第一七信で、この問題について強い危惧の念を表明している。この点については、塩川徹也「『プロヴァンシアル』と信仰宣誓書」(『パスカル考』岩波書店、二〇〇三年所収)参照。

5 国を失った王の喩えは、『パンセ』でも、あちこちで用いられている(断章六二、一一六、一一七)。ここでは、ピューリタン革命のために亡命中だったチャールズ二世がとりわけパスカルの念頭にあったと思われる。チャールズ二世は一六六〇年に王政復古を果たすこととなる(『パンセ』断章七五〇参照)。

6 この件が何を指すかは、不明。

7 イスラエルの民が神に背いてバアルに従い、自分一人が残されたと思っていた預言者エリヤに、神がかけた言葉、「私はイスラエルに七千人を残す。これは皆、バアルにひざまずかず、これに口づけしなかった者である」(「列王記上」第一九章一八節)。新約聖書では、パウロがこれを受けて、次のような解説を施している。「エリヤについて聖書に何と書いてあるか、あなたがたは知らないのですか。彼はイスラエルの神にこう訴えています。「主よ、彼らはあなたの預言者たちを殺し、あなたの祭壇を壊しました。そして私だけが残りました。〔…〕」しかし、神は彼に何と告げているか。「私は、バアルにひざまずかなかった七千人を自分のために残しておいた」と告げておられます。同じように、現に今も、恵みによって選ばれた者が残っています」(「ローマの信徒への手紙」第一一章二―五節)。パスカルは、迫害されるポール・ロワイヤルに心を寄せる人々を、神の「隠れた僕」に準《なぞら》えている。『パンセ』断章七一九、中、四〇九―四一〇参照。

解題 ロアネーズ嬢ことシャルロット・ド・グフィエ(一六三三―一六八三)は、パスカルの親友アルチュス・ド・グフィエ、ロアネーズ公爵(一六二七―一六九六)の妹である。グフィエ家は、フランス西部ポワトゥ地方の名門貴族であるが、そのパリの邸宅が、オヴェルニュから上京したパスカル一家が一六三五年から四〇年にかけて居住した住まいのすぐ近くにあり、両家の子供たち、とくにブレーズとアルチュスは幼馴染であったと考えられている。その関係は、パスカル一家がその後ルアンに移り住んだこともあって一時途絶えるが、一六五三年頃から再開し、数学の愛好家であった公爵はパスカルを尊敬し、二人は緊密なきずなで結ばれた。パスカルが、一六五四年一一月の「火の夜」の体験を経て回心の決意を固め、翌年一月、黙想のためにポール・ロワイヤル・デ・シャンに出発したとき、そのことを打ち明けられたロアネーズ公爵は、友の決心に涙なしには同意することができなかったという。そして公爵自身、パスカルにならって回心をこころざし、次第に世俗の生活を離れて隠遁生活に入ることを目指して、その手始めに負債の整理に手をつけ、持ち上がっていた縁談を謝絶した。

　妹のシャルロットも幼いころからパスカルを見知っていたが、年齢差が大きいこともあって、知的あるいは宗教的な交友関係を取り結んでいた形跡はない。一六五五年以降、兄が回心してパスカルの指導を受けるようになると、彼女もその影響を受けた可能性はあるが、兄のように隠遁生活をこころざすことはなく、周囲のお膳立てに従って結婚し、世俗の生活を送ることを望んでいた。とはいえ、それは彼女が信仰に無関心だということではなかった。一六五六年八月のある金曜日、彼女は母親とともに、イエス・キリストの荊冠の遺物が陳列されているパリのポール・ロワイヤル修道院に巡礼に出かけた。この聖遺物は、同年三月二四日、パスカルの姪マルグリット・ペリエの眼病の奇蹟的な治癒――いわゆる聖荊《せいけい》の奇蹟――のきっかけとなり、それが大きな反響を呼び、多数の人々が崇敬のために修道院を訪れていたのである[1]。ところが修道院に向かう道すがら、彼女は突如並外れた感動に襲われ、修道女になりたいという強い願望を感じた。この願望は修道院に着いて、聖遺物に対面す

図22　荊冠の聖遺物

ると一層明瞭になり、彼女は、自分がポール・ロワイヤルで修道女になるべく神から呼ばれていると確信した。彼女はこの発心を母には伏せたまま、兄およびポール・ロワイヤルの少数の知り合いに打ち明けて、召命の実現を目指した。ポール・ロワイヤルで相談を受けた人々の中には、パスカル、そして修道女たちの聴罪司祭であったサングランがいたが、二人は彼女に、召命が本物かどうか確かめるために、時間をかけて熟慮するように助言した。一方、ロアネーズ公爵は、妹の縁談がすでに具体化していたので困惑したが、とにかく彼女の決心を試す時間が必要であると判断し、おりしも総督を務めているポワトゥに出立する時期が迫っていたので、母親のボワジー侯爵夫人ともども、妹を一緒に連れて行くことにした。こうして彼女は、一六五六年八月半ばから翌年三月まで、ポワトゥはオワロンの居城に滞在した。『ロアネーズ嬢宛の手紙』は、その間にパスカルが彼女と交わした文通の名残である。彼女からパスカルに宛てた手紙は残されていない。また同時期、パスカルとロアネーズ公爵、そしてサングランと彼女もそれぞれ手紙を取り交わしたはずであるが、それらも失われた。

図23　オワロン城

『ロアネーズ嬢宛の手紙』は、九通の手紙の抜粋の形で残されている。そのような抜粋版は、パスカルの死後まもなく作成されたと思われるが、それは、当時ポール・ロワイヤルから数多く出版されていた信心書の一環として、パスカルの霊的黙想を世に出すためであった。計画は実現しなかったが、その一部は、ポール・ロワイヤル版『パンセ』(初版一六七〇年)に収録された。そこでは、抜粋版からさらに抽出された十数編の断片が、パスカルの断想《パンセ》として、第二七章「奇蹟についての断想」と第二八章「キリスト教的断想」に収められているが、ロアネーズ嬢への言及は一切ない。また、それが手紙の一部であることも示されていない。

『ロアネーズ嬢宛の手紙』の現存する最古のテクストは、一八世紀前半に作成された写本集――いわゆる「ゲリエ写本」(2)――に収められているが、それには、「パスカル氏がロアネーズ嬢へ宛てた数通の手紙の抜粋」という題名が付されている。九編の抜粋にはそれぞれ番号が振られているが、日付は一切なく、それらが時系列に沿って配列された形跡もない。こうして、手紙の配列、執筆時期の推定は困難を極め、さまざまな説が提出されたが、ジャン・メナールは、その学位論文『パスカルとロアネーズ兄妹』(3)(一九六五年)において、パスカルと兄妹との生涯にわたる交友の実態を文献資料の博捜によって解明し、その成果を踏まえて、『パスカル全集』第三巻で、『ロアネーズ嬢宛の手紙』のテクストの批評校訂を行い、手紙の配列、執筆の時期、背景、意図等についてきわめて説得的な見解を打ち出した。

姉のジルベルトによれば、パスカルは、「優れた精神の持ち主や高い身分の人びと」から、宗教と信仰の問題についてしばしば相談を受け、指導にあたっていたという。(4) ロアネーズ嬢との文通で彼が果たしたのも、まさに霊的指導者の役割であった。それは何も、俗人である彼が、真の指導者である司祭に代わって、彼女に進むべき道を示すことではない。その役割はサングランに委ねられていた。パスカルは、サン・シランの影響のもとでポール・ロワイヤルに広まっていた俗人指導者の理念に忠実に従って、文通相手の心を訪《おとな》う恩寵の働きを注意深く見守り、それを阻むさまざまな障害をできるかぎり取り除くことに心を砕いている。じっさい彼女には、大きな障害が立ちはだかっていた。まず、彼女の家族と親族は、兄を別にすれば、彼女の発心に強く反対していた。そして何より、彼女が修道の場として選ぼうとしていたポール・ロワイヤルは異端の嫌疑を受けて、聖俗双方の権力から迫害されていた。そのような状況で、彼女が不安と恐れに駆られ、焦りと苛立ちの思いを抱くのは無理からぬことであった。それに対して、パスカルは自らの体験も踏まえて、回心の途上にある魂が感じる苦痛と苦悩は、魂が神の恩寵と被造物への執着との双方に引き裂かれることとの結果であり、それ自体を神の恩寵として受け入れるべきであることを繰り返し説き、それを通じて、彼女に励ましと慰めをもたらそうとする。また彼女自身の回心のきっかけとなった聖荊の奇蹟が、教会によって正式に認定されたことを伝える「手紙」〔四〕では、奇蹟の意味の考察を手がかりにして、「隠れた神」、すなわちすべての可視的事物のうちに神秘的に現存している神のあり方を雄大な筆致で描き出す。『ロアネーズ嬢宛の手紙』は、パスカルの成熟した霊的指導のあり方を遺憾なく示すテクストである。

しかしこの一連の手紙の意義はそれだけにとどまらない。これらは、『プロヴァンシアル』と同時期、より細かく言えば、第一一信（一六五六年八月一八日付）と最後の第一八信（一六五七年三月二四日付）の間に位置している。決疑論における「弛緩した」道徳原則をめぐってイエズス会の著者たちと交わされた激しい論争、そしてジャンセニスムの異端宣告に連動してポール・ロワイヤルに加えられる非難中傷と政治的・宗教的弾圧、そうした時事問題への暗示的言及とそれに対するパスカルの率直な感想が、これらの手紙のそこかしこにちりばめられている。それらは、当時の論争の雰囲気の一端を伝えると同時に、論争の当事者の一人として獅子奮迅の働きをしていたパスカルのひそかな思いを垣間見させてくれる点でまことに興味深い。

ポワトゥからパリに戻ったロアネーズ嬢は、その数

1

DIX-SEPTIE'ME LETTRE
ESCRITTE PAR L'AVTEVR DES LETTRES
AV PROVINCIAL

Au Reuerend P. ANNAT Iesuite.

Ce 23. Ianuier 1657.

MON REVEREND PERE,

Vostre procedé m'auoit fait croire que vous desiriez que nous demeurassions en repos de part & d'autre, & ie m'y estois disposé. Mais vous auez depuis produit tant d'écrits en peu de temps, qu'il paroist bien qu'vne paix n'est guere asseurée, quand elle depend du silence des Iesuites. Ie ne sçay si cette rupture vous sera fort auantageuse : mais pour moy ie ne suis pas fasché qu'elle me donne le moyen de destruire ce reproche ordinaire d'heresie, dont vous remplissez tous vos liures.

Il est temps que i'arreste vne fois pour toutes cette hardiesse que vous prenez de me traitter d'heretique, qui s'augmente tous les iours. Vous le faites dans ce liure que vous venez de publier, d'vne maniere qui ne se peut plus souffrir, & qui me rendroit enfin suspect, si ie ne vous y répondois comme le merite vn reproche de cette nature. I'auois mé-

図24　『第17プロヴァンシアル』
（1657年1月23日）

カ月後の七月初めに、母親の監視の目を掻いくぐって、ポール・ロワイヤル修道院に赴き、修道志願者として受け入れられ、シャルロット・ド・ラ・パッションの修道名を与えられる。これは、迫害の最中にあって、大貴族の支援を必要としていたポール・ロワイヤルにとっては、大きな成功であった。修道院に敵対するイエズス会は事態を重く見て、王権に働きかけ、彼女の召命に強く反対していた親族を動かして、同年一一月三日に彼女を実力で修道院から退去させ、実家に戻した。事態を予想していた彼女は、貞潔の誓願をあらかじめ立て、世俗の生活に戻っても、修道女と同様の生き方を貫いた。しかしながら時を経て、精神的支えであったパスカル、次いでサングランが亡くなると、彼女の決意は揺らぎ、周囲の圧力に屈して誓願を解消し、一六六七年には結婚した。しかし結婚生活は不和と不幸の連続であり、彼女はそこに神の意志を見ていたという。彼女は、パスカルの手紙ばかりでなく、ポール・ロワイヤルの関係者から受け取った手紙を大切に保存していたが、臨終に際して、夫の命令に従ってすべてを焼却した。

＊

翻訳にあたっては、メナール版全集を底本として、ルゲルン版全集を適宜参照した。手紙の配列はメナールに従い、各々の「手紙」の冒頭に〔一〕、〔二〕のように番号を振って順番を示し、さらに、「ゲリエ写本」とシャルル・アダンの配列番号――後者は、ブランシュヴィック、ラフュマ、ルゲルンなどが採用している――を、〔写本九／アダン 二〕のようにして添えた。手紙の日付も、メナールの推定に従い、〔　〕の中に入れて示した。

(1) 聖荊の奇蹟とそれが引き起こした反響については、塩川徹也『パスカル 奇蹟と表徴』(岩波書店、一九八五年)第三章「聖荊の奇蹟――事件とその波紋」参照。

(2) この写本については、岩波文庫版『パンセ』下、一九八頁参照。

(3) この仕事については、赤木昭三氏の意を尽くした紹介がある。「パスカル研究の最近の動向(1)」白水社版『パスカル全集』「月報第一号」(第一巻付録)。

(4) ジルベルト・ペリエ『パスカル氏の生涯』(第一稿)、四一節。白水社版『パスカル全集』第一巻、三五―三六頁(赤木昭三訳)。

一三　ペリエ夫妻宛の手紙の断片　一六五七年前半

パスカル氏の手紙の断片

そちらのフロンド[1]の委細をお知らせいただきありがとうございます。とりわけお二人がそれに関わっておられるだけになおさらです。というのも、お二人は、こちらのフロンド派の人たちの真似をされるようなことはないと思いますので。何しろ、あの人たちは、少なくとも私の見るところ、神から与えられたあの特典、つまり神の真理の確立のために何事かを耐え忍ぶという特典を悪用しているのですから。彼らは、自分たちの真理を確立するためであっても、同じように振舞うことでしょう。同じ摂理が、一方の人々には光明を与えるけれど、他方にはそれを拒むことを[2]、彼らは知らないように思われます。また彼らが真理を懸命に説得しようとするとき、彼らは、真理の前進に障害が立ちはだかることを許容される神とは別の神に仕えているように思われます。彼らは、自分たちの妨げになるものに対して不平を鳴らすことによって、神のお役に立つと思っています。まるで彼らの信仰心を鼓舞する力と彼らの努力に対抗する者たちを活気づける力とが、別ものであるかのように。

　これこそ個別の精神のしわざです。私たちが、何事かの成功を自分自身の気持ちで願うとき、私たちは障害に対して腹を立てます。それは私たちが、その妨げのうちに、私たちを行動させる動機が予期したのとは別のものがあるのを感じ、また、私たちを行動させる個別の精神がもくろんだのとは別の事柄を見いだすからです。

　しかし、本当に神に動かされているときには、私たちは、自分の外に、私たちを動かしているのと同じ原理に由来しないものが何かあろうとは、けっして感じません。私たちを行動に促す動機に対立するものはありません。私たちを行動に誘うのと同じ力が、他者を誘って私たちに抵抗させる、あるいは少なくともそれを許容するのです。こういうわけで、私たちはそこに相違を見いだしません[3]。したがって、外部の出来事と戦うのは私たちの精神[4]ではなく、善を生み出し悪を許容している同じ一つの精神なので、こうした一致が魂の平和をかき乱すことはありませんし、それは、私たちが神の精神によって働いていることを示す最良のしるしの一つなのです。じっさい、どんなに大きな悪であれ、神がそれを許容されることの方が、私たちにとってどんなに大きく見える善であれ、神が私たちのうちでそれを行われることより、(何かほかの秘密の動機があれば別ですが)ずっと確実です。ですから、私たちを動かしているのが神かどうかを見分けるためには、私たちの内なる動機よりも外に表れる行動によって、自分を吟味するほうがいいのです。なぜなら内部だけしか吟味しなければ、そこに善いものしか見つからないにしても、その善が本当に神に由来するかどうか確信がもてないからです。しかし私たちが自分を外部において吟味するときは、言いかえれば、外部の妨げを辛抱強く耐え忍んでいるかどうか考察するときは、私たちに熱情を吹き込む力とその熱情を妨げる抵抗を許容する力との間に、精神の一致があることになります。そして神が抵抗を許容されているのは確かなのですから、私たちも、自分たちの熱情が神によって生み出されていると、へりくだって期待することができるのです。

しかしなんということでしょう。人々はあたかも自分が真理を勝利させる使命を負っているかのように行動します。私たちの使命はただ真理のために戦うことだけだというのに。征服欲は人間の本性にあまりにも深く根付いているので、真理を勝利させるという欲望の衣をまとうと、しばしば見分けがつかなくなり、神の栄光を探求しているつもりで実は自分の栄光を求めることになりかねません。外からの妨げをどのように受け止めるかが、それを見分ける最も確かなしるしだと私には思われます。というのも、もしも私たちが神の秩序しか望まなければ、神の正義の勝利を神の慈悲の勝利と同じ程度に祈願し、私たちの側に怠慢がないかぎり、真理が明らかになろうと、はたまた攻撃されようとも、私たちの心は平らかでしょう。なぜなら、前者においては神の慈悲が、後者においては神の正義が勝利を収めるのですから。[5]

「正しき父よ、げに世は汝を知らず――正しい父よ、世はあなたを知りません[6]――。これについて、聖アウグスティヌスは、神が世に知られないのは、神の正義の結果であると述べています。[7]聖パウロが言われるように、「祈り、働きましょう。そしてすべてを喜びましょう」[8]。

もしもお二人が、私が最初にあやまちを犯したときにいさめてくださったら、今回のあやまちは犯さず、自分を押さえたことでしょう。でもこのあやまちももう一つのあやまちも取り消すつもりはありません。お望みであれば、お二人の方で取り消してください。私は我慢できなかったのです。証明した真理を是が非でも人に信じさせたいと願う人たちにそれほど怒っているのです。イエス・キリストでさえ、その創造された人間性においては、そんなことはなさりませんでした。それはばかげています。そして、思うに、云々……

ラポルト氏がご病気と伺って心を痛めています。[9] 氏のことは心から尊敬しています。私は、云々……

1 フロンドの乱(一六四九—一六五三)は一七世紀フランス最大の政治危機であるが、ここではそれを、主としてジャンセニスムに関わる種々の紛争の意味に転用している。

2 神の摂理がすべての人に等しく知られるわけではないのは、神が隠れているからである。「隠れた神」のテーマについては、『一二 ロアネーズ嬢宛の手紙』第四信参照。

3 「私たち」を動かす力と、それに反対する勢力を動かす力は、どちらも神に由来するという意味で、相違がない。

4 少し前に、「個別の精神」と言われていたもの。すぐ後の「神の精神」に対立する。

5 慈悲と正義は、共に神の属性として相補的な関係にある。人間が神から独立して、その支配から逃れようとした以上、神が人間を見捨てるのは公正であり、正義にかなっている。それにもかかわらず、神は無償の慈悲を発揮してある人々を選び取り、全能の恩寵によって彼らを堕落から解放する。「神の正義は、その慈悲と同じように、度外れて大きくなければならない」(『パンセ』断章四一八、中、四九)。

6 「ヨハネによる福音書」第一七章二五節。パスカルはまず、ウルガタのラテン語を引用し、それにフランス語訳を添えている。この聖句は『九 メモリアル』でも引用されている。

7 アウグスティヌスは、『ヨハネによる福音書講解説教』第一一一説教でこう述べている。「世があなたを知らなかったのは、あなたが正しい方だからです。じっさい、劫罰に定められたこの世があなたを知らなかったのは、正当なことでした。しかしキリストによって神と和解した世は神を知りましたが、それは正当だからではなく、恩寵のおかげなのです。」

8「いつも喜んでいなさい。絶えず祈りなさい。どんなことにも感謝しなさい」(「テサロニケの信徒への手紙一」第五章一六―一八節)。「ロアネーズ嬢宛の手紙」(六)にも同じ箇所からの引用がある(同所注**7**参照)。

9 クレルモンの医師で、フロラン・ペリエとパスカルの友人であった、リジエ・ラポルト(一六二〇―一六八一)のことと思われる。

解題 今に伝えられるこの手紙には日付も宛名も欠けている。一八世紀前半にゲリエ神父によって、パスカル自筆の原本に基づく写本が作成されたが、その時すでに、原本の最後の一葉は切り取られていたという。ペリエ家の人々は、パスカルから受け取った手紙の断片を、彼の自筆を求める人々にあたかも聖遺物のように分配する習慣、ジャン・メナールによれば「困った習慣」があったという。文中に、パスカルとペリエ家の共通の友人であった医師ラポルトが言及されていることと合わせると、この手紙がペリエ夫妻に宛てられたものであるのはまず間違いない。

執筆の時期については、手紙の文面が、ポール・ロワイヤルの陣営内部で生じた不和を暗示しているところから、かつては、パスカルの最晩年、いわゆる信仰宣誓書の署名問題への対応策をめぐって、パスカルとアルノーおよびニコルとの間に論争が交わされた一六六一年冬から翌年初頭ではないかと考えられていたが、その時期、ペリエ夫妻はパリに滞在していた。また、手紙の内容は、問題の論争には必ずしも適合しない。ルイ・ラフュマ、そしてとりわけメナールの研究によって、今では、執筆時期は、『プロヴァンシアル』論争が最終局面を迎えた一六五七年前半、春ごろ(メナール説)ないし六月(ラフュマ説)と推定されている。

手紙が問題にしているクレルモンとパリの「フロンド」が、何を指しているかについては、正確なところは分からないが、いずれにせよ、『プロヴァンシアル』論争のきっかけとなり、そこで争われていた問題、すなわちジャンセニスムをめぐってポール・ロワイヤルとその敵対勢力とりわけイエズス会との間に生じたさまざまな紛争、さらには教会当局によるジャンセニウス支持派――ポール・ロワイヤルはその拠点と見なされていた――の弾圧と関連した出来事であるのは確実である。たとえば、クレルモンでは、イエズス会のコレージュ(中等学校)進出計画をめぐって、イエズス会の支持派と反対派のあいだで意見の対立があり、フロラン・ペリエは後者の一員として反対運動に参加していたが、同時に彼は、ジャンセニスムの同調者と見なされ、教区の何人かの聖職者と悶着を起こしていた。

一方、パリでは、『プロヴァンシアル』はイエズス会の許容主義的な決疑論の批判においては成功を収めたが、ジャンセニスムの断罪とジャンセニストの弾圧を押しとどめることはできず、ポール・ロワイヤルは窮地に陥っていた。一六五七年三月には、ジャンセニウスの恩寵論に異端宣告を下したローマ教皇の大勅書に服従する旨の宣誓をフランス全土の聖職者に命じる決定がフランス聖職者会議において改めて下され、そのための書式——それが、信仰宣誓書である——が改訂された[1]。このような情勢で、パスカルは信仰宣誓書の署名強制の不当性を糾弾する『プロヴァンシアル』第一八信を執筆する。しかしこの問題については、事態の収拾を図ろうとしたルアン大司教フランソワ・ド・アルレ——彼は聖職者会議の議長を務めていた——とポール・ロワイヤルのあいだで妥協策が模索され、四月末から五月初めにかけて秘密交渉が行われたが、その前提条件の一つは、交渉が成功した場合には、『プロヴァンシアル』第一八信の公表を取りやめるというものであった。交渉は結局挫折し、パスカルの手紙は公刊されるが、この件をめぐって、彼とポール・ロワイヤルの同志たちのあいだに、対立とまでは行かなくても、意見の相違があったことは否定できない。メナールはこの件が、手紙の背景にあると推測している。

　この推測は説得的であるが、いずれにせよ、ここでパスカルの展開する考察はきわめて一般的な問題に関わり、それを特定の背景に結びつけて考える必要はない。問題は、ある

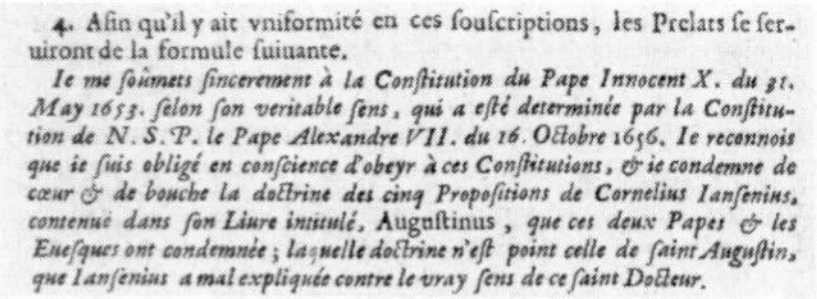
4. Afin qu'il y ait vniformité en ces souſcriptions, les Prelats ſe ſeruiront de la formule ſuiuante.

Ie me ſoûmets ſincerement à la Conſtitution du Pape Innocent X. du 31. May 1653. ſelon ſon veritable ſens, qui a eſté determinée par la Conſtitution de N. S. P. le Pape Alexandre VII. du 16. Octobre 1656. Ie reconnois que ie ſuis obligé en conſcience d'obeyr à ces Conſtitutions, & ie condemne de cœur & de bouche la doctrine des cinq Propoſitions de Cornelius Ianſenius, contenuë dans ſon Liure intitulé, Auguſtinus, *que ces deux Papes & les Eueſques ont condemnée; laquelle doctrine n'eſt point celle de ſaint Auguſtin, que Ianſenius a mal expliquée contre le vray ſens de ce ſaint Docteur.*

図 25　信仰宣誓書改訂版

大義のための戦いが、手ごわい抵抗にあって所期の目的を達成することができず、大義そのものが危殆に瀕するように思われる場合、その結果をどのように受けとめ、さらにどのように行動すべきか、ということである。パスカルは、『プロヴァンシアル』論争において、キリスト教信仰の根幹に関わる恩寵論、そしてそれに基礎づけられる純粋な道徳を擁護するための戦いに挺身していると確信していた。しかし、教会内には、イエズス会のようにそれに反対する勢力があるだけではない。教会自体が、ローマ教皇とフランス聖職者会議の名において、アウグスティヌスの衣鉢を継ぐジャンセニウスの恩寵論に異端の判定を下し、それに従おうとしない者たちを教会の交わりから切り離そうとしている。

このような状況を前にして、『一二　ロアネーズ嬢宛の手紙』第九信は、「迫害の準備が人身に向けられているばかりでなく〔…〕、真理にも向けられているのを見るのは、戦慄すべきことです。嘘いつわりなしに、神は見捨てられています」という激しい言葉で、強い怒りと不安を吐露していた(2)。しかし、この手紙では、そのような直接的な反応はひとまず抑えて、すべてを神の摂理に委ねる姿勢が打ち出される。全知全能の神が万事を支配しているとすれば、すべての出来事は、一見宗教の真理に反するように思われる結果も含めて、神の意向にかなっているはずである。したがって人間が自分の行動の結果を自らの「個別の精神」で判断して、一喜一憂するのは間違っている。出来事こそは、神の意志の最も明らかなしるしであり、それに従うことが神に従うことにほかならない(3)。しかし、それはけっして事の成り行きに身を任せて、既成事実に追随することではない。なぜなら、結果の如何にかかわらず、人は真理のために戦う使命を負い続けるのだから。しかし、それは、真理を勝利させる使命とは異なる。後者は神の手に委ねられており、それを人間業《わざ》で達成しようと望むのは、人間の思い上がりにほかならない。人間に命じられているのは、ひたすら真理のために戦うこと、すなわち、いかなる状況にあっても、真理を証言し続けることである。それはまさに、殉教者――それは、ギリシア語の語源に遡れば、「証人」を意味する――が、自らの命と引き換えに信仰の真理を証するのと同じことなのである[4]。この手紙は、断片ながら、パスカルが信仰の実践の根柢に据えた二つの信念、真理の証言と出来事への服従が、まとまった形で提示されている点で注目に値する。

図26　ポール・ロワイヤル・デ・シャンの廃墟

(1) この問題については、塩川徹也「ジャンセニスムと政治――信仰宣誓書の署名問題をめぐって」(『パスカル考』岩波書店、二〇〇三年所収)参照。
(2) 前出、三四七頁参照。
(3) 「ロアネーズ嬢宛の手紙」〔九〕注3参照。

（4）『パンセ』には、「私は、証人がたとえ喉くびを掻き切られても守り抜く歴史しか信じない」という激しい言葉が残されている（断章八二三、中、五一二）。

一四　罪人の回心について

神が真に魂に働きかけてくださるとき、最初に魂に吹き込んでくださるのは、きわめて特別の認識とものの見方であり、それによって魂は事物と自分自身をまったく新たな仕方で眺めるようになる。

この新たな光明は魂に恐れを与え、動揺をもたらし、魂がそれまで無上の喜びとしていた事物のうちに安住することを妨げる。

魂はもはや自らを魅惑していた事物を心静かに味わうことができない。良心の絶え間ない不安が魂を攻めたてて、快楽の享受の邪魔をする。そしてこの内なる眺めのせいで、魂はそれまで思う存分耽溺してきた事物のうちに、慣れ親しんだあの甘美さをもはや見いだすことができない。

しかし魂は現世のよしなしごとのうちよりも信仰の実践のうちにさらに多くの苦《にが》みを

見いだす。一方では、目に見える対象の現前の方が、目に見えない対象への希望よりも魂に強く働きかけるが、他方では、目に見えないものの堅固さの方が、見えるもののむなしさよりも強く働きかける。こうして一方の現前と他方の堅固さが魂の愛情を奪い合い、一方のむなしさと他方の不在が魂の嫌悪をかきたてる。[1]こうして魂のうちに、無秩序と混乱が生まれ、それが……

魂は滅ぶべき事物を、滅びつつありさらにはすでに滅んだものと見なす。そして自分が愛するものすべてが無に帰することをたしかに見てとり、自分にとっての幸福の享受が一瞬ごとに奪い去られ、自分にとって最も大切なものが絶えず流れ去り、ついには自らの希望の根拠であったすべてのものを失う日が確実にやってくることを見て、このような考えに怖気をふるう。[2]こうして魂は完全に理解する。自分の心が壊れやすくむなしい事物だけに執着していたせいで、今生を出立するときには、自分はたった一人で見捨てられるに違いない、なぜならそれ自体で存続する真の善にわが身を結びつけるための心遣いをしなかったのだから。それこそ、魂を現世においても来世においても支えることができるものだというのに。

そこから、魂は虚無に帰るべきすべてのもの、天、地、自分の精神、自分の体、両親、友人、敵、財産、困窮、失脚、繁栄、名誉、屈辱、評価、軽蔑、権威、貧窮、健康、病気そして生命さえも空虚と見なしはじめる。要するに、自分より長続きするはずのないものは、この魂の欲望を満足させることができない。それが心底求めているのは、自らと同じだけ長続きする至福のうちに身を落ち着けることなのだから。

魂は自分が盲目のうちに生きてきたことに驚きはじめる。そして一方では、自分がこれまで長い間、このような反省をせずに生きてきたこと、また多くの人が同様な生き方をしていることに思いをいたし、他方では、その本性上不死である魂が、滅ぶべき事物、少なくとも死に際して取り去られる事物のうちに至福を見いだせないのは確実であることを考えると、魂は聖なる狼狽と驚愕に陥り、それが救いへとつながる動揺を魂にもたらす。

じっさい魂は思いを凝らして、こう考える。現世の行動原理に従って歳を重ねる人々がどれほど多かろうと、また自らの至福の根拠を現世に求める多数の人々の手本にどれほど権威があろうと、それでも次のことは確実なのだ。つまり、現世の事物に仮に少しばかり堅固な快楽があったとしても——それは無数のあれほど痛ましく絶え間のない経験によって偽りであることが実証されているのだが——、これらの事物が失われるか、さもなければ、最後は死によって私たちから奪い取られることは避けられない。したがって、魂が現世の財産——それがいかなる性質の財産、たとえば金銭であれ、学問であれ、評判であれ——を一身に集めたにしても、自分の至福をなすこれらすべての対象を失うに至るのは不可避の必然である。こうして、これらの対象には魂を喜ばせるだけの能力が一時的にあったにしても、永遠に喜ばせるだけの能力は備わっていない。そしてそれによって入手する幸福が本物だとしても、それは永続する幸福を目標とすることではない。なぜならこの幸福は今生の間に限られているのだから。

　こうして魂は、神が傲慢の上位にお引き上げになる聖なる謙遜によって、通常の人間たちを超えて上昇しはじめる。魂は彼らの振舞いを非難し、彼らの行動原則を嫌悪し、彼らの盲目を嘆き、真の善の探求に赴く。真の善には次の二つの性質、第一に、それが魂と同じだけ存続し、魂の同意なしには取り去ることができないこと、第二に、それ以上に愛すべきものは何もないことを、魂は理解する。[3]

　魂は、現世を愛していたあいだは現世にこの第二の性質を見いだしていたが、それがおのれの盲目のせいであったことに気づく。なぜなら魂は現世以上に愛すべきものを知らなかったのだから。しかしそこには第一の性質は見当たらないので、それは最高善ではないことが分かる。したがって魂はそれをほかの場所に探す。そしてきわめて清らかな光明に照らされて、それが自らのうちにある事物の中にも、自らの外にも、自らの先にも（つまり自らのうちにも傍らにも）ないことを理解して、自らの上方にそれを探しはじめる。

この上昇はあまりにも卓越して超越的なので、魂は天(それは魂を喜ばせるだけのものをもっていない)に立ち止まることなく、さらに天を超えて、天使、さらにはもっとも完全な存在たちのところにも立ち止まらない[4]。魂はすべての被造物を横切り、神の玉座にまで辿りついてはじめて、その心を繋ぎとめることができる。そこで魂は自らの安息[5]とあの最高善、つまりこれほど愛すべきものは何もなく、魂自身の同意がなければ取り去ることができないような善を見いだしはじめる。

じっさい魂は、神が、習慣となった信心に対して報いとして恵まれるあの魅惑はまだ感じていないが、それにもかかわらず、被造物が創造主よりも愛すべきものではありえないことを理解する。そして恩寵の光の助力を得た理性は、神以上に愛すべきものは何もないこと、また神を拒絶する人々[6]を除けば、神が奪われることはありえないことを魂に教える。というのも、神を欲することは神を所有することであり、神を拒絶することは神を失うことなのだから。

こうして魂は、それを欲するかぎり奪われることはありえず、それを凌駕するものは何もない善を見いだしたことを喜ぶ。そしてこの新たな省察によって、魂は自らの創造主の偉大さを目の当たりにして、深甚な卑下と崇拝に没入する。魂は創造主の面前で自分を無にする。そして自分自身については、それをどれほど卑しいものと思いなしても十分ではなく、あの至高善については、それをどれほど高尚なものと思いなしても十分ではないので、魂は自らを虚無の深淵の底に至るまでへりくだるために新たな努力を重ねる。そして神を広大な空間のうちに観想し、その空間の限界を絶えず拡大し、ついには自らの力の尽きるところまで考えを拡大したその果てに、沈黙して神をあがめる。[7] 魂は自らを神の卑しく無用な被造物と見なし、そして崇敬を繰り返しては、神をあがめ、神をたたえ、できることなら、永遠に神をあがめ、神をたたえたいと願う。しかる後に、魂は神がこれほど卑しい虫けらに、かたじけなくもその無限の威容を現すという恵みを垂れてくださったことを認め、それに対して永遠の感謝を捧げる決意を固めた上で、あれほど多くのよしなしごとを、この主なる神よりも愛したことに恥じ入る。そして悔恨と悔悛の気持ちのうちに、魂は神の憐れみにすがってその怒りを押しとどめようとする。神の怒りが恐るべき結果をもたらす有様が、魂にまざまざと現われるのだから。これらの広大無辺な事柄を目の当たりにして……

魂は神に熱烈な祈りを捧げ、神がかたじけなくもご自身を魂に示してくださったように、魂をご自身に導き、さらにご自身に到達する手段を教えてくださるようにと、神の慈悲を乞い願う。じっさい、魂が渇望する対象は神なので、そこに到達する手段についても、それが神ご自身からもたらされることを魂は渇望する。というのも、神ご自身が魂にとっての道であり[8]、対象であり、そして最終目的であることを欲しているのだから。以上の祈りを捧げた後に、魂は行動を起こし、探しはじめる……

魂は神を知りはじめ、神に至ることを欲する。しかし、その望みは誠実で真実だとしても、そこに到達する手段を知らないので、魂は、ある場所を目指しながらも道を失い、迷ったことに気がついた人[9]がするように、その道を熟知している人々に助けを求める[10]。そして……

魂は残りの人生を神の御心に一致させることを決意する。しかし生まれながらの弱さと、これまでの生き方で身につけた罪の習慣のせいで、この至福に到達することができないので、魂は神の慈悲にすがって、神に至り、神と結びつき、神と永遠に一体となるための手段を乞い願う……

こうして魂は、被造物として神をあがめ、恩恵を被るものとして神に感謝を捧げ[11]、罪人として神に償いを果たし、貧者として神に祈らなければならないことを悟る。

1　妹のジャクリーヌは、姉ジルベルトに宛てた手紙（解題注（1）参照）で、回心直前の兄の心のあり方を次のような言葉で報告していた。「お兄様は私に会いに来て、その折に、見るも気の毒な様子で、私に心を開いて、こう告白しました。自分は重要な仕事に従事し、現世を愛する理由となるすべてのものに取り巻かれ、自分がそれに執着していると思われて当然であるが、そういうなかで、自分は現世の愚かさとよしなしごとに対して極度の嫌悪を感じ、また良心の呵責にいつもさいなまれて、これらすべてを捨て去りたいという気持ちに急きたてられている。こうして、これまで一度もないほど、またそれに類した事態もかつてないほど、これらすべてを捨て去りたいという気持ちになっている。しかし一方、神の方からはまったく見捨てられているので、そちらに対していかなる魅力も感じない。」

2 『パンセ』にも、いくつか類似した表現が見られる。「自分をこのように凝視する者は、自分自身に怖気をふるうだろう」(断章一九九、上、二四三)、「自分の所有しているものはすべて移ろっていく。そう感じると身の毛がよだつ」(断章七五七)。

3 「真の善」にこの二重の特質を帰する考えは、アウグスティヌス『カトリック教会の習俗』に由来するという。「もしも他にわれわれが到達できるよりよいものがあるとしたら、どうして真の善があると言えるだろう。したがって、もしもそれがあるとすれば、それは、何人《なんぴと》もおのれの意に反して失うことがないようなものである」(第三章五節)。「真の善」がもつべき性質については、『パンセ』断章一四八にも言及があるが、そこでは、「真の善とは、万人が同時に所有しても減りもせず妬み合いも起こらず、また誰もおのれの意に反して失うことがないようなものである」と言われている(「ファイルＡ一〇」「最高善」上、一八六)。

4 ルゲルンによれば、サン・シランに類似の表現がある。「聖アウグスティヌスによれば、神を見いだすためには、まずすべての被造物、それも天空、星々、天使たちさえ、超えて行かなければならない」(『キリスト教的・霊的手紙』第二巻、三二)。

5 人間たちには、「ある密かな本能があり、それが彼らを促して、外部に気晴らしと活動を求めさせるが、それは彼らが絶えず不幸の感覚にさいなまれているからだ。そして彼らにはもう一つ、かつての偉大な本性の名残である密かな本能があり、それが彼らに、幸福は喧騒のうちではなく、本当は休息(=安息)のうちにしかないことを悟らせる」(『パンセ』断章一三六、上、一六五)。真の休息ないし安息は、最高善である神のうちにしか見いだされないという考えは、アウグスティヌスに由来する。「あなたはわれわれを、ご自身のためにお造りになりました。ですからわれわれの心は、あなたのうちに安息を見いだすまで、つねに混乱と不安に揺すぶられるのです」(『告白』第一巻第一章)。

6 メナール版全集は、「**恩寵**を拒絶する人々 ceux qui **la** rejettent」(ゴチック強調、訳者)と読んでいるが、他の諸版はいずれも「神 le」としており、こちらの方が読み方として自然である。

7 「人間の不釣合い」と題された『パンセ』の断章(一九九)は、自然の二重の無限性に直面した人間の反応を次のように描写している。「自分をこのように凝視する者は、〔…〕自然から与えられた肉塊のうちにあって、無限と虚無という二つの深淵の間に支えられているさまを見つめて、その驚異の光景に恐れおののくだろう。そして思うに彼の好奇心は驚嘆に変わり、思い上がって驚異の探求に乗り出すよりは、沈黙のうちに驚異を観想することに向かう。」人間と自然の関係が、ここでは神と魂の関係に移し替えられている。

8「私は道であり、真理であり、命である。私を通らなければ、誰も父のもとに行くことができない」(「ヨハネによる福音書」第一四章六節)。この章句は、『パンセ』断章一四〇でも言及されている。

9 世界さらには宇宙の中で迷っている人間のイメージは、『パンセ』(ファイルA一五)に収められた断章一九八、一九九で活写されている。

10 有名な「賭け」の断章において、神が存在することに賭けるべきだという議論に承服はしたものの、どうすればよいか分からないと告白する対話者に対して、語り手は次のように答える。「きみは信仰に赴きたいのに、その道を知らないのか。〔…〕きみのように縛られていたのに、今では自分のすべてを賭けている人々に教えを乞うがいい。彼らこそ、きみがたどりたいと願っている道を知り、きみが癒されたいと願っている病から癒された人々だ。彼らがどのように始めたかを見て、そのやり方にならいたまえ」(断章四一八、中、五五)。

11 ゲリエ写本には、次の追記が付されている。「私はこれを、ペリエ嬢(＝マルグリット・ペリエ)がクレルモンのオラトリオ会の神父方に寄贈した書類の中にある写本に基づいて転写した。そこに見られた欠落は、そのまま指示した。この文書の作者は私には分からない。」

解題　この僅か数ページの小品の原本は残されておらず、二つの系統(「ペリエ写本」と「ゲリエ写本」)に属する数種の写本によって伝えられるだけである。ある写本は、パスカルの妹ジャクリーヌを著者に擬しているが、その底本となったゲリエ写本は、作者不明としている（注11参照）。しかし本作が、パスカルの文書だけを筆写した「ペリエ写本」に含まれていたことから考えて、これがパスカルの作品であることは間違いない。題名は、「ペリエ写本」系統のテクストには付けられておらず、もともと原本にもなかったと考えられる。ゲリエ神父は写本の作成にあたって、「罪人の回心についての文書」というタイトルを付け、以後、「罪人の回心について」あるいは「罪人の回心」と呼ばれるようになった。

この小品は、神の働きかけを受けて回心を目指す魂の道程を考察の対象としているが、そこに、一六五四年後半に進行したパスカル自身の回心のドラマが反映されている可能性は高い。この時期、彼はしばしばポール・ロワイヤル修道院を訪れ、妹のジャクリーヌに自らの心のうちを打ち明けていた。彼女は、兄の回心の決意が固まるのを見届けて、翌年一月、姉のジルベルトにその顚末を書き送るが、そこでは、本テクストを彷彿させる筆致でパスカルの心の変化が語られている(1)。だからといって、このテクストが『メモリアル』のように、自らの体験の思い出を保存することを目的としていたと考えるのは行き過ぎである。ここには、『メモリアル』あるいは「イエスの秘義」（『パンセ』断章＊七）に見られるような、内密の感情の吐露はない。魂の回心の道程は、客観的かつ一般的な見地から描写されている。考察の出発点に自らの体験があったのは確かだとしても、パスカルはそれに神学的・霊的反省を加えて、一つの普遍的なモデルに仕立て上げ、他者の信仰に裨益《ひえき》しようとしている。要するに、これは霊的黙想ないし観想と霊的指導の両面を兼ね備えた信仰書なのである。

そうだとすれば、ここで問題となる回心は、信仰の内部で進行する事柄である。そして回心の主体でもあれば対象でもある「罪人」は、神からの息吹を受けて、自らが罪人であることを自覚し、回心の必要性を感じている者のことである。それは、たんに罪や悪を犯した者、いわんや無信仰者や異教徒のことではない。その意味で、「罪人の回心」は、『パンセ』に収められた未完の「キリスト教護教論」が目指す無神論者や自由思想家の回心[2]とは異なる、より正確に言えば、ステージを異にする。同じ回心といっても、背景と文脈に応じて、その意味合いは異なることに注意しなければならない。

図 27　ドマによるパスカルの肖像

『罪人の回心について』には、執筆時期を推定させる手がかりがほとんどない。一六五四年の回心との関連で、その近辺、一六五三年末から一六五五年のあいだに書かれたとする見解が一般的であるが、ジャン・メナールは『パンセ』のいくつかの断章との類似を指摘し、そこから一六五七―一六五八年説を主張している。しかし『パンセ』と本作のあいだに、本質的な志向の相違――一方はキリスト教の真理性の弁証を目標とする護教論、他方は霊性の深化を目指す信仰書——があることを考えれば、細部の類似が決定的な証拠になるとは考えにくい。パスカルが、回心後の一六五五年に早くもロアネーズ公爵の霊的指導者の役割を果たしていることも勘案すれば、一六五五年ないしそれからほど遠くない時期に書かれたとしても不思議はないことを付言する。

(1)「ジャクリーヌから姉ジルベルトへの手紙」一六五五年一月二五日、白水社版『パスカル全集』第一巻、三二一—三二六頁。「九　メモリアル」解題参照。

(2) 姉のジルベルトによれば、パスカルは姪のマルグリットに生じた「聖荊の奇蹟」をきっかけとして、「無神論者に激しい憤りを感じ、神から与えられた光明のうちに、彼らを説き伏せ、完膚なきまでに打ちのめすに足るものがあるのを見て、あの著作(＝未完の「キリスト教護教論」)に打ち込むことになった」という。岩波文庫版『パンセ』上、四五一—四五二頁参照。

一五 初期のキリスト教徒と今日のキリスト教徒との比較

〔1〕初期においては、救いに必要なすべての点において完全に完成の域に達したキリスト教徒しか見当たらなかった。

それに対して、今日ではあまりにも粗野な無知が横行しているので、教会に対して愛情を抱くすべての人々は嘆き悲しんでいる。

かつては、多大の努力を重ね、長いあいだ待望した後にはじめて教会に入ることができた。

今は、いっさいの苦労も心遣いも努力もなく教会に身を置いている。

かつては、きわめて厳格な審査を経てはじめて加入が認められた。

今は、審査を受ける状態になる前に受け入れられる。[1]

かつては、過去の生活を放棄し、この世つまり肉欲も悪魔も断念してはじめて受け入れられた。

今では、それらのいずれも行わない状態で加入する。つまり、かつては教会に受け入れられるためにはこの世の外に出なければならなかった。

それに対して、今日は、この世に入るのと教会に入るのとが同時である。[2]

〔2〕かつてはこのやり方でこの世と教会の本質的な区別が知られていた。両者は二つの対立するもの、不倶戴天の敵と見なされ、一方が他方を絶え間なく迫害するが、見かけのより弱いほうがいつの日かより強いほうに打ち勝つはずだと考えられていた。こういうわけで、人々はこの対立する二つの陣営の一方を去って他方に入った。一方の原理原則を捨てて、他方の原理原則に従った。一方の信念を脱ぎ捨て、他方の信念を身にまとうのであった。

〔3〕要するに、人々は第一の誕生によって産み落とされた現世を去り、拒み、放棄して、いわば第二の誕生を果たした教会に全面的に身を捧げた。[3] こうして一方と他方の間に恐るべき相違を見ていたのである。

〔4〕それに対して、今日では、ほとんど同時に一方と他方に所属する。そして私たちは現世に誕生するのと同時に教会のうちに再生する。こういうわけで、理性が生じて

も、その理性はこれほど対立する二つの世界を区別することがもはやできない。理性は一方と他方のうちで一緒に成長する。秘蹟をしばしば受ける[4]一方で、この世の快楽を享受する。

こうしてかつては、一方と他方の間に本質的な区別があったのに、今や両者は混然一体となり、その結果、両者を見分けることはほとんどできない。

〔5〕こういうわけで、かつてはキリスト教徒の中にはきわめて深い教育を受けた者しか見られなかった。

それに対して、今日のキリスト教徒は恐るべき無知のうちにある。

〔6〕こういうわけで、かつては、洗礼によって再生し、この世の悪徳を去って教会の信心に参入した者たちが、教会から現世に再び転落することはきわめてまれであった。それに対して、今やキリスト教徒の心に現世の悪徳を見ることほど当たり前のことはない。

聖者の教会は今や悪人と混じり合うことによってすっかり汚されている。そして教会がはらみ、宿し、幼少のころからそのふところで養ったその子供たちこそ、教会の心髄において、すなわちその最も厳かな秘蹟にあずかるときすらも、その最も残酷な敵、すなわち現世の精神、野心、復讐心、みだらな心、欲心を抱いている者たちなのである。

そして教会は、その子供たちに注ぐ愛のゆえに、自らの迫害者たちの中の最も残酷な者までその胎内に受け入れざるを得ない。

〔7〕しかし救いにとってこれほど有益な規律の変更の[5]結果生じた不幸を教会のせいにしてはならない。なぜなら教会は、振舞いは変えても、精神は変えなかったのだから。[6]教会は、洗礼の延期が多数の子供をアダムの呪い[7]のうちに放置することになるのを見てとって、彼らに与えられる救助の時期を早めることによって、彼らをあの滅びの群から解放しようとした。そしてこの善良な母親は、その子供たちの救いのためになされたことが、大人たちの破滅の機会になるのを見て、ひたすら嘆き悲しむ。

教会の真の精神は、子供たちを、現世との感染を避けるために、あれほど幼いうちにそこから引き離し、現世の考えとは正反対の考えを抱くように仕向けるところにあった。教会は、子供たちが理性を行使するようになる前に先手を打って、堕落した理性が彼らを悪徳に引きずり込むのを防止する。そして彼らの精神が活動できるようになる前に、教会の精神で彼らを満たし、彼らが現世を知らずに生きるように、そして悪徳をまったく経験していないであろうだけに、より一層悪徳から遠ざかった状態で生きるように導く。

〔8〕それは洗礼の儀式によって明らかである。じっさい、代父《だいふ》の口を通じて、子供たちが洗礼を望み、信じ、現世と悪魔を断念することを宣言したのちでなければ、教会

は彼らに洗礼を授与しない。そして教会は子供たちが生涯にわたってずっとこの心構えを持ち続けることを願っているので、彼らにそれをけっして破ることなく保持するよう明白に命じ、そして代父たちには、これらすべてを子供たちに教えることを、欠くべからざる掟として命令する。というのも、教会は、幼時からそのふところで養育された今日の子供たちが、かつてその一員として迎え入れられた者たち[8]より、知識においても熱心においても劣っていることを望まないからである。教会は、自らが受け入れた者たちよりも養い育てた者たちの方が不完全であることを望まない。

〔9〕それにもかかわらず、人々は教会の意図にあまりにも反する振舞いをするので、そのことを考えると怖気を振るわずにはいられない。これほど大きな恩沢がもはやほとんど顧みられないのは、それを一度も願ったことがなく、一度も求めたことがなく、それを受け取ったことさえ思い出さないからだ。〔じっさい人々は誓いによって義務を負ったことを覚えていない……[9]〕

〔10〕しかし教会が、信仰の家の中で育てられた人々[10]に対しても、その一員になることを切望する人々に劣らない熱心を求めているのは明らかなのだから、前者は洗礼志願者を眼前において手本とし、彼らの熱心、彼らの信仰心、彼らの現世に対する嫌悪、現世を断念する彼らの気高い勇気に思いを凝らさなければならない。そして洗礼志願者た

ちは、そのような心構えなしには、洗礼を受けるに値しないと判定されていたことを思えば、自らのうちにその心構えを見いだせない人々は……[11]

〔11〕したがって、彼らは[12]、もしもこれから教会の交わりに加入しはじめるとしたら受けたであろう教育を受ける覚悟を持たなければならない。さらに彼らは、絶えざる悔い改めの生活に徹して、それを断念する気持ちが二度と湧かないほどになり、悪しき罪の快楽にふけることに魅力を見いだすよりは、むしろ厳格な苦行に対する嫌悪が少なくなるようにしなければならない。

彼らに学びの心構えを与えるためには、教会で実践されてきた慣行が時代の相違に応じて異なることを彼らに理解させなければならない。〔彼らは、洗礼志願者の手本を目の前に置いて、その熱情、その信仰心、この世に対する嫌悪、この世のあらゆる虚飾を断念するその勇気に思いを凝らさなければならない。じっさい、洗礼志願者たちは、そのような心構えなしには、洗礼を受けるに値しないと判定されていた。そのことを思えば、受洗後になお自らのうちにそのような心構えを見いだせない人々が、同じように気高い感情を抱くためにあらゆる努力をして、生涯の残りの日々を救いへとつながる悔い改めの生活に徹し、そして罪の悪しき快楽にふけることに魅力を見いだすよりは、十字架を負う生活に対する嫌悪を少なくするようにするのは、当然ではないだろうか[13]。〕

〔12〕生まれたばかりの教会においては、洗礼志願者すなわち洗礼を受けることを目指す者たちに洗礼を授ける前に、彼らに教えが施されていた。そして彼らに洗礼が認められるのは、彼らに宗教の秘義についての十分な教育が与えられ、彼らが過去の生き方を悔い改め、彼らがとこしえに帰依しようと望んでいるキリスト教の信仰告白とその道徳律がどれほど偉大で優れているかを深く理解し、心から真実の回心の明白なしるしを示し、受洗をきわめて熱心に望んだ後のことであった。教会全体にこれらのことが知られてはじめて、この加入の秘蹟[14]が彼らに授けられ、それによって彼らは教会の一員になるのであった。

それに対して今日では、洗礼は、子供たちが理性を行使する以前に与えられる。それはきわめて重要な理由があってのことであるが、両親が怠慢だと、私たちの宗教の偉大さをまったく知らないキリスト教徒がそのまま歳を取るということが生じる。

〔13〕教育が洗礼に先行していたときには、全員に教育があった。

しかし洗礼が教育に先行するようになった今では、秘蹟を授かるために必須であった教育は任意となり、次いでなおざりにされ、ついにはほとんど廃止された。

このような慣行に至った真の理由は、洗礼の必要性はだれでも確信しているのに、教育の必要性はそうではないところにある。こうして、教育が洗礼に先行している間は、教洗礼の必要性が教育を必然的に求めるという結果をもたらした。それに対して、今日では洗礼が教育に先行しており、教育を受けることなしにキリスト教徒になってしまうので、教育されなくても、キリスト教徒でいられると思われている。

〔14〕初期のキリスト教徒は、長いあいだ祈り求めなければ与えられなかった受洗の恵みについて、あれほど深い感謝を教会に捧げたが、今日のキリスト教徒は、その同じ恵みが、それを求められる状態になる前に教会から与えられるというのに、そのことについて極度の忘恩で報いる。

そして、教会は前者の堕落――それはきわめて稀であったが――を激しく憎んだが、そうだとすれば、後者が繰り返す再三の堕落を、教会はどれほど嫌悪しなければならないだろうか[15]。そもそも彼らは教会にはるかに多くの恩義を負っている。なぜなら教会は彼らを、彼らがその第一の誕生によって踏み込んだ堕罪の境涯からはるかに早くまた寛大に引き出したのだから。

〔15〕教会はその数々の恩恵の最大のものが濫用され、そして信者の救いを確実にするためになしたことが彼らの滅びをほとんど確実に引き起こす機縁となるのを見て、嘆き悲しむ。なぜなら教会は……[16]

＊〔「第二写本集」のテクストの末尾に付された注記〕　この文書には、次のような題名をつけることができるかもしれない――「今日のキリスト教徒の怠慢と無教育の原因は何であるのか」。

1　幼児洗礼の場合、洗礼を受ける子供は、まだ分別をもたず、信仰を自分のものとして表明できる状態にない。

2　幼児洗礼においては、人間としてのこの世への誕生とキリスト者としての教会への参入がほぼ同時期である。

3　洗礼が「第二の誕生」であるという思想は、第一の回心期に遡る。一六四八年四月一日付ブレーズとジャクリーヌから姉ジルベルトに宛てた手紙(三八―四三頁)参照。

4　罪の告白と償いを通じて赦され(赦しの秘蹟)、聖餐の秘蹟に与《あずか》ること。

5　教会が幼児洗礼を導入したこと、あるいは一般的な慣行としたこと。しかしながら実際は、初代教会においても、幼児洗礼は、大人の洗礼と並んで実践されていた。とはいえ、幼児洗礼に明確な神学的根拠が与えられたのは、四世紀から五世紀にかけて、とりわけ四一八年のカルタゴ教会会議においてであった。それによれば、「〔原罪に関する〕信仰基準に従って、自分の罪を犯すことができない幼児も、罪の赦しのために、そしてこの再生〔洗礼〕によって出生によって受けついだ汚れから清められるために洗礼を受けるのである」(『新カトリック大事典』研究社、第四巻、「幼児洗礼」の項参照)。

6 「第二写本集」は、「教会は、振舞いは変えても、精神は変えなかったのだから」という文言を、最終段落〔15〕の末尾に移している。注16参照。

7 アダムは自らが犯した原罪のために神から呪われ、永遠の劫罰を受けるのが当然の汚れた存在となったが、その子孫すなわちすべての人間もその汚れと断罪を出生において受けついでいるということ(「あの滅びの群」)。

8 「者たち」を「成人たち」としている写本もある。キリスト教の外に生まれ育ち、自らの意志で洗礼を受けることを志願し、それが認められて教会に受け入れられた信者。

9 〔　〕内の文章は、ペリエ写本にだけ見られる。ただし棒線によって取り消されている。

10 パウロ「ガラテヤの信徒への手紙」に由来する表現。「ですから、今、時のある間に、すべての人に対して、特に信仰によって家族となった人びとに対して、善を行いましょう」(第六章一〇節)。

11 メナールは、次の段落〔11〕の〔　〕内に見られる同じ章句の異文に着目して、次のように欠落を補っている。「同じぐらい気高い感情を抱くために、あらゆる努力をするべきではないだろうか。」

12 ペリエ写本は、「彼ら」を「今日のキリスト教徒」としている。同写本では、本段落を段落〔5〕の直後に置いたために、「彼ら」では意味が通じない。それを補整するための措置。

13 〔　〕内は、ペリエ写本にのみ保存されている。段落〔10〕〔11〕の記述と重複しているが、最初に書かれたのはおそらくこの〔　〕の部分だと思われる。

14 ペリエ写本では、「加入と再生の秘蹟」。
15 堕落とは、大罪を犯し、恩寵の状態を失うこと。悔悛の秘蹟を受ければ、恩寵の状態を回復することができるが、その後も大罪、秘蹟、大罪というサイクルを繰り返すことが問題視されている。アルノーの『頻繁な聖体拝領について』(一六四三)の主要な論点であった。
16 「第二写本集」は、段落〔7〕の「振舞いは変えても、精神は変えなかったのだから」という文言を、「振舞い」を「しきたり」に変えて、この箇所に移している。

解題　この小品は、一七七九年にはじめて冒頭に掲げた題名のもとに刊行され、それ以来、この題名はほとんどすべての版で踏襲され、通称として定着している。本訳書でも慣行に従うが、テクストには元来題名がなかった。パスカルの自筆原稿は残されていないが、それに直接依拠したと考えられる写本にはタイトルが欠けているばかりでなく、テクストの末尾には、写本筆記者によるタイトル案が示されている(本文末注記＊参照)。また、別の写本では、テクストの冒頭に、単に「パスカル氏の別の文書」という文言が記されているのみである。
「初期のキリスト教徒と今日のキリスト教徒との比較」という通称は、この小品の内容と意図を裏切るわけではないが、必ずしも適切とは言えない。ジャン・メナールも指摘するように、本テクストの関心の中心を際立たせようとするのなら、「洗礼の意義について」あるいは「洗礼を受けた者のあり方について」、さらにはもっと端的に「洗礼について」といった題名の方がふさわしい。

洗礼は言うまでもなく、キリスト教の入信の儀礼であり、その意義は、受洗者が水の注ぎを受けるという象徴によって原罪を洗い清め、新たな生命によみがえることを通じて、教会に参入するところにある。しかしそのためには、洗礼を望む者は前もって、イエス・キリストの福音を信じ、それに応えてそれまでの生き方の転換すなわち回心の決意を公けに言い表すことが必要とされる。これは、成人の洗礼については、初代から現代に至るまで、キリスト教会少なくともカトリック教会の不変の原則である。しかし他方、幼児洗礼、すなわち分別がつかず、信仰を自分のものとして表明できない子供、とくに乳幼児に洗礼を授けることは、初代教会から実践され、とりわけキリスト教がローマ帝国で国教となって以降は、幼児洗礼が洗礼の主流を占めるようになった。一六世紀の宗教改革の時代には、当事者の自覚的な信仰告白が欠落しているという理由で幼児洗礼を否定するセクトも出現したが、カトリック教会はトレント公会議で幼児洗礼の必要性を再確認し、プロテスタントの主流派もおおむね幼児洗礼を肯定し続けた。そのような態度の背景にあるのは、原罪の教えである。アダムの堕罪によって全人類が原罪を負ったとすれば、すべての人間は出生において罪の汚れを受けついでいる。一日でも生きた子供でさえ、罪と悪の支配下にあるのなら、できるかぎり早く洗礼によって原罪を洗い清めることが望ましい、いや必要である。これが幼児洗礼の慣習の根拠となる考えであった。

パスカルは一六二三年六月一九日に生まれたが、同月二七日に洗礼を受けている。妹のジャクリーヌは一六二五年一〇月五日生まれで、一〇日に受洗している。姉のジルベルトの出生日は知られていないが、受洗日(一六二〇年一月三日)が生後間もないのは確かである。ブレーズと姉妹は、両親の計らいによって幼児洗礼を受けている。しかしこれは当時のフランスではあたりまえの話であった。ごく一部の例外を除いて、すべてのフランス人がキリスト教徒だったからである。逆に言えば、成人が自ら志願して受洗することは想定されていなかった。要するに、一般信者にとって、成人洗礼は現実の問題ではなく、キリスト教徒が社会の少数派であった初代教会における歴史上の出来事、あるいは遠隔の非キリスト教世界における伝道の成果としての出来事であった。

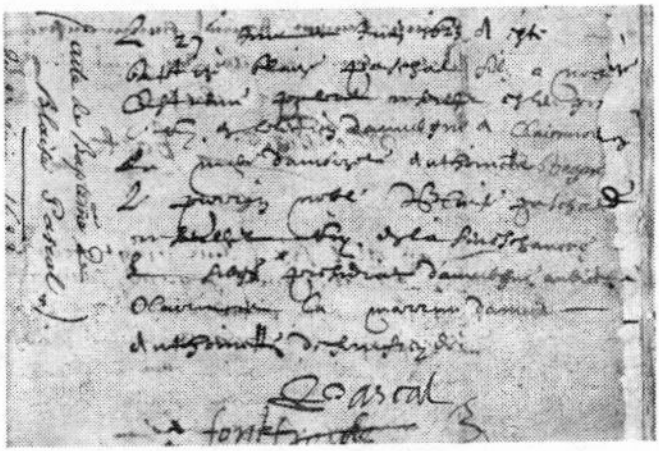

図 28　パスカルの洗礼証明書

パスカルが信仰における洗礼の意義とその重要性を自覚したのは、一六四八年四月一日付の姉ジルベルト宛の手紙が示唆するように[1]、第一の回心の時期である。洗礼は、その本来の精神に従えば、それを授かるための前提条件として、イエスの福音への信仰と過去の生活の悔い改めが必要であり、それを満たすための長い準備の段階がある。じっさい、初代教会の洗礼志願者ないし求道者(catéchumène)——その代表的存在としてパスカルが思い浮かべていたのは、アウグスティヌスであろう——は、その段階を怠りなく踏んではじめて受洗を認められ、教会に受け入れられたのではなかったか。だからといって幼児洗礼が貶められ、否定されるわけではない。それは、まだ自分の意志で信仰を表明できない幼子を、両親と教会の責任において教会に編入することによって、原罪の呪いから解放する神の恵みである。だからこそ、幼児洗礼においては、親および代父母が当事者に代わって信仰宣言を行い、子供を教会の信仰の中で育てる責任を引き受けることを誓うのである。言うなれば、幼児洗礼は、成人の洗礼において要求される入信の準備過程の実践を洗礼の後に置き、それを家庭と教会に委ねる。具体的には、やがて子供が、思慮分別のついたあかつきに、堅信の秘蹟を受けて聖体の秘蹟に与《あずか》り、自覚的なキリスト教徒になるためのしつけと教育を施すことが家庭と教会に求められる。これが、カトリック宗教改革の気運の高まりの中で回心の道を歩んでいたパスカルの洗礼観であると思われる。

『初期のキリスト教徒と今日のキリスト教徒との比較』は、洗礼の本義に立ち返ることによって、「今日」の洗礼の慣行と受洗者のあり方を問い直し、それを通じて信仰の再生と教会の改革の必要性を訴える作品である。パスカルがここで初代の教会と現今の教会の比較を行っているのは事実であるが、その目的は現今の教会の改革であり、比較の基準になるのは、双方における洗礼の位置づけである。初代の教会においては十分な自覚と準備を前提とした成人洗礼が主流であったのに対して、近代の教会は規律を変更して幼児洗礼を導入し、それを普遍的な慣行とした、というのである。このような見立てが、歴史的に正確であるかどうかは別にして、パスカルがこの図式に立脚して言おうとしているのは、幼児洗礼を否定し、その導入を批判することではない。彼は、その必要性と正当性は認めた上で、成人洗礼から幼児洗礼への慣行の変化にもかかわらず、洗礼の精神は教会の歴史を通じて一貫していなければならないし、また一貫していると主張しているのである。それが、本文の段落〔7〕に見える、「なぜなら教会は、振舞いは変えても、精神は変えなかったのだから」という言葉の意味である。そうだとすれば、今日の受洗者すなわちすべての信者は、教会の精神を守り抜くために、初代の洗礼志願者の手本に思いを凝らし、彼らに課せられたのと同じ準備過程を繰り返さなければならない。つまりキリストの教えを学んで受け入れるとともに、回心と悔い改めの生活を送る心構えをもたなければならない。これこそ、ルアンで回心したパスカル一家が自覚し実践したことである。長女ジルベルトの伝えるところでは、妹のジャクリーヌは、この時期に堅信の秘蹟を受けたが、そのためにサン・シランの神学小論集、とりわけ『子供に正しく堅信の秘蹟を受けさせるための手引き』と題する小品に従って準備を進め、式においては、「本当に聖霊を授かったように思われ」たという(2)。サン・シランが問題の小品において、洗礼の意義を強調していたことを思えば、ジャクリーヌとその家族にとって、堅信のための準備が、すでに授けられた洗礼の本義の捉えなおしと意識されていたことは疑えない。本来の洗礼の精神を幼児洗礼の慣行のうちに維持し、それを教会の規律として普及させる道を追求するのは、キリスト教とりわけカトリック教会にとって現代にいたるまで不変の課題であるが、未完の本作はまさにこの課題を提起しているのである。

本作の執筆時期を特定するのはきわめて困難である。『プロヴァンシアル』論争で主要な争点となった教会の規律の弛緩とその是正がここでも問題になっているが、その論調に論争的なところが見られないとして、『プロヴァンシアル』(一六五六年一月―一六五七年三月)より以前に書かれたとする見解が以前は一般的であった。しかしジャン・メナールは逆に、『プロヴァンシアル』論争の試練の残響を本作に認め、また『パンセ』の書法との類似にも着目して、一六五七年説を提起した。従来の説より説得的であるが、仮説にとどまることに変わりはない。訳者としては、新しい仮説を立てるわけではないが、一六四八年四月の手紙で展開される考察と本作のあいだに見られる親近性に着目すれば、執筆時期を第一の回心期に遡らせることも不可能ではないと考えている。

本作のテクストは未完であるばかりでなく、推敲の跡が著しい。さらに、典拠となる三系統の写本の間、具体的に言えば、一方では「第二写本集」(3)と「ゲリエ写本」に収められた写本、他方では「ペリエ写本」に収められていた写本の間に、段落の配列について相違がある。大半の刊本は前者の配列に従っているが、ラフュマ版だけは後者を踏まえて独自の配列を採用した。[4] しかしその後、ジャン・メナールの考証によって、「第二写本集」に含まれる写本がパスカルの自筆原稿に基づいていることが示され、前者の配列が確定した。本訳では、メナール版全集を底本としつつ、それをほぼ踏襲したルゲルン版全集を参照した。〔　〕内の段落番号は、メナール版に付されているものである。

(1) 本文注**3**参照。

(2) この点については、塩川徹也『パスカル　奇蹟と表徴』八〇―八五頁および二七四頁注82参照。

(3) 『パンセ』のいわゆる「第二写本」およびそれとともに綴じあわされたパスカルのさまざまな草稿類の総称。「第二写本」については、『パンセ』岩波文庫上、「凡例」三を参照のこと。

(4) Pascal, *Opuscules et lettres*, édition de Louis Lafuma, 1955, p.109-117. 邦訳では、田辺保訳が、同版を底本としている。『パスカル著作集』第一巻、教文館、一九八〇年。

一六　ペリエ夫人宛の手紙の断片　一六五八年六—七月頃

ペリエ夫人に宛てたパスカル氏の手紙の断片[1]

〔…〕おおよそのところ、あの方々[2]のご意見は以下の通りでした。あの年齢の無垢でしかも信心深い子供[3]をキリスト教徒の境遇の中で最も危険で最も身分の低い境遇に引きこむようなことをするのは、慈愛とあなた方の良心を永遠の死に値するほどひどく傷つけ、しかも最も重い罪の一つに問われることになるので、そんなことは決してしてはならない。実のところ、現世の考えに従えば、この話にはいかなる問題もなく、迷わずに取りきめるべきであるが、神に従えば、なおさら問題はなく、迷わずに断るべきである。というのも、有利な結婚というものは、現世的に望ましければ望ましいほど、神の眼には卑しく有害だからである。また、あの子がいかなる道に召されるべきなのか、敬虔に童貞を守りぬけるほど落ち着いた気質にはならないのかどうか分からないうちに、この善を失う道に誘うのは、その価値をひどく軽視することになる。それは、各人が自分自身のために、また父母が子供たちのために強く願い求めるべき善だというのに。「父母が」というのは、彼らはもはや自分たちのためにそれを望むことはできないが、自分たちが、たいていの場合、神のためではなくほかの理由で失ったものを、子供たちにおいて神に返すように努めるべきだからである。

さらに夫というものは、現世的には裕福で賢明であっても、本当のところ、神の前ではあけすけな異教徒である。こういうわけで、あの方々の結論は、子供を並の男に婚約させるのは、一種の人殺しであり、さらに二人の身のうちで神殺しをするようなものだということです……[4]

1 「ゲリエ写本」によれば、姉のジルベルトに宛てられたことになっているが、夫のフロラン・ペリエと連名の宛名になっていたと考えるのが自然である。

2 「ゲリエ写本」は、この箇所に次の注記を付している。「サングラン、サシ、ルブールの三氏のこと。パスカル氏はポール・ロワイヤルで彼らに相談したが、三人とも同意見であった。この件を他の二人の方に伝えることを望んだのはサングラン氏であった。それは、この手紙の冒頭に記されている通りである。」

3「当時、一五歳であったジャクリーヌ・ペリエ嬢のこと」(「ゲリエ写本」の注記による)。一六四四年八月生まれのジャクリーヌ・ペリエは、実際は、一四歳を迎えるところであった。

4「私は、パスカル氏の自筆原本に基づいてこの抜粋を筆写した。この手紙は、四頁と五頁目が残っているだけで、ほかは失われた」(「ゲリエ写本」の注記)。

解題　この手紙は、「一三　ペリエ夫妻宛の手紙の断片」と同じく、ゲリエ神父がパスカル自筆の原本に基づいて作成した写本によって今に伝えられるが、神父が目にした原本は、全体の中の二ページのみだったという(注4参照)。日付は欠けており、「ペリエ夫人」という宛名は、写本で付け加えられたものである。写本には、ほかにもいくつかの注記があり、手紙の主題とそれが書かれた状況を特定する手がかりとなった。

問題は、パスカルの姪のジャクリーヌ・ペリエ(一六四四―一六九五)の縁談である。写本の注記によれば、当時「一五歳」であった彼女は、妹のマルグリットとともに、パリのポール・ロワイヤル修道院に預けられ、寄宿生の教育を担当していた叔母ジャクリーヌ・パスカルの監督のもとで寄宿生活を送っていた。ところが郷里のクレルモンでは、彼女を父方の叔母――父フロランの妹――の甥と結婚させる話が持ち上がっていた。財産家の夫を早くに亡くし、子供のいなかった叔母は、ジャクリーヌを夫の甥に嫁がせることによって、自らの全財産を彼女に残そうとしたのである。これは、世間的にはきわめて有利な結婚であり、ペリエ家にとってもうまい話であったと思われるが、相談を受けたポール・ロワイヤルの強い反対にあって挫折した。その反対意見を伝えるのが、本信である。

手紙が書かれた時期については、従来は、当時のジャクリーヌの年齢が「一五歳」であったという写本の注記に基づいて、一六五九年と推定されていた。しかし、メナールによれば、この話は、一六五七年初めには、母のジルベルトからジャクリーヌ・パスカルを通じてポール・ロワイヤルに伝えられた形跡があり、さらに問題の叔母の夫が亡くなったのは一六五八年五月、縁談が具体化したのはその少し後であることから、今では、同年六月ないし七月ごろに書かれたと考えられている。そうだとすれば、結婚の話が持ち上がったのは、八月生まれのジャクリーヌ・ペリエがまだ一三歳になる前であり、本信が執筆されたのも、ようやく一四歳を迎えるころであった。

この手紙は、結婚に対するポール・ロワイヤルそしてパスカルの差別的な見解が、無情で生々しい言葉づかいで表明されていることで名高い。じっさい、キリスト教信仰のあるなしにかかわらず、このような態度が現代人の道徳観と感受性を逆なですることは否定できない。しかし、それを認めた上で、パスカルは親と本人の意向に逆らって、縁談に横やりを入れているわけではない。娘の縁談について、ポール・ロワイヤルに助言を求めたのはペリエ夫妻である。彼らが、親戚から持ち込まれた有利で無視できない話をどう受け止めたかは分からないが、不安やためらいを少しも感じなかったとは思われない。一家の経済的・社会的利益のために、まだ身体的にも精神的にも未成熟な娘の運命を決めてしまってよいのかという疑念があったからこそ、娘の教育に責任をもっているポール・ロワイヤルの判断を仰いだに違いない。そう考えれば、パスカルの伝えるポール・ロワイヤルの見解は、その表現は極端であるが、実際的な助言としては、メナールも指摘するように、必ずしも良識に背くものではない。

当事者のジャクリーヌ自身は、縁談を打診されると、しばらく考えてから、修道女になりたいと答えたという。じっさい、彼女はポール・ロワイヤルで修道女になることを望んでいたが、その願いはかなわなかった。一六六一年、信仰宣誓書署名強制の矢面に立ったポール・ロワイヤル修道院は寄宿舎の閉鎖を命じられ、さらに修道志願者の受け入れを禁止されたからである。彼女は、妹のマルグリットとともに、まずは叔父のパスカル、次いでパリにやって来た両親のもとに引き取られ、その後、両親とともにクレルモンに戻った。彼女は郷里で、修道女にはならなかったが独身を貫き、ひたすら読書と祈りの生活を送ったという。

一七　ホイヘンス宛の手紙　一六五九年一月六日

パリ、一六五九年一月六日

拝啓

ご恵投いただいた贈りものを拝受いたしました。あるフランス人貴族の方[1]が届けてくださったのです。あなたはその方をお宅に招いて、この上なく親切かつ丁重にもてなしてくださったとのこと。しかもその方は、あなたとは面識がなく、ご恩義のすべては私に対するものだったよし。誓って申しますが、それを聞いて、これ以上ないほどの驚きと喜びを感じました。じっさい私は、自分の名前があなたのもとにまで達しているとは思っておらず、また仮にそうだとすれば、それがせめてあなたの記憶のうちに居場所を見つけられれば本望だと思っておりました。ところが、それがあなたの敬意のうちにも場を占めていると信じてほしいとのこと、にわかには信じられませんし、私にそんな価値はありません。しかし私としては、あなたの友情のうちに場を与えていただければと願っています。というのも、あなたに敬意と尊敬を抱くことによってあなたの友情にふさわしくなれるものならば、私も上流人士と同じだけ、その資格があるのは確かなのですから[2]。私はあなたに対してこのような気持ちでいっぱいです。そしてあなたの最新のご労作はまた別の気持ちを大いに増し加えました。それはまさにあなたにふさわしく、ほかのあらゆる作品を凌駕しています。私はそれに賛嘆の声を上げた最初の一人でした。そして、それは偉大な展開を見せるだろうと確信しました。何かお返しできるものがあればいいのですが、私にはその能力がありません。できることと言えば、サイクロイド論をお好きな部数だけお送りすることです。その論文では[4]、匿名の著者[3]が自ら提出した問題を解決しています。ここではその少しばかりの先触れを同封することにします。全体を郵便でお送りするには包みが大きくなりすぎますので。簡便に送るにはどんな手段を取ればよいのか、こちらの本屋に問い合わせてみます。だからといって、これで頂戴した恩義を帳消しにするつもりだなどとはお考えにならないでください。そうではなくて、ただひたすら、そんなことはできないこと、そしてあなたが私のためにあの貴族の方[5]に示してくださったご厚意に本心から感謝していると申し上げるためなのです。というのも、あの方の方が私よりずっと優れているにしても、あなたはあの方のご正体をご存じないのですから、私がお礼のことはすべてお引き受けします。それであなたとあの方はお互いに貸し借りなしになります。どうぞ十分にご安心いただき、私が終生貴下にうやうやしくお仕えする忠実な僕《しもべ》であることをご確信いただけますように。

パスカル

在ハーグ　ホイヘンス殿

1 ポール・ロワイヤルの隠士の一人であったサン＝ジルのこと。解題参照。
2 ホイヘンスはオランダ屈指の名門の出身であった。
3 パスカルはサイクロイドに関する業績を、A・デットンヴィルという偽名で公表した。
4 解題に記すように、『A・デットンヴィルの手紙』の冒頭に位置する「カルカヴィ宛の手紙」の最初の数葉だと思われる。原亨吉氏による邦訳がある。人文書院版『パスカル全集』第一巻。
5 ルゲルンは、この「貴族の方」は、パスカルが自らの数学論文の著者として仮構したデットンヴィルを指しているとするが、穿《うが》ちすぎた解釈だと思われる。文脈から考えて、サン＝ジルと取るのが自然である。

解題　パスカルの自筆原稿は、『パンセ』原本に収録された断章類を除けば、ほとんど残されていない。その中で、この手紙は自筆の原本が保存されている稀な例である。それは、受取人のホイヘンスが自らのやりとりした書簡を大事に保管していたからである。

クリスティアーン・ホイヘンス（一六二九―一六九五）はオランダの科学者。数学・力学・天文学・光学等、多岐の分野で大きな業績を残し、先行するガリレオとケプラー、後続のニュートンと並んで一七世紀の科学革命を代表する存在である。オランダの対スペイン独立戦争に参加した名門一族の出身で、父のコンスタンティンは総督オラニエ公に仕えた外交官であったが、詩作と音楽に秀でた第一級の教養人であり、デカルトとも親交を結んだ。クリスティアーンは、パスカルのように、幼時から自然科学に強い興味と才能を示し、数学の家庭教師についてその才能を開花させたが、同時に上流階級の子弟にふさわしい教養教育も受けた。一六五五年にはパリに遊学し、フランスの科学者たちと交流した。ただし、回心によって科学研究を放棄し、隠遁生活を送っていたパスカルと会うことはなかった。しかし前年、「賭け金の分配」の問題をめぐって、パスカルとフェルマが取り交わした書簡のことを聞いて独自に研究を進め、一六五七年に『偶然ゲームにおける計算』を刊行し、パ

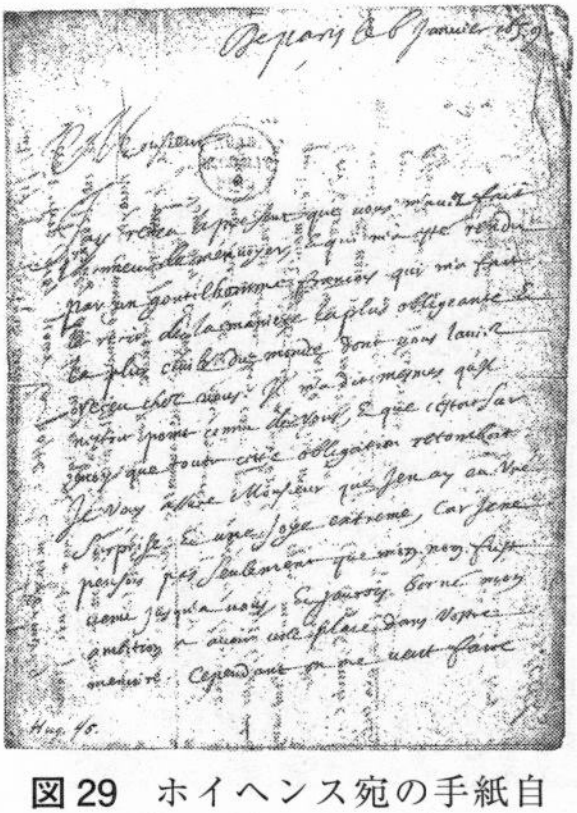

図29　ホイヘンス宛の手紙自筆原稿（1659年1月6日）

スカルたちとともに確率論の創始者の一人となった。一六六〇年から六一年にかけてパリを再訪し、パスカルの友人で数学の愛好者でもあったロアネーズ公爵をしばしば訪問し、そこでパスカルにも出会ったことが、その旅日記に記されている。とはいえ、当時のパスカルは病み上がりであり、またポール・ロワイヤルの迫害が激化する状況で、数学研究から遠ざかっていたこともあってか、通り一遍の挨拶にとどまったようである。なお、パスカルの死後のことになるが、ホイヘンスは、一六六六年にコルベールに招かれて、フランス科学アカデミーの創設に関わり、一五年間にわたって外国人会員としてアカデミーの活動を主導し、その声価を高めるのに大きな役割を果たした。

要するに、この手紙を書いたとき、パスカルはまだホイヘンスと面識がなかった。手紙のきっかけとなったのは、文中にある通り、ホイヘンスが、彼を訪問した「あるフランス人貴族」に託したパスカル宛ての「贈りもの」である。ところで、問題の貴族はデュガストと名乗っていたが、ホイヘンスにとっては未知の客人であり、その身元は長らく不明であった。それが、ジャン・メナールの考証によって、ポール・ロワイヤルの隠士の一人、アントワーヌ・ボドリー・ダッソン・ド・サン゠ジル、

図30　ホイヘンスの肖像

通称サン＝ジル（一六一七―一六六八）であることが判明したのは、二〇世紀も半ば過ぎのことである。彼は隠士ではあったが、実務的な才能に恵まれた活動家であり、ポール・ロワイヤルが直面したさまざまな問題を引き受けた。とりわけ『プロヴァンシアル』論争の時期には、非合法出版物であったパスカルの「手紙」の印刷や頒布に関与し、『プロヴァンシアル』の著者ではないかとの嫌疑をかけられてお尋ね者となり、各地で逃亡生活を送った。一六五八年には、ポール・ロワイヤルの意を受けてオランダに赴き、当時ロッテルダムに亡命していたレ枢機卿――彼はパリ大司教でもあった――と面会して、その動静を探っている。そのような状況で、サン＝ジルがホイヘンスを訪問したのは一〇月末ごろであった。その動機が何であったかは不明であるが、科学研究上の用件だったとは思われない。しかしサン＝ジルは話のついでに、友人の科学者たちとりわけパスカルに言及し、それに強い関心を掻き立てられたホイヘンスは、この機会を利用して、サン＝ジルを通じて自らの最新の業績をパスカルに献呈して交わりを結ぼうとしたものと考えられる。

ホイヘンスの「贈りもの」は、一六五八年初秋に公刊された『時計』と題する小冊子である。彼は、振り子を利用することによって時計製作術に飛躍的な進歩をもたらしたが、問題の冊子はその説明書である。なお、この時点では、彼はまだ振り子が厳密な等時性を実現する条件を見いだしていなかったが、翌五九年には、振り子の先端がサイクロイド曲線を描くことがその条件であることを証明している。ルーレットすなわちサイクロイドについては、パスカル自身、一六五八年にその性質に関わるいくつかの難問を解決し、同年六月には、ロアネーズ公爵の勧めに従って、全ヨーロッパの数学者に向けた懸賞コンクールを開催し、解答を募っていた。ホイヘンスはこのコンクールに参加しなかったが、独自の研究を進め、パスカルもその成果を高く評価していた。パスカルは、コンクールの終了後の一六五九年二月に、懸賞問題の解答および他の幾何学上の発見を、『A・デットンヴィルの手紙』と題する数通の書簡形式の論文として公表するが、その第一の手紙の最初の数ページをホイヘンスに「贈りもの」のお返しとして送ったことは、以上の手紙に記されている通りである。さらに、『A・デットンヴィルの手紙』の中の一通、「あらゆるルーレットの曲線の長さ」の名宛人がホイヘンスになっていることも、彼に対するパスカルの敬意と親近感を窺わせる。サン゠ジルのホイヘンス訪問は、二人の天才科学者の交流の思いがけないきっかけとなったのである。

一八　フェルマとの往復書簡　一六六〇年七―八月

(一) フェルマからパスカルへの手紙

トゥルーズ、一六六〇年七月二五日

拝啓

私たちがお互いに以前より近くにいることが分かってからというもの、友情に発するある計画をどうしても実現したくなり、カルカヴィ氏[1]にお願いして仲介役になっていただきました。一言でいえば、あなたと抱擁の挨拶を交わし、数日の間あなたと語りあいたいのです。しかし私の健康状態もあなたに劣らず芳しくないので、そのことを考慮して、道のりの半ばまでご足労いただけないかと、厚かましくも期待しています。クレルモンとトゥルーズの間の場所を指定してくだされればかたじけないことで、九月末か一〇月初めには必ずそこに参ります。もしもその方策は取らないということであれば、お宅に私が押しかけ、あなたの方では、一遍に二人の病人を抱えることになりかねません。お返事を待ちかねています。

敬具

フェルマ

クレルモンのパスカル殿へ

1 ピエール・ド・カルカヴィ(一六〇〇頃—一六八四)は、数学者、王立図書館の司書としても活躍した。若いころはトゥルーズ高等法院でフェルマの同僚であり、パリに移住してからも親しい交流を続けた。ポール・ロワイヤルの支援者であったリアンクール公爵の執事を務めたこともあり、ポール・ロワイヤルの同調者の一人であった。サイクロイド(ルーレット)に関する懸賞コンクールでは審査委員長の役割を果たした。

(二) パスカルからフェルマへの手紙

拝復

この世にあなたほどの洗練された紳士はいらっしゃいません。そしてたしかに私はそのような資質を最もよく見分ける者の一人であり、とりわけそれが、あなたのうちに見いだされるような稀有の才能と結びついているときには、それを限りなく賛嘆する心得をもっています。そうであればこそ、いまだに自力では書くことも読むことも不自由ではあっても、あなたのお申し出に対する感謝の気持ちを手ずから申し述べないわけにはいきません。懇切なお心づかいはまことにありがたく、お返事をいくら急いでも足りないほどです。ですから申し上げますが、もしも私が健康であれば、私の方がトゥルーズに馳せ参じ、あなたのような方が私のような者のために一歩でも踏み出されるのを忍ぶことはとてもできなかったでしょう。さらに申し上げれば、私の見るところ、あなたは全ヨーロッパの幾何学者の中で最も偉大な存在ですが、それにしても、私をあなたに惹きつけたものがあるとすれば、それはその特質ではないでしょう。あなたのお話しぶりにはこの上ない才知と礼節があふれているだろうと想像すればこそ、あなたとお会いしたいと願っているのです。じっさい幾何学について率直に申し上げれば、私はそれを最も高度な精神の訓練だと思っています。しかし同時にそれがまったく無用なものであることを知っていますので、幾何学者でしかない幾何学者と熟達した職人の間にほとんど違いを認めません。[1] ですから私は幾何学を最も素晴らしい職業と呼びますが、結局それは職業にすぎません。しばしば申したように、それは小手調べにはよいけれど、私たちの全力を用いるのには向いていません。そういうわけで、幾何学のためにほんの数歩でも踏み出すつもりはありませんし、あなたもまったく同じお気持ちだと確信しています。しかし今やそれ以上の問題が私にはあります。それは、私がこの種の学問とはおよそかけ離れた学問に没頭しているせいで、幾何学という学問があるのをほとんど思い出せないことです。一年か二年前には、きわめて不思議な理由で幾何学に従事しました[2]。しかしそれを果たしてしまったので、もはやそれについては二度と考えるつもりはありません。それに私の健康はまだ十分ではありません。じっさいあまりにも弱っているので、杖なしには歩けませんし、馬にも乗っていられません。馬車を使っても、せいぜい三里か四里しか進めません。そんなわけでパリからここまで来るのに二二日もかかりました。お医者さま方からは九月にブルボンでの湯治を処方されています。そしてそこから水路ソミュールを経て、ポワトゥ地方に行き、そこでクリスマスまでロアネーズ公と過ごす約束――といっても今の私にできるかぎりの約束ですが――を二カ月前からしています。ロアネーズ公はポワトゥの総督ですが、私にはもったいない厚情を示してくださいます。とはいえ、船路でソミュールに行く途中でオルレアンを通りますので、それ以上先に行くだけの元気がなければ、そこからパリに参ります[3]。以上が、私の生活の現状のすべてです。かたじけないご厚意をお受けできないことを納得していただくためには、あえてご報告しないわけにはいかないと思った次第です。ご厚意にはいずれあなたご自身、そうでなければ、ご子息方にお目にかかって、御礼申し上げることができればと衷心から祈念しております。ご子息方にも、どうかよろしくお伝えください。最高の紳士であるあなたのお名前を名乗る方々には、特別の尊敬の念を抱いておりますので。

敬具

パスカル

ビヤンナシ[4]より、一六六〇年八月一〇日

1　解題の注(2)参照。

2　サイクロイド(ルーレット)曲線の研究のこと。姉のジルベルトによれば、パスカルは一六五八年中頃のある晩、激しい歯痛に襲われ、その痛みを紛らわすために難問に取り組んだことが、研究のきっかけになったという。

3　結局、パスカルはポワティエには行かず、九月末にパリに戻っている。ロアネーズ公爵も、八月下旬に挙行された、ルイ十四世とスペイン王女マリー＝テレーズの結婚を祝う式典に参列するためにパリに戻っていた。

4　クレルモン郊外の地名。ペリエ家の別荘があった。一六四八年一一月五日付「姉ジルベルト

宛の手紙」（五四頁注7）参照。

解題　パスカルとフェルマは、一六五四年に「賭け金の分配」の問題をめぐって数通の手紙を取り交わし、互いに相手の数学的才能に大きな敬意を払っていた。しかし二人が直接に面会した形跡はない。ピエール・ド・フェルマ（一六〇一―一六六五）は、言うまでもなく、「フェルマの定理」で知られる大数学者であるが、本職は法律家で、南仏はトゥルーズ高等法院の評定官を務め、その地を離れることはなく、もっぱら文通によって、パリのメルセンヌ・アカデミーに連なる数学者たちと交流を重ねた。とりわけ、パスカルの父エティエンヌとは、静力学の問題をめぐって一六三六年に書簡を取り交わすなど、親密な関係を結んでおり、パスカル父子との付き合いは二代に及ぶことになった。

パスカルは晩年の一六六〇年の五月から九月末ないし一〇月初めまで、故郷のクレルモンに滞在するが、そのことを共通の友人であるカルカヴィを通じて知ったフェルマは、この機会を捉えてパスカルとの面会を希望し、その旨を彼に書き送った。それが、右の手紙(一)である。フェルマがパスカルの才能と人柄に惹か

図31　フェルマの肖像

れ、直接に会って話を交わすことを切望していたのは間違いないが、わざわざ遠出して、トゥルーズとクレルモンのあいだのどこかで落ち合うか、いざとなればクレルモンまで出かけるという提案から見て、たんなる交友の喜び以外の具体的な動機があったのではないかと、メナールは推測している。フェルマは、パスカルが二年前に主催したサイクロイドをめぐる数学コンクールに参加はしなかったが、同じトゥルーズの地から応募したイエズス会のラルヴェール神父に助言を与えたこと、またコンクール終了後に同神父が出版した『サイクロイド論』(一六六〇年五月)に、フェルマ自身(ただし匿名)の二編の論文が収録されていることについて釈明する必要を感じていたのではないか、というのである。いずれにせよ、フェルマの目的は、パスカルと心ゆくまで数学を論じることを通じて友誼を深めることにあったと思われる。

それに対して、パスカルは断りの返事を送るが、それが手紙(二)である。謝絶の主要な理由は、彼自身の健康状態である。彼は一六五九年二月に重病に陥り、一年以上にわたって一切の知的活動の中断を余儀なくされ、その後も完全な健康を取り戻すことはなかった。彼は、自らの病状と

図 32　ビヤンナシの館

当面の計画の詳細を淡々としかし具体的に語って、折角の勧誘に応えられない旨を説明する。それは、洗練された断り状の手本といってよい。

しかしこの手紙で、それ以上に興味を惹くのは、彼の価値観の全容が、彼自身のそれまでの活動を踏まえて、さりげなく示されていることである。それは、「幾何学」すなわち数学さらには自然科学の合理性の次元、「紳士《オネットム》」の体現する理想的な人間性の次元、そして、ここでは明示されていないが、神の愛の支配する信仰の次元という三つの価値の階梯である。パスカルとフェルマは同じ数学者として専門上の交流を続けてきたが、それだけで満足していたわけではない。二人が互いに敬意と友情を抱いて交流を深めることを望んだとすれば、それは彼らが相手を真の「紳士」と認めて、共に「人間の研究」(1)に勤しむのにふさわしいと考えたからである。パスカルにとって、「紳士」という普遍的存在を目指すことは、「幾何学者」という「職業」つまり専門に特化して生きることより、はるかに価値がある。(2)

しかしながら彼の眼差しはそこに留まらず、さらに彼方を目指す。彼は、今や幾何学のような科学研究とは「およそかけ離れた学問に没頭している」と述べているが、その学問は自然学の次元のみならず人間学の次元を超えて、宗教ないし神学の次元に属するものである。手紙の文中にあるように、彼は、二年ほど前に、「きわめて不思議な理由」で数学研究を再開し、さらには、それに関する数学コンクールを主催するに至ったが、その過程で、一度は捨てたはずの生来の競争心と功名心が再燃した結果、自らの知的優越を誇り、競争相手の弱みを容赦なく指摘するなどの振舞いがあった。そのような状況で彼を襲った病は、彼の活動を中断したばかりでなく、それまでの振舞いに深刻な反省を促した。彼は、キリストの教えを忘れて隣人愛に背いたことを自覚し、新たな「回心」の必要性を痛感し、信心の業《わざ》に精進する。それはやがて、この手紙の次に訳載する小品『病の善用を神に求める祈り』に結実する。パスカルが「没頭している」という「学問」は、回心によってもたらされる真の霊性の探究に関わっている。しかし、より具体的に言えば、問題の「学問」は、彼が数年前から準備していた「宗教に関する著作」、いわゆる「キリスト教の弁明」ないし「キリスト教護教論」の執筆の再開を指していると考えることもできる。じっさい、メナールによれば、この後、パリに戻ったパスカルは、それまでに書きためていたノートを整理し、著作のプランを立てる作業に取り組んだという。彼は、自らの個人的信仰の深化に専心するにとどまらず、その経験をいまだ真の信仰の体験のない他者に開示し、その教化を図るという抱負を抱いていたが、それがここにもさりげない表現で顔を覗かせているのである。このテクストで、パスカルは自らの一生の活動を一望に収めて、その意味と価値に深い反省を加えているのである。

(1)「長い間、私は抽象的な学問の研究に従事してきたが、それについて交流できる人はほとんどいないので、嫌気がさしていた。人間の研究に取り組みはじめて分かったのは、これらの抽象的な学問が人間には適して」いないことであった（『パンセ』断章六八七、中、三八七―三八八）。

（2）「世間では、詩人の看板を掲げなければ、詩が分かると認めてもらえない。数学なども同様だ。けれども普遍的な人々は看板を必要と〔しない〕。普遍的な人々は、詩人とも幾何学者とも呼ばれないが、それらすべてであり、それらすべての人々を判定する」（『パンセ』断章五八七、中、三一九）。

一九　病の善用を神に求める祈り　一六五九年以降

病の善用を神に求める祈り

一

主よ、あなたの心はすべてにおいて、いとも善にしていとも柔和、またかくも憐れみ深いので、あなたに選ばれた者たちに到来する幸運はもとより、不運さえもあなたの慈悲の結果なのです。ですから、あなたの正義によって私が追いやられたこの状態にあって、異教徒のように振舞うことがないようにお取り計らいください。どうか、私が真のキリスト教徒として、いかなる状態にあろうとも、あなたを私の父そして私の神として認めるようにお取り計らいください。なぜなら私の境遇の変化はあなたの境遇には変化をもたらさず、私は変化を免れませんが、あなたは同一であり、あなたは苦しみをもたらされようと、寛大さを発揮されようと、いずれにしても神でいらっしゃるのですから。[1]

二

あなたが私に健康を与えてくださったのは、あなたに仕えるためでした。それなのに私は、それをまったく世俗的に使用しました。今やあなたは私を矯正するために、私に病を送られます。私が健康を辛抱なしに用いて、あなたのお怒りをかきたてることを、あなたがお許しになりませんように。私は自分の健康を悪用しました。そしてあなたはそれを正当にも罰せられました。私があなたの処罰を悪用することがありませんように。そして私の本性の腐敗は甚だしく、あなたのご厚意を有害なものにしてしまうほどですので、ああ、わが神よ、あなたの全能の恵みによって、あなたの処罰が私にとって救いをもたらすものとなりますように。私の心にいささかの活力があった間、それが俗世への愛情で満たされていたとしたら、この活力を私の救いのために無きものにしてください。そして、肉体の弱さによってであれ、愛徳の熱意によってであれ、私が俗世を享受できないようにして、ただあなたお独りだけを享受させてください。

三

ああ、神よ、私は自らの生涯の終わりと世界の終わりに、あなたの御前で私の一生について厳格な総決算を行わなければなりません。[2] ああ、神よ、あなたがこの世とこの世の万物をそのまま存続させられるのは、もっぱらあなたが選ばれた人々を試練にかけ、罪人たちを罰せられるためなのです。ああ、神よ、あなたは頑なな罪人たちが、この世とこの世の快楽を甘美で罪深いやり方で用いるのをそのまま放置されます。ああ、神よ、あなたは私たちの肉体を死なせ、今わの際には、私たちの魂をそれがこの世で愛していたものから引き離されます。ああ、神よ、あなたは私の一生のこの最後の瞬間に、私が執着し、私の心を託していた万物から私を奪い去られるでしょう。ああ、神よ、あなたはその最後の日には、天と地、そしてそこに含まれるすべての被造物を焼き尽くされることになりますが、それはすべての人間に、あなた以外に存続するものは何もなく、したがってあなた以外に愛する価値のあるものは何もないことを示すためです。なにしろ、あなた以外に持続するものは何もないのですから。ああ、神よ、これらすべての空しい偶像及び私たちの情念を捉えるすべての忌まわしい対象を破壊されることになる神よ！　私はあなたをたたえます、わが神よ。あなたは、私を衰弱状態に追い込んで、私にとって万事が破壊されるように仕向けられましたが、そのことによって私のためにこの恐るべき日の到来に備えてくださいました。私はこのことについて、生涯にわたって日々あなたを賛美するでしょう[3]。私はあなたをたたえます、わが神よ。あなたは私を健康の甘美な賜物とこの世の使用[4]を享受することができない状態に追い込まれました。また、あなたはやがてあなたの怒りの日[5]に、むなしい偶像をじっさいに滅ぼして、悪人どもを恥じ入らせられますが、その偶像を私のために、いわば今から滅ぼしてくださいました。私はこのことについて、生涯にわたって日々あなたを賛美するでしょう。主よ、あなたがこのような破壊を私に対して行われたいま、それに続いて私が自分自身を裁くようにしてください。それは、やがてあなたが私の命とこの世界を完全に破壊しつくされた後に、あなたご自身が私を裁かれることがないようにするためです。なぜなら、主よ、私は自らの死の瞬間にこの世から切り離され、すべてのものを奪われて、独りあなたの御前にあって、私の心のすべての動きについてあなたの裁きに答えなければならないのですから、どうか、主よ、私がこの病のうちにある自分を、一種の死のうちにあって、この世から引き離され、私の執着のすべての対象を奪われ、独りあなたの御前にあるものと見なせるようにしてください。そうすれば、あなたのご慈悲にすがって私の心の転換である回心を祈願できるようになります。こうして、あなたがご自身の裁きのときに私を実際の死に処せられる前に、あなたのご慈悲を発揮して、ただ今、私を一種の死に処してくださることに、私がこの上ない慰めを覚えますように。ですから、わが神よ、あなたが私の死にあらかじめ備えてくださったように、私もあなたの恐るべき審判にあらかじめ備え、あなたの裁きが下される前に私自身を究明して、あなたの御前ではご慈悲を見いだせますように。

四

ああ、わが神よ、どうか、あなたの摂理の定めが私の人生を導いていくのを、沈黙のうちにあがめさせてください。あなたの懲罰の笞《しもと》が私にとって慰めとなりますように。そして私は、平安のうちにあって人生の苦汁をなめたのですから、救いをもたらすためにあなたから与えられる病の苦痛のうちにあって、天上の甘美さを味わえますように。しかし、まことに、わが神よ、私の心はあまりにも頑なであり、この世の想念、気遣い、不安そして執着に満ちているので、病気も健康も、講話も書物も、あなたの聖なる書もあなたの福音も、あなたの最も神聖な秘義も、施しも、断食も、苦行も、奇蹟も、秘蹟に与《あずか》ることも、あなたの聖体の犠牲も、私のあらゆる努力も、すべての人の努力を合わせても、あなたがこれらすべてに、あなたの恩寵の特別な助力を添えてくださらなければば、私の回心の端緒を開くことはまったくできません。[6] それだからこそ、わが神よ、私は全能の神であるあなたに訴えて、すべての被造物が一緒になってもけっして与えることができない賜物をあなたに願い求めるのです。もしも誰かほかの存在が私の訴えを聞き届けることができるのであれば、大胆にも私の叫びであなたのお耳を煩わせることはないでしょう。しかし、わが神よ、私があなたに求める心の転換は、自然のすべての努力を超える業《わざ》ですので、私としては、自然と我が心の作者であり全能の主人である方にしか訴えることができないのです。いったい誰に、主よ、私は叫べばよいのでしょうか、誰にすがればよいのでしょうか。神でないものは、何であれ、私の期待を満たすことはできません。私が求め、探すのは、神ご自身です。わが神よ、私が求めるのはあなたのみであり、それを得るために訴えかけるのも、あなたお独りなのです。私の心をお開きください、主よ、悪徳が占領したこの反抗的な場所の中にお入りください。悪徳がそれを制圧しています。強者の家のように、そこにお入りください。しかしその前に、その家を支配する強く手ごわい敵を縛り、その上で、そこにある宝をお取りください。[7] 主よ、この世が盗んだ私の愛情をお取りください。あなたご自身で、この宝を盗んでください。なにしというより、それを取り戻してください。じっさい、それはあなたのものです。なにしろ、そこにはあなたの似姿が刻み込まれているのですから、それは私があなたに納めなければならない税金なのです。[8] 主よ、あなたは私の誕生のさいに、[9] そこにあなたの似姿を形作られましたが、それはすっかり消えてしまいました。この世の姿がそこにあまりにも深く刻み込まれたので、あなたの姿はもはや見分けられません。あなたお独りが私の魂を創造することができたのですから、それを新たに創造することができるのもあなたお独りです。あなたお独りがそこにあなたの似姿を形作ることができたのですから、それを作りなおし、消し去られたあなたの肖像――すなわちあなたの似姿であり、あなたの本質の刻印である、わが救い主イエス・キリスト――をそこに刻印しなおすことができるのもあなたお独りなのです。

五

ああ、わが神よ、おのれの名誉を汚すことのない対象、それに結びつくことが救いにつながる対象を愛することができる心はなんと幸せなことでしょう。この世を愛することは、あなたの不興を買い、私に害をもたらし、私の名誉を汚すことになると私は感じています。それにもかかわらず、この世はいまだに私の悦楽の対象なのです。ああ、わが神よ、あなたに悦楽を見いだす魂はなんと幸せなことでしょう。[10] そのような魂は、あなたへの愛に身を委ねることができるのですから。そこには良心の不安は伴わないうえ、さらには功徳も与えられます。その幸せはなんと堅固で永続的なことでしょう。じっさい、その期待が裏切られることはけっしてないでしょう。なぜならあなたはけっして破壊されることがなく、生も死も、魂をその願望の対象から引き離すことはけっしてないからです。そして悪人たちをその偶像とともに普遍的な破壊に引きずり込む時機が到来すると同時に、義人たちは普遍的な栄光のうちにあなたと結ばれることになるのですから。そしてまた、前者が彼らの執着していた滅ぶべき対象とともに滅びるのと同様に、後者は、彼らが緊密に結びついたそれ自体で存続する永遠の対象のうちで永遠に存続することになるのですから。ああ、なんと幸せなことでしょう、まったき自由のうちにあって、自らの意志の不屈の傾きに従い、自らを引きずっていく魅惑に促されて[11]、必然的に愛さなければならないものを完全にまた自由に愛する人々は。

六

ああ、わが神よ、あなたが私に与えられた善なる思念を完成させてください。あなたはその端緒でいらしたのですから、その終端にもなってくださいますように。あなたご自身の賜物を完成に導いてください。それは、私も認めるとおり、あなたの賜物なのですから。そうなのです、わが神よ、私が祈れば、あなたはそれに答えて必ずや賜物を下さる、そんな功徳が私の祈りには備わっているという考えほど、私から遠いものはありません。それどころか、私はへりくだって認めます、わが神よ、あなたが、この世のためでも私自身のためでもなく、ただあなたご自身のために形作られた私の心を[12]、私は被造物に与えてしまいました。そのために私はいかなる恵みもあなたのご慈悲からしか期待できないのです。なぜなら私のうちには、あなたから恵みを賜るようにあなたを促すものは何もなく、私の心のあらゆる自然の動きはすべて被造物あるいは私自身に向かうので、あなたのお怒りを招くことしかできないからです。ですから、わが神よ、あなたが私に善なる思念を与えてくださったこと、そしてそのことをあなたに感謝する思念を与えてくださったことについてさえも、あなたに感謝を捧げます[13]。

七

私の心に触れて、私の罪を悔い改めさせてください。なぜならこの内なる苦痛がなければ、私の肉体にあなたが遣わされた外なる病は、私にとって、新たな罪のきっかけになりかねません。肉体の病は、魂の病の表徴であると同時に懲罰以外の何ものでもないことをよく分からせてください。しかし、主よ、前者がまた後者の治療薬にもなるように、私が感じている苦痛のうちに、私の魂のうちにある苦痛を注視させてください。私の魂はすっかり病んでひどくただれているのに、[14] 私はその苦痛を感じていなかったのですから。じっさい、主よ、私の魂の最大の病はこの無感覚、つまり自分自身の悲惨のあらゆる感覚を取り去るこの極度の弱さなのです。私自身の悲惨を鋭く感じさせてください。そして私に残された人生が、私の過去の罪を清めるための絶えざる悔い改めの生となりますように。

八

主よ、私のこれまでの人生は大きな罪からは免れてきました。それはあなたがその機会を私から遠ざけられたからです。しかしながらそれは、絶えざる怠慢によってあなたにとってきわめて忌まわしいものでした。私は絶え間なしにあなたの勧めに逆らい、もっとも厳かなあなたの秘蹟を悪用し、あなたの言葉を軽視し、行動においても思考においてもまったく怠惰で役立たずで、あなたが私に下さった時間をまったく無駄にしました。あなたがその時間を下さったのは、ひたすらあなたをあがめ、私のあらゆる務めにおいてひたすらあなたの御心にかなう手立てを探し、日々犯される過ちの悔い改めをするためだったというのに。過ちというのは、この上ない義人たちにとってさえ日常のことなので、彼らの人生は絶えざる悔い改めでなければならず、それがなければ、彼らは不正であり、罪人なのです。こうして、わが神よ、私はつねにあなたに逆らってきました[15]。

九

そうです、主よ、これまで私はつねにあなたの勧めに耳を閉ざしてきました。あなたのすべての警告をないがしろにしてきました。あなたのお裁きとは反対の裁きをしてきました。あなたが永遠の父[16]の懐からこの世にもたらされた掟、それによっていずれこの世を裁かれることになる聖なる掟に背いてきました。「泣いている人々は幸いである、慰められている人々は災いだ[17]」と、あなたは言われます。それなのに私は、「悲しみ嘆く人々は災いだ、慰められる人々はとても幸いだ」と申しました。また、「有利な境遇、輝かしい名声、頑健な健康を享受できる人々は幸せだ」とも申しました[18]。しかしどうして彼らを幸せと見なしたのかと言えば、これらすべての特典のおかげで、彼らがきわめてたやすくあなたに背く手立てを見いだしたからにほかなりません。そうです、主よ、私は告白します、私が健康を善と見なしたのは、それが、いっそう多くの心と思いを尽くしてあなたに有益にお仕えし、また隣人を助けるための手立てとなるからではありません。そうではなくて、健康を利用して、あふれるばかりの人生の悦楽にもっと大胆に身を任せ、その忌まわしい快楽をよりよく味わうことができたからなのです。どうか、主よ、私の堕落した理性を矯正し、私の思いをあなたの思いに一致させてください。苦悩のうちにあって、私が幸せだと思えますように。自分の外に働きかけられない状態にあって、私の思いを根底から清めて、それがあなたの思いに背くことがないようにしてください。こうして、私は自らの衰弱のせいで、あなたを私の外に探すことができないのですから、私自身のうちにあなたを見いだすことができますように。なぜなら、主よ、あなたの御国はあなたを信じる者たちのうちにあるのですから[19]。そして私も、私自身のうちにあなたの霊とあなたの思いを見いだすのなら、あなたの御国をそこに見いだすことになるのですから。

一〇

しかしながら、主よ、みじめな土くれである私[20]の上に、あなたの霊を注いでいただくようにするには、私はどうすればよいのでしょうか。主よ、私のすべてはあなたにとって厭わしく、私のうちには御心にかなうものは何もありません。私がそこに見るのは、主よ、ただあなたの苦悩だけです[21]。ですから、主よ、私が耐え忍んでいる病苦と私を脅かす病苦に目を留めてください。御手が私に加えられた傷を憐れみの目で見てください。ああ、わが救い主よ、あなたは死においてご自身の苦痛を愛されました。ああ、神よ、あなたが人となられたのは、ひたすら人類の救いのために誰にもまして苦しむためだったのです。ああ、神よ、あなたは、人類が罪を犯した後にはじめて受肉され、私たちの罪の対価であるあらゆる苦痛を肉体において苦しむためにのみ肉体をまとわれました。ああ、主よ、あなたは、苦しみを耐え忍ぶ肉体をこよなく愛するゆえに、この世で最も激しい苦しみに苛まれる肉体をご自身のために選び取られたのです。どうか私の肉体をご嘉納ください。それはなにも、それ自体のためではなく、そこに含まれているものすべてのためでもありません。なぜなら肉体のすべてはあなたのお怒りにしか値しないのですから。そうではなくて、肉体が耐え忍ぶ苦痛――それだけがあなたの愛に値することができるのです――のためだけにご嘉納ください。私の苦痛を愛してください、主よ、そして私の病苦に免じて、私のもとを訪れてください。しかし、あなたのお住まいの準備を成し遂げるために、どうか、わが救い主よ、私の肉体が、おのれの罪のために苦しむことにおいて、[22]あなたの肉体と共通点があるのなら、私の魂もまた、同じ罪のために悲しむことにおいて、あなたの魂と共通点をもてるようにしてください。こうして、私が犯した罪のために、あなたとともに、またあなたのように、わが肉体と魂の双方において、私が苦しみますように。

一一

どうか、主よ、私がキリスト教徒として苦しむために、あなたの慰めを私の苦しみに結びつけてください。主よ、私は苦悩から免れることをお願いしているわけではありません。それは聖者に与えられる褒美なのですから。しかし、主よ、私がお願いするのは、あなたの霊の慰めなしに見捨てられて、自然の苦悩にさらされる破目に陥らないことです。それはユダヤ人と異教徒の呪われた境遇なのですから。私はいかなる苦しみもなしに豊かな慰めをいただくことをお願いしているわけではありません。それは、栄光の生なのですから。私はまた、主よ、慰めなしにあふれる病苦のうちにおかれることもお願いしません。それは、ユダヤ教の状態なのですから。そうではなくて、私がお願いするのは、主よ、私が犯した罪のために自然の苦悩を感じるとともに、あなたの恩恵によってあなたの霊の慰めを感じることです。それが、キリスト教の真の状態なのですから。私が慰めなしに苦悩を感じることがありませんように。そうではなくて、私の苦悩とあなたの慰めをともに感じて、ついには、もはやいささかの苦悩もなしに、あなたの慰めだけを感じるまでに至りますように。なぜなら、主よ、あなたの独り子が到来する以前、あなたは、この世が慰めなしに自然の苦しみのうちに苦しむのを放置しておかれました。

今は、あなたの独り子の恵みによって、あなたを信じる者たちの苦しみを慰められます。そしてあなたは、あなたの独り子の栄光のうちで、いとも清らかな至福であなたの聖者たちをみたされます。これこそ、あなたがご自身の御業《みわざ》を導いていかれる驚嘆すべき階梯です。[23] あなたは私を第一の階梯から引き出してくださいました。どうか、第二の階梯を通過して、第三の階梯に辿りつかせてください。主よ、これがあなたに乞い願う恵みです。

一二

主よ、私自身の罪のせいで、あなたの魂は死ぬばかりの悲しみに陥り、[24] あなたの肉体は死によって打ちのめされましたが、どうか、私がそれを眺めながら、私の肉体と魂の双方において、喜びをもって苦しむことができないほどに、あなたからはるか遠くに離れることをお許しにならないでください。じっさい、あなたが私たちの罪の償いのために血の汗を流しておられるのに、[25] 私たちが悦楽のうちに生きることほど、キリスト教徒そして私自身にとって、恥ずべきでありながら、ありふれたことがあるでしょうか。自分はあなたのものだと公言するキリスト教徒たち、洗礼によってこの世を断念してあなたに従う者たち、教会の面前であなたとともに生きて死ぬことを厳かに誓った者たち、この世があなたを迫害し十字架にかけたことを信じると公言する者たち、人類をその罪から贖うために、あなたが神の怒りと人間の残忍さに身をさらした[26]ことを信じる者たち、要するに、これらすべての真理を信じ、あなたのお体を自分たちの救いのために捧げられた犠牲と見なし、この世の快楽と罪をあなたのお苦しみの唯一の原因と見なし、そしてこの世自体があなたの死刑執行人であると見なす者たち、その彼らが、この同じ世にあって、この世の快楽で自分たちの肉体を楽しませることを追求しているのです。そして、父親がわが子の命を救うために犠牲となって殺されたというのに、息子が犯人に好意と愛情を示すとしたら、その光景を見る者たちは怖気を振るわずにはいられないはずですが、その彼らがこの世にあって人生を謳歌することができるということほど、恥ずべきでありながら、ありふれたことがあるでしょうか。私も同じようにしました。この世が、わが神にしてわが父と私が認める方の殺人者であり、そしてその方は、私自身の救いのために、私たちの不義の罰をその身に引き受けて犠牲となられたと、本当に知っているというのに。主よ、私は死の陰[27]にあって喜びに安住していましたが、それほど罪深い喜びをあなたが断ち切られたのは、義にかなっています。

一三

ですから、主よ、私は自己愛に引きずられて、私自身の苦悩、そして私の思い通りに行かないこの世の事柄――それはあなたの栄光には関わりありません――を、悲しみの種にしかねません。その悲しみを、どうか私から取り去ってください。そして、あなたの悲しみに合致する悲しみを私のうちに注いでください。私の苦悩があなたのお怒りを鎮める役に立ちますように。それを私の救いと回心の機会としてください。これからは、健康と生命を祈るにしても、その祈願は、ひたすらそれをあなたのために、あなたとともに、あなたのうちで用い、使い果たすためでありますように。私はあなたに、健康も病気も生も死も願い求めません。お願いするのは、私の健康と病気、私の生死を、あなたの栄光と私の救い、そしてまた、私がその一部をなしている教会とあなたの聖者たちのお役に立つために、思し召しのままに用いてくださることです。何が私の益になるかご存じなのは、あなたお独りです。あなたは[28]至高のご主人です。御心のままになさってください。私に与え、私から取り去ってください。しかし御心に私の意志を合致させてください。そして、へりくだって完全な服従と聖なる信頼のうちにあって、あなたの永遠の摂理の定めを受納する心構えになり、あなたから遣わされるすべてのものごとを等しくあがめるようにしてください。

一四

つねに等しく変わらぬ心持ちにあって、私があらゆる種類の出来事を受け入れることができますように[29]。なぜなら私たちは何を求めるべきか知りませんし、私はある出来事をほかの出来事以上に願い求めることはできないのですから。そんなことをすれば、思い上がりになりますし、私には予測のしようのない出来事の結果を裁くことになってしまいます。主よ、私は自分がただ一つのことだけ知っているということを知っています。それは、あなたに従うのが善であり、あなたに背くのが悪だということです。それ以外は、すべてのものごとにおいて、どちらが善いのか悪いのかを私は知りません。健康と病気、富と貧困のどちらが、また、この世のあらゆることの何が私の益になるのかを知りません。その識別は人間と天使の力を超え、あなたの摂理のうちに隠れています。私はそれをただあがめるだけで、詮索することは望みません。

一五

ですから、主よ、私がどんな状態にあっても、私をあなたの御心に一致させてくださ い。今の私は病人なのですから、私の苦しみにおいて誇り、それを栄光とさせてください。[30] 私は、苦しみなしに栄光に至ることはできません。苦しみなしには、わが救い主よ、あなたご自身も栄光に至ることはなかったでしょう。[31] あなたがあなたの弟子たちから認められたのは、あなたの苦しみのしるしによってでした。[32] あなたがあなたの弟子たちを認めるのも、苦しみによってです。ですからどうか、私が自分の犯した罪のせいで、体と心の双方で耐え忍んでいる病苦のゆえに、私をあなたのものと認めてください。そして、何であれ、あなたによって捧げられたのでなければ、神の御心にかなうものは何もないのですから、私の思いをあなたの御心に、私の苦悩をあなたが耐え忍ばれた苦悩と一つにしてください。私の苦悩があなたの苦悩になるようにしてください。私の苦悩をあなたのものにして、私をあなたと一つにしてください。そして、あなたご自身とあなたの聖霊で私を満たして、あなたを私にまとわせてください。私の心と魂のうちに入って、そこで私の苦しみを苦しみ、あなたの受難の苦しみのうちでまだ残されたところを私のうちで耐え忍ぶことをお続けください。[33] あなたはそのお苦しみをあなたの体の完全な成就[34]に至るまで、あなたの手足において完成されるのですから。[35] こうして、あなたに満たされて、生きて苦しむのがもはや私ではなく、おお、わが救い主よ、私のうちで生きて苦しむのがあなたとなりますように。[36] そして、私があなたのお苦しみにわずかなりとも与《あずか》ることによって、あなたがあなたの栄光で私を完全に満たしてくださいますように。あなたは父と聖霊とともに、世々に至るまで生きておられます。アーメン。

終

1「〔大地も天も〕滅びることはあるでしょう。しかしあなたは永らえられます。すべては衣のように朽ち果てます。〔…〕しかし、あなたが変わることはありません。あなたの歳月は終わることがありません」（「詩編」一〇一（新共同訳では、一〇二）編二七—二八節）。この詩編は、「祈り。心挫けて、主の御前に思いを注ぎだす貧しい人の詩」と題されている。

2 人間は、自らの死の瞬間、そして歴史の終わりのキリストの再臨において、神の審判を受ける。前者は私審判、後者は最後の審判（公審判）と呼ばれる。「五　父の死についての手紙」注28も参照。

3 人間を悪から解放する神への賛美は、「詩編」の一つのテーマである。「どのようなときも、私は主をたたえ、私の口は絶えることなく賛美を歌う」（第三三（三四）編二節）。第一四五（一四六）編も参照。

4「ポール・ロワイヤル版刊本」（解題参照）では、「使用」は「快楽」となっている。こちらの方が、意味は通じやすい。

5 死者のためのミサの続唱で歌われる「怒りの日」の有名な章句「この世が灰に帰すべきその日こそ、怒りの日である」が想起される。

6 いかなる善行も愛を伴わなければ無に等しいとする、パウロの有名な「愛の賛歌」(「コリントの信徒への手紙一」第一三章一—三節)が発想の源にある。

7 「また、まず強い人を縛り上げなければ、どうしてその家に押し入って、家財道具を奪うことができるだろうか。まず縛ってから、その家を略奪するものだ」(「マタイによる福音書」第一二章二九節、及び並行箇所、「マルコによる福音書」第三章二七節、「ルカによる福音書」第一一章二一—二二節」)。いわゆる「ベルゼブル論争」で、イエスが悪霊を追い出したのは、悪霊の頭ベルゼブルの力を借りたからではないかと論難するファリサイ派の人々に対して、イエスが返した言葉。

8 福音書の伝える「皇帝への税金」の逸話を下敷きとする叙述。ファリサイ派の人々は、イエスの言葉じりをとらえて陥れようと企み、ローマ皇帝に税金を納めるのは、ユダヤの律法に適っているかどうか尋ねた。彼らの悪意に気づいたイエスは、納税に用いられるデナリオン銀貨をもってこさせ、「これは、誰の肖像と銘か」と問い返した。そして、「皇帝のもの」だという返事を確かめて、「では、皇帝のものは皇帝に、神のものは神に返しなさい」と答えた(「マタイによる福音書」第二二章一五—二二節。並行箇所「マルコによる福音書」第一二章一三—一七節、「ルカによる福音書」第二〇章二〇—二五節)。デナリオン銀貨に皇帝の肖像が刻み込まれているように、神に象《かたど》って創造された人間(「創世記」第一章二六—二七節)の心には、神の像が刻印されているというのである。

9 「ポール・ロワイヤル版刊本」では、「私の誕生」は、「私の第二の誕生である、私の洗礼」

となっている。洗礼が第二の誕生であるという考えについては、姉ジルベルトに宛てた一六四八年四月一日付の手紙を参照のこと。

10 セリエは、この一節を、ポール・ロワイヤルで編纂された祈禱書『教会と聖母の聖務日課』(『ポール・ロワイヤルの時禱書』)に収められた「聖なる教父たちの祈り」のうちの一編と比較して類似性を指摘し、この祈禱書がパスカルのテクストの一つの発想源になったと推定している。問題の「一編」は、アウグスティヌスの説教を典拠としているが、以下に、関連箇所を抄訳する。「ああ、わが神よ、おのれを汚すいかなる汚点に染まる恐れのない事物のうちにしか甘美さも快楽も見いだすことがない魂は、なんと幸せなことでしょう。〔…〕この甘美さと快楽を私にお与えください。ああ、わが神よ。あなたはその源泉なのですから、それらを私の魂に注いでください。〔…〕しかしながら、罪が私たちにとって甘美で快いかぎり、主よ、真理は私たちには苦いのです。わが神よ、どうか、あの霊的な悦楽を私のうちに注ぎ込んでください。〔…〕それは真理が私に甘く優しいものとなり、あなたの聖なる甘美さのおかげで、私たちの感覚を喜ばせる罪の魅力を私たちが軽蔑するようになるためです。だからといって、ああ、わが神よ、真理がそれ自体で、感覚的な快楽よりもっと魅力的で愛すべきものでないというのではありません。〔…〕私の魂はあなたに対して犯した罪によって病に陥りました。どうか、その衰弱と憔悴を癒してください。」

11 「そして自らを引きずっていく魅惑に促されて」は、「一六六六年版刊本」にも「ポール・ロワイヤル版刊本」にも見当たらない。この文言の背景には、パスカルがアウグスティヌスから受け継いだ「二つの快楽」の考えがあるが、それは必ずしも正統的な見解とは見なされていなかった。刊本はそれを考慮して、用心のために削除したとメナールは推測している。「二つの快楽」の理論については、『一一　幾何学的精神について』「〔断章二〕説得術について」注7、および『一二　ロアネーズ嬢宛の手紙』〔六〕注5参照。

12 「あなたは私たちを、ご自身に向けてお造りになりました。ですから私たちの心は、あなたのうちに憩うまで、安息を得ることができないのです」(アウグスティヌス『告白』第一巻一章)。

13 人間は自力では、善なる思念すなわちよい意志を抱くことはできない。それは神から与えられる賜物である。さらに進んで、賜物を求める祈りも、与えられた賜物に対する感謝の祈りさえも神の賜物である。

14 旧約聖書の伝えるヨブの物語では、彼に肉体の病(「ひどい皮膚病」)が下されるが、パスカルは暗黙の裡に、自らの病をヨブの陥った状況に重ね合わせている。「ヨブ記」第二章七―八節参照。

15 「なぜあなたは私をあなたに逆らうようにされたのか」(「ヨブ記」第七章二〇節。ウルガタによる)。「もし、人間が神を目指して造られているのなら、人間はなぜこれほど神に背くのか」(『パンセ』断章三九九、中、三六)。

16 パスカルは今や、「永遠の父」から遣わされた子なる神、すなわちイエス・キリストに祈願している。ただし、続く節、たとえば第一一節では、イエス・キリストと神が「主」という言葉のうちで交錯する。

17「いま泣いている人々は、幸いである、あなたがたは笑うようになる」(「ルカによる福音書」第六章二一節)、「いま笑っている人々は、不幸である、あなたがたは悲しみ泣くようになる」(同章二五節)、「悲しむ人々は、幸いである、その人たちは慰められる」(「マタイによる福音書」第五章四節)。

18 パスカルは、自分がイエスの福音に反していたことを告白している。「ルカによる福音書」第六章二〇—二六節。

19「実に、神の国はあなたがたの間にあるのだ」(「ルカによる福音書」第一七章二一節)。

20「創世記」によれば、人は「土の塵」で形づくられた(第二章七節)。またヨブは神にこう述べている。「心に留めてください。土くれとして私を造り、塵に戻されるのだということを」(「ヨブ記」第一〇章九節)。

21「ポール・ロワイヤル版刊本」は、「あなたの苦悩」を敷衍して、「あなたの苦悩にいささか通ずるところのある私の苦悩」としている。

22 パスカルは、イエスがゲッセマネにおいて感じていると述べた悲しみに同化しようとしている。第一二節注**24**参照。

23 パスカルは、神の摂理の展開のうちに、「自然／恩恵(恵み)／栄光」という三つの「階梯」を見ている。『パンセ』断章二七五、上、三三六—三三七参照。この階梯は、すでに「五　父の死についての手紙」において、苦しみと慰めをめぐって、「異教徒／キリスト教徒／天使」

という組み合わせで登場する(九七頁)が、ほかにも「ユダヤ教徒／キリスト教徒／聖者(至福者)」「ユダヤ教の会堂／キリストの教会／天」「律法／信仰／至福直観」など、さまざまな形に変奏されて、パスカルの基本的な世界観と歴史観を形作っている。この問題については、塩川徹也「比喩と象徴」(『パスカル考』岩波書店所収)第二節参照。

24 「私は死ぬばかりに悲しい」(「マタイによる福音書」第二六章三八節、「マルコによる福音書」第一四章三節)。イエスが、ゲッセマネで祈りを捧げる直前に、ペトロとほかの二人の弟子に述べた言葉。

25 「イエスは苦しみもだえ、いよいよ切に祈られた。汗が血の滴るように地面に落ちた」(「ルカによる福音書」第二二章四四節)。前注と同様に、ゲッセマネ(「オリーヴ山」)におけるイエスの苦悶と祈りの場面が想起されている。『パンセ』に収録された「イエスの秘義」(断章＊七、下、三八—四七)参照。

26 「こうしてイエスはたった一人で神の怒りの前に打ち捨てられる」(『パンセ』断章＊七、下、三九)。

27 「死の陰」という表現は、「ヨブ記」第三章五節、第一二章二二節、第三四章二二節、「詩編」第一〇六(一〇七)編一〇節、一四節、及び「ルカによる福音書」第一章七九節等に見られる。

28 「私は裸で母の胎《たい》を出た。裸でそこに帰ろう。主は与え、主は奪う。主の御名はほめたたえられよ」(「ヨブ記」第一章二一節)。サタンによって全財産を奪われたことを知ったときに、ヨブが述べた言葉。

29 「出来事」は神の摂理の表現であり、それに従わなければならないという思想は、パスカルの著作の各所に見られる。『一二 ロアネーズ嬢宛の手紙』第九信注**3**、及び「一三 ペリエ夫妻宛の手紙の断片」の解題参照。

30 パウロは、「コリントの信徒への手紙二」において、使徒としての彼の栄光と誇りは、神から与えられた啓示と驚異にうちにあるのではなく、自らの弱さのうちにあると述べている。「彼は楽園にまで引き上げられ、人が口にするのを許されない言葉を耳にしたのです。このような人のことを私は誇りましょう。しかし自分自身については、弱さ以外は誇るつもりはありません。〔…〕だからキリストの力が私のうちに宿るように、むしろ大いに喜んで自分の弱さを誇りましょう」(「コリントの信徒への手紙二」第一二章四—五、九節)。「誇る」は、ウルガタでは glorior、それを受けたパスカルでは se glorifier であるが、いずれも「栄光」(gloria, gloire)に由来する語である。

31 「ポール・ロワイヤル版刊本」は、「あなたご自身も、わが救い主よ、苦しみによってのみ栄光に至ることをお望みになりました」としている。

32 復活したイエスは弟子たちに姿を現し、とりわけ彼の復活に懐疑的であったトマスに、はりつけにされた自らの手とわき腹を示している。「ルカによる福音書」第二四章三八—四〇節、「ヨハネによる福音書」第二〇章二四—二九節。

33 「今や私は、あなたがたのために苦しむことを喜びとし、キリストの体である教会のために、キリストの苦しみの欠けたところを身をもって満たしています」(「コロサイの信徒への手紙」第一章二四節)。

34「成就」の原語 consommation は動詞 consommer から派生する語であるが、両者には「焼尽(する)、破壊(する)」の意味もある。「五　父の死についての手紙」において、イエス・キリストの受難とそれを模範とする人間の死が供儀と捉えられ、そこで consommer の語が「焼き尽くす」の意味で用いられている(九七頁参照)ことを思えば、ここで consommation は「成就」と「焼尽」の二つの意味を含んでいると考えられる。そうだとすれば、この一文は次のように訳される。「あなたの体が完全に焼き尽くされて成就されるときまで、あなたの手足においてご受難を完遂なさるのですから。」

35「あなたの体」は前注の引用からも窺えるように、キリストと信者が構成する神秘的共同体としての「教会」であり、「あなたの手足」は教会のメンバー――それは、身体の器官とりわけ手足でもある――としての信者を意味する。

36「生きているのは、もはや私ではありません。キリストが私のうちに生きておられるのです」(「ガラテヤの信徒への手紙」第二章二〇節)。

解題　『病の善用を神に求める祈り』(以下、混同の恐れのない場合には『祈り』と略記)は、パスカルの小品の中で最も完成した形で伝えられる作品であり、題名も節の区分もパスカル自身に遡る。刊行の時期も早く、没後四年目の一六六六年に、種々の宗教的瞑想を収録した文集の冒頭の一編として匿名で発表された(以下、「一六六六年版刊本」と称する)。さらに、一六七〇年には、『パンセ』の初版が刊行されるが、本作はその末尾の第三二章に収められ、パスカルの作品として知られることになった(以下、「ポール・ロワイヤル版刊本」と称する)。以後、いわゆるポール・ロワイヤル版『パンセ』の一部をなす文章として一世紀半以上にわたって読み継がれたが、一九世紀になって『パンセ』の近代版が刊行されるようになると、次第に『パンセ』から独立した小品の扱いを受けるようになった(1)。

ところで、ポール・ロワイヤル版『パンセ』は、本作を収録するに至った経緯について、編者の「但し書き」で、次のように書き添えている。「また、これらの断想《パンセ》の末尾に、まだ若かったパスカル氏が病を得たおりに執筆した一編の祈りを付け加えるのがふさわしいと判断した。この祈りはすでに二度三度、不正確な写本に基づいて印刷されているが、それらの版はこの度、本文集(＝『パンセ』)を公表する人々の協力なしに作られたからである。」この証言に従えば、本編は彼の青年時代、おそらくは一六四七年、第一の回心からしばらくして重病に陥った際に執筆されたことになる。しかしこの問題については、二〇世紀の初めに新たな証言が発見された。それは、姉ジルベルトによる『パスカル氏の生涯』の第二稿である。それによれば、パスカルは晩年の四年間にわたって病気に苦しめられたが、それにいかなる心構えで立ち向かったかを最もよく示すものが、「私たちが彼から教えられたあの感嘆すべき祈り、彼がその折に執筆した、『病の善用を神に求める祈り』」だというのである。(2) こうしてジルベルトは本作をパスカルの晩年に位置づける。しかもこの証言は、ポール・ロワイヤル版『パンセ』の刊行後に書かれ、上記の「但し書き」の誤りを正す意図があったと考えられる。そうだとすれば、パスカルのことを最もよく知っていた姉の証言が優先するのは当然であり、本作がパスカル晩年の作であることは、現在では定説として認められている。その上で、執筆時期に関するより精細な議論としては、セリエが、本作における「祈り」の出発点には万聖節と死者の日(通常一一月一—二日)の典礼があるという前提に立って、一六五九年一一月説を提起している。しかしメナールは、パスカルが一六五九年三月から翌年八月まで重い病にあって、精神的集中を要する仕事ができなかったことを挙げて、一六六〇年初秋以降に書かれたと推定している。

＊

病の善用を神に求めるこの『祈り』が、パスカル自身の病気の体験に発し、自伝的な性格を帯びていることは確かである。彼は、自らを苦しめる病にキリスト教徒として立ち向かうために、この祈りを神に捧げているのである。しかしそれは、たとえば『メモリアル』のように完全に個人的な体験の記録、神以外の他者の容喙《ようかい》を許さない内密の文書ではない。ジルベルトは、この「感嘆すべき祈り」を「彼から教えられた」と述べていたが、これはたんに個人的な祈りと黙想にとどまらず、他者の祈りと黙想に資するものとして構想されている。この『祈り』が共同体的な性格を備えていることが関係者によって注目されていたからこそ、それは早くから筆写されて回覧され、さらに信仰書の一編(「一六六六年版刊本」)として収録されたのであろう。

病人自身の祈願、あるいは病人のための祈願は、キリスト教においても広く行われてきたが、その目標は大筋において病気の治癒である。もちろんそれは、神の思し召しにかなう限りでの願いであり、それと並んで、病気を辛抱強く受け入れる忍耐を求めることも、祈りの大切な要素となる。パスカルの祈りにも、その目標と要素は欠けていない。彼自身、「健康と生命を祈る」(第一三節)ことを否定しているわけではないのだから。しかし彼の祈りの特徴と独自性は、題名が示すように、病気を善く用いることを神に乞い願うところにある。彼が目指すのは、病がもたらす苦しみを自らの「救いと回心」(同節)の機縁として役立てること、それを神に祈願することである。その背景にあるのは、罪によって彼自身の魂が病んでいるという自覚、そして「肉体の病」は「魂の病」の「表徴であると同時に懲罰」だという確信である(第七節)。パスカルは第一の回心期に書いた手紙のなかで、「物体的なものごとは霊的なものごとの象《かたど》りにすぎず、神は目に見えるものの中に見えないものをあらわしてくださった(3)」と記していたが、彼の思想の核心にあるこの区別が、肉体の病と魂の病の表徴関係の基盤となっているのは明らかである。そうだとすれば、肉体が感じる病苦は魂の苦痛の表徴となるはずであるが、罪という精神的な病のうちにある魂にとって自らの苦痛を自覚するのはきわめて困難である。というより、自らの悲惨と苦痛を感じないことが、「魂の最大の病」である。肉体の病とその苦痛は、そのような魂の「無感覚」に対する「懲罰」であると同時に、さらに進んで「治療薬」となる。なぜなら肉体の苦痛は、「魂のうちにある苦痛を注視する」きっかけとなりうるのだから(同節)。病の善用を祈りの主題として語ることができるのは、そのような可能性が開かれているからである。

こうしてパスカルは、体の病がどのようにして魂の病の治療薬として働くかを精細に描写していくが、それは治療法の提示や説明とは異なる。問題は、どうしたら病を善用できるかを探求することではなく、善用を求めて神に祈ることなのである。自らの意志で病を善用すべく努力することと、それを神に乞い願うこととの違いは、いくら強調しても強調しすぎることはない。じつは、「善用」ないし「使用」は、パスカルが愛読したストア派の哲人エピクテトスにとって道徳論の中心概念の一つであった。われわれは自らに割り当てられた運命に一喜一憂し、われわれを見舞うさまざまな出来事に翻弄される。しかしわれわれを翻弄するのは、本当は物事や出来事ではなく、それについてわれわれが抱く表象と思いなしである。財産、健康、名声が善であり、貧窮、病気、恥辱が悪であるとするのは、われわれの判断であり、物事自体が備えている性質ではない。そしてそれらの物事はわれわれの外部にあって、われわれの思い通りにはならないが、それについていかなる表象を形成し、いかなる判断を下すかは、われわれの知性と意志の用い方次第であり、われわれ固有の能力に属する。それを正しく行使すること、つまり物事や出来事について形成される表象を自然本性にかなって使用するのが道徳的な善だというのである。(4) 病気であれ健康であれ、外面的な物事と出来事――より正確にはその表象――の善用を目指すことにおいて、パスカルとエピクテトスの間に大きな違いはない。

しかしながら『サシ氏との対話』を読み返せば明らかなように、パスカルは一方では、エピクテトスの自律的な人間観とそれに由来する道徳論を厳しくとがめていた。(5) パスカルに言わせれば、エピクテトスは知性と意志の自由を信じており、それを正しく使用することによって、人間は完全になり、「神の友にして伴侶」の境地に達すると考えていた。しかしパスカルはそれを「悪魔的な傲慢」(6) と評し、人間が自らの心を自由に制御できないことを力説する。人間は外面世界を思い通りに支配することができないばかりでなく、自らの内面を支配することもできない。このような「無力」の自覚が、祈りの絶対的な必要性に通じていることは言うまでもない。こうしてパスカルは、ストア主義と共通する「善用」の思想をキリスト教信仰の中に移植し、いわば昇華したのである。

ところで、このような善用の思想に従えば、外面的な物事について善悪すなわち道徳的価値を語ることはできない。じっさい、エピクテトスによれば、子供を失うことも、廃嫡されることも、権力者の懲罰を蒙ることも悪ではない。それを悲しむことが悪であり、雄々しく耐えることが善なのである。(7) パスカルもまた、キリスト教的な変奏を加えながら、同様の立場を踏襲する。つまり、神に従うことは善であり、神に背くことは悪であるが、「それ以外は、すべてのものごとにおいて、どちらが善いのか悪いのか〔…〕、健康と病気、富と貧困のどちらが、また、この世のあらゆることの何が私の益になるのか」知らない、というのである(第一四節)。パスカルは、「つねに等しく変わらぬ心持ちにあって、〔…〕あらゆる種類の出来事を受け入れること」(同節)、すなわち摂理への絶対的服従を神に祈願するが、それは運命愛(amor fati)による世界の秩序の受容を唱えるストア派の教えに通じている。パスカルはストア哲学の自己充足的な人間観に反対していたが、道徳の実践、とりわけ出来事をいかに理解し受容するかという問題については、同様の立場を共有している。

それにもかかわらず、この『祈り』において、病に独特の意味と価値が与えられていることは見逃すわけにいかない。病とその苦しみは、ほかの物事や出来事、とりわけ健康とは異なる展望のもとに置かれ、イエス・キリストの受難と密接に関連付けられている。イエス・キリストは人間の罪を贖うために受肉し、人として「罪の対価であるあらゆる苦痛」(第一〇節)を苦しむこと、つまり魂と肉体の双方において苦しむことを通じて人間に救いをもたらした。イエス・キリストの受難の苦しみは、人間の病苦の根拠でもあれば模範でもあり、苦痛を通じて神と人間のあいだに交流の道が開かれる。だからこそ人間は病のうちにあって、イエス・キリストに「私の苦痛を愛してください」と呼びかけ、「私の病苦に免じて、私のもとを訪れてください」(同節)と祈ることができる。こうしてパスカルは、苦悩を媒介としてイエス・キリストと一致すること、イエス・キリストが彼の「心と魂のうちに入って」、そこで彼の苦しみを苦しむことを乞い願う(第一五節)。しかもこの合一はたんにパスカル一人の個人的な体験ではない。それは、イエス・キリストのすべての「手足」、すなわち教会の構成員であるすべての信者に生じることが期待される出来事である。なにしろ、イエス・キリストが彼らのうちで苦しむ苦しみは、受難の延長線上にあって、その苦しみの業《わざ》がすべての信者において完成してはじめて、信者の神秘的共同体である教会——パスカルはそれを「あなたの体」と呼んでいる——が完全に実現するというのだから。「病の善用」は最終的には、信者と神の一対一の関係を超えて、神の摂理に導かれる世界と教会の歴史の中に位置づけられる。そこでは、肉体の病に関する個人的な黙想が、「キリストの体」としての教会の建設という宇宙規模の神秘的ヴィジョンに成長し展開していく。『病の善用を神に求める祈り』は、晩年のパスカルが到達した信仰と霊性の深奥を余すところなく描き出した比類ない作品である。

図33　キリストの受難

＊

本作の原本は残されていない。現存する写本は四部で、そのうち二つは前述の刊本(「一六六六年版刊本」あるいは「ポール・ロワイヤル版刊本」)を筆写したもので、資料的価値はない。残りの二つは、パスカルの死後ほどなく作成されたものと推定され、刊本とは独立したテクストである。すでに見たように、ポール・ロワイヤル版『パンセ』は本編を収録するにあたって、それまでの刊本――具体的には「一六六六年版刊本」――が「不正確な写本」に基づいていたと述べていた。そのこともあって、従来、写本は顧みられなかったが、メナールの考証によって、パスカルの原テクストに手を入れたのはむしろ刊本、とりわけ「ポール・ロワイヤル版刊本」であることが明らかになり、近年では、ルゲルンとフィリップ・セリエによって、それぞれ、二つの写本の一方に依拠する版が公刊された。(8)本訳書では、メナール版全集を底本とし、ルゲルン版全集とセリエ版選集も参照して訳文を作成した。(9)三つのテクストの間に大きな相違はないので、その異同は記さなかったが、「ポール・ロワイヤル版刊本」の異文のうち注目に値するものは注で紹介した。

(1) 本作をはじめて『パンセ』から独立させたのは、プロスペル・フォジェールの『パンセと断章と手紙』(一八四四年)、さらにそれを「小品」のカテゴリーに分類したのは、エルネスト・アヴェの『パンセ』(一八五二年初版)である。

(2) ジルベルトのこの証言は、白水社版『パスカル全集』に収められている(第一巻、六一―六二頁)。
(3)『三　第一の回心期　姉ジルベルト宛の手紙(二)』(一六四八年四月一日付)、上記四〇頁参照。
(4) エピクテトス『語録』第三巻三章、「道徳的に正しい人間の役目は、自らの表象を自然本性にかなって使用することである」(下、三三三)。同様の主張は、『要録』第六節にも見られる(同、三六五)。
(5)『一〇　サシ氏との対話』〔20〕―〔22〕節。
(6) 同〔22〕節。
(7) エピクテトス『語録』第三巻八章、下、五七―五八。
(8) ルゲルンはリヨン市立図書館所蔵の写本(ms. 1324)、セリエはアルスナル図書館所蔵の写本(ms. 5423)、いわゆる「コンラール文集」に含まれる写本を底本としている。
(9) 本小品は、元来この選集には含まれていなかった。それが増補されたのは二〇一八年以降であるが、そのことはどこにも明記されていない。タイトルページの刊行年は依然として二〇一一年となっているので、最終ページに記載された印刷年で確認する必要がある。

二〇　大貴族の身分に関する講話　一六六〇年末頃

大貴族の身分に関する故パスカル氏の講話

故パスカル氏は多方面で豊かな思想の持ち主であったが、とりわけ大貴族の子弟の教育においてそうであった。すなわち神の思し召しによって貴族の身分に生まれた子供を、どうすればその身分に最もふさわしく教育できるか、つまりそのすべての職責を果たし、それに伴うすべての危険を避ける能力を身につけさせるのに最も適当な教育法はいかなるものかという課題について、きわめて深い識見を備えていた。「もしご依頼があれば、これほど力を尽くしてお役に立ちたいと願っていることはないし、これほどの大事には喜んでわが生涯を捧げたい」と、氏がしばしば語るのを耳にしたものである。そしてパスカル氏は、自分の頭を占めている問題について、思いついた考え《パンセ》を書き留める習慣があったので、知人たちは、氏の遺稿の中に、この問題を正面から論じたものが何も見当たらないのに驚いた――もっともある意味では、氏の残した断想《パンセ》はすべてこの問題に関わるとも言えるのだが。じっさい、それを集めて作られた文集ほど、大貴族の子弟の精神の養成に役立つ書物はほとんどないのだから[1]――。そうだとすれば、この主題について氏が書いたものが紛失したか、それともそれについての考えが常に念頭を離れないためにわざわざ書き記すのを怠ったかのいずれかである。こうして、どちらの理由からであれ、読者はパスカル氏の考えを知る機会を奪われてしまった。しかし氏は、ある大貴族の若君、きわめて早熟ですでに最も難解な真理を理解できるようになっていた若君に短い講話を三回にわたってしたことがあった。そして、そこに列席していた人たちの一人が、七年ないし八年経ってから、自分が記憶にとどめたことを書き記すことを思いついたのである。これほど年月が経った後では、パスカル氏が当時用いた言葉遣いそのものが再現されているとは言えないが、それにもかかわらず氏の語ることはすべて人の心に鮮烈な印象を刻み込むので、それを忘れることなどできなかった。こういうわけで、以下の文章が、少なくとも、パスカル氏の考えと意見であることは保証できる。

この三編の小論の目指すところは、高貴な身分に生まれついた人間がおのずと陥りやすい三つの欠点を矯正することである。最初の欠点は、自分自身を見誤り、自分が享受している財産はすべて自分のもので、自分の存在のいわば一部をなしていると思い込み、そのために自分を他のすべての人間と生まれつき平等であるとけっして見なさないことである。

第二は、自分が思いのままに行使する外面的な特権に酔いしれるあまり、もっと実質的でもっと尊重すべき資質をことごとく無視し、それらを獲得しようと努めず、大貴族という身分だけであらゆる尊敬を受ける資格があり、才知も美徳も必要ないと思い込むことである。

第三は、大貴族の身分が自分の欲望を自由に満たす権力と結びついているために、彼らの多数を無分別な怒りや低劣な不品行に誘うことである。そのために、自分たちの偉大さを人々の役に立てる代わりに、人々に不正な仕打ちを加え、あらゆる種類の放縦にふけることが、偉大さのしるしだと考えてしまうのである。

以下に伝える三つの講話をパスカル氏がさまざまな機会に行ったとき、氏が念頭に置いていたのは、この三つの欠点である。

第一の講話

あなたご自身の身分を真に知るための手がかりとして、それを次のたとえ話に照らしてじっくりと考察していただきたい。

ひとりの男が嵐にあって見知らぬ島に打ち上げられた。そこでは、住民たちが行方不明になった王を見つけ出そうと懸命になっているところだった。そして男は、体つきも顔立ちも王と瓜二つだったので王と取り違えられ、全島民から王と認められた。男は最初、いかなる態度を取ればよいか分からなかったが、ついには自らの幸運に身を任せる決意を固めた。人びとから捧げられる尊敬のしるしをすべて受け入れ、王として遇されるに任せた。

しかし男は自分の生まれつきの身分を忘れることができなかったので、尊敬のしるしは受け入れながらも、同時に、自分は島民が探している王ではないし、この王国は自分のものではないと考えていた。こうして男は二重の考えを抱き、一方の考えで王として振舞い、他方で自分の真の境遇を自覚し、自分がいまこの地位にあるのは偶然のせいだと考えていた。[2] 後者の考えは押し隠し、前者の方を見せていた。島民に接するには前者を、自分自身に接するには後者を用いた。

あなたは富を所有しそれを支配しておられる。それが、たまたま王位についたこの男にくらべて偶然の度合いが少ない、と思ってはなりません。あなたご自身にしても、またあなたの生まれからしても、あなたはその男同様、あなたの富に与《あずか》るいかなる権利もありません。公爵の子息であることはおろか、この世に生を享けていることさえ、無数の偶然の結果なのです。あなたが生まれたのはあるひとつの結婚、というより、あなたのご先祖すべての結婚のおかげです。しかしこれらの結婚は何に由来するのでしょうか。偶然の訪問、とりとめのない話、その他無数の予想外の出来事のせいです。

「私の富は先祖から引き継いだ」とおっしゃいますか。しかしあなたのご先祖が富を築き、いままで保持してきたのは、無数の偶然のおかげではありませんか。またあなたは、「この財産が先祖から私まで伝えられたのは何らかの自然法に基づいている」とお考えかもしれません。しかしそれは本当ではありません。この法秩序はひとえに立法者たちの意志ひとつにかかっています。もちろん立法者たちにはそれなりの立派な理由があったことでしょう。しかしそれらの理由のどれひとつとして、あなたが財産に対して有する自然権から引き出されたものではありません。もしも、父親が生前所有していた財産はその死後国家に帰すべしという掟を立法者が定めていたとしても、あなたにはそれに対して不平を述べるいかなる筋合いもありません。

こういうわけで財産の所有に関してあなたが有している資格は、自然の資格ではありません。それは、人間の制度に由来しているのです。立法者が別の考えをおこしていれば、あなたは貧乏になっていたかもしれません。そしてあなたがご自身の手にあるすべての財産を所有しているのは、あなたに生を授けた偶然と、あなたにとってたまたま都合の良い法律のあり方が合致しているからにすぎません。

私は何も、あなたの財産が合法的でないとか、他人がそれを奪うのが許されていると か、言いたいのではありません。なぜなら財産の支配者である神は、それを分配するために法を制定することを社会にお許しになったのですから。そして法がいったん成立すれば、それを犯すのは不正です。この点であなたは、ただ島民の錯覚によって王国を所有しているあの男とは少しばかり違っています。なぜなら神はこのような所有は認可されず、男にそれを放棄するように迫られるでしょうが、あなたの所有は認可なさっているのですから。しかし男とあなたとの間には完全な共通点があります。それは、あなたの所有権も、彼の所有権と同じく、あなたのうちにあって、あなたを所有者にふさわしい存在にする、何らかの資質、何らかの功績に基づいているわけではないということです。あなたの魂と肉体はそれ自体としては、船頭であろうと公爵であろうと、どちらの境遇にも無縁です。それらをある身分よりも別の身分に結びつけるいかなる自然のきずなもありません。

そこから何が帰結するでしょう。あなたは問題の男と同じように、二重の考えを抱かなければなりません。外面的には、ご自分の地位に応じて人びとに接するにしても、心に秘めたより真実に近い考えにおいては、ご自分には生まれつき彼らに優るところはいささかもないと認めなければなりません。表向きの考えでは一般庶民の上に立つにしても、もう一つの考えによってへりくだり、あらゆる人間とまったく平等の立場に身を置かなければなりません。それこそがあなたの自然本来の状態だからです。

あなたに驚嘆する民衆はおそらくこの秘密を知りません。彼らは、貴族の偉大さは現実のものであると信じ、大貴族は自分たちとは生まれつき別の人種だと見なしかねません。[3]なにもこの誤りを暴いて、彼らに示すことはありません。[4]しかし傲岸不遜な態度でこの身分の高さを濫用してはなりません。とりわけ自分自身に目がくらんで、一個の人間としてのあなたが他人よりも何か高貴なものを持ち合わせているなどと思ってはなりません。

島民の錯覚で王となったあの男が本来の身分を忘れ果てて、この王国は自分のものであり、自分にはそれを支配する資格があり、それは当然の権利として自分の所有に帰すると思い込むようなことがあったら、あなたは何と言われるでしょうか。男の愚かさと狂気に驚き呆れられることでしょう。しかしながら自分本来の状態を奇怪にも忘れ果てて生きる貴族は、これほど愚かでも気違いじみてもいないと言えるでしょうか。

以上の警告はなんと重要なことでしょう。というのも、大貴族がともすれば怒りに逆上し、乱暴狼藉を働き、見栄を張るのは、すべて己に対する無知に由来するからです。もしも内心で自分をすべての人間と同等なものと見なし、また神が他の人より優先して与えてくださったわずかばかりの特典について、自分にはそれに値するところはいささかもないと確信していれば、他人に対して軽々しく無礼な仕打ちをすることはできません。まったく自己を忘却し、自分のうちに衆に抜きんでて優れたところが現実にあると思い込みでもしなければ、そのような仕打ちは不可能です。この錯覚に気づいていただくように私は努めているのですが、その源にあるのはこの思い込みなのです。

第二の講話

若君、人があなたにいかなる義務を負っているかを、若君には知っていただく必要があります。若君に対して果たすべき義務ではないことを他人に要求する権利があるなどと考えられては困りますから。そのような要求は明らかに不正です。にもかかわらず、若君のような身分の方々にとって、これはありふれた不正です。それは、その方々が、貴族の身分の本性について無知だからです。

この世には、二種類の偉大さがあります。制度上の偉大さと自然本性上の偉大さです。制度上の偉大さは人々の意思に基づいています。それは、人々がある種の身分は敬うべきであり、ある種の尊敬をそこに結びつけるべきだと正当にも考えたことによります。高位高官や貴族の身分はこの種の偉大さです。ある国では貴族が、別の国では平民が尊重されます。[5]この国では長子が、あの国では末子が尊重されます。どうしてそうなのでしょうか。それが人々の意にかなったからです。制度の確立以前は、それは正不正に無関係な事柄でした。確立されると、それは正しいことになりました。確立された秩序を乱すのは不正だからです。

自然本性上の偉大さは、人々の思惑には依存しない偉大さです。それは、魂あるいは身体に現実に備わっていて、魂または身体をより優れたものとする実質的な性質、すなわち学識、洞察力、美徳、健康、力などのうちに存在しています。

この二種類の偉大さのいずれに対しても果たすべき義務があります。しかし両者の本性は異なるので、それぞれに払うべき尊敬もまた異なります。制度上の偉大さに対しては制度上の尊敬、つまりある種の外面的な儀礼を尽くさなければなりません。[6]外面的とはいえ、この秩序の正しさを内面においても、理性に従って認める気持ちが伴わなければなりませんが、しかしこのようにして敬われる人々に何らかの実質的な美点が備わっていると考える必要はありません。国王に話しかけるにはひざまずかなければなりませんし、王族の部屋では起立しなければなりません。[7]このような義務を拒むのは、愚かさと精神の卑しさのしるしにほかなりません。[8]

しかし価値の評価に基づく自然の尊敬については、それを捧げるべき対象は、ただ自然本性上の偉大さだけです。逆に、この自然の偉大さに反する性質は軽蔑と嫌悪の的となってしかるべきです。若君が公爵であるからといって、私があなたを尊敬する必要はありません、しかし敬礼する必要はあります。もしもあなたが公爵でしかも紳士《オネットム》であるなら、この二つの性質のいずれに対しても果たすべき義務を私は果たすでしょう。公爵の肩書に見合う儀礼も、紳士の美質にふさわしい尊敬もあなたに対して拒むことはないでしょう。しかし仮に、あなたが公爵でありながら紳士ではなかったとしても、私はなお公平に振舞うでしょう。つまり、外面では、社会秩序の命じるところに従ってあなたの家柄に対する義務は果たす一方、内心では、あなたの精神の卑しさに見合った軽蔑の念を抱かずにはおかないでしょう。

これらの義務の正しいあり方は以上の通りです。そして不正は、制度上の偉大さに自然の尊敬を捧げるか、あるいは自然本性上の偉大さに対して制度上の尊敬を要求するところにあります。[9]某氏は私より偉大な幾何学者です。氏が、その資格を盾にとって、私に道を譲ろうとしなければ、私は彼に言うでしょう。「君はまったく道理がわかっていない。幾何学は自然本性上の偉大さであって、価値評価の点では優先権を要求できる。

しかし人々はそこにいかなる外面的な優先権も結びつけはしなかった。だからお先に通らせていただこう。でも、幾何学者としては君の方が上だと認めよう。[10]」同様に、あなたが王族に準ずる公爵だからというので、私があなたの前で脱帽するだけでは飽き足らず、そのうえ尊敬もしてほしいとお望みになるのであれば、私の尊敬に値する資質を示していただきたいとお願いすることになるでしょう。もしも示してくだされば、尊敬はあなたのものであり、私がそれを拒めば、不正を犯すことになるでしょう。しかし示されないのであれば、尊敬を要求するのは不正であり、たとえあなたが世界で最も偉大な王者であろうとも、けっして尊敬を勝ちえることはできないでしょう。

第三の講話

若君様、あなたにはご自身の身分の真実を知っていただきたい。というのも、あなたのような身分の方々が何をご存じないといって、これほどご存じない事柄はないのですから。あなたは、大貴族であるとはいかなることだと思っておいでしょうか。それは、人々の欲心[11]の対象となる多くのものごとを支配して、それによって多くの人間の必要と願望を満たす力を持つことなのです。これらの必要と願望があればこそ、人々はあなたのもとに引き寄せられ、あなたに服従するのです。そうでなければ、あなたは見向きもされないでしょう。ところが人々はあなたに仕え、敬意を表します。そうすることによって、自分たちの欲望の対象である富の幾ばくかをあなたから得られると期待しているからです。何しろその富をあなたが思いのままにするのを彼らは見ているのですから。

神は愛に満ちた人々に取り巻かれています。この人々は、神の支配下にある愛の富を神に求めます。[12]したがって神はまさしく愛の王です。

あなたも同様に少数の人々に取り巻かれ、あなたなりの流儀で彼らを支配しておられます。この人々は欲心でいっぱいです。彼らは欲心の対象である富をあなたに求めます。彼らをあなたにつなぎとめているのは、欲心です。したがってあなたはまさに欲心の王です。あなたの王国の領土はわずかです。しかし王国であるかぎりにおいて、あなたは地上の最大の王たちと同等です。彼らもあなたと同じく欲心の王なのです。彼らの力を創り出しているのは欲心です。つまり人間が貪愛に駆られて欲しがる事物を所有していることが彼らの力の源にあります。

しかしあなたは、あなた本来の身分を弁えて、それが与えてくれる資力を用いなければなりません。あなたを王たらしめているのは人々の欲心なのですから、それとは異なった方途で支配しようなどと考えてはなりません。あなたの下にいるすべての人々があなたに服従しているのは、あなた本来の力や権威によるのではありません。ですから彼らを力で支配したり、過酷に取り扱ったりしようとしてはなりません。彼らの正当な欲望は叶え、困窮は和らげ、喜んで恩恵を施し、できるだけ彼らの得になるよう計らうのです。そうすればあなたは真の欲心の王として振舞うことになるでしょう[13]。

以上お話ししたことの射程は限られています。そして、もしもあなたがそこに留まるなら、あなたは身を滅ぼさずにはおかないでしょう。しかし少なくとも、あなたは紳士として滅びることでしょう。この世には、強欲、残忍、放蕩、暴力、逆上、冒瀆など、愚かきわまりないやり方で地獄堕ちする人々がいることをお考えください。私があなたにお示しする方策は、たしかにそれより立派です。しかし本当のところ、いかなるやり方であろうと、地獄堕ちするのは狂気の沙汰です。ですから、そんなところに留まっていてはなりません。欲心とその王国をさげすみ、愛の王国、臣民がこぞって愛のみを乞い願い、愛の富だけを切望するあの王国を恋い慕うべきです。そこに通ずる道は、私のほかに教えてくださる方がおられるでしょう。私は、あなたと同じ身分の多くの方々が、この身分の真のあり方を弁えないために、我を忘れて獣のような生き方に陥るのを見ています。そのような生き方からあなたを遠ざけることができたとしたら、私としては本望です。

1『パンセ』のこと。その初版は、一六七〇年初頭に出版された。

2「私もまた頭の背後の考えをもつだろう」(『パンセ』断章七九七、中、四八二)。

3「民衆は高貴な生まれの人々を敬う」(『パンセ』断章九〇、上、一一四)。

4 パスカルは、貴族の特権に自然的根拠がないことを暴露すれば、内乱の危険があると考えていた。「民衆が簒奪の真実を感じ取ってはならない。それはかつて理由なく導入されたが、今や理にかなうものになった。それが真正かつ永遠であるかのように見せかけ、その起源を隠さなければならない。さもないとそれは遠からず終わりを迎えることになるだろう」(『パンセ』断章六〇、上、八四―八五)。

5「スイス人は貴族だと言われると腹を立て、平民の血筋を証明して、重要な公職に就く資格があることを示そうとする」(『パンセ』断章五〇、上、七四)。断章八二八では、「想像力の絆」によって「力」――権力や権威――を保持する「党派」の例として、「フランスなら貴族〔…〕、スイスなら平民」が挙げられている(中、五一八)。

6「制度上の偉大さ、制度上の敬意」(『パンセ』断章七九七、中、四八三)。

7「尊敬とは、「窮屈な思いをせよ」ということだ。〔…〕尊敬は大貴族を選別するためにある。もし尊敬が、ソファーにふんぞり返っていることであれば、相手が誰でも尊敬することになるだろう」(『パンセ』断章八〇、上、一〇五―一〇六)。

8『パンセ』では、このような態度は「生半可な識者」に帰せられている(断章九〇、上、一一四)。

9　『パンセ』では、このような意味での「不正」は「圧政」と呼ばれている。「圧政とは、ある経路を通じてしか入手できないものを、他の経路を通じて入手しようと望むことである。それぞれ異なった取柄には、それぞれ異なった務めを果たすのが筋だ」(『パンセ』断章五八の二、上、八〇)。

10　『パンセ』では「圧政」の例として、次の言動が挙げられている。「「私は美しい、だから私は恐れられて当然だ。私は強い、だから私は愛されて当然だ〔…〕」同様に次のように主張するのも間違っており圧政的である。「彼は強くない、だから尊敬することはない。彼は有能ではない、だから恐れることはない」」(断章五八の二)。

11　快楽、財貨、権力に対する過度の欲望。邪欲ともいう。『パンセ』下、「用語集」三七四頁参照。

12　「神は愛に満たされた人々に囲まれており、この人々は神に愛の富――それは神の権能のうちにある――を求める」(『パンセ』断章七九六、中、四八一)。

13　「だから自分自身を知り、自分が欲心の王でしかないことを自覚して、欲心の筋道に従ってほしい」(『パンセ』断章七九六、中、四八二)。

解題　パスカルは『パンセ』や『プロヴァンシアル』の各所で政治に関する考察を書き記しているが、それらはいずれも断片的である。それに対して、『大貴族の身分に関する講話』と称される以下の三編の文章(『講話』と略称)は、まとまった形で政治を論じており、彼の政治思想を理解するための貴重な資料である。しかしそれはパスカル自身の手になるテクストではない。それを執筆したのは、彼の友人で、『プロヴァンシアル』の執筆に協力したばかりでなく、『パンセ』の編纂にも関与したピエール・ニコル（一六二五―一六九五）である。彼は一六七〇年――『パンセ』の初版が出版された年である――に、匿名で『王子の教育について』と題する論集を刊行したが、『講話』はパスカルからの聞き書きとしてそこに収録されている。本文の前に置かれた解題によれば、パスカルはもともと大貴族の子弟の教育に強い関心を寄せていたが、ある時、優れた資質に恵まれた若君を前にして三回の話をすることがあった。本作は、その場に同席して話を傍聴したある人つまりニコルが、それから「七年ないし八年」経ったあとに、記憶の糸をたどって再構成したものだという。これは、ニコルとパスカルの関係から考えて、大筋として信頼の置ける証言である。とはいえ、具体的に、講話が誰に対して、いかなる時期に行われたのか、パスカル自身はこの講話に関する文章を書き残したのか、ニコルが伝えるテクストはパスカルの思想と表現をどの程度忠実に再現しているのかといった問題については、そこで立ち入った情報が与えられているわけではない。講話の聴き手である「大貴族の若

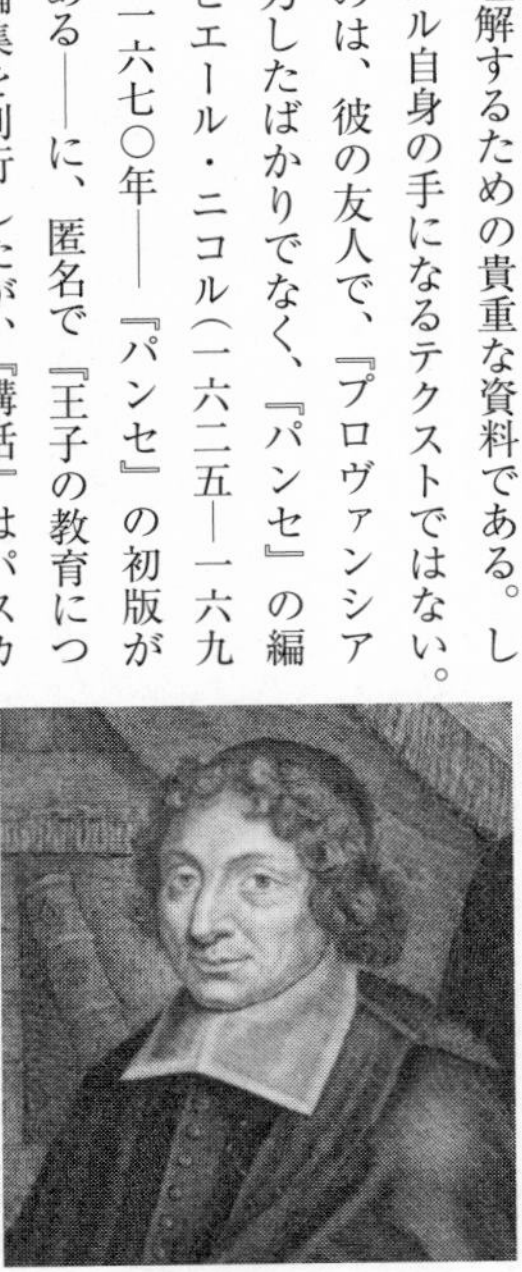

図 34　ニコルの肖像

君」は、ポール・ロワイヤルの同調者であったリュイーヌ公爵の子息アルベール侯爵、のちのシュヴルーズ公爵(一六四六—一七一二)であると考えられている。父リュイーヌ公爵は深い学識の持ち主で、デカルトの『省察』の仏訳者としても知られるが、ポール・ロワイヤル・デ・シャンの近隣にあるヴォミュリエの地に城館を建造して、隠棲生活を送っていた。彼は子息の教育にも力を注ぎ、ポール・ロワイヤルの隠士のひとりで優れた人文学者であったクロード・ランスロ(一六一六—一六九五)を教育係に迎えていた。この時期、ポール・ロワイヤルの教育的著作として名高い『寸鉄詩抄』(一六五九)、『一般理性文法』(一六六〇)、『ポール・ロワイヤル論理学』の通称で知られる『論理学す

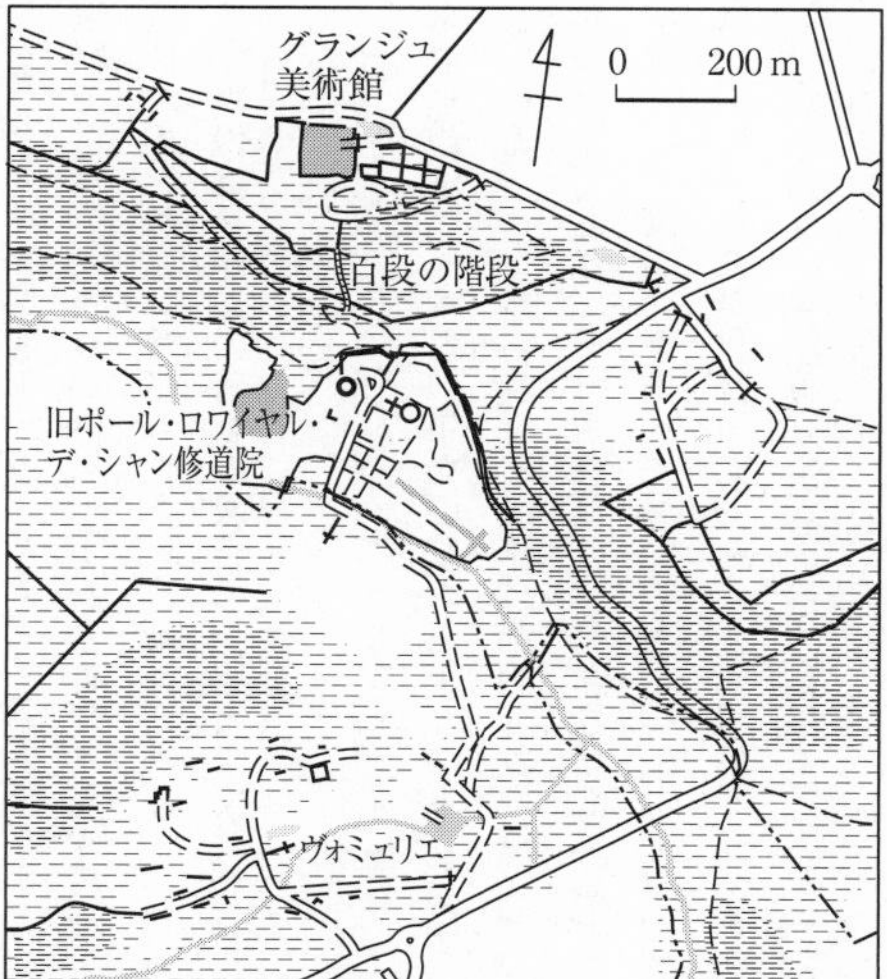

図35　現在のポール・ロワイヤル・デ・シャンとヴォミュリエ

なわち考える技術』(一六六二)が相次いで公刊されるが、これらの教科書の執筆とアルベール侯爵の教育とはおそらく無縁ではない。とりわけ『ポール・ロワイヤル論理学』の序文には、それが「ある年若い貴族」のために執筆されたという記述があるが、これはアルベール侯爵のことである。パスカルの講話がこの若君の教育の一環として行われたと考えるのは自然である。

それはいつ頃なされたのか。『講話』が公刊された一六七〇年から遡ること「七年ないし八年」というニコルの言葉を信じれば、一六六二年ないし六三年ということになるが、パスカルは六二年八月に死去している。ニコル自身、七一年に出版された第二版では数字を訂正して「九年ないし一〇年」としており、そうなれば、六一年ないし六二年ということになる。さらに『パンセ』には、この講話の準備メモ(断章七九六、七九七)が残されているが、それが執筆されたのは一六五九年八月以降、おそらく一六六〇年夏あるいは秋であることが知られている。こうして、パスカルの講話の時期は、彼の最晩年(一六六〇年末ないし六一年初頭)に位置づけられることになる。

『パンセ』に残された準備メモはたんなる論点の箇条書きであり、『講話』の草稿めいた文章はほかには見当たらない。しかしパスカルが講話にあたって、その要旨や筋書きを準備しなかったとは考えにくいし、またニコルがそれを利用した可能性も否定できない。それがパスカルの遺稿のうちに見当たらないのは、講話の聴き手であったアルベール侯爵に渡され、侯爵を介してニコルの知るところとなったからではないかと考えられている。そうだとすれば、ニコルはテクストの執筆にあたって、たんに自らの記憶に頼るばかりでなく、パスカル自身の文章を何らかの形で下敷きにしていることになる。事実、このテクストのそこかしこにはパスカル的な響きが感じられる。

しかしニコルがこの『講話』において、パスカルの思想と主張を忠実に伝えているかどうかという問題は慎重に検討する必要がある。というのも二人の関係は複雑で一筋縄ではいかないからである。ニコルはパスカルをよく理解し、その天才には畏敬の念を抱いていた。しかし一方、彼は神学者として深い学識を備え、思想家、文章家としても一家をなしていただけに、パスカル一辺倒ではなく、その思想と著作に一定の距離を置いていた。ポール・ロワイヤル版『パンセ』は、パスカルの原稿にかなりの改変を加えているが、ニコルはそれに深く関与している。『講話』が同様の改変を蒙っていないとは、必ずしも保証できないのである。

しかしニコルは執筆にあたって、パスカルの講話の内容を可能な限り忠実に再現しようとしたと考えてよい。それはたんにニコルがパスカルの意向を尊重して、それを正しく読者に伝えようとしていたからだけではない。パスカルとは考えを異にする場合は、著作家として自らの見解を表明することができたし、また事実そうしているからである。現に、この『講話』においても、本文と解題のあいだには、微妙だが明らかに立場の相違が見てとれる。後者によれば、パスカルの意図は、大貴族が陥りやすい「欠点」を指摘し、それを「矯正」するところにある。講話が教育的な観点から行われたことを考慮すれば、そこに道徳的教訓を読みとるニコルの解釈は間違ってはいない。しかし、『講話』本文の主眼はそれ以上に、普遍的な人間の条件と重ねあわされた「大貴族の身分」に関する、価値判断を離れた冷徹な分析である。第一の『講話』の冒頭に置かれた「王と取り違えられた遭難者」のたとえ話は、そのことをよく示している。さらに第二の『講話』では、「制度上の偉大さ」と「自然本性上の偉大さ」の対比が中心的なテーマとして論じられるが、そこで前者は、社会秩序の生み出す形式的価値であり、実質を欠いたものとして提示されている。これに対してニコルは、本『講話』とともに『王子の教育』に収められた「偉大さについて」と題する論考において、「権威はすべて神に由来する」というパウロの言葉(「ローマの信徒への手紙」第一三章一節)を盾にとって、支配者の権威と権力、すなわち制度上の偉大さを正当化し、それに実質的な内容を与えようと努めている。総じてニコルには、パスカルの思想と表現の鋭さを和らげ、その徹底性を後退させる傾向があるが、これはその顕著な例である。しかし逆に考えれば、ニコルは自らの信念に反する場合でも、パスカルの思想を可能な限り忠実に紹介する能力と誠意を備えていたといえる。この『講話』は、ニコルの手になるとはいえ、自立したパスカルのテクストなのである。

二一　サブレ夫人宛の手紙　一六六二年一月

サブレ夫人宛

まだ容態は思わしくありませんが、マンジョ氏をご紹介いただいたことについて、これ以上お礼を申し上げるのを遅らせるわけには参りません。というのも、それは間違いなく奥方様のおかげなのですから。マンジョ氏については、姉[1]からお噂を聞いて、すでに大いに尊敬しておりましたので、同氏から恵贈されたご本をどれほどうれしく頂戴したか、言葉に尽くすことができません。氏の献呈書簡に目を通すだけで、氏がどれほど才気と判断力に恵まれているかはすぐに分かります。氏がご本で論じられている主題の核心を理解することはかないませんが、しかしながら、奥方様、一方では、魂の非物質性、他方では、物質が魂の機能に変調をもたらして譫妄《せんもう》を引き起こす能力を持っていることを、簡潔な言葉で調和させる氏の論じ方から多くを学んだと申し上げることができます。[2] そのことについて、一日も早く、奥方様とお話しすることができればと念じております。

〔＊参考のために、以下に、マンジョがサブレ夫人に宛てた礼状を訳出する〕

日曜日朝

奥方様、三、四日前にヴァラン氏にお目にかかる機会があり、奥方様が引き続きお元気だと伺って、大変喜んでおります。私といたしましては、奥方様のお役に立ちたいという熱意をかなえる機会がいつまでもやってこないことを心からお祈りしておりますが、そのような機会があれば、それに私の熱意がお応えしないことは決してないであろうと伏してお誓い申し上げます。ヴァラン氏は私に、パスカル氏の丁重きわまりないお手紙を見せてくださいました。しかし、奥方様、これほどご親切なお言葉をどう考えたらよいのか、私には分かりません。と申しますのも、私は、一方では、この大人物の誠実さと崇高な学識を尊敬いたしますが、他方では、慈愛がキリスト教の第一の美徳であることを知っているからです。こういうわけで、私には公正と恩恵を見分けるのが困難です。とりわけ、氏のように、恩恵を支持するのと同じだけの熱意をもってそれを実践する方[3]

においては、識別が困難です。それはともあれ、パスカル氏がこれほど取るに足らない著作に目を向けてくださったことを、私はこの上なくありがたく思っております。そしてまた、奥方様がこの名誉を私に授けてくださったことについて、奥方様に感謝の微意を捧げます。私が病に臥せっている間に、奥方様がお示しくださった数々のご厚意を私は決して忘れることはございません。来週の初めには、そのすべてにお礼を申し上げるべく参上いたしたいと願っております。

1 姉のジルベルトは夫のフロラン・ペリエとともに、一六六一年夏ごろからパリに滞在し、初秋には居を構えていた。彼女は、六二年六月に最後の病に襲われたパスカルを自宅に引き取り、そこで彼の最期をみとった。

2 マンジョの『悪性熱の病状と治療法』(*Febrium malignarum historia et curatio*)には、表題の著作のほかに、「病理学小論文」の総題のもとに十数編の論考が収録されているが、その冒頭に置かれた『譫妄一般について』に関する感想。

3 恩恵あるいは恩寵を支持するというのは、アウグスティヌスからジャンセニウスに引き継がれたとパスカルが考える「有効な恩寵」の理論を擁護すること。解題で触れた、信仰宣誓書の署名問題をめぐる論争の背景には、この理論をどうしたら守り抜くことができるかという問題をめぐる見解の相違があった。パスカルは、アルノーらの路線が融和に傾きすぎて、真理の擁護には不十分であると判断していた。その立場は、白水社版『パスカル全集』第二巻所収

「「信仰宣明文の署名」とジャクリーヌの死をめぐって」〔Ⅷ〕『信仰宣明文署名について』（広田昌義訳）で具体的に読むことができる。信仰宣誓書――前記全集では、「信仰宣明文」と訳されている――については、塩川徹也「ジャンセニスムと政治――信仰宣誓書の署名問題をめぐって」（『パスカル考』所収）、及び御園敬介『ジャンセニスム――生成する異端』（慶應義塾大学出版会、二〇二〇年）、とりわけ第四章「信仰宣誓書」を参照のこと。

解題　サブレ夫人ことマドレーヌ・ド・スヴレ、サブレ侯爵夫人（一五九九―一六七八）は、ルイ十三世の養育係やフランス軍元帥を歴任した名門貴族の娘であり、早くから宮廷に伺候して、王妃マリー・ド・メディシスの侍女を務めた。一五歳でサブレ侯爵と結婚したが、一六四〇年に未亡人になると、自宅に選りぬきの客を集めて社交の集いを催し、パリ有数の文芸サロンとなった。その反面、招待客の中には、宮廷の現状に不満を抱く大貴族も含まれていたために、宰相マザランからは疑いの目を向けられていた。じっさい、四〇年代末に勃発するフロンドの乱の立役者たち、たとえばコンデ公とその姉ロングヴィル公爵夫人はサロンの常連であった。しかしサブレ夫人自身はフロンドの乱には参加せず、王妃アンヌ・ドトリッシュとマザランの側に立った。

図36　サブレ侯爵夫人の肖像

彼女は若い頃は社交界の花形として浮名を流したこともあったが、宗教にも関心を寄せ、一六四〇年代からポール・ロワイヤルとの交流を始めた。五〇年代半ばには信仰に身を捧げる決心を固め、パリのポール・ロワイヤル修道院の敷地内の教会に接して住居を建て、五六年からおよそ二〇年にわたってそこで暮らした。しかし俗世と完全に絶縁することはなく、友人を招いて、新たなサロンを開いた。それは、以前のサロンに比べれば厳格で敬虔であったが、洗練された魅力にあふれ、当時の文芸活動の一つの拠点となった。『箴言集』で知られるラロシュフコー公爵、『クレーヴの奥方』の作者ラファイエット夫人もサロンの常連であった。修道院の近くに住んでいたパスカルもサロンに出入りし、サブレ夫人と親密な関係を取り結んだ。姉のジルベルトも、一六六一年から三年ほどパリに居住した間、やはり頻繁にサロンを訪れている。

しかしパスカルとサブレ夫人が文通を交わした形跡はほとんどない。かろうじてパスカルから夫人に宛てた一通の短信が残されているだけである。これはおそらく、二人の付き合いが直接的で、手紙によるやり取りが必要なかったせいだと思われる。問題の短信は、夫人の侍医で

図 37　修道院敷地内のサブレ夫人住居に通ずる階段

あったノエル・ヴァランが収集したいわゆる「ヴァラン文書」に、原本が保存されている。[1] ただしそれはパスカルの自筆ではなく、ヴァランの筆跡で書かれている。内容は、やはりサブレ夫人のサロンの常連で、プロテスタントの医師であったアントワーヌ・マンジョに関わる。マンジョはサブレ夫人を介して自著をパスカルに贈呈していたが、それに対して、パスカルが同じくサブレ夫人を介してお礼と感想を書き送ったのである。手紙がヴァランの手で書かれているのは、おそらく体調を崩したパスカルのもとを彼が往診に訪れたさいに、パスカルが口述筆記を依頼したからであろう。ヴァランはサブレ夫人に渡した手紙をマンジョにも見せ、感激したマンジョはサブレ夫人に礼状を書き、その中でパスカルのことを褒めちぎっている。この返信もやはり「ヴァラン文書」に保存されている(上掲)。

パスカルの手紙の執筆時期については、マンジョがパスカルに贈呈した著書『悪性熱の病状と治療法』の初版が一六六〇年に出版されたことから、かつては一六六〇年末と考えられていた。しかしジャン・メナールの考証によって、贈呈された本は一六六一年末に刊行された第二版であること、パスカルは手紙を書いた時点でまだマンジョと直接の面識はなく、姉ジルベルトから噂を聞いていただけであるが、ジルベルトがパリに滞在するようになったのは六一年六月ごろであったこと、さらにマンジョの手紙の一節が暗示しているのは、六一年末から六二年初頭にかけてパスカルとアルノー、ニコルの間で交わされた信仰宣誓書の署名問題をめぐる論争であったことなどが明らかにされ、六二年一月中頃を執筆時期とすることが定説になった。

最晩年のパスカルは人々との交際を避け、禁欲的な世捨て人の生活を送ったと考えられることが多い。彼がこの時期、厳格で熱烈な信仰と献身的な慈善に没頭したのは事実である。だからといって、一切の社交を断ち切ったわけではなく、紳士《オネットム》の生き方を尊重しかつ実践していたことを、この手紙は生き生きと物語っている。

（1）『パンセ』の中には、「ヴァラン文書」から取られた断章（＊八三）もある。岩波文庫『パンセ』下、一九七頁参照。

年　譜

ブレーズ・パスカルの事績を中心として、パスカル一家の動静、さらには背景となる歴史事項にも適宜言及する。単にパスカルという場合は、ブレーズ・パスカルを指す。彼に関わることが明らかな場合は、名前を省略することがある。

なお、年号の次の（　）はブレーズ・パスカルの年齢である。便宜上、生まれ月は考慮していない。

一六二三年

六月一九日　ブレーズ・パスカル、フランス中部オヴェルニュ地方のクレルモン（現クレルモン＝フェラン）で誕生。父エチエンヌ（一五八八年生まれ）、母アントワネット・ベゴン（一五九六年生まれ）。父はオヴェルニュ徴税区税務担当評定官で、一六二五年にはモンフェラン租税法院第二部長となる。姉にジルベルト（一六二〇年生まれ）、妹にジャクリーヌ（一六二五年生まれ）がいる。

一六二六年（三歳）
　母死去。
一六三一年（八歳）
　一一月　エチエンヌ・パスカルはクレルモンを去り、一家でパリに移住し、自然科学の研究と子供たちの教育に専念する。
一六三三年（一〇歳）
　エチエンヌ・パスカル、クレルモンの自宅を弟に売却。さらに翌年、クレルモン＝フェラン租税法院の第二部長職を同人に売却、財産の大半をパリ市債に投資して、年金生活を始める。
一六三五年（一二歳）
五月　フランス、スペインに宣戦布告。
ミニミ会修道士メルセンヌ神父、王宮広場（現ヴォージュ広場）の修道院で科学者の集い（メルセンヌ・アカデミー）を始める。エチエンヌ・パスカルは最初の会員の一人。
六月　パスカル一家、サン・メリ教会近くのブリズミッシュ通り（現パリ四区）に転居。向かいの館には、やがてブレーズの親友となるアルチュス・ド・グフィエ（後のロアネーズ公爵）が住まっていた。
この頃から、ブレーズは数学的・科学的天分を発揮しはじめ、独力でユークリッドの第三二命題、すなわち三角形の内角の和が二直角に等しいことを見いだした。驚嘆した父は、彼をメルセンヌ・アカデミーの会合に連れて行くようになる。

一六三八年（一五歳）

三月　スペインとの戦争に起因する財政難のためにパリ市債の年金支払いが停止される。年金受給者の激しい抗議行動にエチエンヌ・パスカルも参加してお尋ね者になり、潜行生活を送る。

一六三九年（一六歳）

四月　ジャクリーヌ、宰相リシュリューのために催された芝居に侍女役として出演。上演後、父の赦しをリシュリューに願い出て、恩赦を与えられる。

ノルマンディー地方に増税と不当徴税に反対する反乱——いわゆる裸足《ニュ・ピエ》の乱——が勃発する。

エチエンヌ、ノルマンディー総徴税管区担当特任官に任命される。

一六四〇年（一七歳）

一月　エチエンヌ、ノルマンディーの中心都市ルアンに居を定める。

二月頃　ブレーズ、『円錐曲線試論』を刊行。

春頃　子供たちも父に合流。ジャクリーヌは、劇詩人コルネイユの知遇を得て、詩作のコンクールに作品を提出して受賞する。

ジャンセニウス『アウグスティヌス』刊行(死後出版)。
エチエンヌ、ルアン総徴税管区業務の補佐役として、従兄弟(厳密に言えば、従姉妹の子)でクレルモン＝フェラン租税法院評定官のフロラン・ペリエを呼び寄せる。

一六四一年(一八歳)
六月　ジルベルト、フロラン・ペリエと結婚。

一六四二年(一九歳)
九月末　フロラン・ペリエ、妻のジルベルトを連れて、クレルモンに戻る。
パスカル、計算機を構想し、試作を始める。
ガリレオ死去(一月八日)
リシュリュー死去(一二月四日)。後継宰相、マザラン。

一六四三年(二〇歳)
五月　ルイ十三世死去。ルイ十四世、五歳で即位。母后アンヌ・ドトリッシュ、摂政となる。
一〇月　ポール・ロワイヤルの霊的指導者サン・シラン死去。

一六四五年(二二歳)
パスカル、計算機の改良版を仕上げ、セギエ大法官に献呈。

一六四六年(二三歳)

一一三月　エチエンヌ、氷上の転倒で負傷し、デシャン兄弟という二人の貴族出身の外科医から治療と看護を受ける。サン・シランの霊性に帰依していた二人は、ポール・ロワイヤルゆかりの信仰書をパスカル一家に勧め、一家は「回心」して、より自覚的な信仰を目指すようになる。

秋　パスカル、父とともに、真空に関するトリチェッリの実験を繰り返し行う。

年末　フロラン・ペリエとジルベルト、ルアンを訪問し、パスカル一家にならって回心する。

一六四七年（二四歳）

一—四月　サン・タンジュ事件。パスカル、二人の友人とともに、もとカプチン会士のジャック・フォルトン、別名サン・タンジュの神学説を異端の恐れありとして告発し、同説の撤回を勝ち取る。

夏　健康を害したパスカルは治療のためにジャクリーヌとともにパリの旧居に戻る。父エチエンヌは、ジルベルトを側においてルアンで職務を続ける。

九月二三—二四日　デカルトの訪問を受け、計算機や真空の問題について意見を交わす。

一〇月　パスカル、『真空に関する新実験』を刊行。その主張をめぐって、イエズス会士でパリのクレルモン学院長ノエル神父と論争。

一一月　パスカル、フロラン・ペリエに手紙を送って、地上と山頂での大気圧の違いを調べるために「ピュイ・ド・ドームの実験」を依頼。
ブレーズとジャクリーヌ、パリのポール・ロワイヤル修道院に出入りし始める。

一六四八年（二五歳）

二月　パスカル、ノエル神父との論争の一環として「ルパイユール氏宛の手紙」を執筆。
五月　フロンドの乱（高等法院のフロンド）、始まる。
七月　特任官制度の廃止に伴って、エチエンヌ・パスカルはルアンにおける職を失い、パリに戻る。
九月一九日　フロラン・ペリエ、ピュイ・ド・ドームの実験を行い、大気圧の変化を確認する。それに基づいてパスカルは『流体の平衡に関する大実験談』を一〇月に刊行する。

一六四九年（二六歳）

五月二二日　パスカルの計算機に国王の特許状が下される。
パスカル一家、フロンドの乱の騒擾を避けてクレルモンに戻り、ペリエ家に滞在する。

一六五〇年（二七歳）

一一月　パスカル一家、パリに戻る。

一六五一年（二八歳）

パスカル、『真空論』（未完成）の執筆を進めたか。その原稿は失われたが、序文の草稿と思われる『真空論序言』およびいくつかの断片が残されている。
九月二四日　エチエンヌ・パスカル死去。ブレーズ、「父の死についての手紙」(一〇月一七日付)を執筆。

一六五二年（二九歳）

一月四日　ジャクリーヌ、兄ブレーズが難色を示すのを押し切って、パリのポール・ロワイヤル修道院で修道志願者となる。
四月　パスカル、リシュリューの姪エギュイヨン公爵夫人邸で、計算機と真空について講演を行う。この時期、彼は科学的名声を求めて、社交界に出入りする(いわゆる「世俗時代」)。
五月二六日　ジャクリーヌ、ポール・ロワイヤル修道院で着衣式を行い、修練女となる。修道名は、ジャクリーヌ・ド・サント・ユフェミー。
六月　パスカル、スウェーデン女王クリスティーナに計算機を献呈、それに添える手紙を書く。
一〇月　パスカル、クレルモンに出立。翌年、五月までペリエ家に滞在する。

一六五三年（三〇歳）

二月　マザランがパリに帰還して、フロンドの乱が収束する。
五月三一日　ローマ教皇インノケンティウス十世、大勅書「クム・オカジオーネ」を発布し、ジャンセニウスに帰せられた五命題に異端宣告を下す。
六月五日　ジャクリーヌ、ポール・ロワイヤル修道院で誓願を立てて修道女となる。誓願にあたって、ブレーズはジャクリーヌのために修道院に寄進を行ったが、この件をめぐって兄妹間に感情的齟齬が生じた。
夏　パスカル、ロアネーズ公爵と緊密な交友関係を再開し、公爵の周辺の社交人、とりわけ紳士《オネットム》で自由思想家《リベルタン》のメレ及びミトンと知り合いになる。

一六五四年（三一歳）

前半　精力的に科学研究を展開し、進行中の仕事を「いとも高名なるパリ数学アカデミーに」宛てた献呈状の中で列挙する。『流体の平衡について』と『大気の重さについて』の二論文を完成させる(公刊は死後の一六六三年)。
夏頃—一〇月末　メレから受けた質問をきっかけとして、サイコロ賭博の「賭け金の分配」をめぐって数学者のフェルマと書簡を取り交わし、確率計算の基礎を築く。その成果を『数三角形論』にまとめ印刷するが、刊行しなかった。
九月末　パスカル、現世への嫌悪に捕らわれていることを妹のジャクリーヌに打ち明ける。
一〇月　パスカル、ポール・ロワイヤル修道院近辺の住まいに転居する。
一一月二三—二四日　深夜に神との神秘的な出会いを体験し、それを記念するためにいわゆる「メモリアル」を書き留める(「メモリアルの夜」あるいは「火の夜」)。

一六五五年(三二歳)

一月　パスカル、パリ南郊にあるポール・ロワイヤル・デ・シャン(ポール・ロワイヤル修道院の分院及びポール・ロワイヤルの隠士の居住施設があった)に滞在して、ルメートル・ド・サシの霊的指導を受け、数回の対話を交わす。サシの秘書フォンテーヌの『覚書』によって伝えられる『サシ氏との対話』は、それを再構成したものと考えられる。

この年から翌年初めにかけて、『要約キリスト伝』『幾何学的精神について』『恩寵文書』を執筆したと推定される。

一六五六年(三三歳)

一月　アントワーヌ・アルノー、ジャンセニスムの異端の嫌疑でソルボンヌ(パリ大学神学部)の譴責を受け、除籍される。パスカル、譴責の不当性を世論に訴えるために匿名の論争書簡『プロヴァンシアル』の第一信(一月二三日付)を執筆。さらに一六五七年三月までに、一七通の手紙を地下出版物として公表し、大きな反響を呼ぶ。

三月二四日　聖荊《せいけい》の奇蹟。パスカルの姪でポール・ロワイヤル修道院の寄宿生であったマルグリット・ペリエは数年越しの重い眼病を患っていたが、キリストの荊冠の破片が収められた聖遺物箱を患部に押し当てるとまもなく症状が消えて、病気が完治した。

八月四日　ロアネーズ公爵の妹シャルロット、聖荊を崇敬するために母とともにポール・ロワイヤル修道院を訪問、同修道院の修道女になりたいという強い願望に突如捉えられる。
九月一―二日　フランス聖職者会議、ジャンセニウスに帰せられた異端五命題がジャンセニウスのものであることを確認し、それに従う旨の意思表示のひな形として信仰宣誓書を作成し、その署名を全土の聖職者に求めることを決定する。
九月―翌年二月　パスカル、信仰指導のためにロアネーズ嬢と文通を重ねる。
一〇月初旬　『プロヴァンシアル』が展開するイエズス会系の決疑論者に対する批判に呼応して、パリの司祭団はルアンの司祭団とも連携して、弛緩した決疑論をフランス聖職者会議に告発する運動を開始する。
一〇月二二日　パリ大司教総代理によって、三月二四日にマルグリット・ペリエに生じた出来事が奇蹟であることが認定される。

一六五七年（三四歳）

二月　イエズス会のランジャンド神父は四旬節の説教で奇蹟の問題を取り上げ、暗に聖荊の奇蹟の信憑性に疑念を呈する。それに刺激されたパスカルは、「奇蹟一般について きわめて重要な考えを思いついた」が、それはやがて不信の徒にキリスト教の正しさを説得することを目指す書物――いわゆる「キリスト教の弁明」――の構想に転じたという（姉ジルベルトの証言）。奇蹟と教義の関係についてのパスカルの考察は、『パンセ』の中に収められている（〔ファイルB三二—三四〕）。

三月　異端五命題がジャンセニウスの主張であることを確認する新教皇アレクサンデル七世の大勅書「アド・サクラム」（一六五六年一〇月一六日付）がフランス国王に手交される（一一日）。それを受けて、聖職者会議は信仰宣誓書の文面を改訂し、この書面に基づいた署名の実施を各司教区の司教に再び要請する。パスカル、『プロヴァンシアル』の最後の第一八信を執筆（二四日付、公表は五月）。

七月　『プロヴァンシアル』の一八通の手紙が一本にまとめられ、ルイ・ド・モンタルトという偽名を冠して公刊される。

『プロヴァンシアル』論争の終結後、「キリスト教の弁明」の準備が本格的に始まる。『罪人の回心について』と『初代のキリスト教徒と今日のキリスト教徒との比較』を執筆したか（ジャン・メナールによる）。

一〇月下旬　『プロヴァンシアル』を禁書目録に入れるローマ教皇庁の決定がパリにもたらされる。

一二月　パスカルが『プロヴァンシアル』で攻撃した決疑論者を擁護する小冊子（『決疑論者のための弁明』）がイエズス会側から発表される。憤激したパリの司祭団はそれに反対する運動を展開し、何通もの弁駁書を公表するが、パスカルはそのいくつかの執筆に協力する。

一六五八年（三五歳）

一月　『パリの司祭たちのための弁駁書』刊行（パスカル作と推定されている）。

四月　『パリの司祭たちのための第二の弁駁書』刊行（パスカル作と推定されている）。

春　ポール・ロワイヤルで講演を行い、準備中の「キリスト教の弁明」の構想を説明する。この時点で、のちに『パンセ』に収録される相当数の断章がすでに書かれていたと推定される。

六月　『パリの司祭たちのための第五の弁駁書』刊行（パスカル作）。

六月末　パスカル、サイクロイド曲線に関わる数学コンクールを立ち上げる。そのきっかけとなったのは、ある晩、激しい歯痛に襲われたパスカルが、気を紛らわせるためにサイクロイド曲線に関わる難問に取り組み、解答を見いだしたことだという（姉ジルベルト及び姪マルグリットの証言）。

七月　『パリの司祭たちのための第六の弁駁書』刊行（パスカル作と推定されている）。

九月頃から翌年初め　サイクロイド曲線に関する論文とそれに付随する複数の数学論文を執筆し、「A・デットンヴィルの手紙」のタイトルで印刷に付す（A・デットンヴィルはパスカルの偽名）。

一六五九年（三六歳）

二月　ホイヘンス宛の手紙を加えた『A・デットンヴィルの手紙』刊行。同じ頃、パスカルは病気のために虚脱状態に陥り、一六六〇年初秋まで、精神的な集中を要する活動ができなくなる。

一六六〇年（三七歳）

五―九月　パスカル、クレルモンのペリエ家に滞在する。

秋　パリに戻ったパスカルは、「キリスト教の弁明」の準備を再開し、それまで書きためていたノートを書物の構想に従って分類する（ジャン・メナールの見解。フィリップ・セリエは、ノートの分類を、ポール・ロワイヤルでの講演から間もない一六五八年六月に位置づける）。

秋から翌年初頭　『病の善用を神に求める祈り』を執筆し、リュイーヌ公爵の子息のために「大貴族の身分」に関する講話を行ったと考えられる（メナールによる）。

一六六一年（三八歳）

三月九日　宰相マザラン死去。翌日、ルイ十四世は自ら国政の舵を取ることを宣言する（親政の開始）。

春　国王の主導で、信仰宣誓書の署名問題が再燃する。これ以降、無条件の署名を拒否したポール・ロワイヤル修道院は苛酷な迫害を受ける。五月中旬には、修練女と修道志願者は修道院から退去させられるが、その中には、ペリエ夫妻の二人の娘、ジャクリーヌとマルグリットも含まれていた。彼女たちは、パスカルの家に仮寓する。
初秋　ペリエ一家、パリに居を構える。ペリエ夫妻はすでに初夏にはパリに到着していたものと思われる。
一〇月四日　ジャクリーヌ・パスカル死去。彼女は信仰宣誓書の署名問題で心労を重ねていた。
年末から翌年初頭　信仰宣誓書の署名強制にいかに対処するかをめぐって、パスカルはアルノー及びニコルと対立し、論戦を繰り広げる(ポール・ロワイヤルの内紛)。彼は二人の路線が融和に傾きすぎて、真理の擁護には不十分であると判断していた。

一六六二年(三九歳)

二月　パスカル、自らの立場がポール・ロワイヤルの中で少数派であることを感じて、論戦から身を引き、「キリスト教の弁明」の仕事に一層力を注ぐ。
三月　パスカル、ロアネーズ公爵とともに、「五ソル乗合馬車」の事業を立ち上げ、最初の路線が開通する。これは、パリで最初の公共交通機関である。
六月二九日　パスカル、病状が悪化し、姉ジルベルトの家に移る。
七月　『ポール・ロワイヤル論理学』刊行。
八月一九日　パスカル、午前一時に死去。二一日、サン・テチエンヌ・デュ・モン教会(パンテオンの隣)に埋葬される。

一六六三年

義兄フロラン・ペリエの手で、『流体の平衡について』と『大気の重さについて』の二論文刊行。

一六六五年

『数三角形論』刊行。

一六七〇年

『パンセ』初版、『死後書類の中から見いだされた宗教および他の若干の主題に関するパスカル氏の断想《パンセ》』の題名で刊行される（いわゆる「ポール・ロワイヤル版『パンセ』」）。

解　説

塩川徹也

パスカルの遺したテクストのうち、一般に「小品」あるいは「小品と手紙」と呼びならわされ、『パンセ』と並んで愛読されてきた一群の作品がある。しかしそれは、パスカル自身の命名によるものではなく、長期間にわたる彼の著作の編纂過程において徐々に作り上げられたカテゴリーである。いったいそれは、どのようにして成立し、『パンセ』といかなる関係を取り結んでいるのだろうか。

＊
＊　＊

ブレーズ・パスカル（一六二三―一六六二。岩波文庫版『パンセ』では、ブレズ）は、数学、物理学、哲学、宗教などの多くの分野で目覚ましい活動を展開し、少なからぬ著作とノートを書き残したが、そのうち生前に公刊されたものはごくわずかであり、大半は死後出版である。たとえば、数学では、確率計算の基礎を築いた『数三角形論』は生前に印刷まで終えていたが、出版されたのは、死後三年を経た一六六五年であった。物理学の領域では、真空の実験に端を発する業績である「流体の平衡」と「大気の重さ」に関する二論文が、義兄フロラン・ペリエの手で刊行されたのは死の翌年である。哲学的著作や宗教的著作について言えば、『プロヴァンシアル』(『田舎の友への手紙』)を別にすれば、生前に活字となって人目に触れたテクストは一つもない(1)。しかもこの一連の論争書簡は、当時の宗教界のみならず社交界においても空前の反響を呼んだとはいえ、匿名の地下出版物であり、著者がパスカルであることは厳重に秘匿されて、一握りの関係者にしか知られていなかった。

しかしパスカルの並外れた知性、高潔な人格、深い信仰に強烈な印象を受けていた親族と友人たちは、彼が死去するとまもなく、彼の思い出を後世に伝えるために、彼の遺した草稿類を探索・整理して、写本を作成し、公刊する作業に取り組んだ。彼らは、パスカル自身のテクストを大切に保存し、それをできるかぎり忠実に公表することに努めたが、それは、彼らがパスカルの思想と業績の内容ばかりでなく、それを表現するパスカルの文章の明晰な輝きに感嘆し、魅惑されていたからである。姉のジルベルトは、パスカルの文章について次のような言葉を残している。

弟には生まれながらの雄弁の才が備わっており、言おうとすることは何でも驚くほどやすやすと表現することができた。しかも弟は、それに加えて、ほかの誰も考えたことのないような作文の規則をもっていて、それを自家薬籠中のものにしていたので、文体を思うままに操ることができた。その結果、弟は言いたいことを言うばかりでなく、それを望むままのやり方で言い表した。こうして弟の文章は目指す効果を挙げるのだった。(2)

パスカルは近代的な意味での文学、つまり小説や詩歌や戯曲の創作に携わったことはなく、またそれに強い関心を寄せていたわけではないが、「雄弁」すなわち説得を主眼とする言論の行使において、領域と主題の如何を問わず、それが数学・自然科学であろうと、人間論であろうと、宗教論争であろうと、神学であろうと、護教論であろうと、驚異的な才能を発揮した。パスカル自身がそれを自覚していたことは、「自然な文体」を論じた『パンセ』の次の言葉からも察することができる。「自然な文体を目にすると、私たちはすっかり驚き、そしてうれしくなる。なぜならある著者に対面すると思っていたところに、一人の人間を見いだすからだ。〔…〕自然は何についても語ることができる。神学でさえも語れるということを、自然に教える人々は、自然に大きな栄誉を与えることになる」(断章六七五)。

雄弁は伝統的に、「よく語り、説得する術」と定義され、技巧に富んだ芸術的散文の典型と考えられていた。パスカルの文筆活動は、その対象と目的が何であれ、同時に散文芸術の実践であり、そのかぎりで文学と見なすことができるし、また文学研究の対象となる。パスカルに接した当時の関係者たちも彼のテクストの文学性をすぐに感じ取り、それに魅惑されたからこそ、遺稿に強い関心を寄せ、それを編纂して公刊することに取りかかったのである。

公刊計画の中心にあったのは、言うまでもなく『パンセ』、より正確に言えば、やがて「パスカル氏の断想《パンセ》」というタイトルのもとに出版される遺作であった(3)。パスカルの周囲は、彼が晩年、「宗教に関する著作」の執筆を意図し、それに「余生のすべての時間を費や」そうとしていたことを知っていた。しかも彼はあるとき、ポール・ロワイヤルの友人たちの前で自らの著作の構想について即興の講演を行い、彼らを驚嘆させていた。それによれば、著作の目標は、「キリスト教が、この世で最も疑う余地のないとされている事柄と同程度の確実性と明証性のしるしを備えていることを証明する」こと、言い換えれば、キリスト教の真理性を、信仰を受け入れようとしない人間的理性に向けて証明し説得することであった。(4) 要するに、パスカルが準備していたのは、無神論者や自由思想家を相手取って、彼らのキリスト教批判を退け、キリスト教の真理性と聖性を弁証する、いわゆるキリスト教護教論のジャンルに属する著作だというのである。パスカルの遺族と友人が、遺された書類の中に問題の著作の原稿があることを期待して、それを探したのは当然であった。しかし彼らが見いだしたのは、さまざまな大きさと形の紙片に記された断片的な文章の堆積であり、編纂作業は困難を極めた。

ともあれ、パスカルの遺稿は紆余曲折を経て、一六七〇年に一冊の書物として出版された。編者たちがそれに冠した題名は、「死後書類の中から見いだされた宗教および他の若干の主題に関するパスカル氏の断想《パンセ》」であった。「パンセ」あるいは「パスカルのパンセ」という通称が、この原題に由来するのは言うまでもない。そしてこの最初の『パンセ』は、編纂者たちがポール・ロワイヤルの関係者であったことにちなんで、ポール・ロワイヤル版『パンセ』と呼びならわされている。

原題が示すように、『パンセ』はパスカルの遺稿集として提示され、特定の主題を論ずる著作の体裁を取ってはいない。しかしながら、ポール・ロワイヤル版に付された「序文」は、パスカルの生前の計画、彼が友人たちの前で披露した著作の構想を詳細に紹介し、また編者たちが、『パンセ』編纂の過程で、パスカルの構想を発見し再構成するために大きな努力を払ったことを強調している。こうして『パンセ』は、一方では、パスカルという天才が折にふれてさまざまな主題について書き留めた思索私記、他方では、未完に終わった護教論的著作の材料となる断章の集成という二つの焦点をもつ書物として世に出た。当初、パスカルのライフワークを刊行することを目指していた編者たちは、このような中途半端な出来映えに必ずしも満足せず、はたしてこのような書物が読者に受け入れられるかどうか危ぶんだが、結果は彼らの懸念を裏切り、また彼らの期待をはるかに越える好評を博した。一六七八年には、それまで未発表だった相当数の断章を増補した新版が公刊されたが、それは、以後一世紀にわたって読み継がれ、思想家、宗教家、文筆家としてのパスカルの声価を高め、『パンセ』は思想、宗教、文学の古典の位置を占めるに至った。

だからといって、これでパスカルの遺稿の刊行に終止符が打たれたわけではなかった。その後も、ポール・ロワイヤル版に収録されなかった断章、あるいはほかの経路を通じて伝えられたテクスト、たとえば、『幾何学的精神について』『サシ氏との対話』『メモリアル』『真空論序言』のように、後に「小品」に分類されるテクストが一八世紀を通じてさまざまな形で散発的に刊行されていった。しかしそれはおおむね、ポール・ロワイヤル版『パンセ』の補遺として受容され、『パンセ』と区別される「小品」の扱いを

受けることはなかった。(5)

＊

事情が変化したのは、一九世紀に入り、近代的な本文批評の理念に従って、パスカルの著作が編纂されるようになってからである。その音頭を取ったのは、哲学者で文教界の大立者であったヴィクトール・クザン(一七九二―一八六七)である。彼は、一八四二年にアカデミー・フランセーズで行った報告で、『パンセ』の新版を「原本」に基づいて編纂する必要性を訴えた。彼によれば、『パンセ』とは、パスカルが晩年に構想した「キリスト教の弁明」という著作のための準備ノートの集成であり、そのすべてをまとめたものがパリ王立図書館――現在のフランス国立図書館――に「『パンセ』原本」として保存されている。そうだとすれば、『パンセ』に収録すべきテクストは「原本」のテクストに限られるべきであり、それ以外の経路で伝えられるテクストは『パンセ』とは別のカテゴリーに分類しなければならない。しかしながら、「ポール・ロワイヤル版」をはじめとする従来の版は、たとえば「父の死についての手紙」や『病の善用を神に求める祈り』のように「原本」には収められていない文章も『パンセ』の中に含めている。しかしこのような慣行は改められなければならない。来るべき『パンセ』の新版は、パスカルの未完の「キリスト教の弁明」を、残されたノートに基づいて提示するものでなければならない。

こうしてクザンは、それまで明確な表現を与えられていなかったパスカルの企図を「キリスト教の弁明」と命名した上で、『パンセ』をその準備ノートの集成として位置付ける[6]。そうなれば、「ポール・ロワイヤル版」の言う「〔宗教以外の〕若干の主題に関する断想《パンセ》」はもとより、「宗教に〔…〕関する〔…〕断想《パンセ》」についても、信心や教化に関わる文章――「父の死についての手紙」や『病の善用を神に求める祈り』はまさにその種の文章である――は、『パンセ』とは別置されなければならないということになる。実は、ここには重大な論理の飛躍がある。なぜなら、先に述べたように、『パンセ』はポール・ロワイヤルの関係者が編纂したパスカルの遺稿集であり、その重要な部分を「キリスト教の弁明」の準備ノートが占めているのは事実だとしても、それ以外の少なからぬ文章も大切な構成要素として含まれているからである。それをひたすら護教論としての「キリスト教の弁明」の枠に閉じ込めようとするのは、拙速かつ恣意的である。しかしながらクザンの問題提起は甚大な影響を及ぼし、これ以降、『パンセ』の編纂において、『パンセ』のコーパスをいかに

図38　クザンの肖像

定めるか、『パンセ』に属さないと判断されるテクストをどのように分類するかが、歴代の編集者の強い関心事項となった。クザンはある意味で、「小品」というカテゴリーの生成に道を開いたのである。

クザンの訴えに対する最初の応答をもたらしたのは、プロスペル・フォジェール(一八一〇—一八八七)という学者であった。外務省の役人で公文書管理の専門家であった彼は、原本と写本とを問わず、伝承されたパスカルのすべてのテクストを徹底的に調査して、それに基づいて、パスカルの遺稿の全集成を、「大部分が未刊であった自筆原稿に従ってはじめて刊行されたブレーズ・パスカルの断想《パンセ》と断章《フラグマン》と手紙」というタイトルで刊行した(一八四四年)。これは、最初の近代版『パンセ』と見なされ、その看板に偽りはないが、タイトルが示すように、それ以外のテクストも含んでおり、今日で言う、「『パンセ』と小品」ないし「『パンセ』と小品と手紙」に対応している。じっさい、そこには本書に収めた「小品と手紙」のほぼすべてが見いだされる。

こうしてフォジェールは、「小品と手紙」を初めてまとまった形で公刊したが、それを一つのカテゴリーとして提示することはなかった。それは一見、些細な言葉の問題のように思われるかもしれないが、そうではない。それは実は、『パンセ』という書物の内容と輪郭をどう考えるかという問題と連動しているからである。フォジェールは、ポール・ロワイヤル版『パンセ』を構成していた二つの焦点の区別を出発点としてテクストを組み立てる。すなわち一方では、パスカルが準備していた護教論的著作の材料となるテクストを集めて、それをパスカルの構想、というより、フォジェールがそう考える構想に従って配置した部門を作り、それに「キリスト教の弁明のための断章《フラグマン》、あるいは宗教に関する断想《パンセ》」というタイトルを付して、全二巻のうちの第二巻に収録する。他方では、それ以外のテクスト、フォジェールの言い方では、「この著作〔＝「キリスト教の弁明」〕とは無縁のあらゆる種類の論考、手紙と断章」を集めて、それを第一巻に収録する。そこには、当然のことながら、後に「小品」に分類される作品群が含まれるが、問題は、それが、少なからぬ『パンセ』の断章と一括して配列されていることである。たとえば、『幾何学的精神について』は二つの断章からなっているが、フォジェール版は両者の間に、ブランシュヴィック版『パンセ』で冒頭に置かれて有名になった「幾何学的精神と繊細の精神の相違」(断章五一二)、及びそれに関連する二つの断章を挿入している。フォジェールは、『パンセ』の断章であっても、「キリスト教の弁明」つまり護教論には直接関わらないと判断したテクストは、「小品」や「手紙」と同列に配置しているのである。これは、『パンセ』のコーパスについての標準的な見方からは逸脱した措置である。今日では、いわゆる「『パンセ』原本」と二種の「『パンセ』写本」に含まれるテクストはすべて『パンセ』に収録するのが原則になっているのだから。(8) しかしながら、『パンセ』という書物の性格、とりわけそこに併存する二つの焦点を考慮すれば、フォジェールの措置は、『パンセ』と「小品」の関係について、後述するように、無視できない意味をもっている。

パスカルの著作の中に「小品」という区分を初めて導入したのはおそらく、宗教史家として知られるエルネスト・アヴェ(一八一三―一八八九)である。彼は、フォジェールの後を受けて、『パンセ』の優れた注釈版(初版一八五二年)を刊行するが、そこで彼は、フォジェール版に収録されたすべてのテクストを『パンセ』と「小品」の二つの部門に区分し、前者には、「『パンセ』原本」によって伝えられる断章群を収め、後者には、それ以外の遺作を配置した。(9) こうして成立した「小品」のカテゴリーは、以後、パスカルの著作の分類の一つの指標となった。ただアヴェは、『パンセ』と「小品」を、一方では、異なるカテゴリーとして区別しながら、彼が編集した版本の全体には、『パスカルのパンセ』というタイトルを与えている。不整合といえば不整合であるが、それは『パンセ』と「小品」の錯綜した関係の一つの表現と言えないこともない。

「小品」のカテゴリーが広く市民権を獲得したのは、哲学者のレオン・ブランシュヴィックが一九世紀の末に出版したパスカルの『パンセと小品』(初版一八九七年)によっ

図 39　『パンセと小品』

てである。この著作集は、パスカルのテクストのうち、厳密な意味での神学的著作と自然科学的著作は除いて、残りのすべてを刊行する方針を取り、その全体を、「小品」と「パンセ」の二つの部類に区分した。「小品」に含まれるテクストは、ありていに言えば、『パンセ』に含まれないあらゆる種類の文書であるが、ブランシュヴィックは、それらがすべてパスカルの生涯の特定の状況に関連している点で共通の性格を備えていることに注目する。それに対して、『パンセ』のテクストはその大半が「キリスト教の弁明」のために書かれた断章であって、伝記的背景と結びつけることができない。「小品」というカテゴリーを設ける積極的な意味は、この違いにある。小品の一つ一つの文書を、それが書かれた年代と状況に置きなおし、その状況をパスカルの親族と友人たちが残した証言によって肉付けし、その上で、全文書を執筆の年代順に配置して、その相互関係を辿れるようにすれば、それは、いわばパスカルの「自伝」となり、読者はそこでパスカルという人間と出会うことができるというのである。

こうして、パスカルの人と生涯に緊密に結びつけられた「小品」は、パスカルの著作の一つの部類として定着し、以後、多くの全集や選集が、それぞれ収録する作品には出入りがあるものの、この部立てを採用するようになり、また「小品」あるいは「小品と手紙」を題名に織り込んだ作品集も出版されるようになった(10)。本書の構想もまたこの伝統に棹《さお》さし、それに多くを負っている。

しかしながら、ブランシュヴィックのように、『パンセ』と「小品」を截然と区分し、その相違を強調することに問題がないわけではない。まず、『パンセ』は小品(opuscules)と対比させられることによって、あたかも作品(opus)、つまり未完ではあっても筋立てを備えた一つの大作であるかのような印象を与える。しかし、すでに見たように、「パンセ」というタイトルは編者たちの手になるものであり、しかも「宗教その他若干の主題に関するパスカル氏の断想《パンセ》」というタイトルの文言からも窺えるように、著作の意図や構想を示してはいない。

それはもちろん、パスカルがある重要な著作を構想し準備していなかったということではない。ポール・ロワイヤル版『パンセ』の序文は、その間の事情を詳述している。しかし、著作の目的と内容については、漠然と護教論のジャンルに属する作品が目指されていたらしいということが推測されるだけで、その題名は明記されていない。要するに、『パンセ』は、著作の観点から見れば、習作ないし試作以前の、たんなる作品の材料の集成であり、しかもそこには、未完の作品の構想とは無縁の「断想《パンセ》」も多数含まれている。それにもかかわらず、『パンセ』を「小品」から切り離して、独立したテクストとして扱えば、未完の護教論的著作の側面だけに照明を当て、他の要素は無視することになりかねない。

あえて繰り返すが、『パンセ』は、パスカルの親族と友人が彼の遺稿を集めて、「宗教その他若干の主題」に関するパスカルの断想集《パンセ》として編み出した書物である。今日に至るまで、代々の編纂者や研究者の努力によって、原稿の読みに改良が加えられ、テクストの構成に変更がもたらされ、何よりパスカルの「護教論」の構想の生成過程及び著作の内容と組み立てについて多数の知見が積み重ねられて、さまざまな工夫を凝らした『パンセ』の新版が続々と刊行されてきた。しかし、それにもかかわらず、この基本的性格は変わらない。それは結局、『パンセ』において、護教論の計画に関わる部分とそうでない部分を分離して、護教論以外の主題に関する思索を除外することができないということである。そうだとすれば、パスカルが生涯の様々の状況で、ある特定の主題について巡らした思索(パンセ)の成果であるテクスト群もまた、広い意味での『パンセ』の一部をなしていると考えることは許されるはずである。事実、それぞれ『パンセ』の編集において画期をなす、ポール・ロワイヤル版、フォジェール版、アヴェ版はいずれも、それぞれの仕方で「小品と手紙」を『パンセ』のうちに組み込んでいた。今さらそれらに後戻りすることはできないことは認めた上で、「小品と手紙」を断想集としての『パンセ』の延長線上に位置づけ、広義の『パンセ』の一環として読むことは、パスカルの思想と著作の包括的な理解にとって必要不可欠なアプローチとなるはずである。

＊＊＊

本書は、パスカルの著作についての以上のような見方に基づいて、彼の小品と手紙を読者に提供するものである。編集方針については、ブランシュヴィックの『パンセと小品』を参考にして、パスカルの遺した全テクストのうち、『パンセ』、『プロヴァンシアル』及びその関連文書、さらに科学的著作と神学的著作——といっても、パスカルの場合、その輪郭と境界は必ずしも明確ではない——を除いたすべての文書を収録した。配列については、小品と手紙を区別せず、すべてを推定執筆年代の順序に配置した。ただしブランシュヴィックの推定年代は時代遅れになっているので、ジャン・メナールの編纂した『パスカル全集』の配列に従った。ただしメナールの配列も完全に確定したものではない。作品の執筆年代に問題がある場合には、その作品の末尾に付した「解題」で説明を加えた。以下に、特筆すべき取捨選択について、簡単な説明を加える。

•『恩寵文書』——ジャンセニスム論争の核心にあった恩寵の問題を論じた一五編の未完の断章。パスカルの思想と著作を理解するための鍵としてきわめて重要であるが、本格的な神学的著作であり除外した。ラフュマ版全集は、「小品」に分類している。

•『要約イエス・キリストの生涯』——新約聖書の四福音書の記述を繋ぎあわせて、イエス・キリストの生涯を叙述し、それが神の救いの計画を示す一連の「秘義」であることを浮き彫りにして、霊的黙想とキリスト論の考察に誘う、やはり未完の神学的・霊的著作。ラフュマ版全集、ルゲルン版全集は「小品」に分類しているが、本書では割愛した。

•『信仰宣誓書の署名について』——ジャンセニスムの異端宣告について教会が聖職者に課した宣誓書の署名に対していかなる態度を取るべきかをめぐって、ポール・ロワイヤルの内部で戦わされた論争の一環をなす文書。パスカル最晩年のテクストであるが、『プロヴァンシアル』論争の延長線上に位置づけるほうがふさわしいと判断して除外した。ブランシュヴィックの『パンセと小品』とラフュマ版全集は、小品に分類している。(11)

・『愛の情念について』――情念としての恋愛について繊細な心理分析とモラリスト的考察を展開するこのテクストが、ヴィクトール・クザンによって発見されたのは、一八四二年のことである。その手稿本に「パスカル氏の作と考えられる」という添え書きがあったことから大きな反響を呼び、二〇世紀半ばさらにはそれ以降に至るまで、パスカルの小品の一つに数えられ、それに立脚して、パスカルの感情生活、社交生活、さらにはロアネーズ嬢との関係について種々の仮説あるいは憶測が提出された。しかしラフュマ、そしてメナールの研究によって、それがパスカルの作品ではありえないことが確定的になり、今日の大部分の著作集、とくに本書が底本とした四種の全集ないし選集はすべて、『愛の情念について』をパスカルの著作から除外しており、本書もその判断に従う。

・逆に、『パリ数学アカデミーへの献呈状』は、これまで数学的著作に分類されるのが一般的であったが、「第二の回心」を控えた時期のパスカルの知的関心の所在を示す文書として収録した。

・最後に、「手紙」は、家族宛のものとそれ以外の相手に宛てられたものの二種に区分できるが、前者はすべて収録した。後者のうちでは、霊的指導者としてのパスカルの姿を伝える『ロアネーズ嬢宛の手紙』をはじめとして、大法官セギエとスウェーデン女王クリスティーナに宛てた計算機の献呈書簡、ホイヘンスやフェルマのような科学者との人間的交流を示す手紙、洗練された社交人としての面目を示すサブレ夫人宛の手紙など、パスカルの人間性のさまざまな側面を窺わせる手紙を収めた。なお、それ以外の手紙は、手紙とはいっても、その実質は数学論文、物理学論文、及びその関連文書である。その中には、真空の問題をめぐる論争の一環をなす「ノエル神父宛の手紙」や「ルパイユール宛の手紙」のように、科学方法論や認識論としても重要で興味深いテクストもあるが、いずれも科学的著作のうちに含めて、本書には収録しなかった。

＊
＊＊

「小品と手紙」に収められたテクスト群は、パスカルの生涯についてさまざまな情報をもたらすと同時に、彼の人となりを伝える貴重な資料でもあれば証言でもある。それらをひも解くことを通じて、読者は人間パスカルにじかに触れあう思いを味わう。しかしそれ以上に、これらのテクストは、パスカルが、科学、哲学、宗教の重要問題について巡らせた思索、そして何より彼の信仰を、ある意味で『パンセ』よりも明瞭かつ直接的に読者に開示してくれる。

それは何も『パンセ』がパスカルの思想と信仰を表現していないということではない。しかし第一に、『パンセ』のテクストは断片的で、一つ一つの断章の思想は十分に展開されず、それだけで、その意味と主張を理解することは困難である。さらに大きな問題は、『パンセ』においては、個々の断章の思想と主張が誰に帰せられるべきかが、必ずしも明らかでないことである。そこでは、さまざまな声が飛び交っている。パスカルそして彼を代弁して友人を神の探求へと誘う作中の語り手はもとより、それに応答する自由思想家の友人、さらには宗教の真理を開示する神ないしは神の知恵が、あちこちで、「私」の名において言葉を発している。しかも「私」を名乗る発言者の身元が確定困難な場合も珍しくない(12)。パスカルは護教論の形式の立案にあたって、対話や往復書簡を導入することを検討し、そのスケッチも残している。つまり彼の作品は、対話篇あるいはドラマとして構想されていた可能性がある。そうだとすれば、『パンセ』を構成する断章、少なくともそのある部分は、登場人物の台詞と考えたほうがいいことになる。それぞれの断章を書いたのはパスカルであり、そこに作者パスカルの企図と計略が反映しているのは当然であるが、そこに表明されている思想と感情は作者自身ではなく、登場人物に帰せられるべきである。『パンセ』の一つ一つの断章をそのままパスカルの思想の直接的表現として読むのは危険を伴う。

『パンセ』を、彼の信仰の直接的表現として受け止めることにも同様の問題がある。もちろん『パンセ』に、パスカル自身の信仰を吐露した断章が含まれていないわけではない(13)。しかし護教論の企て、つまり人間理性の土俵でキリスト教信仰の正しさを読者に説得することを目指す企てにおいては、目標の性格からして信仰の内奥に立ち入ることは困難であるし、またそうしなければならないいわれもない。護教論にとっては、理性に対して、「自らを超えるものが無限にあること」(断章一八八)を認めさせ、信仰が理性に矛盾せず、人間の本源的な欲求を満たす可能性を秘めていることを示すことができれば、その使命はひとまず達成されたことになる。信仰の本格的な理解と実践は、護教論が終わったところから始まる。さらに注目に値するのは、パスカルが自らの著作を自分の名前で世に出すことを望まず、著者としての身元を隠そうとしていたことである(14)。パスカルには、本名を名乗って読者の前に姿を現し、自らの信仰を手本あるいは論拠として提示するつもりはなかった。それどころか、そのような企てに、憎むべき自己愛の露出を見てとって、それを自らに禁じていた。そうだとすれば、『パンセ』のうちに、パスカルの信仰の直接的表現を読みとろうとするのは、彼の意図にそぐわないことになる。

＊

しかし小品と手紙に、以上のような留保をつける必要はない。手紙はもとより、それぞれの小品も、パスカルの本心の表現と受け止めることができる。それでは、これらのテクストは、パスカルとその家族について、そして彼の人となりと思想と信仰について、何を物語っているのか。個々のテクストの説明はそれぞれの解題に譲って、全体的な展望を手短に素描するにとどめよう。

まず、家族宛ての私信はその多くが失われてしまったが、残された手紙を見るだけでも、パスカル一家がきわめて強いきずなで結ばれていたことが見てとれる。父エチエンヌは妻を亡くした後、官職を辞し、故郷のクレルモンを離れて上京し、アマチュア科学者として活動する傍ら、男手一つで子供たち、とりわけブレーズの教育に専念した。思いがけない偶然で宰相リシュリューの目にとまり、官職に復帰してルアンに派遣されると、一家を引き連れて赴任する。そこでエチエンヌは、故郷から親戚のフロラン・ペリエを呼び寄せ、仕事の補佐役に任用し、さらに長女のジルベルトを彼に嫁がせた。やがてペリエは妻を連れてクレルモンに戻り、元の官職に復帰するが、それはブレーズ／ジャクリーヌ兄妹と姉ジルベルトとの文通のきっかけとなった。残されている最初の手紙(一六四三年一月三一日付)を読むだけでも、父と子供たち、そして子供たち同士の間に、どれほど深い家族愛が育まれていたかがひしひしと感じられる。しかもこの自然の家族愛は、まもなく一家に生ずる回心を経て、イエス・キリストの恵みによって再生した信者同士の超自然的な愛の自覚へと高められていく。ブレーズとジャクリーヌからジルベルトに宛てられた第一の回心期の手紙は、その貴重な証言である。パスカルの家族宛の手紙は、私信の域を越えて、彼自身の信仰の表現であるとともに、愛する縁者たちの信仰指導の役割も果たしている。とりわけ父の死に際して書かれた手紙は、悔み状の域をはるかに超えた堂々たる神学論文である。

だからといって、パスカルが信仰に閉じこもり、現世の活動に無関心であったわけではない。彼が、科学者そして発明家として強烈な自負と誇りを抱き、それを隠そうとしなかったことは、自作の計算機を現世の二人の権力者、一人は大法官セギエ、もう一人はスウェーデン女王クリスティーナに献呈した際に執筆した手紙、さらにはパリ数学アカデミーに提出した業績リストに添えた献呈文に読みとれる。これらのテクストは、学問研究に対する情熱が世間的栄誉の追求と結びついていたことを明瞭に示しているが、そのような生き方はやがて、『メモリアル』の体験を中核とする第二の回心を経て、人間の邪な欲望である優越欲や支配欲と同一視され、断罪されることになる。それにもかかわらず、知的天才としての自覚はパスカルから去ることなく、彼の性格の一面であり続ける。

パスカルの人柄でもう一つ見逃せないのは、紳士《オネットム》としての社交性である。彼には、ともすれば、信仰一途の世捨て人、あるいは人間嫌い[15]のイメージがつきまとう。しかし彼は、シュヴァリエ・ド・メレやミトンのような社交界の才人たちとの交際、そして彼らの枕頭の書であったモンテーニュの『エセー』を愛読することを通じて、理想の社交人のあり方とされた紳士道《オネットテ》に反省を加えるとともに、自らそれを実践した。晩年になって厳格な信仰に身を捧げるようになっても、世俗の友人たちに対して洗練された礼儀を忘れることはなかった。ホイヘンスやフェルマのような科学者とのやり取り、あるいはサロンの女主人であったサブレ夫人に宛てた短信はその見本である。

思想家としての側面に目を移すと、その大きな特徴として大胆な領域横断的な思考を挙げることができる。パスカルは、幾何学や物理学のような個別の領域で業績を挙げることで満足せず、つねに異なる学問領域を視野に収めて、その間を自由自在に行き来して、独創的な思索を展開する。たとえば、『真空論序言』は自然の認識における権威の役割を否定し、実験と推論の決定的重要性を鼓吹することによって、実証的な近代科学および進歩思想のマニフェストと見なされることが多いが、それは彼の思想の半面にすぎない。パスカルの眼差しは自然科学を越えて、人文・社会科学、さらには宗教ないし神学に及ぶすべての学問領域を俯瞰して、そこに二つの異なる認識の原理、すなわち理性と権威が働いていることを直観し、それに基づいて科学と宗教の関係について遠大な見通しを描き出す。

哲学から神学、あるいは人間の領域から神の領域への同様の移行ないし越境は、『サシ氏との対話』においても見られるが、異なる学問領域の往還がとくに著しいのが、『幾何学的精神について』である。題名が示唆するように、この小品は幾何学の証明論をモデルとして、その観点から伝統的学問の基本学科である論理学とレトリックを批判的に検討し、それを通じて論証と説得の方法を教えることを目指す方法論であるが、そこでは、たとえば定義の問題をめぐって幾何学と論理学が交錯し、論証の原理の探究が幾何学における無限の問題に道を開き、説得術の考察では、幾何学的精神と繊細の精神の双方が視野に収められ、さらにその原理の探究においては、説得行為を単なる人間同士の水平的な関係と考える常識を超えて、神の人間の心に対する垂直的な働きかけつまり回心までも説得の領域に導き入れて、それを人間的な説得のメカニズムと対比する。こうしてレトリックに思いがけない展望がもたらされる。有限と無限、無限小と無限大、自然と超自然といった、存在の異なる次元を接触さらには短絡させ、そこから生ずる閃光で、それまでは見えなかった事柄を照らし出して見せるところに、パスカルの思索の秘訣と魅力がある。

しかし何より「小品と手紙」の中核をなすのは、宗教的考察と信仰の証言である。それは、二〇代に体験した第一の回心期に書かれた手紙から、最晩年の『病の善用を神に求める祈り』に至るまで一貫している。パスカルにとって「回心」は改宗ではない。彼は、当時の大多数のフランス人と同じく幼児洗礼を受けて、生まれたときからカトリック教会の一員であった。したがって回心とは、信仰の対象（神、イエス・キリスト）やその内容（教理問答書等に要約される教義）の取り換えや変更ではなく、信仰対象への関わり方の問題である。教会に所属することによって求められる神との関係は神を愛することであるが、人間の心は否応なしにそれを忘れて現世と自己自身に愛着する。そのような心のあり方を反省し、その関心を現世と自己から引き離して神に向けなおすことが回心なのである。このような回心観は、一七世紀フランスのカトリック宗教改革運動の中心人物の一人であったサン・シランによって唱道され、彼の影響下にあったポール・ロワイヤルの信仰と霊性の特徴をなしていた。ルアン時代に、サン・シランの弟子たちの感化を受けて信仰に目覚めたパスカルとその一家にとって回心は一生の課題であった。それは回心が、結局のところ、信仰の覚醒あるいは深化に他ならなかったからである。

したがって、回心の道に入ることは、それまで所属してきた教会から離れることではない。それは、大局的に見れば、当時のカトリック宗教改革運動の一環として、個々の信者に期待され、また翻って、教会——ローマ・カトリック教会——の改革に寄与すべき事柄であった(16)。パスカルは、誠実なカトリック教徒として、自らの回心が教会の意向にかなない、教会の枠内で、教会のために行われるものであることを確信していた。じっさい彼は、ロアネーズ嬢に宛てた「手紙」〔三〕のなかで、回心の業《わざ》と教会との一致が不可分であることを強調し、さらに続いて、教会とその頭《かしら》である教皇との交わりの外に救いはないと述べている(17)。これが、彼の真率な「信仰告白」であることに疑いの余地はない(18)。

しかし問題は、この告白がパスカルにとって危機的な状況で行われていることである。パスカルが心を寄せ、同伴者として協力するポール・ロワイヤルは、当時異端とされたジャンセニスムの本拠として教会当局と王権から迫害されていた。信仰の刷新と教会の改革を念願し、そのために尽力する修道者と隠遁者の集団が異端として教会から破門されかねない事態が生じていたのである。改革運動が既存の体制の警戒と反感を買い、異端視されるのは珍しいことではない。ルターやカルヴァンによって創始されたプロテスタンティズムも、当初はローマ・カトリック教会内部の改革運動であった。しかし彼らとその同志たちは、教会による迫害や弾圧を乗り越えて、ある時点で教会と袂を分かち、新たな教会――ルター派教会や改革派教会――を樹立する。そうなれば、彼らの目標とする改革は、彼ら自身の教会の活動を通じてのキリスト教の改革ないし再生ということになる。カトリック教会はもはや改革の対象ではなくなり、批判と攻撃の対象になる。パスカルとポール・ロワイヤルの同志たち、要するに、教会による弾圧の対象となったいわゆるジャンセニストたちの独自性は、あくまで既存の教会のうちに留まり、その中で信仰改革を推し進めようとしたところにある。彼らにとって、使徒伝来のローマ・カトリック教会は、キリストの代理人たる教皇に率いられる限りにおいて正統性と不謬性を有し、その構成員である信者たちの霊的生命を支えている(19)。そうだとすれば、回心もまた信者個人の内心の問題にとどまらず、教会のあり方に関わる問題になる。理念的に言えば、一人ひとりの信者の回心を支え、それを実現するのは教会の「功徳」であり、その功徳によって回心した信者たちの働きが、翻って教会の浄化と活性化に寄与するのである(20)。しかしながら、現実には、パスカルとその同志たちに生じたように、回心に発する改革運動は、既成秩序の側からの嫌疑さらには弾圧を招く。こうして回心の業は、それを生きる信者の心においても、また、それを支えると同時にその影響を蒙る教会においても、神と現世の間に潜んでいる鋭い緊張と対立を明るみに出す。

＊

「小品と手紙」には、パスカルが実際に生きた回心のさまざまな局面、そして彼がそれに加えた思索を、彼自身の言葉で伝える多くの文書が含まれている。まず当然のことながら、回心は彼にとって内奥の体験、それも一度にとどまらず、生涯の節目節目で繰り返される体験であった。その頂点にあるのは、『メモリアル』に記された「火の夜」の体験であるが、その後も、パスカルが新たな回心の必要性を感じ、それを神に乞い求めたことは、肉体の病とそれがもたらす苦しみを「救いと回心の機会」(第一三節)と捉える『病の善用を神に求める祈り』に詳細に語られている。また回心を目指す魂の道程は、客観的な視点からではあるが、『罪人の回心について』において微妙繊細に描き出されている。

しかし回心はパスカルにとって、たんに個人的な事柄ではなく、共同体的性格を帯びている。第一の回心期の手紙が示すように、それは家族ぐるみの出来事であり、一家はポール・ロワイヤルの指導のもと、互いに切磋琢磨しながら真の信仰の道を模索していく。そればかりではない。パスカルの眼差しはやがて家族を越えて、親しい友人たちに広がり、彼らの回心にも関わるようになる。その代表格は、幼馴染のロアネーズ公爵、そして妹のロアネーズ嬢ことシャルロットである。ポール・ロワイヤル修道院を訪問して、突如神の召命を感じ、修道女になることを切望していた彼女に、パスカルは一連の信仰指導の手紙を書き送るが、その中心にあるのは、回心のもたらす喜びとその実践に立ちはだかる障害、その障害が引き起こす不安や苦痛とそれを克服する慰めについての黙想とそれに基づく助言である。また、『病の善用を神に求める祈り』においても、個人としてのパスカルの祈願にとどまらず、教会の他の構成員と協働して、神秘体としての教会の建設に寄与することを目指す集団的な祈りの展望が、最終節で示唆されていることは注目に値する。

さらに回心は教会のあり方への関心を呼び覚まし、その理想状態を希求し、それを裏切る現状の批判に向かう。そのような姿勢は、洗礼の本義を問い直すことを通じて、信仰の再生と教会の改革の必要性を訴える『初期のキリスト教徒と今日のキリスト教徒との比較』に顕著であるが、『プロヴァンシアル』と同じ時期に書かれた『ロアネーズ嬢宛の手紙』にも、教会と現世の妥協とそれに起因する「道徳の堕落」(21)に対する恐れと怒りが繰り返し表明されている。信仰覚醒としての回心を出発点とする教会改革運動への参画、あるいはその反動として教会から加えられる弾圧に対する抵抗運動への関与は、信仰者パスカルの活動のきわめて重要な要素であり、とりわけ『プロヴァンシアル』という論争文学の傑作を生みだすに至ったが、その痕跡は「小品と手紙」のそこかしこに認められる。パスカルが信仰の真理のための戦いにおいて標的にしているのは、教会外の敵だけではなく、教会のうちに巣くう悪弊、それも、「神学者や修道士」のように、教会の手本となるべき聖職者の「書物」にまで波及している堕落である。(22)

しかしパスカルは、その上で、戦いの帰趨にいたずらに心を悩ませることを固く戒め、神の摂理の表現としての「出来事」への絶対的な服従を説く。そのことは、『ロアネーズ嬢宛の手紙』にも『病の善用を神に求める祈り』にも見てとれるが、[23]とりわけ、『プロヴァンシアル』論争が最終局面を迎え、ジャンセニスムの断罪が決定的になった一六五七年前半に、ペリエ夫妻に宛てて書かれたと推定される手紙が注目に値する。大義のための戦いが挫折し、真理が敗北したように見える場合でも、その結果を招来あるいは許容する最終原因は神である以上、それに不平を鳴らし異議を唱えるのは、神の摂理を否認することにつながるからである。しかしそれは、既成事実に屈服して、「勝てば官軍負ければ賊軍」の論理を承認することではない。パスカルは、「真理を勝利させる使命」と「真理のために戦う〔使命〕」を峻別し、前者を神に、後者を人間に帰属させる。[24]結果の如何にかかわらず、人間は真理のために戦うこと、すなわち、いかなる状況にあっても、真理を証言する使命を負い続けるのである。出来事への服従と真理の証言の不可分の結びつき、これこそ、信仰の実践を通じて、パスカルが行きついた境地であった。

しかし、彼が証人として守り抜こうとした「真理」とは、いったい何であるのか。使徒パウロによれば、「神は、すべての人々が救われて真理を知るようになることを望んでおられる[25]」というが、そこで言及されている真理、端的に言えば、イエス・キリストがそれである。じっさいイエスは、最後の晩餐で弟子たちに、「私は道であり、真理であり、命である[26]」と述べていた。この救い主としてのイエス・キリスト、神であり神の子であるイエス・キリストが、真理なのである。しかし問題は、その真理が隠されていることである。それは、神自体が隠れた存在、あるいは「自らを隠そう」とした存在だからである（『パンセ』断章二四二）。ロアネーズ嬢に宛てた「手紙」（四）によれば、神はあらゆる可視的事物、すなわち自然、人間としてのイエス・キリスト、ミサで拝領する聖体の外見のうちに身を隠しており、人間によって真摯に探し求められることを求めている。そうだとすれば、神の出現に立ち会うという恵みを受けた者たち[27]はその事実を、神を知らない世の人々に証言しなければならない。ただし、注意しなければならないのは、神を知らない人間というのは不可知論者や無神論者、つまり自然を自足した全体と見なして、創造主としての神の存在を否定する合理主義者に限られるわけではないことである。この世に人間として到来したイエス・キリストのうちに神を認めない「ユダヤ人[28]」、聖体のうちにイエスの体を認めない「異端者たち[29]」も、真理としてのイエス・キリストを見失っているという意味でそうなのである。それればかりではない。問題の手紙

図40　マルグリット・ペリエの肖像

のきっかけとなったのは、パスカルの姪でポール・ロワイヤル修道院の寄宿生であったマルグリット・ペリエに生じた「聖荊《せいけい》の奇蹟」が教会によって正式に認定されたことであるが、パスカルはこの朗報をロアネーズ嬢に伝えるにあたって、「神がこれほど驚くべき出来事によってご自身をあらわしてくださる人々はごく少数なのですから、このような機会をよく役立てなければなりません[30]」というコメントを付している。耳目を驚かす神の顕現であるはずの奇蹟、しかも教会のお墨付きをいただいた奇蹟が、「ごく少数」の人間にしか見えないというのである。聖荊の奇蹟は、『プロヴァンシアル』論争の最中、ポール・ロワイヤルがジャンセニストたちの本拠として迫害されている状況で生じた。ポール・ロワイヤル陣営は当然のことながら、この奇蹟を自分たちの信仰の正統性の証しであると受けとめたが、イエズス会をはじめとする反ポール・ロワイヤル派はその解釈に反対し、奇蹟の認定後も、奇蹟の意味をめぐる論争が繰り広げられた[31]。正統信仰を保持している教会——パスカルの信念からすれば、ローマ・カトリック教会——の中で起こった奇蹟でさえ、すべての信者を承服させることはなく、そこに籠められたイエス・キリストの真理を洞見する者は少数にとどまる。神は、教会の外にいる不信の徒に対してだけ隠れているのではない。教会内の信者であっても、回心によって神に向き直る努力をしない者の目には、神の真理は隠れている。このような薄暗がりの中で、真理を垣間見る恵みを与えられた者は、教会の内と外を問わず万人に対して、身命を賭して、それを証言しなければならない。「殉教者」のフランス語 martyr は、ギリシア語の語源に遡れば、「証人」を意味する。この意味で、パスカルはまさに「隠れた神」の殉教者だったのである。

＊
＊　＊

パスカルの「小品」が、由木康の苦心の翻訳によって日本で最初に刊行されたのは、一九三八年三月のことである(由木康訳『パスカル小品集』白水社)。これは、ブランシュヴィック版『パンセと小品』に依拠する訳業であるが、由木はさらに同じ底本に基づく『パンセ』の抄訳を同年九月に刊行している(由木康訳『パスカル冥想録(パンセ)』白水社)。こうして、『小品集』は『パンセ』に先駆けて、日本におけるパスカルの本格的な翻訳の幕開きを飾ることとなった。以後、どちらの翻訳も版を重ね、一九四二年には、『パスカル書簡集』の翻訳(由木康・松浪信三郎共訳、白水社)も出版されたが、アジア太平洋戦争の戦火でそれらの紙型の大部分は焼失した。しかしその中で、『小品集』の紙型だけはその難を免れ、『パンセ』に先立って戦後まもなく再刊された(由木が再刊本のために付けた「跋」には、「昭和二十一年秋　訳者記」とあるが、じっさいに出版されたのは一九四八年である)。その後も「小品集」は、人文書院版『パスカル全集』(一九五九年)、教文館版『パスカル著作集』(田辺保全訳、一九八〇―一九八二年)に「書簡集」とともに収録され、とりわけ中央公論社から出版された「世界の名著」シリーズの第二四巻『パスカル』(前田陽一責任編集、一九六六年)では、『パンセ』とともに一巻のうちに収められ、さらに「中公バックス　世界の名著二九」(一九七八年)と形を変えて、長らく読み継がれた。しかし独立した刊本としては、上記の由木の再刊本以降、訳者の知るかぎり、出版された形跡がない。『小品集』は『パンセ』の付録扱いをされて、その陰に隠れる傾向が生じたのである。

そのような状況に新風を吹き込んだのが、メナール版『パスカル全集』の日本語版であった。これは、「邦訳全集の決定版」として構想され、白水社によって刊行が開始されたが、編者ジャン・メナールの死去(二〇一六年)によって原書が未完に終わったのを受けて、予定の全六巻中、最初の二巻で中断のやむなきに至った。しかし「生涯の軌跡」という副題のもとに刊行された第一巻(一九九三年)と第二巻(一九九四年)には、本書に訳出したほとんどすべての作品が収録されている(例外は、第三巻「科学論文および関連文書」に収められる予定であった「二　計算機　大法官セギエへの献呈書簡」と「一七　ホイヘンス宛の手紙」の二編)。日本のパスカル研究者たちが総力を挙げて取り組んだ訳業は、メナールの校訂したテクストの訳文に加えて、原書に準拠する詳細な注、解題、解説を付したものであり、それまでの翻訳と比べて長足の進歩を遂げている。こうして、それぞれの小品及び手紙について、より深く正確な理解に達する可能性が開かれた。しかしながらそこでは、それらのテクストは、ほかの多数の文書、パスカル自身のものばかりでなく、彼とその家族に関連する文書や資料の中に分散して配置されている。これは、『メナール版全集』の編集方針、すなわち『パンセ』と『プロヴァンシアル』は別にして、それ以外のすべてのパスカルのテクストを執筆年代順に収録するという方針に従った措置であるが、そのために、「小品」というカテゴリーが解体され、その一体性が失われるという結果が生じた。

しかし、本解説で詳しく見てきたように、「小品」はけっして無用な部立てではない。それは、パスカルの著作の本質的な部分を構成し、何より『パンセ』と密接な関係を取り結んでいる。手紙も含めた小品集は、『パンセ』の姉妹編、さらには広義の『パンセ』の一環として独自の価値を備えている。『小品と手紙』が、『パンセ』と並んで岩波文庫の一点に加えられることには大きな意義があると訳者は確信している。

(1) ただし、『幾何学的精神について』のいくつかの抜粋は、パスカルの死去の直前に公刊されたいわゆる『ポール・ロワイヤル論理学』の中に引用されている。この点については、『幾何学的精神について』の解題を参照のこと。

(2) ジルベルト・ペリエ『パスカル氏の生涯』(第一稿)三七節(白水社版『パスカル全集』第一巻、三四頁)。友人のニコルも『ポール・ロワイヤル論理学』で、パスカルがレトリックの天才であるという評価を与えている(「語録」7、『パンセ』下、二一二—二一三頁参照)。

(3)『パンセ』の成立の経緯について、より詳しくは、『パンセ』上、「解説一　『パンセ』とはいかなる〈書物〉か」を参照されたい。

(4) 以上の記述は、「ポール・ロワイヤル版(一六七〇年)の序文」による(『パンセ』下、二二八、二三一頁)。

(5) 一八世紀後半に公刊された、いわゆるボッシュ版『パンセ』は、「哲学、道徳、文学に関係する断想《パンセ》を含む第一部」、そして「宗教に直接関連する断想を含む第二部」の二部から構成されているが、その第一部には、『パンセ』の断章と並んで、『真空論序言』(「哲学の分野における権威について」という題名が付されている)、『幾何学的精神について』『サシ氏との対話』『大貴族の身分に関する講話』などのテクストが収められている。

(6) パスカルが構想していた書物の題名を「キリスト教の弁明」と呼ぶ習慣がいつ始まったか

は、これまで未解明であった(この点については、『パンセ』上、四三九頁注(1)参照)。しかし最近の研究によって、この表現は、シャトーブリアンによる『キリスト教精髄』の弁護』(一八〇三年)に登場し、次いでクザンの「報告」においてキーワードとして用いられ、それ以降次第に『パンセ』の別名として定着したことが明らかになった。*Cf.* Laurent Thirouin, « Depuis quand Pascal a-t-il écrit une ʻapologieʼ? », Journée d'étude « Tout hors le vrai » Pascal ou la modernité brisée, Université Lyon 3, 29 mars 2019.

(7) このタイトルは当然のことながら、クザンの問題提起を受けついだものである。前注参照。

(8) 岩波文庫『パンセ』凡例、とりわけ三、四を参照されたい。

(9) ただし、初版では、『サシ氏との対話』および『大貴族の身分に関する講話』は、姉ジルベルトの『パスカル氏の生涯』等とともに巻頭に置かれ、「小品」とは別の扱いを受けている。パスカル自身が執筆したテクストではないことが考慮されたものと思われる。

(10) 巻末の書誌一覧参照。注目すべき例外は、メナール版全集である。この未完に終わった全集は、『パンセ』と『プロヴァンシアル』以外のすべてのテクストを一括して、「各種の著作」の名のもとに執筆年代順に配置している。ブランシュヴィックも、『パンセ』以外のテクストを年代順に配置した全集版では、取り立てて「小品」のカテゴリーは立てていない。

(11) 以上の三編は、白水社版『パスカル全集』第二巻に収録されている。

(12) たとえば、「永遠に沈黙するこの無限の空間、それを前にして私は戦慄する」(断章二〇一)と呟く「私」が、誰であるかについては、多くの議論がある。正義の存在について懐疑論的思索をめぐらす断章五二〇の「私」も同様である。

(13) たとえば「イエスの秘義」(断章＊七)、そして「私は貧しさを愛する」の言葉で始まる断章＊二一は、パスカルの信仰の最も純粋な表現である。しかしそれらは明らかに護教論の枠外にある。

(14) この点については、塩川徹也『パスカル『パンセ』を読む』(岩波人文書セレクション、二〇一四年)第一章「『パンセ』という書物は存在するか」で解説を加えた(二〇―二六頁)。

(15) ヴォルテールは、パスカルを「崇高な人間嫌い」と呼んでいた(『哲学書簡』第二五信「パスカル氏の『パンセ』について」)。

(16) もちろん回心は、非キリスト教徒のキリスト教への改宗、あるいは、キリスト教の内部での宗派の転換、たとえばプロテスタントのカトリックへの改宗、あるいはその逆についても言うことができる。ここで問題にしているのは、ひたすらパスカル及びその周辺の回心観である。

(17)「じっさい真理のうちにいないすべての人に回心を得させる功徳をもっているのは教会であり、また教会と不可分のイエス・キリストです。そしてしかる後、これらの回心した人々が自分たちを解放してくれた母〔＝教会〕に救いをもたらすのです。お手紙には教皇との一致に対する並々ならぬ熱意が認められますが、それを心から称賛します。体は頭なしには生きていないように、頭も体なしには生きていません。そのどちらかから離れる者は誰でも、もはや体の一部ではなく、また、もはやイエス・キリストに属しません。〔…〕私たちに分かっているのは、あらゆる美徳、殉教、苦行とあらゆる善行も、教会の外、教会の頭《かしら》である教皇との交わりの外では無益だということです。私がその交わりから離れることは決してないでしょう。少なくとも、神がそのお恵みを下さるよう、神に祈ります。さもなければ永久の破滅しかないでしょう」(「一一　ロアネーズ嬢宛の手紙」〔三〕、上掲三一九―三二〇頁)。

(18)「一種の信仰告白をあなたにしています。どうしてだか分かりません。しかし取り消す気はありませんし、また繰りかえす気もありません」(同、上掲三二〇頁)。

(19)この点について、詳しくは次の論考を参照されたい。塩川徹也「不謬性と寛容――ジャンセニスムをめぐって」『日本学士院紀要』第七四巻第二号、二〇一九年、四一―六三頁。

(20)注(17)参照。

(21)「じっさい今や、道徳の堕落が、それがあってはならない場所である修道院そして神学者や修道士の書物にまで及んでいます。これほどの乱脈を見たからには脱出しなければなりません」(「ロアネーズ嬢宛の手紙」〔一〕、上掲三一〇―三一一頁)。

(22)前注参照。

(23)「罪の本質は、私たちが神の御心だと承知していることに反する意向を持つところにあるので、神が出来事によって御心をあらわされるときに、それに順応しなければ罪になるのは明らかだと思われます」「ロアネーズ嬢宛の手紙」〔九〕、上掲三四六頁。『病の善用を神に求める祈り』には、「永遠の摂理の定めを受納する心構え」という表現が出てくる(〔一三〕)。

(24)「ペリエ夫妻宛の手紙の断片」(一六五七年前半)、上掲三六〇頁参照。

(25)「テモテへの手紙一」第二章四節。

(26)「ヨハネによる福音書」第一四章六節。
(27)「神は、ふつうは身を隠しておられますが、まれにご自身に仕えるように定められた人々に出現されます」(「ロアネーズ嬢宛の手紙」(四)、上掲三二三—三二四頁)。
(28)「ユダヤ人は、イエス・キリストのうちに完全な人間を見て、そこに別の本性を探そうとは思いませんでした」(同、上掲三二五頁)。パスカル自身は言及していないが、彼の観点からすれば、ユニテリアン派や理神論者についても同じことが言えるはずである。
(29)「そして最後に、異端者たちはパンの完全な外見を見て、そこに別の実体を探求しようとは考えませんでした」(同、上掲三二五頁)。パスカルが念頭に置いているのは、カルヴァン派である。
(30)同、上掲三二三頁。
(31)この問題の詳細については、塩川徹也『パスカル　奇蹟と表徴』第三章三節を参照のこと。

あとがき

本書は、二人の訳者の共同作業から生まれた。その成立の経緯は以下の通りである。まず、訳者の一人、塩川徹也が二〇一八年初めからほぼ三年を費やして、本書に収めたすべての作品の訳文と訳注そして「解題」の初稿を作成した。次いで、もう一人の訳者である望月ゆかが二〇二一年春から丸一年かけてそれを閲読し、詳細なコメントを加えた。それを受けて、塩川はすべてのコメントに応答し、場合によっては数回の意見交換を経て原稿を改訂した。望月は改訂稿を再度点検して新たな指摘を行い、それを踏まえて、塩川が最終稿を作成した。折しもコロナ禍の真最中であり、対面で仕事を進めることはできなかったが、文書作成ソフトウェア(ワード)の校正機能を活用して緊密な連携を保つことができた。こうして、翻訳のテクスト及び訳注については、その全体にわたって、訳者二人が等しく責任を負う。「解題」については、やはり望月の入念な校閲を受けているが、文章の性質上、その文責は塩川にある。「解説」も同様である。「年譜」

「凡例」「書誌一覧」「索引」も、塩川の原案に基づいて、二人で協議して作成した。「図版」は望月が担当した。時間と手間はかかったが、真の共訳が達成されたという手応えを感じている。とはいえ、それは出来映えとは別問題である。今回の翻訳にまだいくつもの不備が残っていることは否定できない。本書が具眼の読者の叱正に磨かれて、さらに改善されていくことを、訳者二人は切に願っている。

＊

パスカルの著作の編集は、『パンセ』をはじめとして、いずれも困難をきわめ、『小品と手紙』もその例外ではない。それが、パスカル生誕四〇〇年の節目に合わせて、首尾よく刊行に漕ぎつけることができたのは、文庫編集部の清水愛理さんと吉川哲士さんの絶妙な連係プレーのたまものである。製作部と校正部の方々の細やかなご配慮にも大いに助けられた。深くお礼申し上げたい。ありがとうございました。

二〇二三年　六月

訳　者　識

岩波文庫の最新刊

兵藤裕己編注
説経節 俊徳丸・小栗判官 他三篇

大道・門付けの〈乞食芸《こつじき》〉として行われた説経節から、後世の文学・芸能に大きな影響を与えた五作品を編む。「山椒太夫」「愛護の若」「隅田川」の三篇も収録。

〔黄二八六-一〕 **定価一二一〇円**

三木 清著
構想力の論理 第二

三木の探究は「経験」の論理的検討に至る。過去を回復し未来を予測する構想力に、新たな可能性を見出す。（注解・解説＝藤田正勝）（全二冊）

〔青一四九-三〕 **定価一一五五円**

トマス・アクィナス著／稲垣良典・山本芳久編／稲垣良典訳
精選 神学大全1 徳論

西洋中世最大の哲学者トマス・アクィナス（一二二五頃－一二七四）の集大成。初めて中核のテーマを精選。1には、人間論から「徳」論を収録。（全四冊）（解説＝山本芳久）

〔青六二一-三〕 **定価一六五〇円**

カール・ポパー著／小河原誠訳
開かれた社会とその敵 第二巻 にせ予言者—ヘーゲル、マルクスそして追随者（上）

全体主義批判の本書は、ついにマルクス主義を俎上にのせる。階級なき社会の到来という予言論証の方法論そのものを徹底的に論難する。（全四冊）

〔青N六〇七-三〕 **定価一五七三円**

泉 鏡花作
日本橋

紅燈の街、日本橋を舞台に、四人の男女が織り成す恋の物語。愛の観念を謳い上げた鏡花一代の名作。改版。（解説＝佐藤春夫・吉田昌志）

〔緑二七-七〕 **定価七七〇円**

……今月の重版再開……

魯 迅著／松枝茂夫訳
朝花夕拾

定価五五〇円

〔赤二五-三〕

トマス・アクィナス著／柴田平三郎訳
君主の統治について —謹んでキプロス王に捧げる—

定価九三五円

〔青六二一-二〕

岩波文庫の最新刊

グレゴリー・ベイトソン著／佐藤良明訳
精神の生態学へ（中）
コミュニケーションの諸形式を分析し、精神病理を「個人の心」から解き放つ。中巻は学習理論・精神医学篇。ダブルバインドの概念、アルコール依存症の解明など。（全三冊）〔青N六〇四-三〕 定価一二一〇円

イーディス・ウォートン作／河島弘美訳
無垢の時代
二人の女性の間で揺れ惑う青年の姿を通して、時代の変化にさらされる〈オールド・ニューヨーク〉の社会を鮮やかに描く。ピューリッツァー賞受賞作。〔赤三四五-一〕 定価一五〇七円

バジョット著／宇野弘蔵訳
ロンバード街
―ロンドンの金融市場―
一九世紀ロンドンの金融市場を観察し、危機発生のメカニズムや「最後の貸し手」としての中央銀行の役割について論じた画期的著作。改版。（解説＝翁邦雄）〔白一二二-一〕 定価一三五三円

道簱泰三編
中上健次短篇集
中上健次（一九四六―一九九二）は、怒り、哀しみ、優しさに溢れた人間のあり方を短篇小説で描いた。『十九歳の地図』『ラプラタ綺譚』等、十篇を精選。〔緑二三〇-一〕 定価一〇〇一円

……今月の重版再開……

井原西鶴作／横山重校訂
好色一代男
〔黄二〇四-一〕 定価九三五円

ヴェブレン著／小原敬士訳
有閑階級の理論
〔白二〇八-一〕 定価一二一〇円

定価は消費税10％込です 2023.6

ウィーナー サイバネティックス ―動物と機械における制御と通信 池原止戈夫・彌永昌吉・室賀三郎・戸田巌 訳

熱輻射論講義 マックス・プランク 西尾成子 訳

コレラの感染様式について ジョン・スノウ 山本太郎 訳

20世紀科学論文集 現代宇宙論の誕生 須藤靖 編

高峰譲吉文集 いかにして発明国民となるべきか 鈴木淳 編

相対性理論の起原 他四篇 廣重徹 西尾成子 編

空想より科学へ —社会主義の発展　エンゲルス　大内兵衛訳
帝国主義論　全二冊　ホブスン　矢内原忠雄訳
帝国主義　レーニン　宇高基輔訳
国家と革命　レーニン　宇高基輔訳
ローザ・ルクセンブルク 獄中からの手紙　秋元寿恵夫訳
雇用、利子および貨幣の一般理論　全二冊　ケインズ　間宮陽介訳
シュムペーター 経済発展の理論　全二冊　塩野谷祐一・中山伊知郎・東畑精一訳
シュムペーター 経済学史 —学説ならびに方法の諸段階　中山伊知郎・東畑精一訳
租税国家の危機　シュムペーター　木村元一・小谷義次訳
日本資本主義分析　山田盛太郎
恐慌論　宇野弘蔵
経済原論　宇野弘蔵
資本主義と市民社会 他十四篇　大塚久雄　齋藤英里編
共同体の基礎理論 他六篇　大塚久雄　小野塚知二編
ユートピアだより　ウィリアム・モリス　川端康雄訳
社会科学と社会政策にかかわる認識の「客観性」　マックス・ヴェーバー　富永祐治・立野保男訳　折原浩補訳
プロテスタンティズムの倫理と資本主義の精神　マックス・ヴェーバー　大塚久雄訳

職業としての学問　マックス・ウェーバー　尾高邦雄訳
社会学の根本概念　マックス・ヴェーバー　清水幾太郎訳
職業としての政治　マックス・ヴェーバー　脇圭平訳
古代ユダヤ教　全三冊　マックス・ヴェーバー　内田芳明訳
宗教と資本主義の興隆 歴史的研究　全二冊　トーニー　出口勇蔵・越智武臣訳
世論　全二冊　リップマン　掛川トミ子訳
鯰絵 —民俗的想像力の世界　C・アウエハント　小松和彦・中沢新一・飯島吉晴・古家信平訳
贈与論 他二篇　マルセル・モース　森山工訳
国民論 他二篇　マルセル・モース　森山工編訳
ヨーロッパの昔話 その形と本質　マックス・リュティ　小澤俊夫訳
独裁と民主政治の社会的起源 —近代世界形成過程における領主と農民　全二冊　バリントン・ムーア　宮崎隆次・森山茂徳・高橋直樹訳
大衆の反逆　オルテガ・イ・ガセット　佐々木孝訳

《自然科学》〔青〕

ヒポクラテス医学論集　國方栄二編訳
科学と仮説　ポアンカレ　河野伊三郎訳
ロウソクの科学　ファラデー　竹内敬人訳
種の起原　全二冊　ダーウィン　八杉龍一訳

自然発生説の検討　パストゥール　山口清三郎訳
完訳 ファーブル昆虫記　全十冊　山田吉彦・林達夫訳
科学談義　T・H・ハックスリ　小泉丹訳
メンデル 雑種植物の研究　岩槻邦男・須原準平訳
アインシュタイン 相対性理論　内山龍雄訳・解説
相対論の意味　アインシュタイン　矢野健太郎訳
アインシュタイン 一般相対性理論　小玉英雄編訳・解説
自然美と其驚異　ジョン・ラバック　板倉勝忠訳
ダーウィニズム論集　八杉龍一編訳
ニールス・ボーア論文集1 因果性と相補性　山本義隆編訳
ニールス・ボーア論文集2 量子力学の誕生　山本義隆編訳
ハッブル 銀河の世界　戎崎俊一訳
パロマーの巨人望遠鏡　全二冊　D・O・ウッドベリー　関正雄・湯澤博・成相恭二訳
生物から見た世界　ユクスキュル・クリサート　日高敏隆・羽田節子訳
ゲーデル 不完全性定理　八杉満利子・林晋訳
日本の酒　坂口謹一郎
生命とは何か —物理的にみた生細胞　シュレーディンガー　岡小天・鎮目恭夫訳

《法律・政治》〔白〕

人権宣言集　高木八尺・末延三次・宮沢俊義編
新版 世界憲法集 第二版　高橋和之編
君主論　マキァヴェッリ　河島英昭訳
フィレンツェ史 全二冊　マキァヴェッリ　齊藤寛海訳
リヴァイアサン 全四冊　ホッブズ　水田洋訳
法の精神 全三冊　モンテスキュー　野田良之・稲本洋之助・上原行雄・田中治男・三辺博之・横田地弘訳
教育に関する考察　ロック　服部知文訳
完訳 統治二論　ジョン・ロック　加藤節訳
寛容についての手紙　ジョン・ロック　加藤節・李静和訳
キリスト教の合理性　ジョン・ロック　加藤節訳
ルソー 社会契約論　桑原武夫・前川貞次郎訳
アメリカのデモクラシー 全四冊　トクヴィル　松本礼二訳
リンカーン演説集　高木八尺・斎藤光訳
権利のための闘争　イェーリング　村上淳一訳
近代人の自由と古代人の自由・征服の精神と簒奪 他一篇　コンスタン　堤林剣・堤林恵訳
民主主義の本質と価値 他一篇　ハンス・ケルゼン　長尾龍一・植田俊太郎訳

外交談判法　カリエール　坂野正高訳
危機の二十年 ―理想と現実　E・H・カー　原彬久訳
ザ・フェデラリスト　A・ハミルトン　J・ジェイ　J・マディソン　斎藤眞・中野勝郎訳
アメリカの黒人演説集 ―キング・マルコムX・モリスン 他　荒このみ編訳
モーゲンソー 国際政治 ―権力と平和 全三冊　原彬久監訳
ポリアーキー　ロバート・A・ダール　高畠通敏・前田脩訳
現代議会主義の精神史的状況 他一篇　カール・シュミット　樋口陽一訳
政治的なものの概念　カール・シュミット　権左武志訳
第二次世界大戦外交史 全二冊　芦田均
憲法講話　美濃部達吉
日本国憲法　長谷部恭男解説
民主体制の崩壊 ―危機・崩壊・再均衡　ファン・リンス　横田正顕訳
憲法　鵜飼信成

《経済・社会》〔白〕

政治算術　ペティ　大内兵衛・松川七郎訳
国富論 全四冊　アダム・スミス　水田洋監訳　杉山忠平訳
法学講義　アダム・スミス　水田洋訳

コモン・センス 他三篇　トーマス・ペイン　小松春雄訳
経済学における諸定義　マルサス　玉野井芳郎訳
オウエン自叙伝　ロバアト・オウエン　五島茂訳
戦争論 全三冊　クラウゼヴィッツ　篠田英雄訳
自由論　J・S・ミル　塩尻公明・木村健康訳
大学教育について　J・S・ミル　竹内一誠訳
功利主義　J・S・ミル　関口正司訳
イギリス国制論 全二冊　バジョット　遠山隆淑訳
ユダヤ人問題によせて ヘーゲル法哲学批判序説　マルクス　城塚登訳
経済学・哲学草稿　マルクス　城塚登・田中吉六訳
新編輯版 ドイツ・イデオロギー　マルクス　エンゲルス　廣松渉編訳　小林昌人補訳
マルクス エンゲルス 共産党宣言　大内兵衛・向坂逸郎訳
賃労働と資本　マルクス　長谷部文雄訳
賃銀・価格および利潤　マルクス　長谷部文雄訳
マルクス 経済学批判　武田隆夫・遠藤湘吉・大内力・加藤俊彦訳
マルクス 資本論 全九冊　エンゲルス編　向坂逸郎訳
トロツキー わが生涯 全二冊　森田成也・志田昇訳

論理哲学論考　ウィトゲンシュタイン　野矢茂樹訳
自由と社会的抑圧　シモーヌ・ヴェイユ　冨原眞弓訳
根をもつこと　全二冊　シモーヌ・ヴェイユ　冨原眞弓訳
重力と恩寵　シモーヌ・ヴェイユ　冨原眞弓訳
全体性と無限　全二冊　レヴィナス　熊野純彦訳
啓蒙の弁証法　—哲学的断想　M・ホルクハイマー　T・W・アドルノ　徳永恂訳
ヘーゲルからニーチェへ　十九世紀思想における革命的断絶　全二冊　レーヴィット　三島憲一訳
統辞構造論　付『言語理論の論理構造』序論　チョムスキー　福井直樹　辻子美保子訳
統辞理論の諸相　方法論序説　チョムスキー　辻子美保子　福井直樹訳
快楽について　ロレンツォ・ヴァッラ　近藤恒一訳
古代懐疑主義入門　判断保留の十の方式　J・アナス　J・バーンズ　金山弥平訳
ニーチェ　みずからの時代と闘う者　ルドルフ・シュタイナー　高橋巖訳
フランス革命期の公教育論　コンドルセ他　阪上孝編訳
フレーベル自伝　長田新訳
旧約聖書　創世記　関根正雄訳
旧約聖書　出エジプト記　関根正雄訳
旧約聖書　ヨブ記　関根正雄訳

旧約聖書　詩篇　関根正雄訳
新約聖書　福音書　塚本虎二訳
文語訳　新約聖書　詩篇付
文語訳　旧約聖書　全四冊
キリストにならいて　トマス・ア・ケンピス　大沢章　呉茂一訳
聖アウグスティヌス　告白　全二冊　服部英次郎訳
アウグスティヌス　神の国　全五冊　服部英次郎　藤本雄三訳
新訳　キリスト者の自由・聖書への序言　マルティン・ルター　石原謙訳
キリスト教と世界宗教　シュヴァイツェル　鈴木俊郎訳
水と原生林のはざまで　シュヴァイツェル　野村実訳
コーラン　全三冊　井筒俊彦訳
エックハルト説教集　田島照久編訳
ムハンマドのことば　ハディース　小杉泰編訳
新約聖書外典　ナグ・ハマディ文書抄　荒井献　大貫隆　小林稔　筒井賢治　編訳
後期資本主義における正統化の問題　ハーバーマス　山田正行・金慧訳
シンボルの哲学　—理性、祭礼、芸術のシンボル試論　S・K・ランガー　塚本明子訳

ジャック・ラカン　精神分析の四基本概念　全二冊　ジャック＝アラン・ミレール編　小出浩之　新宮一成　鈴木國文　小川豊昭訳
精神と自然　生きた世界の認識論　グレゴリー・ベイトソン　佐藤良明訳
人間の知的能力に関する試論　全二冊　トマス・リード　戸田剛文訳
開かれた社会とその敵　全四冊　カール・ポパー　小河原誠訳

プロレゴメナ　カント　篠田英雄訳
学者の使命・学者の本質　フィヒテ　宮崎洋三訳
シュライエルマッハー 独白　木場深定訳
ヘーゲル 政治論文集 全二冊　金子武蔵訳
哲学史序論 ―哲学と哲学史　ヘーゲル　武市健人訳
歴史哲学講義 全二冊　ヘーゲル　長谷川宏訳
法の哲学 ―自然法と国家学の要綱　ヘーゲル　上妻精・佐藤康邦・山田忠彰訳
学問論　シェリング　西川富雄・藤田正勝監訳
自殺について 他四篇　ショウペンハウエル　斎藤信治訳
読書について 他二篇　ショウペンハウエル　斎藤忍随訳
知性について 他四篇　ショーペンハウエル　細谷貞雄訳
不安の概念　キェルケゴール　斎藤信治訳
死に至る病　キェルケゴール　斎藤信治訳
体験と創作 全二冊　ディルタイ　柴田治三郎・小牧健夫訳
眠られぬ夜のために 全二冊　ヒルティ　草間平作・大和邦太郎訳
幸福論 全三冊　ヒルティ　草間平作・大和邦太郎訳
悲劇の誕生　ニーチェ　秋山英夫訳

ツァラトゥストラはこう言った 全二冊　ニーチェ　氷上英廣訳
道徳の系譜　ニーチェ　木場深定訳
善悪の彼岸　ニーチェ　木場深定訳
この人を見よ　ニーチェ　手塚富雄訳
プラグマティズム　W・ジェイムズ　桝田啓三郎訳
宗教的経験の諸相 全二冊　W・ジェイムズ　桝田啓三郎訳
日常生活の精神病理　フロイト　高田珠樹訳
純粋現象学及現象学的哲学考案 全二冊　フッセル　池上鎌三訳
デカルト的省察　フッサール　浜渦辰二訳
愛の断想・日々の断想　ジンメル　清水幾太郎訳
ジンメル宗教論集　深澤英隆編訳
笑い　ベルクソン　林達夫訳
道徳と宗教の二源泉　ベルクソン　平山高次訳
時間と自由　ベルクソン　中村文郎訳
ラッセル教育論　安藤貞雄訳
ラッセル幸福論　安藤貞雄訳
存在と時間 全四冊　ハイデガー　熊野純彦訳

学校と社会　デューイ　宮原誠一訳
民主主義と教育 全二冊　デューイ　松野安男訳
我と汝・対話　マルティン・ブーバー　植田重雄訳
アラン 幸福論　神谷幹夫訳
アラン 定義集　神谷幹夫訳
天才の心理学　E・クレッチュマー　内村祐之訳
英語発達小史　H・ブラッドリ　寺澤芳雄訳
日本の弓術　オイゲン・ヘリゲル述　柴田治三郎訳
ことばのロマンス ―英語の語源　ウィークリー　寺澤芳雄・出淵博訳
ヴィーコ 学問の方法　上村忠男・佐々木力訳
国家と神話 全二冊　カッシーラー　熊野純彦訳
天才・悪　ブレンターノ　篠田英雄訳
人間の頭脳活動の本質 他一篇　ディーツゲン　小松摂郎訳
プラトン入門　R・S・ブラック　内山勝利訳
反啓蒙思想 他二篇　バーリン　松本礼二編
マキアヴェッリの独創性 他三篇　バーリン　川出良枝編
ロシア・インテリゲンツィヤの誕生 他五篇　バーリン　桑野隆編

《哲学・教育・宗教》〔青〕

- ソクラテスの弁明・クリトン　プラトン　久保 勉訳
- ゴルギアス　プラトン　加来彰俊訳
- 饗宴　プラトン　久保 勉訳
- テアイテトス　プラトン　田中美知太郎訳
- パイドロス　プラトン　藤沢令夫訳
- メノン　プラトン　藤沢令夫訳
- 国家 全二冊　プラトン　藤沢令夫訳
- プロタゴラス ―ソフィストたち　プラトン　藤沢令夫訳
- パイドン ―魂の不死について　プラトン　岩田靖夫訳
- アナバシス ―敵中横断六〇〇〇キロ　クセノポン　松平千秋訳
- アリストテレス ニコマコス倫理学 全二冊　高田三郎訳
- アリストテレス 形而上学 全二冊　出 隆訳
- アリストテレス 弁論術　戸塚七郎訳
- アリストテレース詩学 ホラーティウス詩論　松本仁助 岡 道男訳
- 物の本質について　ルクレーティウス　樋口勝彦訳
- エピクロス ―教説と手紙　出 隆 岩崎允胤訳
- 生の短さについて 他二篇　セネカ　大西英文訳
- 怒りについて 他二篇　セネカ　兼利琢也訳
- エピクテトス 人生談義 全二冊　國方栄二訳
- 人さまざま　テオプラストス　森 進一訳
- マルクス・アウレーリウス 自省録　神谷美恵子訳
- 老年について　キケロー　中務哲郎訳
- 弁論家について 全二冊　キケロー　大西英文訳
- キケロー書簡集　高橋宏幸編
- 平和の訴え　エラスムス　箕輪三郎訳
- 方法序説　デカルト　谷川多佳子訳
- 哲学原理　デカルト　桂 寿一訳
- 情念論　デカルト　谷川多佳子訳
- パンセ 全三冊　パスカル　塩川徹也訳
- スピノザ 神学・政治論 全二冊　畠中尚志訳
- 知性改善論　スピノザ　畠中尚志訳
- スピノザ エチカ（倫理学） 全二冊　畠中尚志訳
- スピノザ 国家論　畠中尚志訳
- スピノザ往復書簡集　畠中尚志訳
- デカルトの哲学原理 ―附 形而上学的思想　スピノザ　畠中尚志訳
- スピノザ 神・人間及び人間の幸福に関する短論文　畠中尚志訳
- モナドロジー 他二篇　ライプニッツ　谷川多佳子 岡部英男訳
- 市民の国について 全二冊　ヒューム　小松茂夫訳
- 自然宗教をめぐる対話　ヒューム　犬塚 元訳
- エミール 全三冊　ルソー　今野一雄訳
- 人間不平等起原論　ルソー　本田喜代治 平岡 昇訳
- ルソー 社会契約論　桑原武夫 前川貞次郎訳
- 言語起源論 ―旋律と音楽的模倣について　ルソー　増田 真訳
- ディドロ 絵画について　佐々木健一訳
- 道徳形而上学原論　カント　篠田英雄訳
- 啓蒙とは何か 他四篇　カント　篠田英雄訳
- 純粋理性批判 全三冊　カント　篠田英雄訳
- カント 実践理性批判　波多野精一 宮本和吉 篠田英雄訳
- 判断力批判 全二冊　カント　篠田英雄訳
- 永遠平和のために　カント　宇都宮芳明訳

読書子に寄す

——岩波文庫発刊に際して——

岩波茂雄

真理は万人によって求められることを自ら欲し、芸術は万人によって愛されることを自ら望む。かつては民を愚昧ならしめるために学芸が最も狭き堂宇に閉鎖されたことがあった。今や知識と美とを特権階級の独占より奪い返すことはつねに進取的なる民衆の切実なる要求である。岩波文庫はこの要求に応じそれに励まされて生まれた。それは生命ある不朽の書を少数者の書斎と研究室とより解放して街頭にくまなく立たしめ民衆に伍せしめるであろう。近時大量生産予約出版の流行を見る。その広告宣伝の狂態はしばらくおくも、後代にのこすと誇称する全集がその編集に万全の用意をなしたるか。千古の典籍の翻訳企図に敬虔の態度を欠かざりしか。さらに分売を許さず読者を繋縛して数十冊を強うるがごとき、はたしてその揚言する学芸解放のゆえんなりや。吾人は天下の名士の声に和してこれを推挙するに躊躇するものである。このときにあたって、岩波書店は自己の責務のいよいよ重大なるを思い、従来の方針の徹底を期するため、すでに十数年以前より志して来た計画を慎重審議この際断然実行することにした。吾人は範をかのレクラム文庫にとり、古今東西にわたって文芸・哲学・社会科学・自然科学等種類のいかんを問わず、いやしくも万人の必読すべき真に古典的価値ある書をきわめて簡易なる形式において逐次刊行し、あらゆる人間に須要なる生活向上の資料、生活批判の原理を提供せんと欲する。この文庫は予約出版の方法を排したるがゆえに、読者は自己の欲する時に自己の欲する書物を各個に自由に選択することができる。携帯に便にして価格の低きを最主とするがゆえに、外観を顧みざるも内容に至っては厳選最も力を尽くし、従来の岩波出版物の特色をますます発揮せしめようとする。この計画たるや世間の一時の投機的なるものと異なり、永遠の事業として吾人は微力を傾倒し、あらゆる犠牲を忍んで今後永久に継続発展せしめ、もって文庫の使命を遺憾なく果たさしめることを期する。芸術を愛し知識を求むる士の自ら進んでこの挙に参加し、希望と忠言とを寄せられることは吾人の熱望するところである。その性質上経済的には最も困難多きこの事業にあえて当たらんとする吾人の志を諒として、その達成のため世の読書子とのうるわしき共同を期待する。

昭和二年七月

パスカル 小品《しょうひん》と手紙《てがみ》

2023年8月10日 第1刷発行

訳 者 塩川徹也《しおかわてつや》 望月《もちづき》ゆか

発行者 坂本政謙

発行所 株式会社 岩波書店
〒101-8002 東京都千代田区一ツ橋2-5-5

案内 03-5210-4000 営業部 03-5210-4111
文庫編集部 03-5210-4051
https://www.iwanami.co.jp/

印刷・三秀舎 カバー・精興社 製本・中永製本

ISBN 978-4-00-336145-0 Printed in Japan

人名索引

重要と思われる人名を掲げる．頻出するものは代表的な箇所に限った．また続くページも内容が関連する場合には採用した．加えて，訳注，解題あるいは年譜のみで言及された名前も，本書の理解にとって意味があるものは採録した．手紙の宛先となっている人名，パスカル以外の差出人の人名は，該当する手紙の冒頭ページのみ記載した．

ア　行

カ　行

サ　行

タ　行

ナ 行

ハ 行

マ 行

ヤ 行

ラ 行

事項索引

重要と思われる事項，テーマ，概念を掲げる．用語の意味と用法を特徴的に表している箇所に限った．続くページも内容が関連する場合には採用した．また，一つの用語に統一的な訳語を当てることはしなかったため，見出しに複数の語を掲げたところがある．

ア　行

カ　行

タ　行

ラ　行

図版一覧

主要文献・サイト一覧(略号)

Port-Royal des Champs : *Port-Royal des Champs,* texte d'André Fraigneau, photos de Patrice Molinard, Paris, Éditions Sun, 1949.

Champaigne : *Philippe de Champaigne. Exposition en l'honneur du trois cent cinquantième anniversaire de sa naissance,* catalogue par Bernard Dorival, [Paris,] Éditions des Musées nationaux, 1952.

Champaigne et Port-Royal : Musée national des Granges de Port-Royal, *Philippe de Champaigne et Port-Royal* (*juin-octobre 1957*), Paris, Éditions des Musées Nationaux, 1957.

Pascal et Port-Royal : *Pascal et Port-Royal, 1962, Tricentenaire de la mort de Pascal,* Paris, Fayard, 1962.

OC I : Blaise Pascal, *Œuvres complètes,* éd. Jean Mesnard, Paris, Desclée de Brouwer, Bibliothèque européenne, t. I, Édition du tricentenaire, 1964.

OC II : Blaise Pascal, *Œuvres complètes,* éd. J. Mesnard, Paris, Desclée de Brouwer, Bibliothèque européenne, t. II, Édition du tricentenaire, 1970.

Port-Royal : Ville de Paris, *Port-Royal. Exposition organisée par la mairie du 5e arrondissement,* [Paris,] 1984.

Chroniques : *Chroniques de Port-Royal,* n° 40, *Un lieu de mémoire: Port-Royal de Paris,* 1991.

OC III : Blaise Pascal, *Œuvres complètes,* éd. J. Mesnard, Paris,

Desclée de Brouwer, Bibliothèque européenne, t. III, 1991.

Le cœur et la raison : *Pascal. Le cœur et la raison*, sous la direction de Jean-Marc Chatelain, Paris, BnF Éditions, 2016.

BnF/Gallica : Bibliothèque nationale de France, Gallica, bibliothèque numérique. https://gallica.bnf.fr

Paris Musées : Les musées de la Ville de Paris: https://www.parismuseescollections.paris.fr/fr

Musée national de Port-Royal des Champs : https://www.port-royal-des-champs.eu

POP : Plateforme Ouverte du Patrimoine du Ministère de la Culture. https://www.pop.culture.gouv.fr

Un Provincial nommé Blaise Pascal : https://blaisepascal.bibliotheques-clermontmetropole.eu

表紙カバー　パスカル自筆の手紙(1659年1月6日付 ホイヘンス宛). 結びの挨拶と署名. **BnF/Gallica** : *Original des « Pensées » de Pascal. Texte et notes : Fac-similé du manuscrit 9202 (Fonds français)*, f. 258.

図1(22頁)　姉ジルベルトの肖像(ロジェ・キィヨ美術館：旧クレルモン＝フェラン美術館). **POP** : *Portrait de Gilberte Pascal.*

図2(30頁)　大法官セギエの肖像(アンブロ版画). **BnF/Gallica** : *Portrait de Pierre Séguier.*

図3(31頁)　大法官セギエに献呈された計算機(パリ工芸博物館). 内部の歯車の構造. ***Le cœur et la raison***, p. 33.

図4(57頁)　サン・シランの肖像(1647-1648年, フィリップ・ド・シャンペーニュ, ヴェルサイユ・トリアノン美術

館)，***Le cœur et la raison***, p. 37.

図 5(59 頁)　『召命について』と呼び習わされた『サン・シラン修道院長ジャン・デュヴェルジェ・ド・オランヌが友人の聖職者に宛てた手紙．司祭の叙階を受けるための心構えについて』(1647 年)の扉ページ(BnF 蔵書．2023 年 1 月望月撮影)．14×8 cm の小型本信心書．『3　第一の回心期　姉ジルベルト宛の手紙(2)』(1648 年 4 月 1 日)の冒頭で言及されている．*Lettre de Me Jean Du Verger de Hauranne, Abbé de S. Cyran : À un ecclésiastique de ses amis. Touchant les dispositions à la prêtrise,* [s.l.], 1647.

図 6(77 頁)　フロラン・ペリエによってパスカルの死後刊行された『流体の平衡と大気の重さについて』*Traité de l'équilibre des liqueurs, et de la pesanteur de la masse de l'air* (1663) 巻末の図版．**Un Provincial nommé Blaise Pascal** > Son œuvre > Pascal savant > Physique.

図 7(80 頁)　ジャンセニウスの肖像(ジャン・モラン版画，カルナヴァレ美術館)．***Port-Royal***, p. 32.

図 8(107 頁)　エチエンヌ死後の遺産相続の証書(1652 年 3 月 1 日)．左から，「パスカル」「ペリエ(ジルベルトの夫)」「G. パスカル(姉ジルベルト)」「J. パスカル(妹ジャクリーヌ)」の署名．Minutier Central, ét. XXX, l. 39 ; ***Pascal et Port-Royal***, p. 86 ; *cf. OC* II, p. 899–901.

図 9(120 頁)　スウェーデン女王クリスティーナの肖像．**BnF/Gallica** : *Portrait de Christine, Reine de Suède.*

図 10(124 頁)　パリのポール・ロワイヤル外観(ジャン・マロ版画，カルナヴァレ美術館)．ジャクリーヌが修道志願者となる 4 年前の 1648 年に完成した．パリのポール・ロワイヤルは，現在は産院となっているが，教会と回廊は保存されて

いる．***Port-Royal***, p. 11.

図 11（124 頁）　パリのポール・ロワイヤル教会部分のアントワーヌ・ルポートルによる設計図（ジャン・マロ版画，カルナヴァレ美術館）．**Paris Musées** : Plan de l'Eglise du Monastère du Port Royal. 外部の人々も正面入り口（図 10：右手正面）から教会の交差廊に入り，祭儀に与《あずか》ることができた．ジャクリーヌの着衣式の際にパスカルが陣取ったのも，前方の祭壇と，格子で仕切られた，修道女たちが位置する後方内陣の間のこの一般信徒向け中央スペースだったと考えられる．ポール・ロワイヤル独特の一般信徒を重視した空間設計については，Bernard Chédozeau, « La chapelle de Port-Royal de Paris », ***Chroniques***, p. 76–77 を参照．

図 12（135 頁）　ミニミ会士メルセンヌの肖像（クロード・デュフロ版画）．***Pascal et Port-Royal***, p. 77.

図 13（143 頁）　ポール・ロワイヤル・デ・シャン――修道院とグランジュ――1709 年当時の俯瞰図（ルイ・ブダン水彩画）．隠士たちは，図の右手高台にあるグランジュと呼ばれる敷地の住居で生活していた．修道院教会の祭儀に参加する際には，「百段の階段」を下ったあと，パリに向かう公道を横切り，修道院入り口（図中央右手）から入った．入り口の脇（図手前）には，修道女たちの霊的指導者が住まう司祭館（図 18 参照）があった．**BnF/Gallica** : Louis Boudan, *Vue de l'Abbaye de Port-Royal, de l'ordre de St Bernard, diocèse de Paris, à une lieue de Chevreuse et de Trappes, dans le Hurepoix, 1709.*

図 14（144 頁）　ポール・ロワイヤル・デ・シャン修道院内部（1710 年，マドレーヌ・オルトゥメル版画．マドレーヌ・ド・ブローニュ作グアッシュ，1708 年に基づく）．教会交差

廊は，パリのポール・ロワイヤルと同様に，外部の人々の立ち入りが許可された(図 11 解説参照)．隠遁中のパスカルもここに祈りに来たとされている．画面右手中央祭壇には，フィリップ・ド・シャンペーニュの絵画〈最後の晩餐〉(1652 年，ルーヴル美術館)が飾られていた．画面左手は格子で修道女たちの内陣と仕切られている．***Pascal et Port-Royal***, p. 9.

図 15(144 頁)　ポール・ロワイヤル・デ・シャン修道院教会の見取り図．外部の人の入り口は，交差廊の北側(図中菱形の上部)．Musée national de Port-Royal des Champs, *Panneau de l'Église « du Dehors »* (2019 年 3 月望月撮影)．図 13, 14, 18 も参照．

図 16(145 頁)　現在のムシュー・ル・プランス街 54 番地(2023 年 1 月望月撮影)．霊的心境の変化のため，パスカルは『メモリアル』の晩(1654 年 11 月 23 日)の 2 カ月弱前から，パリのポール・ロワイヤルにほど近いこの家に暮らしていた．

図 17(146 頁)　サングランの肖像(フィリップ・ド・シャンペーニュの原画に基づく版画)．***Pascal et Port-Royal***, p. 16.

図 18(207 頁)　ポール・ロワイヤル・デ・シャン修道院俯瞰図(1710 年，マドレーヌ・オルトゥメル版画)．図の正面手前がサシの住んでいた司祭館とその庭園．**BnF/Gallica** : *Vue perspective de l'abbaye de Port-Royal des Champs.*

図 19(209 頁)　サシの肖像(デプレ版画，フィリップ・ド・シャンペーニュの原画に基づく)．***Pascal et Port-Royal,*** p. 62.

図 20(296 頁)　アルノーの肖像(1696 年，ピエール・ドルヴェ版画，ジャン＝バティスト・ド・シャンペーニュの原画に基づく)．**BnF/Gallica** : *Portrait d'Antoine Arnauld, docteur de la Sorbonne.*

図 21(300 頁)　「〔断章二〕説得術について」〔62〕で批判されている三段論法格式覚え歌の一つ，バルバラ(BAR-BA-RA：第一格全称肯定命題)の説明箇所．『ポール・ロワイヤル論理学』第 3 部 5 章．**BnF/Gallica**：*La Logique ou L'art de penser*, seconde édition, Paris, C. Savreux, 1664, p. 235 (p. 335 とあるが誤植)．

図 22(351 頁)　荊冠の聖遺物．***Pascal et Port-Royal***, p. 61.

図 23(352 頁)　グフィエ＝ロアネーズ家のオワロン城は，ポワトゥ地方屈指の豪華さを誇った．ロアネーズ嬢はこの居城からパスカルと手紙を交わす．1660 年 8 月 10 日，フェルマ宛の手紙でパスカルはポワトゥ行きの予定に触れているが(414 頁)，メナールによればその滞在場所もオワロン城のはずだった．隠遁を望んでいたロアネーズ公爵は，1667 年，シャルロットの結婚を機に城を妹に譲渡した．https://www.chateau-oiron.fr/Explorer/L-histoire-du-monument

図 24(355 頁)　地下出版の『第 17 プロヴァンシアル』(1657 年 1 月 23 日)．**BnF/Gallica**：*Dix-septième Lettre escritte par l'auteur des Lettres au Provincial, au Révérend P. Annat, jésuite. Du 23 janvier 1657.*

図 25(365 頁)　1657 年 3 月のフランス聖職者会議で決定された，信仰宣誓書改訂版のテクスト．**BnF/Gallica**：Pierre de Marca, *Relation des délibérations du clergé de France* [...], Paris, A. Vitré, 1661, p. 87. 宣誓書の和訳は，塩川徹也『パスカル考』岩波書店，2003 年，p. 264 参照．

図 26(367 頁)　ポール・ロワイヤル・デ・シャンの廃墟(教会交差廊柱の一部．奥には鳩舎塔)．パスカルの死から約半世紀後の 1708 年，教皇クレメンス 11 世の大勅書「アド・インスタンティアム・レギス」により修道院の廃止が決定される．

1709年のポール・ロワイヤル・デ・シャン解散王令発布後，1710–1713年にかけて修道院の建物は農場・鳩舎塔などを除いて取り壊され，その土台を留めるのみである．墓地は掘り起こされ，3000体の遺骨が共同墓穴に移された．*Port-Royal*, p. 25.

図27(380頁)　友人ジャン・ドマによるパスカルの肖像(赤色石版画，1677–1681年？)．***Le cœur et la raison***, p. 8.

図28(394頁)　パスカルの洗礼証明書(1623年6月27日)．***Pascal et Port-Royal***, p. 53 ; *OC* II, p. 43.

図29(407頁)　ホイヘンス宛の手紙自筆原稿(1659年1月6日)1ページ目．**BnF/Gallica** : *Original des « Pensées » de Pascal,* f. 257.

図30(408頁)　ホイヘンスの肖像(カスパー・ネッチャー，1671年)．https://web.universiteitleiden.nl/fsw/verduin/stathist/huygens/acad1666/huygpor/

図31(416頁)　フェルマの肖像(ロラン・ルフェーヴル)．***Pascal et Port-Royal***, p. 79.

図32(417頁)　ビヤンナシの館の写真(ロジェ・キィヨ美術館)．フロラン・ペリエが所有していたクレルモン郊外の館(現存しない)．1652年の取得以降，パスカルがクレルモンを訪れる際はビヤンナシに滞在し，フェルマ宛の手紙(1660年8月10日)もここから書かれている．**Un Provincial nommé Blaise Pascal** > Autour de Blaise Pascal > Les lieux pascaliens > Le Château de Bien-Assis.

図33(454頁)　「エッケ・ホモあるいは辱めを受けるキリスト」(フィリップ・ド・シャンペーニュ，1655年頃，ポール・ロワイヤル・デ・シャン国立美術館)．「ヨハネによる福音書」第19章5節，イエスが十字架に架けられる直前の場

面，「イエスは茨の冠をかぶり，紫の服を着けて出て来られた．ピラトは，「見よ，この男だ」と言った」による．**Musée national de Port-Royal des Champs** > Port-Royal > Musée > Collections XVIIe.

図 34(472 頁)　ニコルの肖像(18 世紀初頭，ニコラ・アベール版画，BnF)．***Le cœur et la raison***, p. 137.

図 35(473 頁)　現在のポール・ロワイヤル・デ・シャン．ヴォミュリエは修道院敷地の南隣に位置する(望月作図)．『メモリアル』の体験後，1655 年 1 月にパスカルが 3 週間の隠遁を行った際も，まずヴォミュリエの城館に滞在し，その後グランジュに移った(『10　サシ氏との対話』注 7 参照)．

図 36(480 頁)　サブレ侯爵夫人の肖像(1621 年，ダニエル・デュモンティエ，ルーヴル美術館)．**POP** : *Portrait de la marquise de Sablé*. 年代はルーヴル美術館のサイト表記に拠った．

図 37(481 頁)　パリのポール・ロワイヤル修道院敷地内のサブレ夫人住居に通ずる階段．住居は修道院総会室の上階に位置していた．パスカルや姉ジルベルトなど，訪問者はこの階段を通ってサブレ夫人のサロンを訪問した．***Pascal et Port-Royal***, p. 12, 26.

図 38(508 頁)　ヴィクトール・クザンの肖像(19 世紀，ルイ＝クロード・ムショ，ヴェルサイユ宮殿)．*Le Magazine littéraire*, n° 561, novembre 2015, p. 70.

図 39(512 頁)　ブランシュヴィック版『パンセと小品』(1976 年版)．

図 40(532 頁)　マルグリット・ペリエの肖像(フランソワ・ケネル 2 世作とされる．個人蔵)．聖荊《せいけい》の奇蹟への感謝の奉納物として家族によって注文された．***Port-Royal***, p. 8.

書誌一覧

【パスカルの著作】

○翻訳の底本として使用したもの

Blaise Pascal, *Œuvres complètes*, texte établi, présenté et annoté par Jean Mesnard, « Bibliothèque européenne », Paris, Desclée de Brouwer, 4 volumes parus（t. I, 1964, t. II, 1970, t. III, 1991, t. IV, 1992）.（全 7 巻中 4 巻刊行，未完，略称，メナール版全集）

Pascal, *Œuvres complètes*, édition présentée, établie et annotée par Michel Le Guern, « Bibliothèque de la Pléiade », Paris, Gallimard, 2 vol.（t. I, 1998, t. II, 2000）.（略称，ルゲルン版全集）

Pascal, *Les Provinciales, Pensées et opuscules divers*, textes édités par Gérard Ferreyrolles et Philippe Sellier, « La Pochothèque », Paris, Le Livre de poche / Classiques Garnier, 2004.（略称，フェレロル＝セリエ版選集）

Pascal, *Pensées, opuscules et lettres*, édition de Philippe Sellier, « Classiques Jaunes », *Littératures francophones*, Paris, Classiques Garnier, 2018.（略称，セリエ版選集）

＊本選集においては初版(2011 年)の 2015 年刊本まで『病の善用を神に求める祈り』は収録されていない.

○その他参照した刊本

Pensées de M. Pascal sur la religion et sur quelques autres sujets, qui ont été trouvées après sa mort parmi ses papiers, nouvelle édition, Paris, Guillaume Desprez, 1678.（略称，ポ

ール・ロワイヤル版『パンセ』)

Pensées de M. Pascal dans *Œuvres de Blaise Pascal* [publiées par l'abbé Charles Bossut], 5 vol., La Haye, Detune, 1779, tome II.（略称，ボッシュ版『パンセ』)

Victor Cousin, *Des Pensées de Pascal*, 3e édition, Paris, Librairie philosophique de Ladrange, 1847.（V. クザン『パスカルの『パンセ』について』)

Pensées, Fragments et Lettres de Blaise Pascal, publiés pour la première fois conformément aux manuscrits originaux en grande partie inédits, par Prosper Faugère, 2 vol., Paris, Andrieux, 1844.（フォジェール版『ブレーズ・パスカルの断想《パンセ》と断章《フラグマン》と手紙』)

Pensées de Pascal publiées dans leur texte authentique avec un commentaire suivi et une étude littéraire, par Ernest Havet, Paris, Paris, Dezobry et E. Magdeleine, 1852.（アヴェ版『パンセ』初版)

Blaise Pascal, *Pensées et opuscules*, édition de Léon Brunschvicg, Hachette, 1897.（略称，ブランシュヴィック版『パンセと小品』)

Œuvres de Blaise Pascal, 14 vol., « Les Grands Écrivains de la France », Paris, Hachette, 1904-1914.（略称，ブランシュヴィック版全集)

Opuscules et lettres de Pascal, avec biographie et notes de Louis Lafuma, Paris, Aubier, 1955.（略称，ラフュマ版『小品と手紙』)

Pascal, *Œuvres complètes*, présentation et notes de Louis Lafuma, Paris, Éditions du Seuil, 1963.（略称，ラフュマ版全集)

Pascal, *Entretien avec M. de Sacy*, original inédit présenté par Pascale Mengotti et Jean Mesnard, « Les Carnets », Paris, Desclée de Brouwer, 1994.

Nicolas Fontaine, *Mémoires ou histoires des Solitaires de Port-Royal*, édition critique par Pascale Thouvenin, Paris, H. Champion, 2001.（略称，フォンテーヌ『回想録』）

【他の著作】

○欧文著作

Aristote, *Organon IV. Les Seconds Analytiques*, traduction nouvelle et notes par J. Tricot, Paris, Vrin, 1979.

Id., *Rhétorique*, tome I, texte établi et traduit par Médéric Dufour, 4e tirage, Paris, Belles Lettres, 1991.

[Arnauld et Nicole,] *La Logique ou l'Art de penser*, édition critique par P. Clair et Fr. Girbal, Paris, PUF, 1965.（『ポール・ロワイヤル論理学』）

[*Id.*,] *La Logique ou l'Art de penser*, édition critique par Dominique Descotes, « *Champion Classiques Littératures* », Paris, H. Champion, 2014.

Augustin (saint), *Les Confessions*, « Bibliothèque Augustinienne », 2 vol., Paris, Desclée de Brouwer, 1962.

Id., *Confessions*, traduction Arnauld d'Andilly établie par Odette Barenne, édition présentée par Ph. Sellier, « Folio », Paris, Gallimard, 1993.

Bible

Biblia sacra juxta vulgatam clementinam, Desclée et Socii, Edit. Pont., 1956.

Novum Testamentum Graece et Latine, édition Nes-

tle-Aland, 1906.
La Bible. Traduction de Louis-Isaac Lemaître de Sacy, préface et textes d'introduction établis par Philippe Sellier, Robert Laffont, 1990.
La Sainte Bible traduite en français sous la direction de l'École biblique de Jérusalem, Paris, Cerf, 1961.
Cicéron, *De l'Orateur*, texte établi et traduit par E. Courbaud et H. Bornecque, 3 vol., Paris, Les Belles Lettres, 1922–1930.
Descartes, *Œuvres,* publiées par Charles Adam et Paul Tannery, 11 vol., nouvelle présentation, Paris, Vrin, 1964–1973.
Épictète, *Les Propos d'Epictète, Recueillis par Arrian, Auteur Grec son disciple. Translatez du Grec en françois par Fr. I. D. S. F.*, Paris, J. de Heuqueville, 1609.
Id. Entretiens, texte établi et traduit par Joseph Souilhé, « Collection des universités de France », 4 vol., Paris, Les Belles Lettres, 1943–1965.
Id., Manuel et *Entretiens*, dans *Les Stoïciens,* éd. P.-M. Schuhl, Paris, Gallimard, « Bibliothèque de la Pléiade », Paris, Gallimard, 1962.
Montaigne, *Les Essais*, édition conforme au texte de l'exemplaire de Bordeaux par Pierre Villey, réimprimée sous la direction et avec une préface de V.-L. Saulnier, Paris, PUF, 1965.

○日本語訳書

アウグスティヌス『告白』山田晶訳，中公バックス 世界の名著第16巻『アウグスティヌス』中央公論社，1978年
アリストテレス

『分析論後書』加藤信朗訳，「アリストテレス全集」第1巻，岩波書店，1971年
『自然学』出隆・岩崎允胤訳，「アリストテレス全集」第3巻，1968年
『弁論術』山本光雄訳，「アリストテレス全集」第16巻，1968年
エウクレイデス(ユークリッド)『原論』池田美恵訳，中公バックス 世界の名著第9巻『ギリシアの科学』中央公論社，1980年
＊ただし，当該の翻訳は，共立出版刊『ユークリッド原論』中村幸四郎，寺阪英孝，伊東俊太郎訳からの抜粋である．
エピクテトス『人生談義』國方栄二訳，岩波文庫(上下)，2020-2021年
キケロ『弁論家について』大西英文訳，岩波文庫(上下)，2005年
モンテーニュ『エセー』原二郎訳，岩波文庫(全6冊)，1965-1967年
ディオゲネス・ラエルティオス『ギリシア哲学者列伝』加来彰俊訳，岩波文庫(上中下)，1984-1994年
デカルト
『デカルト著作集』増補版(全4巻)，白水社，1993年
『方法序説』谷川多佳子訳，岩波文庫，1997年
『省察』山田弘明訳，ちくま学芸文庫，2006年
『デカルト全書簡集』山田弘明他訳，全8巻，知泉書館，2012-2016年
聖書
『舊新約聖書　引照附』日本聖書協会，1980年(文語訳)
『聖書　新共同訳　旧約聖書続編つき』日本聖書協会，1987

年
『聖書　聖書協会共同訳　旧約聖書続編付き　引照・注付き』日本聖書協会，2018 年

パスカル

『パスカル小品集』由木康訳，白水社，1938 年
『パスカル書簡集』由木康・松浪信三郎共訳，白水社，1942 年
『パスカル全集』伊吹武彦・渡辺一夫・前田陽一監修，全 3 巻，人文書院，1959 年(略称，人文書院版『パスカル全集』)
世界の名著 24『パスカル』前田陽一責任編集，中央公論社，1966 年
『パスカル著作集』田辺保全訳，全 7 巻，教文館，1980-1982 年
『メナール版　パスカル全集』赤木昭三・支倉崇晴・広田昌義・塩川徹也日本語版編集，全 6 巻中 2 巻刊行，未完，白水社，1993-1994 年(略称，白水社版『パスカル全集』)
『パンセ』塩川徹也訳，岩波文庫(上中下)，2015-2016 年
『パスカル科学論集』赤木昭三・永瀬春男訳，白水社，近刊